changes

Albert Weis

changes

herausgegeben von | edited by
Markus Heinzelmann

mitherausgegeben von | co-edited by
Ralf. F. Hartmann, Dorothea Schöne

Albert Weis

Inhalt | Content

Arbeiten | works

zeiten (times)

2018

Aluminium, Uhrwerke, Plexiglas, 80 × 100 × 22 cm

aluminium, clock works, acrylic glass, 80 × 100 × 22 cm

zeiten (times) ist eine von zwei Seiten sichtbare Uhr, wie man sie von Bahnhöfen, Werkseinfahrten oder öffentlichen Einrichtungen kennt. Solche großen, markanten Uhren markieren öffentliche Orte und geben Orientierung. Sie prägen, eher beiläufig, das alltägliche Leben, den alltäglichen Rhythmus.

Bei *zeiten (times)* wurden die beiden Ziffernblätter entfernt und durch Glasscheiben ersetzt, an denen die Uhrwerke befestigt sind. Während die Zeiger der einen Uhr sich bewegen, sind damit auch die Zeiger der anderen Uhr sichtbar. Auf den ersten Blick könnte man meinen, es handele sich um die Schatten der Zeiger der vorderen Uhr. Sobald sie sich aber bewegen, wird klar, dass man sich getäuscht hat. Die Zeiger laufen zwar synchron, aber in entgegengesetzte Richtungen. Vergangenheit und Zukunft spiegeln sich und halten die Gegenwart in der Balance.

zeiten (times) is a clock visible from both sides, familiar to us from railway stations, factory entrances or public buildings. These large, distinctive timepieces characterise public spaces and provide orientation. Largely incidentally, they shape our daily life and daily rhythms.

In *zeiten (times)* the two discs holding the numbers have been removed and replaced with sheets of glass, to which the clock's mechanism is attached. While the hands turn on one side, the hands on the other side are also visible. At first glance, we may assume these are the shadows of the hands on the side facing us. However, as soon as these hands turn it is clear that this is not the case. The hands turn in synchrony, but in the opposite direction. Past and future are reflected and hold the present in the balance.

Zentrum für Aktuelle Kunst, Zitadelle Spandau

Center for Contemporary Art, Spandau Citadel

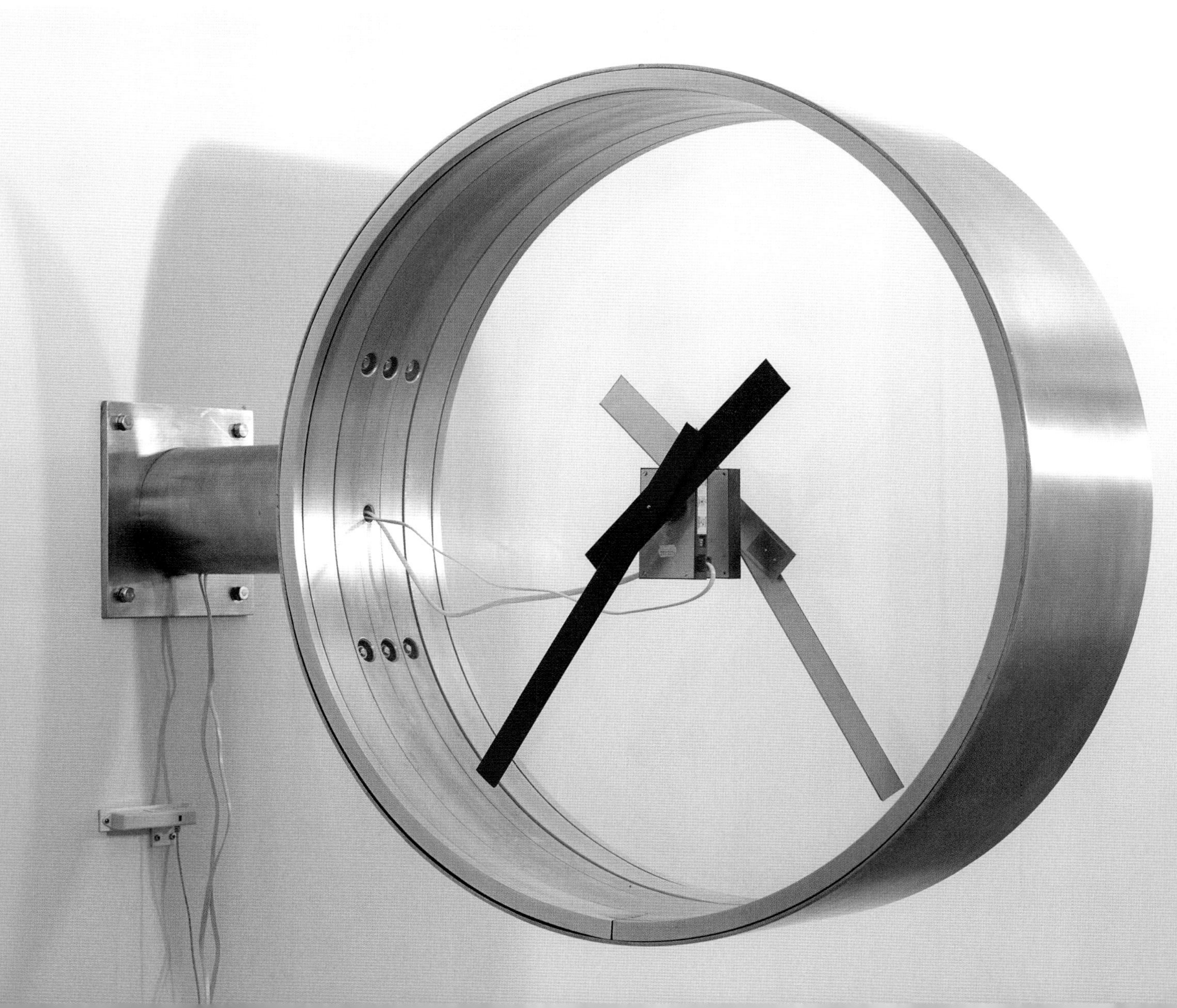

transformationen

2019

Edelstahl, Glas

stainless steel, glass

Die dreiteilige Skulptur besteht aus beidseitig spiegelnden Edelstahlringen mit einem Durchmesser von jeweils 46 cm und einer Höhe von 8 cm. Die Kreiselemente bilden zwei übereinander gelagerte regelmäßige Strukturen. In einigen Metallringen sind farbig beschichtete Glasscheiben montiert, die die strenge Symmetrie des Rasters auflockern und den umgebenden Raum wie ein Prisma in eine Vielzahl von Licht- und Farbreflektionen kristallisieren. Formal lässt die Skulptur an die regelmäßige Anordnung von Proteinen eines Viruskerns erinnern oder an das bildgebende Verfahren des Rasterelektronenmikroskops, in dem einzelne Elemente einer Struktur unterschiedlich farbig markiert sind.

The three-part sculpture *transformations* consists of stainless-steel rings, reflective on both sides, each 46 cm in diameter and 8 cm high. The circular elements form two regular structures, layered on top of each other. Colour-coated glass panes are fixed to some of the metal rings, breaking up the strict symmetry of the pattern and crystallising the surrounding space, like a prism, into a multitude of light and colour reflections. Formally the sculpture is reminiscent of the regular arrangement of the internal proteins in a virus or the process through which an electron microscope forms images, with individual elements of a structure marked in various different colours.

Bayerisches Landesamt für Gesundheit und Lebensmittelsicherheit LGL, Erlangen

Bavarian State Department for Health and Food Safety, Erlangen

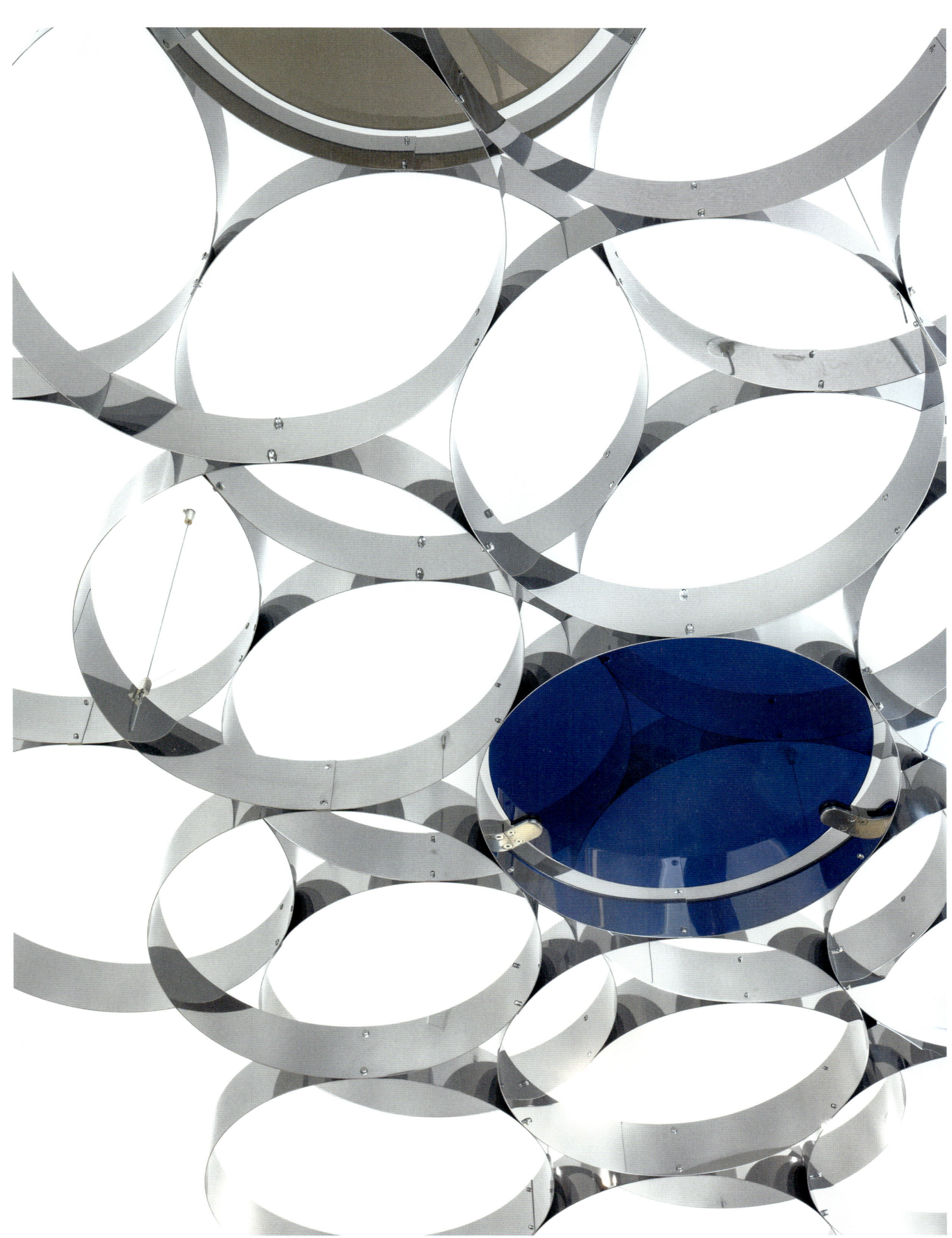

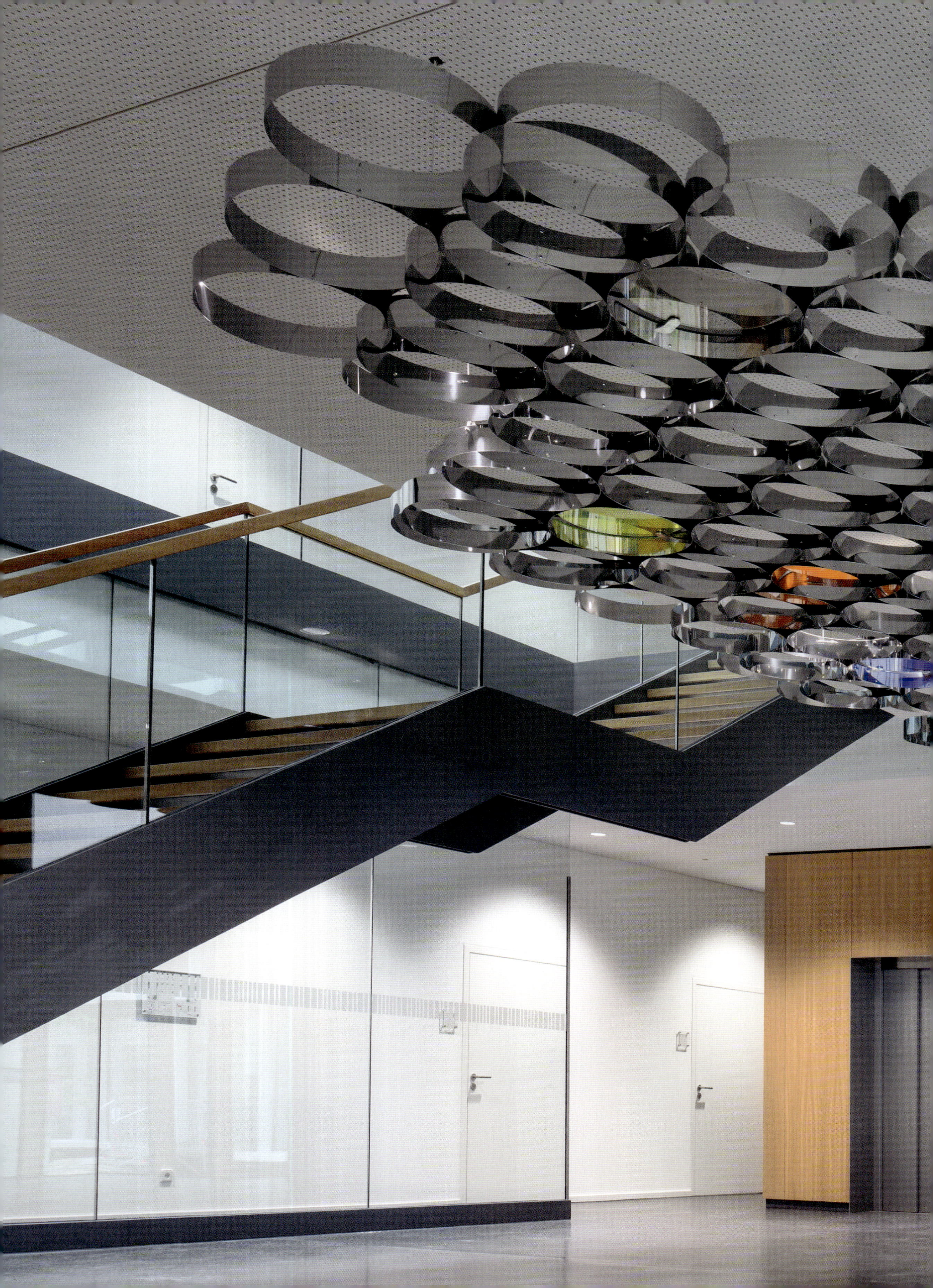

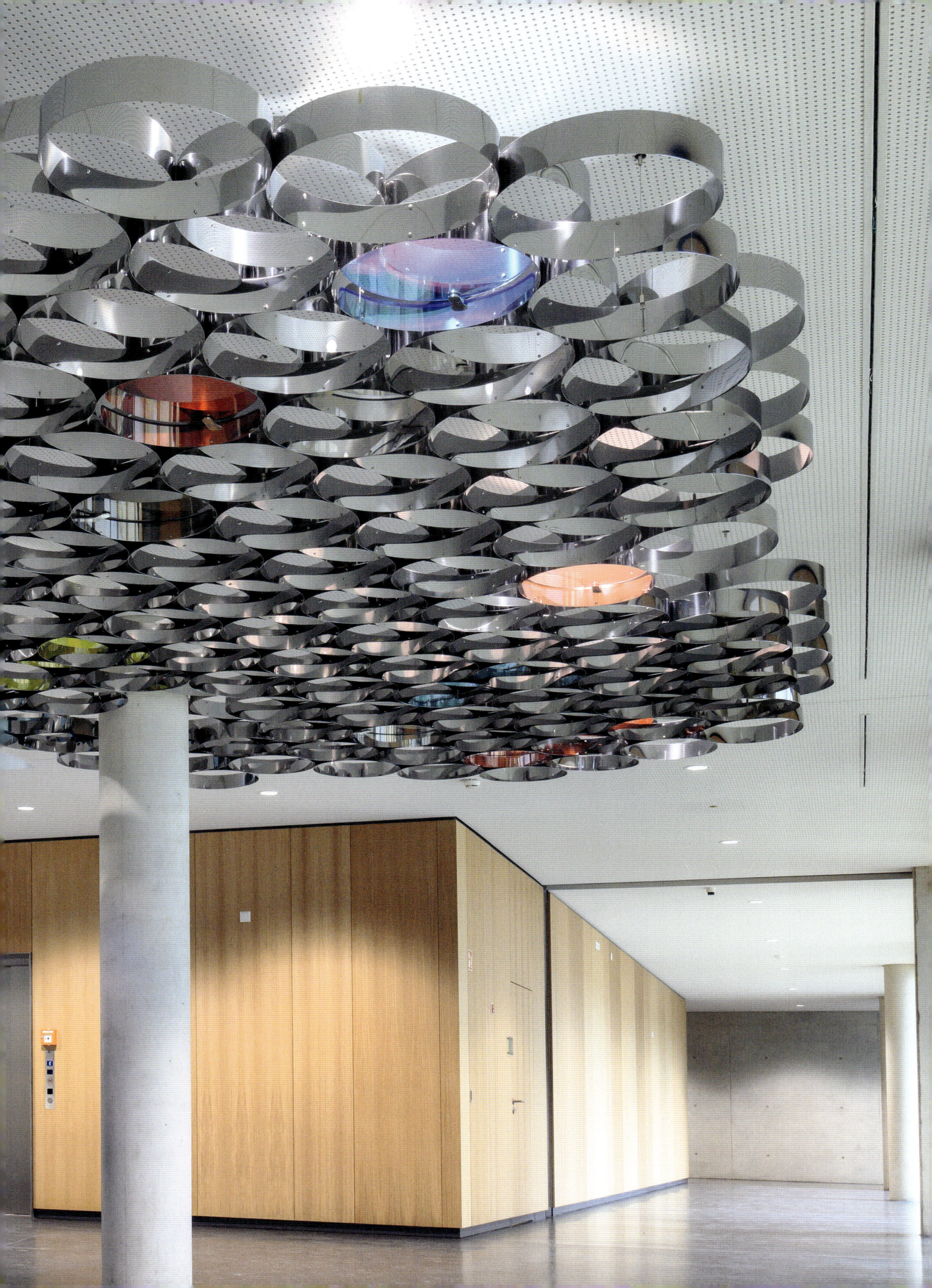

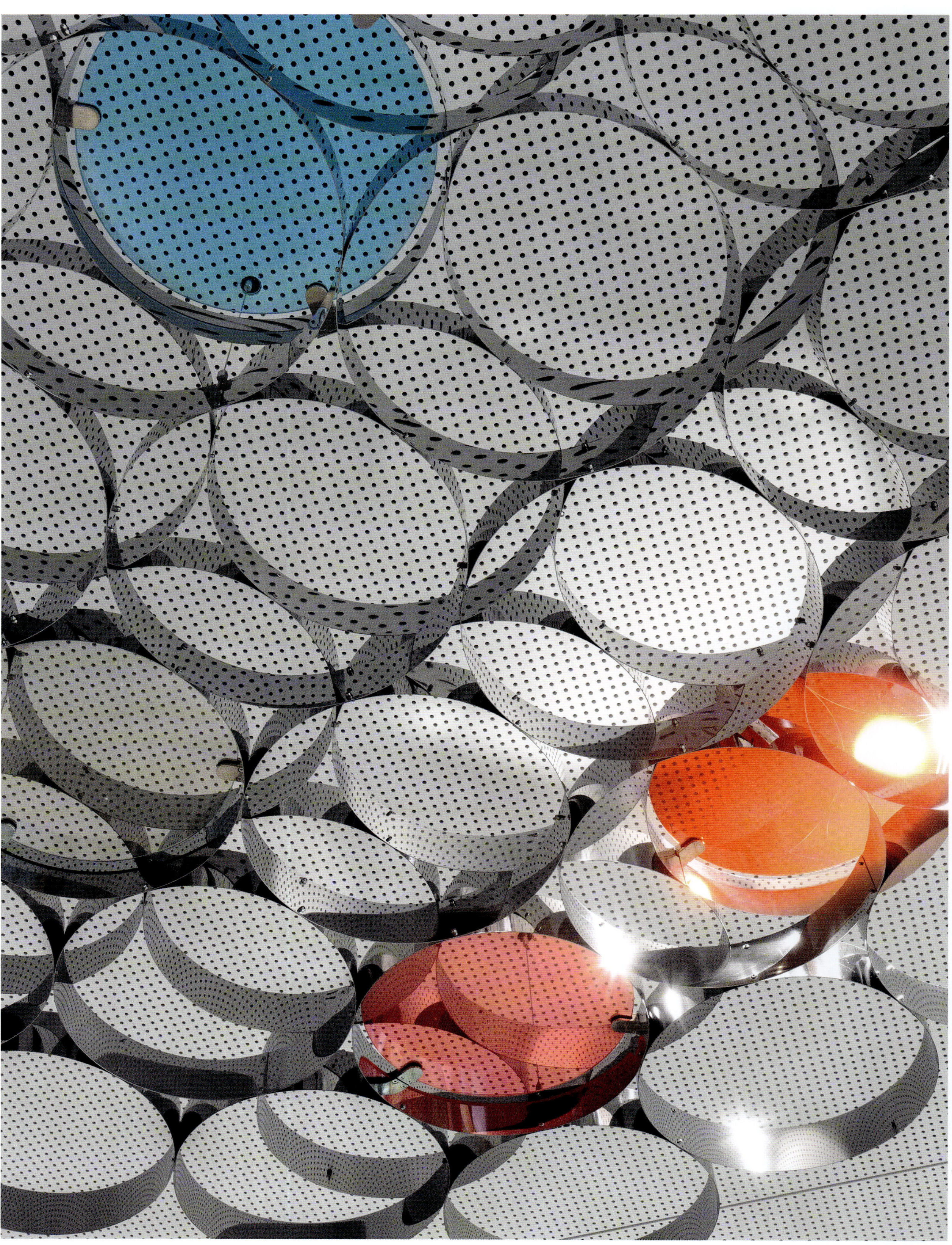

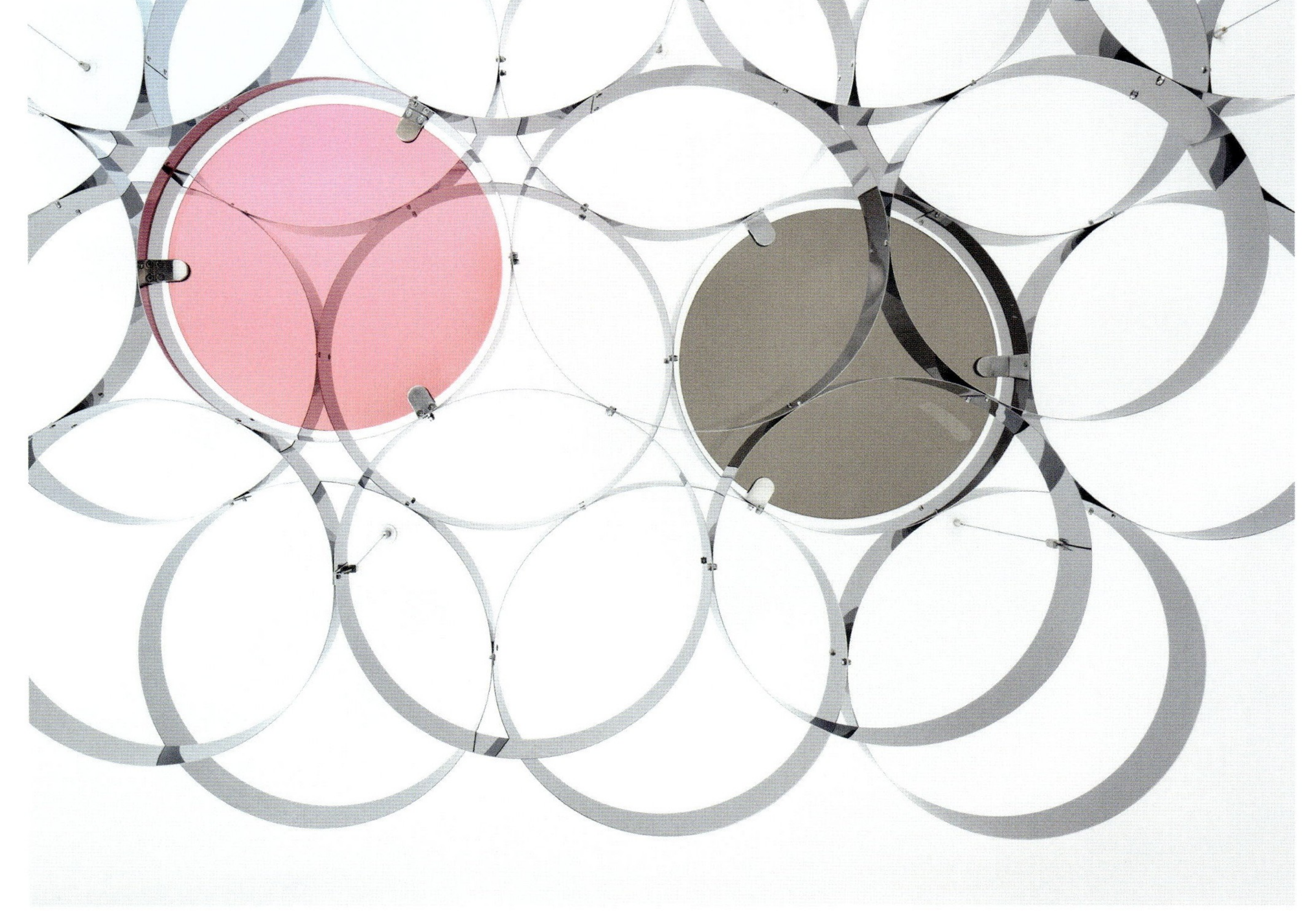

faltungen

2017

pulverbeschichtete und gefaltete Lochbleche,
Maße variabel

powder-coated and folded perforated sheets,
dimensions variable

Die Proportionen der Skulpturen orientieren sich an den Maßverhältnissen des Goldenen Schnitts und denen des Modulors von Le Corbusier – einem Proportionssystem, das sämtlichen seiner Bauten zugrunde liegt und prägend für die Architektur der Moderne wurde. Mit diesen Bezügen verweisen die Arbeiten auf die Idealvorstellungen der Moderne und auf deren städtebauliche, gesellschaftliche und utopische Ideen. Die durch die Faltung entstehenden Schattenstrukturen erzeugen eine tiefenräumliche Wirkung zwischen den Lochblechen, die die Dreidimensionalität der Skulpturen verstärkt. Das Material Lochblech ist selbst prototypisch für die Moderne und wurde bereits früh von der Architektin und Gestalterin Eileen Gray verwendet.

The proportions of the sculptures are based on the golden ratio and Le Corbusier's *Modulor,* a system of proportions used as the basis for all of his buildings, and which strongly influenced architecture in the modern age. Using these references, the works refer to Modernism's pursuit of the ideal and to its urban-planning, social and utopian ideas. Through the folds, shadow structures are created with an effect of depth between the perforated metal sheets, which reinforces the three-dimensionality of the sculptures. The material itself, perforated metal, is a modernist prototype and was used early on by the architect and designer Eileen Gray.

Vielschichtig. Von der Räumlichkeit der Flächenteilung, Brandenburgisches Landesmuseum für Moderne Kunst, Dieselkraftwerk Cottbus, 2019

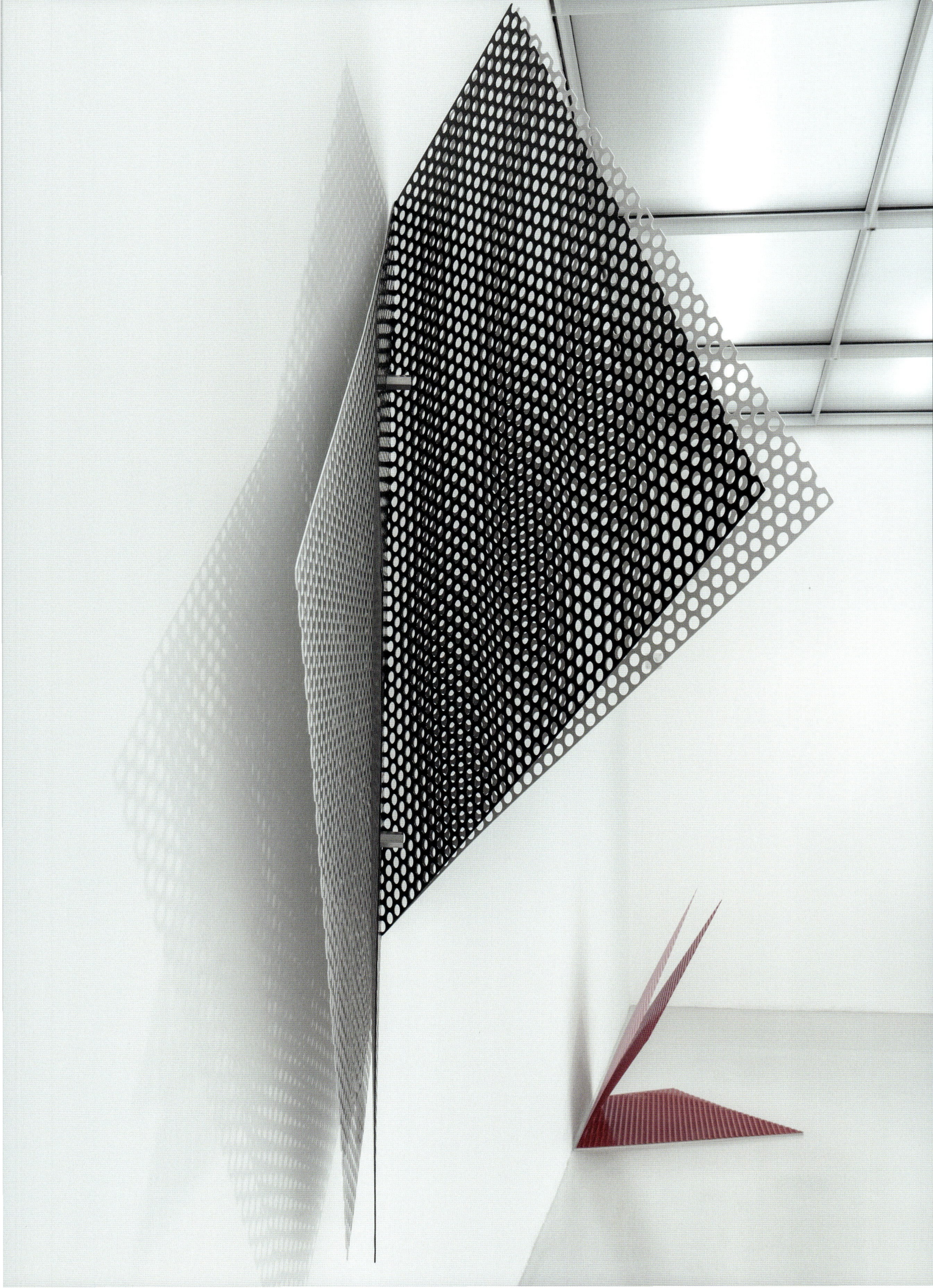

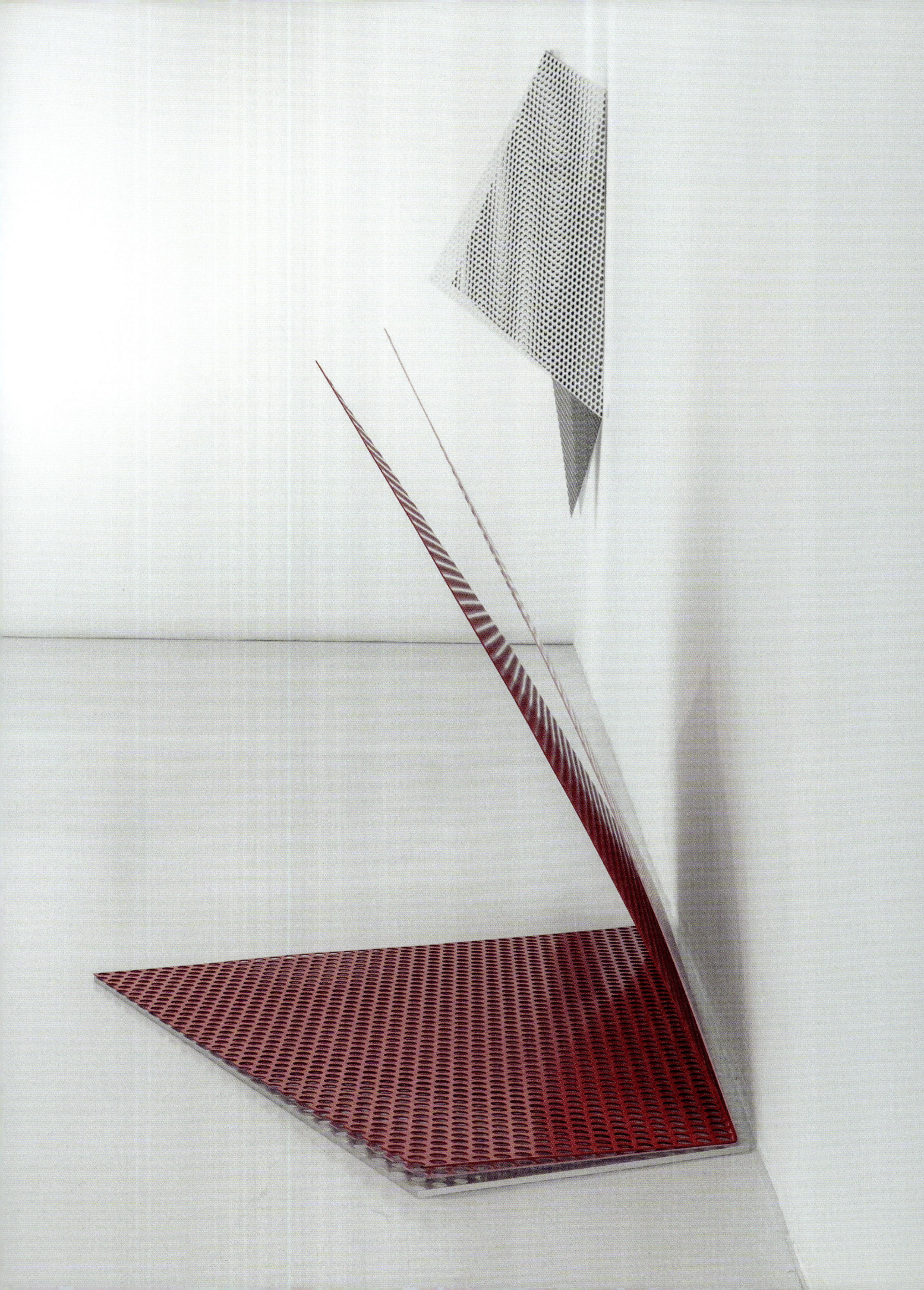

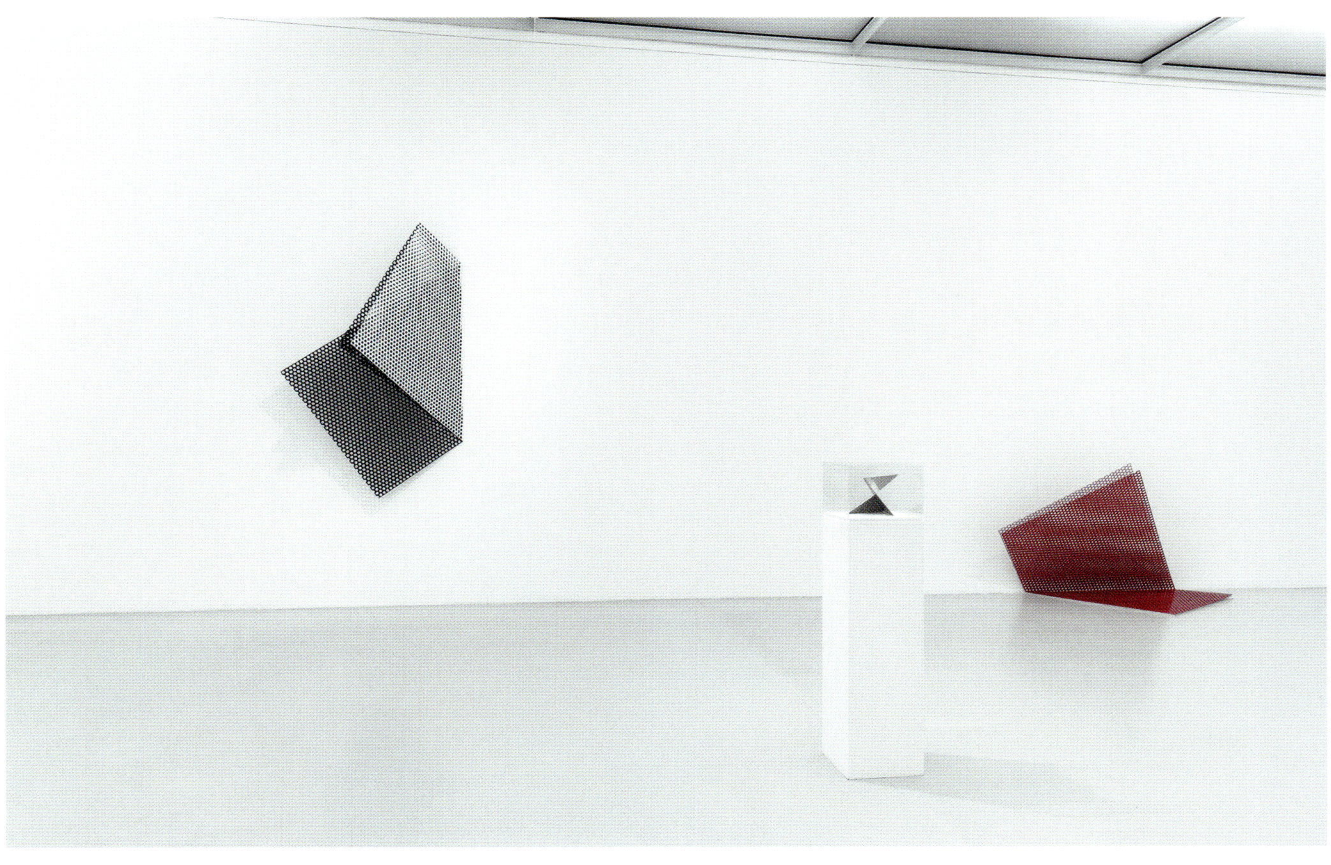

faltung 20-28/9004/9016, 2017; Hermann Glöckner,
Viereck – diagonal (Faltung), um 1973 (Neufassung
1989), Brandenburgisches Landesmuseum für
moderne Kunst; *faltung 20-28/3020/3015,* 2017

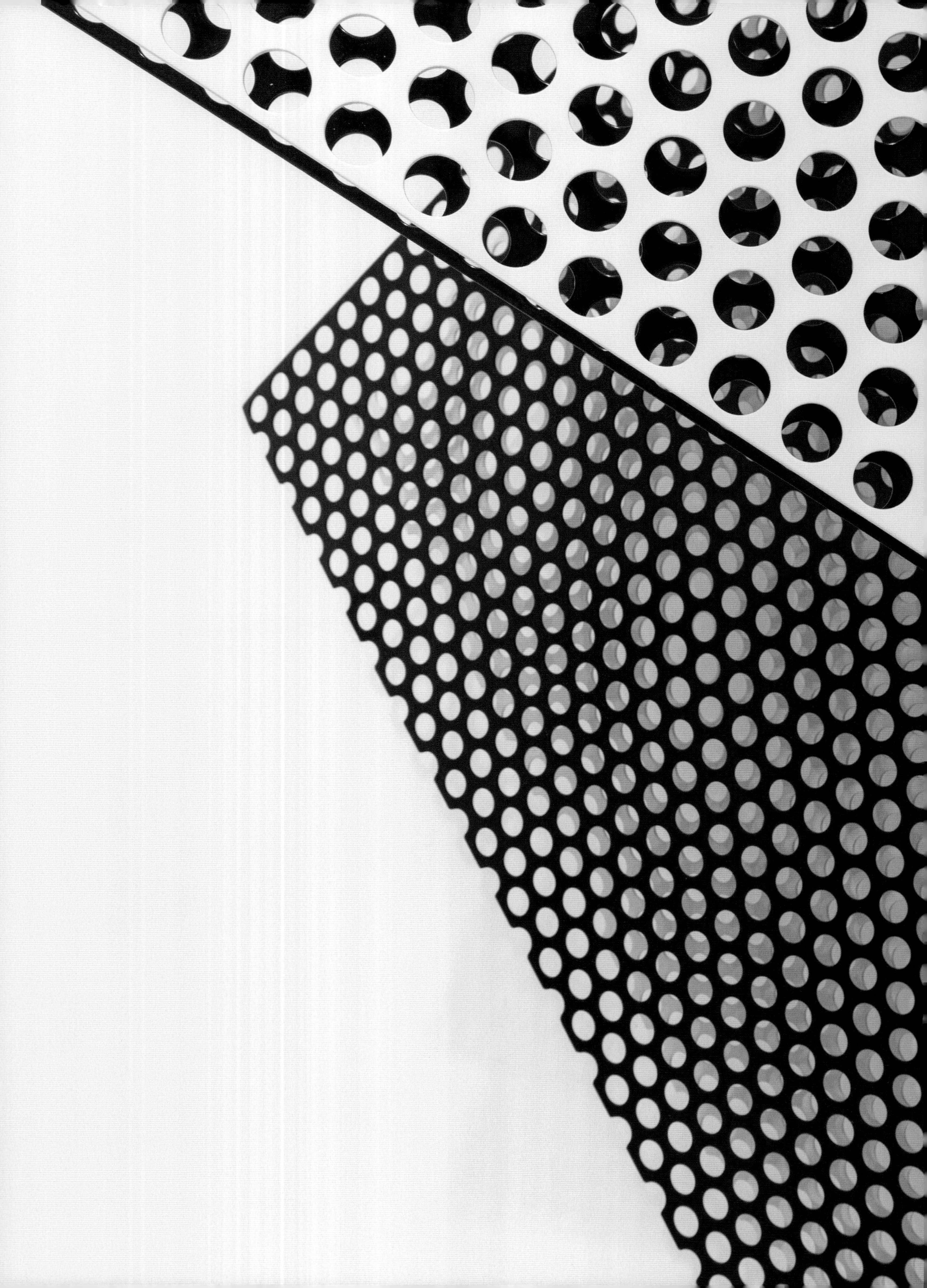

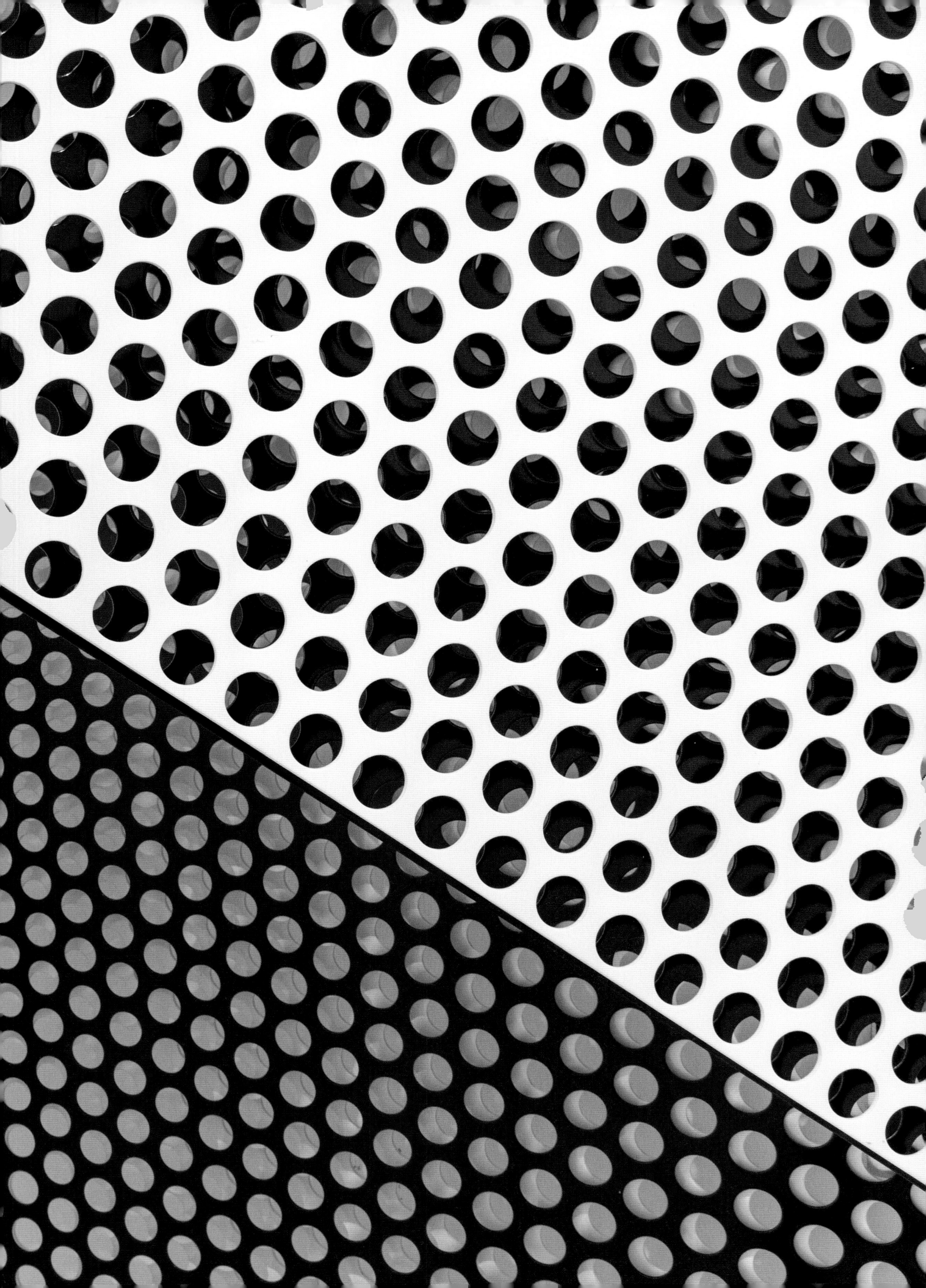

faltung 20-28/9004/9016, 2017 und | and *faltung 10-15/9004/5013*, 2017, Zentrum für Aktuelle Kunst, Zitadelle Spandau, 2018 | Center for Contemporary Art, Spandau Citadel, 2018

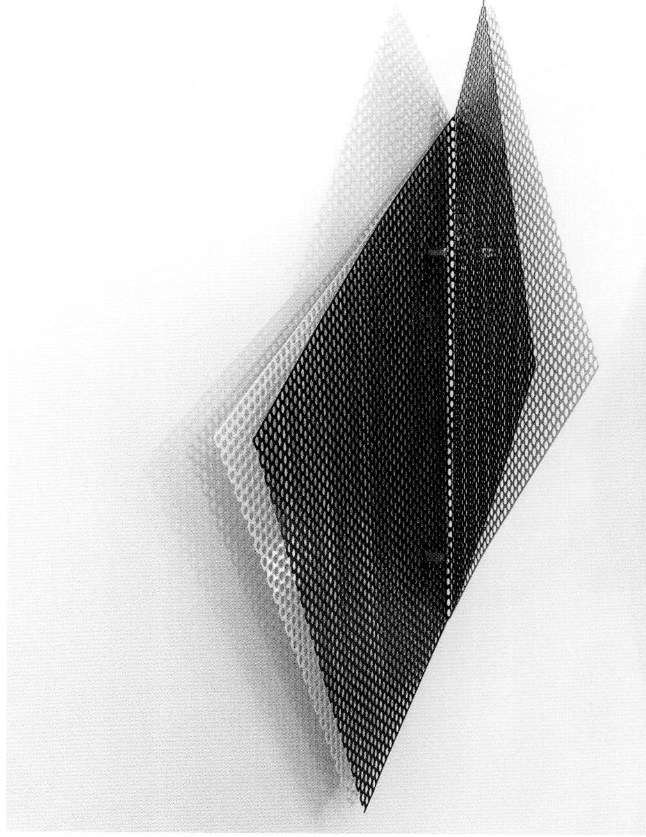

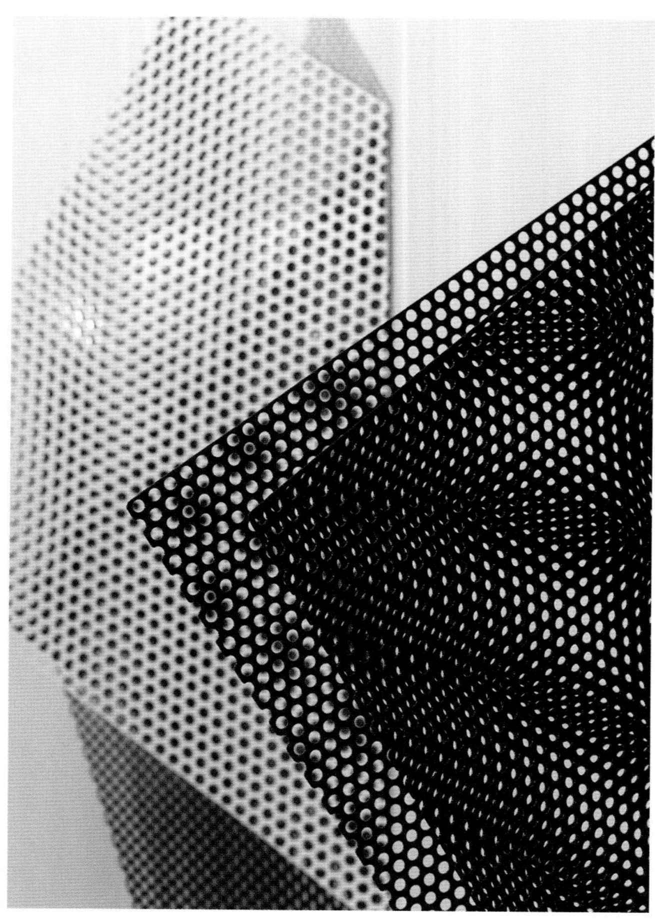

S. | p. 25 *faltung 10-15/7047/9016*, 2017, Zentrum für Aktuelle Kunst, Zitadelle Spandau, 2018 | Center for Contemporary Art, Spandau Citadel, 2018

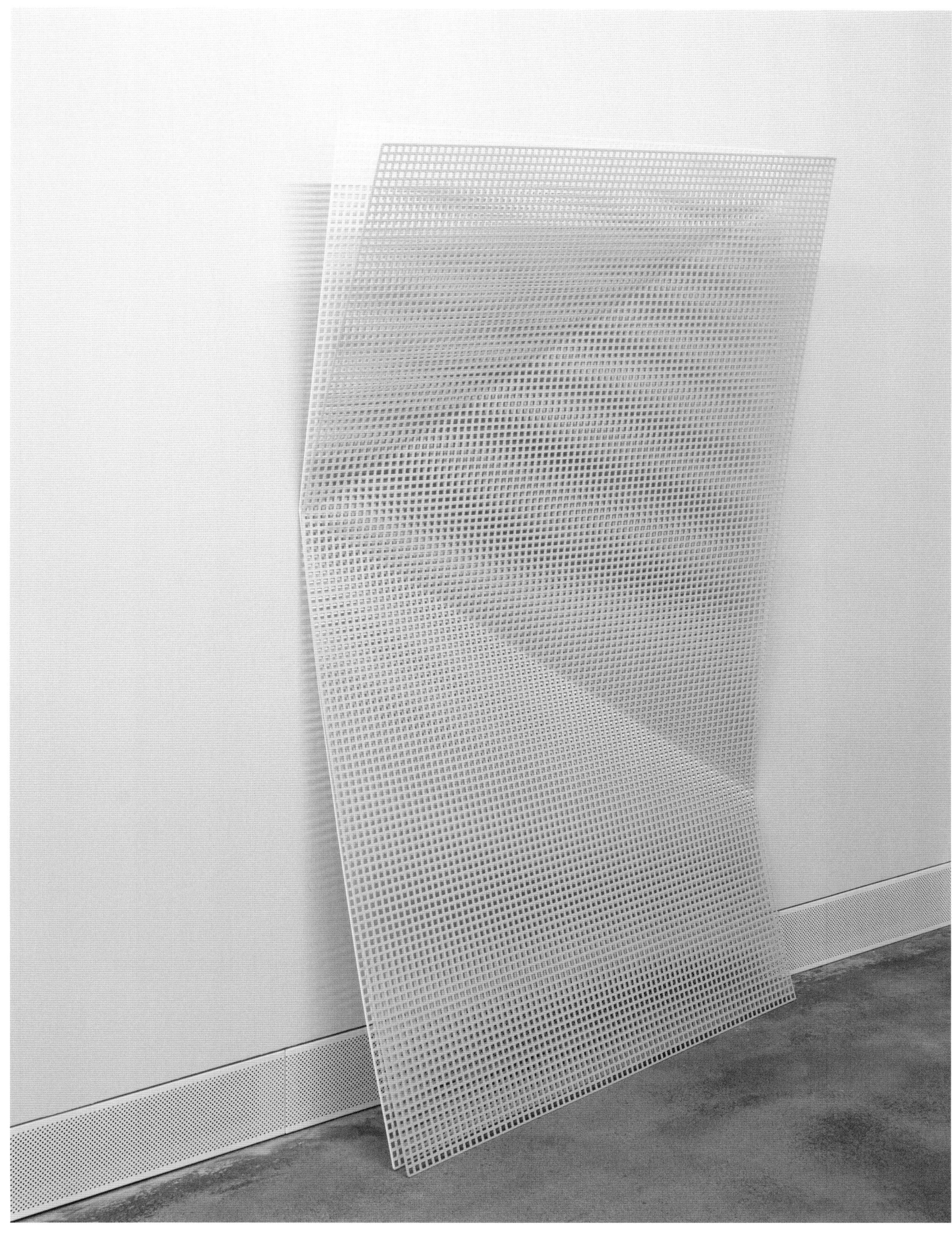

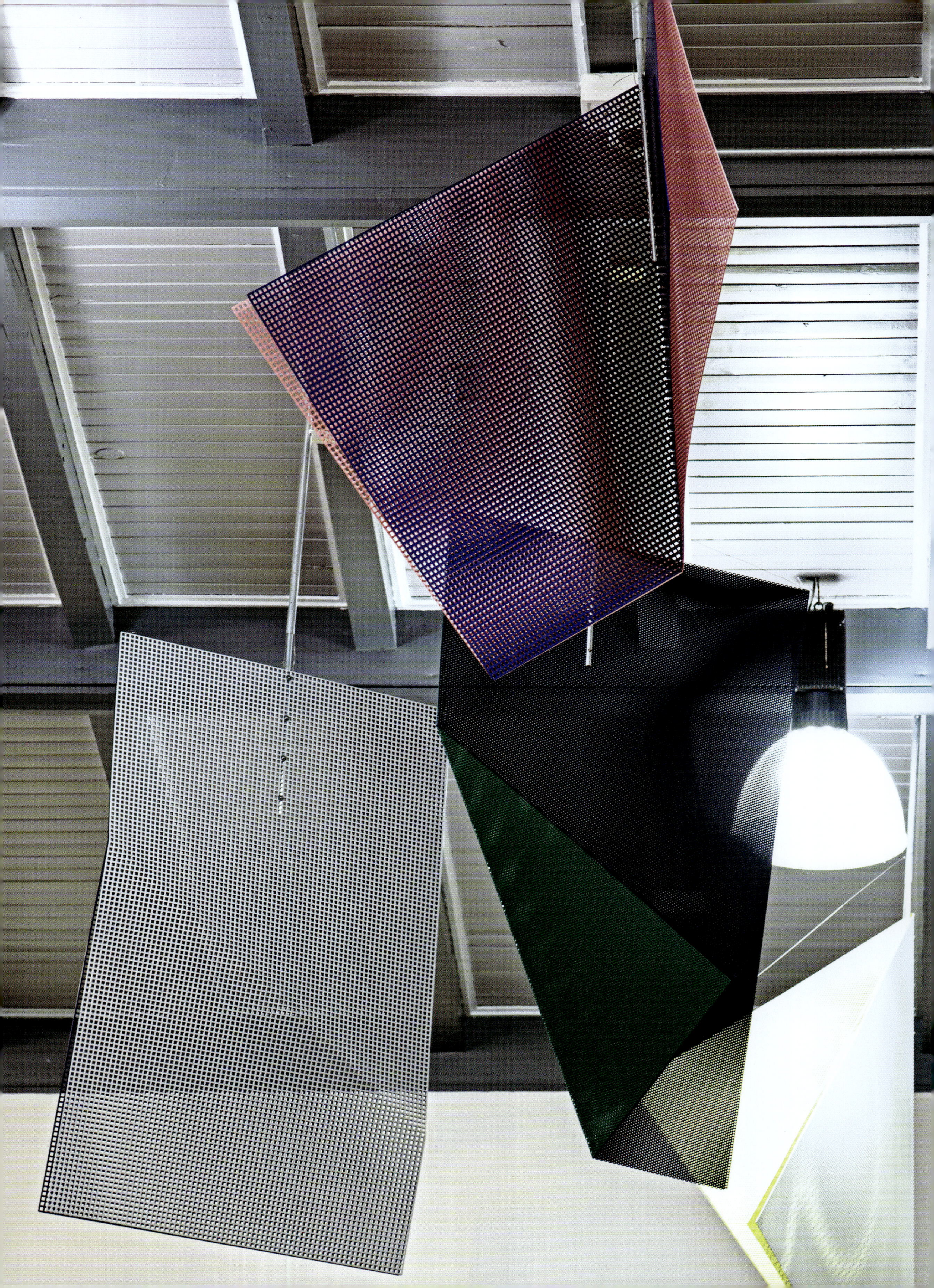

2017, Hauptbahnhof | central station, Augsburg

parade

2006–2019

Video, gekantete Lochbleche, Maße variabel

video, folded and perforated aluminium sheets,
dimensions variable

Der Film *parade* führt vom ältesten Teil der Gropiusstadt nahe der Hufeisensiedlung von Bruno Taut zu den
zentralen Großbauten von Walter Gropius in der Mitte
der Siedlung. Der Weg verläuft entlang eines zentralen Grünstreifens, der als Antwort auf die drängenden
sozialen Probleme erst Mitte der 1980er-Jahre nach
den ursprünglichen Plänen fertiggestellt wurde. Der
Film wird auf eine mehrteilige Skulptur aus gefalteten
Lochblechen projiziert. Die Projektion strahlt teilweise
durch die Lochbleche hindurch und vervielfacht sich
auf mehreren Ebenen. Der projizierte Film wird dabei
von den Rasterstrukturen der Lochbleche überlagert.
Die Übertragung von Bildmotiven in Rasterstrukturen ist beim Reproduktionsverfahren von Bildern eine
grundlegende Voraussetzung. Das Raster wird damit
zum Werkzeug in der Reproduktion und Produktion
von Wirklichkeit.

Über die Rasterung bezieht sich *parade* auch
auf den Planungsprozess selbst. In den 1960er-Jahren
wurden sämtliche Gebäude mithilfe von Rasterfolien
als grafisches Darstellungsmittel geplant. Die verschie-
denartigen Raster verweisen dabei auf das Formenvokabular einer modularen Architektur, die prototypisch
in der Gropiusstadt realisiert wurde.

The film *parade* moves from the oldest part of
Gropiusstadt, close to Bruno Taut's Horseshoe Estate,
to the large buildings by Walter Gropius in the centre
of the development. The film's route follows one of
the green corridors, planned at the same time as
the buildings, but only completed in the 1980s as a
response to the acute social problems. The film is
projected on a multi-piece sculpture made from
folded perforated metal sheets. The projections
shine through some of the perforations, multiplying
themselves on the various surfaces. The projected
film is thus overlaid onto the pattern of dots on the
perforated metal. The transformation of imagery into
half-tone dot-structures is a basic prerequisite for the
reproduction of images. The half-tone pattern is thus
a central element in the reproduction and production
of reality.

Via this pixilation, *parade* also relates to the
planning process itself. In the 1960s most buildings
were visualised with the aid of half-tone film as a
means of graphic representation. The various patterns
point to a formal vocabulary of a modular architecture,
which was realised prototypically in the Gropiusstadt
development.

darc space gallery, Dublin

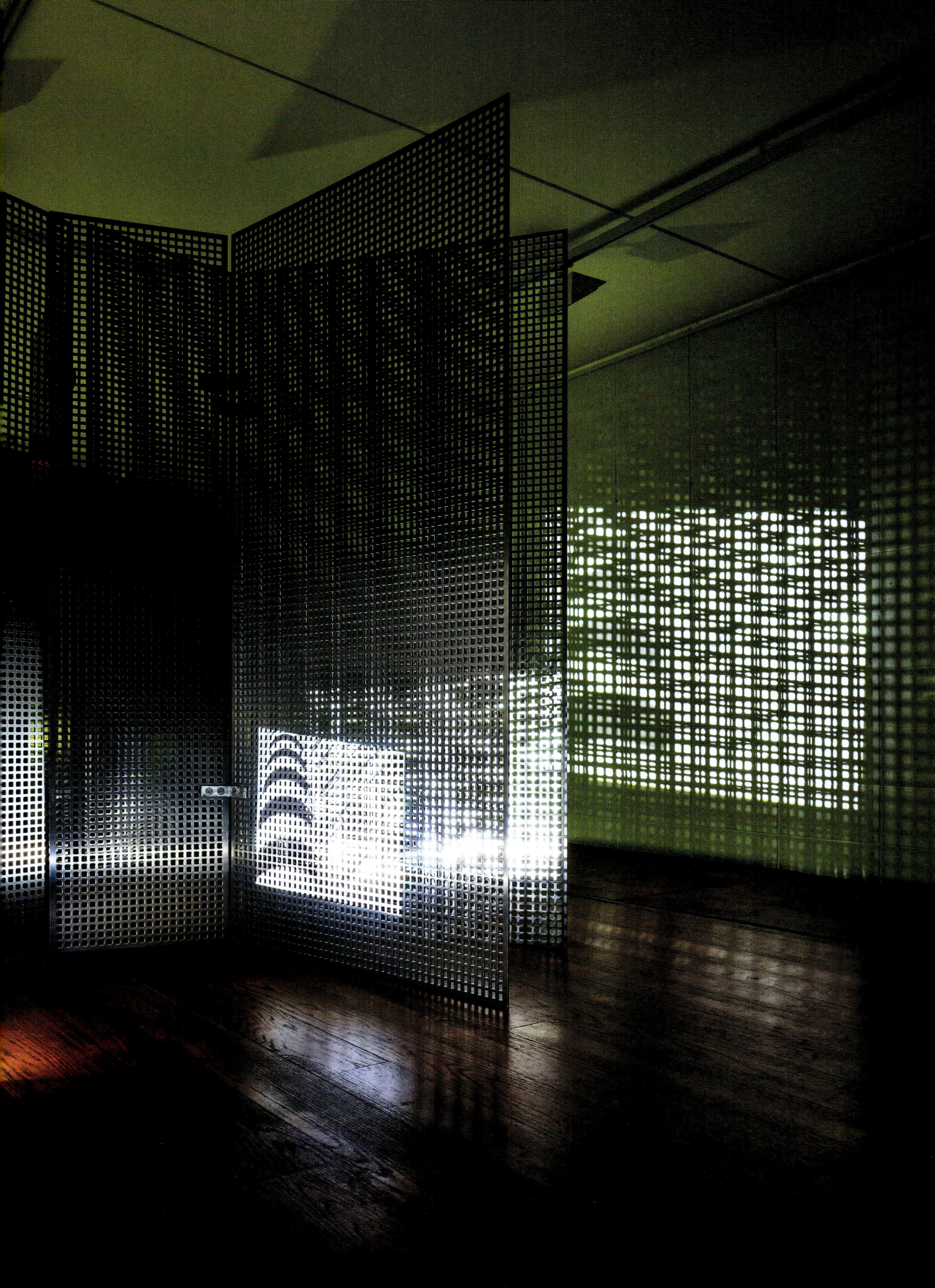

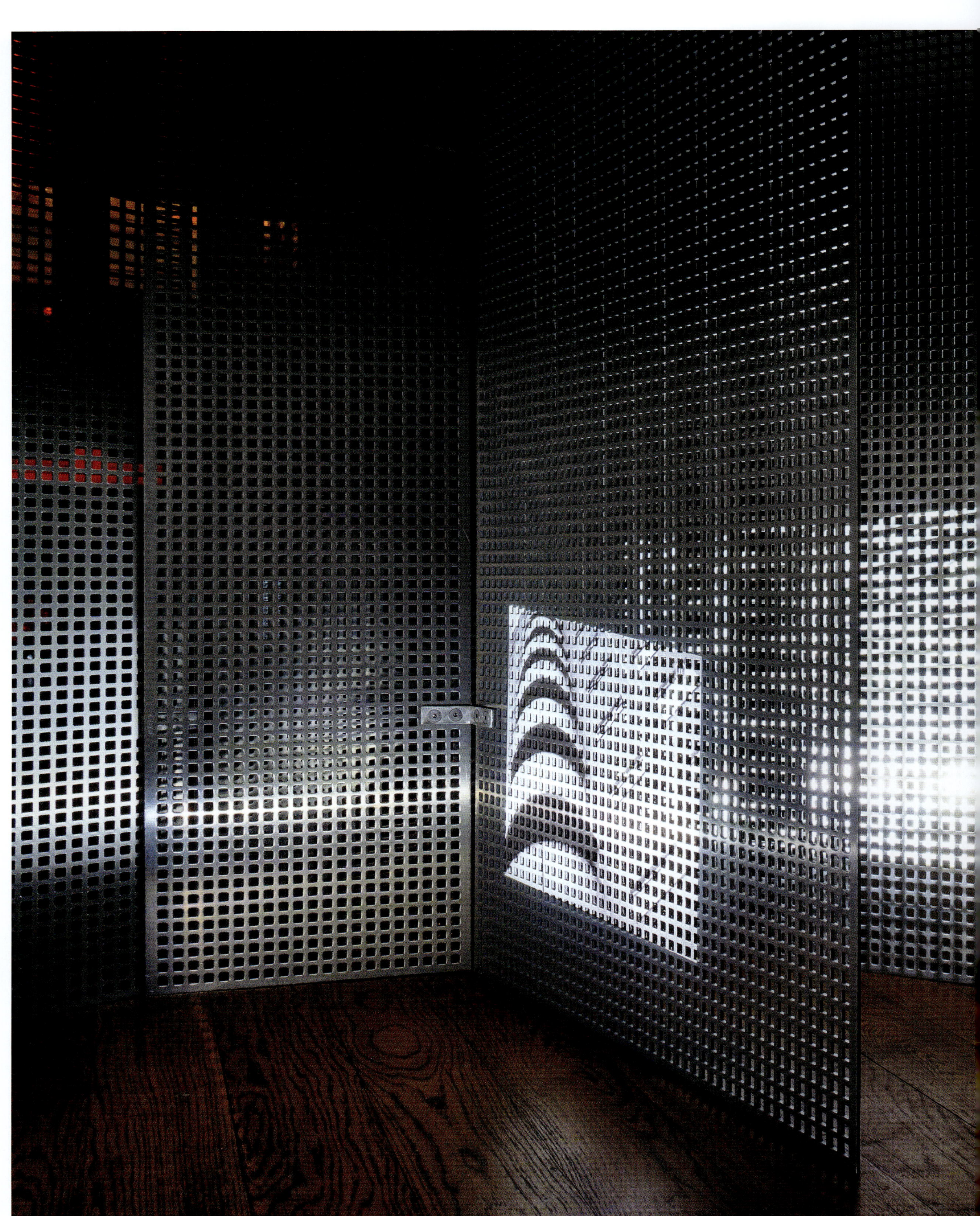

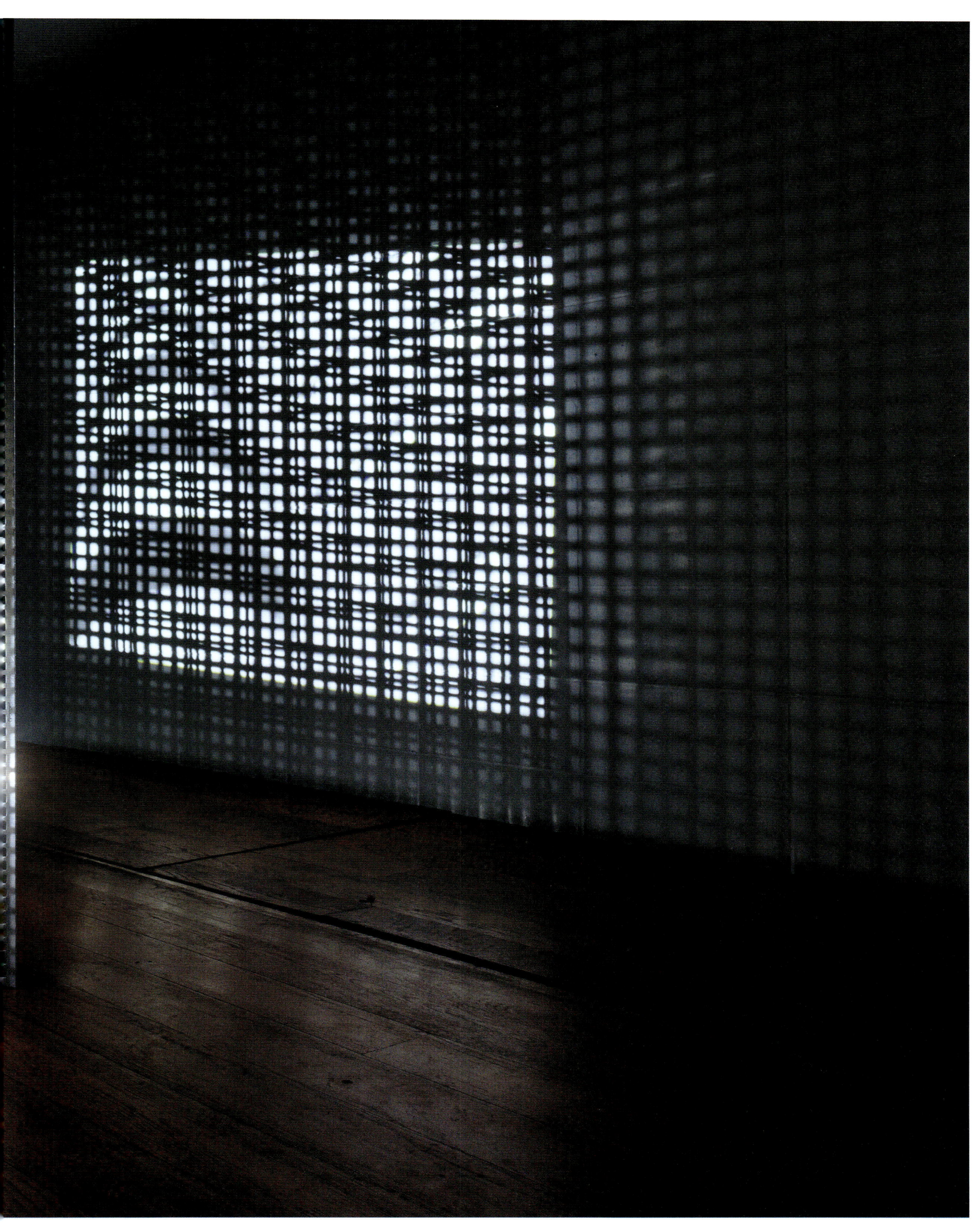

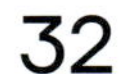

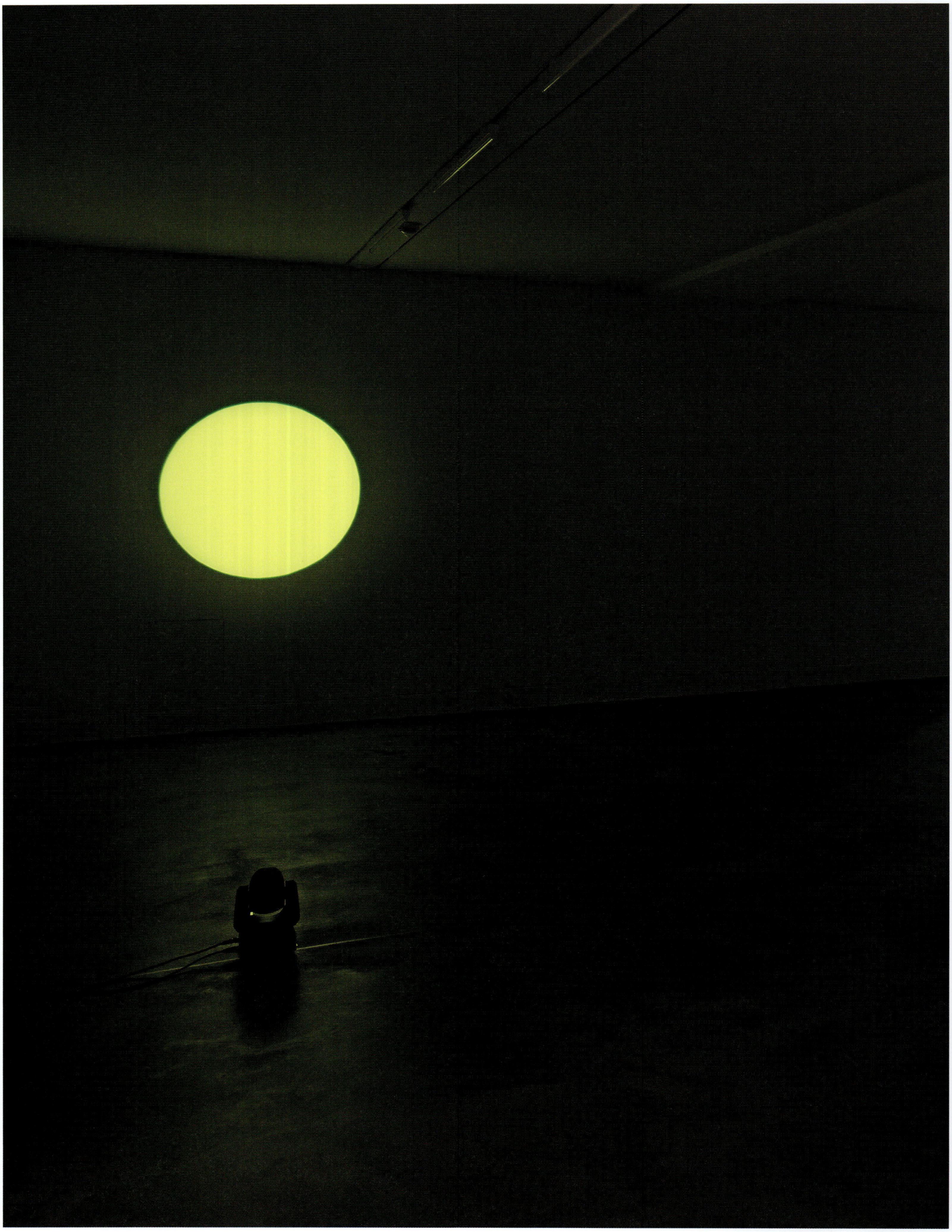

parade (doubt)

2018

Moving Light, Lichtsteuerung

moving light, 1-channel rotating spot

Die Grundfarben Gelb, Rot und Blau, die als programmatischer Farbcode des Bauhauses verwendet wurden, werden abwechselnd und zufällig von einem Lichtprojektor in drei verschiedene und festgelegte Richtungen des Raumes projiziert. Der Rhythmus des wechselnden Lichtkegels bezieht sich auf den Song *Sense of Doubt* von David Bowie, der aber nicht zu hören ist. Der Song ist Teil des Albums *Heroes,* das 1977 in Berlin produziert wurde und zum Soundtrack des Films *Christiane F. – Wir Kinder vom Bahnhof Zoo,* 1981, wurde. Der Film erzählt die Geschichte des drogenabhängigen Mädchens Christiane F., die in den 1980er-Jahren in der Gropiusstadt aufwuchs. Zu Beginn des Films werden die unzumutbaren Zustände für Kinder und Jugendliche in der Gropiusstadt drastisch beschrieben. Schon damals begann man, die Großsiedlung als Projekt einer gescheiterten Nachkriegsmoderne zu betrachten.

The primary colours red, yellow and blue, used here as a reference to the colour code of the Bauhaus, are projected alternately and randomly from a light projector in three different, predetermined directions around the room. The rhythm of the changing beams relates to the song *Sense of Doubt* by David Bowie, which is not, however, playing. The song is from the album *Heroes,* produced in 1977 in Berlin and used for the soundtrack of the 1981 film *Christiane F.* The film tells the story of the drug addict Christiane F, who grew up in Gropiusstadt in the 1980s. At the beginning of the film, the unacceptable conditions of children and young people in the estate are brutally depicted. Even then, the idea of the large-scale estate was increasingly being seen as a failed post-war modernist project.

Zentrum für Aktuelle Kunst, Zitadelle Spandau

Center for Contemporary Art, Spandau Citadel

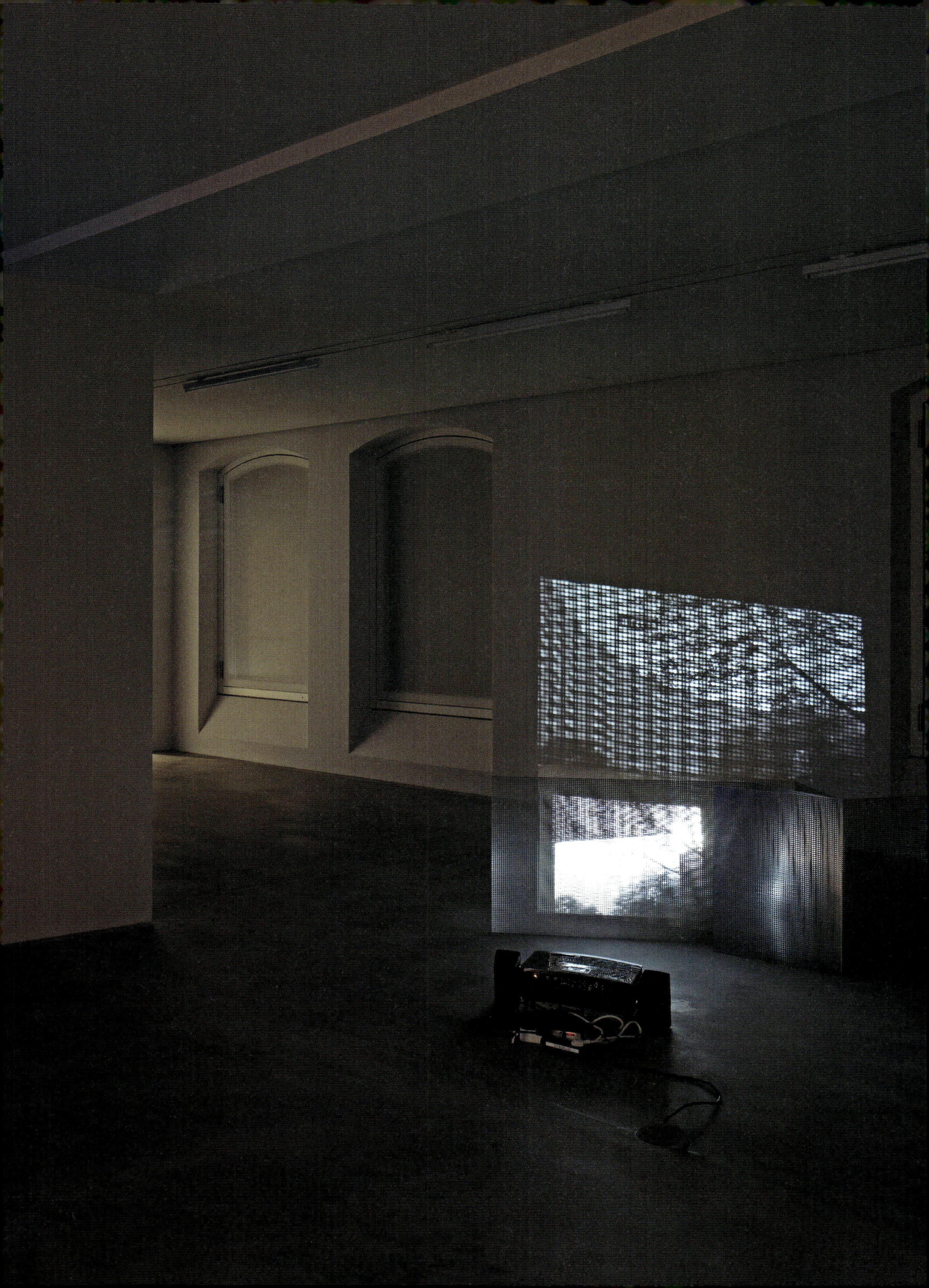

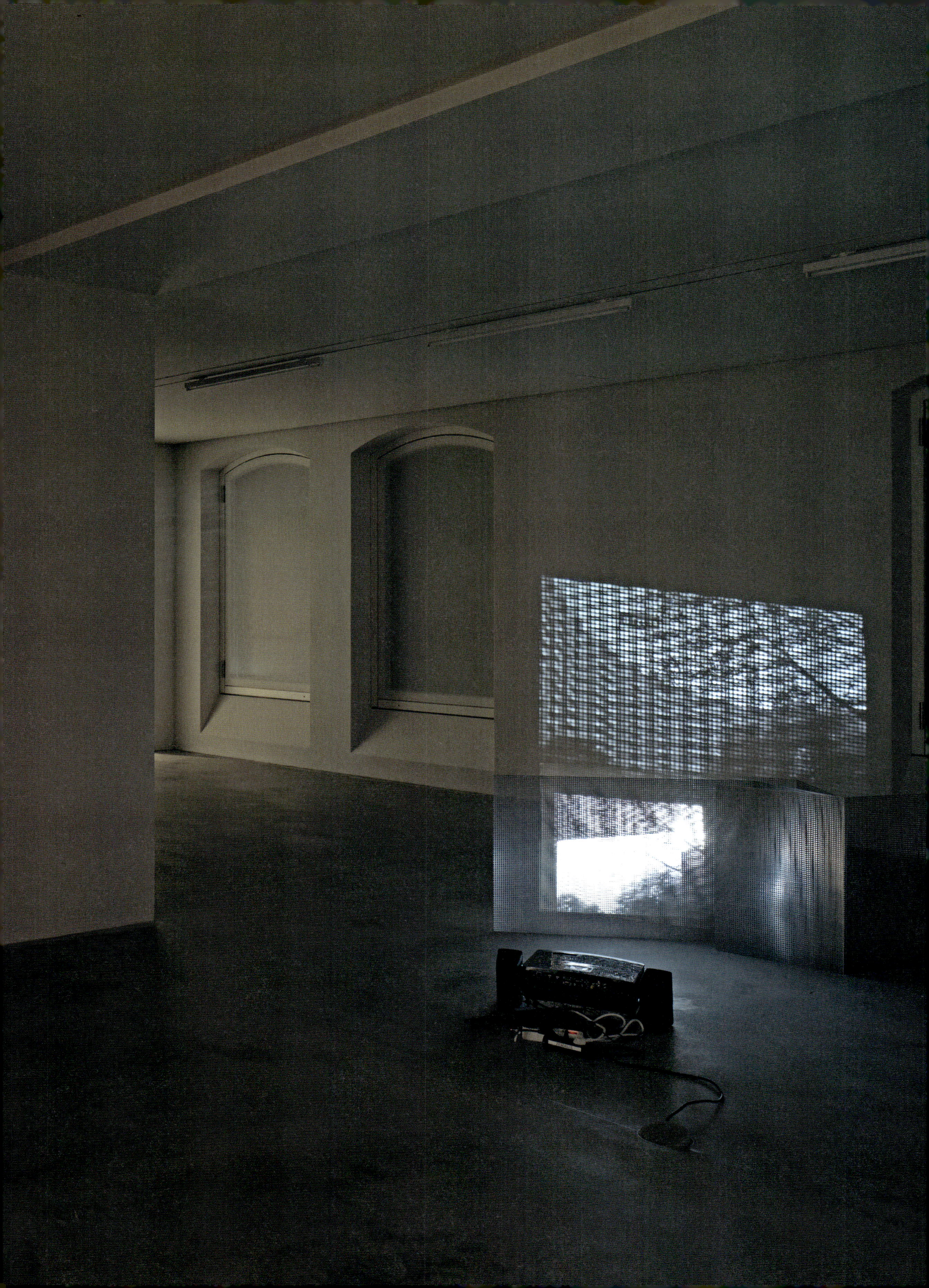

Bürgerliche Dämmerung. Historische und individuelle Brüche im Werk von Albert Weis

Civil Twilight Historical and Individual Breaks in the Art of Albert Weis

Markus Heinzelmann

Die Sonne steht noch unter dem Horizont, streut aber bereits ihr Licht in den Morgenhimmel. Die Astronomie hat für diese etwa vierzigminütige Übergangsphase den Begriff der bürgerlichen Dämmerung geprägt. In dieser kurzen Spanne hat Albert Weis im Frühjahr 2006 den Videofilm *parade* gedreht. Er dokumentiert einen Spaziergang durch die Berliner *Gropiusstadt,* der in einem breiten Grünstreifen westlich des Otto-Wels-Rings beginnt, etwa dort, wo er vom Fritz-Erler-Weg nach Süden abzweigt. Der Film wurde in Schwarz und Weiß gedreht und über die gesamte Dauer von 29:45 Minuten nicht geschnitten. Die rhythmischen Bewegungen des Spaziergängers werden als schwankende, teilweise ruckhafte Perspektiven auf das Bild übertragen. Es ist die verletzliche Perspektive der Handkamera, die man zum Beispiel aus klassischen Horrorfilmen wie dem *Blair Witch Project,* 1999, kennt: horizontal suchend oder schräg nach oben gerichtet, so dass man sich mit dem Inhalt des Films auf eine nervöse, fesselnde Art identifiziert. Dabei erzeugt ein besonderes filmisches Mittel immer wieder eine traumhafte Stimmung: Weis hat die Kamera gelegentlich gegen die Laufrichtung nach hinten gerichtet. In diesen Momenten löst sich der Blick vom Ziel des Weges und verliert sich schwankend im Dickicht der Parkanlagen. Bereits nach wenigen hundert Metern erreicht die Kamera das erste Hochhaus, das von den Architekten der *GEHAG* 1963–65 errichtete Hochhaus in der Severingstraße 1. Es zählt zu den ältesten Wohngebäuden der *Gropiusstadt*. Die *GEHAG*, 1924 als *Gemeinnützige Heimstätten-, Spar- und Bau-Aktiengesellschaft* gegründet, hatte während der Weimarer Republik bereits die legendäre *Hufeisensiedlung* von Bruno Taut (1925–30), *Onkel Toms Hütte* (Taut, Häring, Salvisberg, 1926–32) sowie weitere Siedlungen des Neuen Bauens in Berlin-Zehlendorf und Prenzlauer Berg errichtet. Jäh taucht die 14 Stockwerke hohe Architektur im Bild auf und löst den Unglauben und die Verwirrung darüber aus, dass eine scheinbar undurchdringliche Natur und eine derart rigide Wohnmaschine in unmittelbarer Nachbarschaft koexistieren. Damit ist das Thema des Films benannt, das aus den Brüchen zwischen Natur und erschreckender, den Betrachter überwältigender Architektur angelegt ist.

Die Kamera bewegt sich scheinbar labyrinthisch im menschenleeren Morgen weiter und begegnet den Parks und Hochhäusern an der Joachimsthaler Straße und dem Bat-Yam-Platz, dem ikonischen *Gropiushaus* an der Lipschitzallee beziehungsweise dem 31 Stockwerke zählenden Wohnhochhaus *Ideal* in der Fritz-Erler-Allee 120, das ebenfalls von Walter Gropius in den Jahren 1966–69 gebaut wurde. In unmittelbarer Nachbarschaft endet der Film in einem düsteren, kleinen Waldstück, den Blick auf den Boden gerichtet.

Wer allerdings über Kenntnisse der Topografie vor Ort verfügt sowie die unterschiedlichen Planstufen und das Kartenmaterial zur *Gropiusstadt* kennt, dem öffnet sich noch eine zweite, im Untergrund der Stadt liegende Ebene: Albert Weis hat sich bei seinem

The sun is still below the horizon, but its light already spreads across the morning sky. Astronomy has coined the phrase "civil twilight" for this approximately forty-minute-long transitional period. In spring 2006, Albert Weis shot the video film *parade* during this short time span. It documents a stroll through Berlin's *Gropiusstadt* that begins in a wide strip of green to the west of Otto-Weis-Ring, approximately where it branches off from the Fritz-Erler-Weg to the south. The film was shot in black-and-white without any editing over its entire length of 29:45 minutes. The rhythmic movements of the walker are transmitted to the image as swaying—sometimes jerky—perspectives. This is the vulnerable perspective of the hand-held camera one knows from classic horror films such as *The Blair Witch Project* (1999): searching horizontally or pointed obliquely upwards to make one identify oneself with the content of the film in a nervous, gripping manner. At the same time, a special cinematic device was introduced over and over again to produce a dreamlike atmosphere. Weis occasionally pointed the camera backwards, against the direction of movement. In these moments, the view is removed away from the destination of the path and loses itself, unstably, in the thicket of the park areas. After only a few hundred metres, the camera reaches the first high-rise building, which was realised by the architects of the *GEHAG,* at Severingstraße 1, from 1963 to 1965. It is one of the oldest housing blocks in Gropiusstadt. The *GEHAG,* which was founded in 1924 as the *Gemein-nützige Heimstätten- Spar- und Bau-Aktiengesellschaft* (Non-Profit Housing, Savings and Construction Shares Company) had already built Bruno Taut's legendary *Hufeisensiedlung* (Horseshoe Estate) (1925–30) and *Onkel Toms Hütte* (Uncle Tom's Cabin) (Taut, Häring, Salvisberg, 1926–32), as well as other *New Building* settlements in Berlin-Zehlendorf and Prenzlauer Berg. The 14-storey-high architecture appears suddenly in the film and triggers a feeling of incredulity and confusion that a rigid "residential machine" of this kind could coexist in the immediate proximity of seemingly impenetrable nature. This becomes the subject of the film, which is structured out of the ruptures between nature and startling architecture that overwhelms the viewer.

The camera moves on through the deserted morning in a seemingly labyrinthine fashion to encounter the parks and skyscrapers on Joachimsthaler Straße and Bat Yam Platz, the iconic Gropiushaus on Lipschitzallee, and the 31-storey *Ideal* high-rise residential building, which was also built by Walter Gropius in the years 1966–69, at Fritz-Erler Allee 120. Focused downwards, the film ends in a small, gloomy woodland area in the immediate vicinity.

However, those who are aware of the topography of the location, as well as the various planning levels and cartographic material of *Gropiusstadt,* will discover a second level, lying underneath the city, opening up to them: Albert Weis' stroll was determined by the course of the underground railway line that was an

Gang von dem Verlauf der U-Bahntrasse leiten lassen, die von Anfang an ein integraler Bestandteil der Gropius'schen Pläne war. Der Architekt selbst hat dies am 19. Juli 1967 in einem ausführlichen Brief an die Redaktion der *Bild-Zeitung* erläutert, die ihm einen umfangreichen Fragenkatalog zugeschickt hatte: „Die Grundidee der ursprünglichen Planung ist die folgende: Ein breiter Grüngürtel, unter dem die neue U-Bahn läuft, schwingt in großem Bogen von Nordwesten nach Osten. Die existierenden Hauptstraßenzüge – Johannisthaler Chaussee, Lipschitzallee, Wutzkyallee – verlaufen radial zu diesem Grüngürtel, sozusagen als seine Speichen. Im ursprünglichen Bebauungsplan waren entsprechend die Hausblöcke so angeordnet, dass sie parallel und rechtwinklig zu der jeweiligen Speichenstraße verliefen, also im westlichen Teil der Siedlung diagonal zum Kompaß. Die jetzige Nord-Südabweichung hat infolgedessen zu einer Verunklarung der Grundidee der Planung in diesem Westabschnitt geführt."[1]

Die drängenden Fragen der mächtigen, an der Volksstimmung orientierten *Bild-Zeitung* sind ein Hinweis darauf, dass bereits im Jahr 1967, also mitten in der Bauphase, die Menschlichkeit des Vorhabens infrage gestellt wurde. Heute gilt die *Gropiusstadt* als ein katastrophaler Misserfolg der Stadtplanung. Doch als im Juni 1958 der Berliner Senator für Bau- und Wohnungswesen die Entscheidung traf, mit der Gesamtplanung zu beginnen und die entsprechenden zusammenhängenden Grundstücke aufzukaufen, war die *Gropiusstadt* durchaus ein utopisches Versprechen. Sie lag unmittelbar neben der *Hufeisensiedlung* Bruno Tauts und sollte sich direkt auf diese beziehen.[2] Die ersten Gesamtplanungen von Walter Gropius und The Architects Collaborative (TAC) im Mai 1960 und April 1961 zeigen diese Referenzen überdeutlich: Drei große, auf das Hufeisen anspielende Wohnringe dominierten noch die zweite Planungsstufe, 1961,[3] sind aber später nicht realisiert worden. Genau auf Höhe des nordwestlichen der drei Ringe startet der Spaziergang des Künstlers. Mit seiner Wanderung entlang des Grüngürtels macht er die Verheißungen sichtbar, die den Beginn des Projektes trugen, und verweist auf das Scheitern der meisten Pläne. Zu viele divergierende Interessen formten und beeinflussten das Projekt,[4] wie es aus dem Schreiben von Gropius herausklingt. Die heute bestehende *Gropiusstadt* (bis 1972: *Großsiedlung Berlin-Britz-Buckow-Rudow, BBR*) hat mit den ursprünglichen Ideen der *GEHAG* und den Überzeugungen von Walter Gropius nicht mehr viel gemein.

Der Grüngürtel aber führt noch einmal die Ideen vor Augen, die vor allem Le Corbusier seit 1919 propagiert hatte und die er unmittelbar nach dem Ende des zweiten Weltkriegs 1946 in den *Propos d'urbanisme* zusammenfasste.[5] Er spricht dort von der „Vertikale(n) Gartenstadt", in der sich der „Wohnblock (...) in einem Park mit Sportanlagen, Krippen, Kindergärten, Grundschulen und Klubs" erhebt.[6] „Das Haus muss weg von der Straße, die Begriffe des ‚Straßenzugs' und des ‚Hinterhofs' sollen verschwinden.

integral part of Gropius' plan from the very beginning. The architect himself explained this in a detailed letter, written to the editors of the *Bild Zeitung* on 19 July 1967, in response to an extensive catalogue of questions they had sent him: "The fundamental idea behind the original plan is the following: A wide greenbelt, under which the new underground line runs, curves in a sweeping arc from the northwest to the east. The existing main streets—Johannisthaler Chaussee, Lipschitzallee, and Wutzkyallee—run radially to this greenbelt, like spokes. Correspondingly, in the original masterplan, the residential blocks were organised in such a way that they would be parallel and at right angles to the individual radial streets and, therefore, diagonal to the compass in a considerable part of the settlement. As a result, the current north-south deviation has led to obscuring the original idea of the planning in this western section."[1]

The pressing questions asked by the powerful *Bild Zeitung,* which is strongly oriented on the feelings of a broad public, are an indication that as early as in 1967—in the middle of the construction phase—the human focus of the project was doubted. Today, *Gropiusstadt* is considered to be a catastrophic urban-planning error. However, when, in June 1958, the Berlin Senator for Building and Housing made the decision to begin with the masterplanning and purchase the land necessary to achieve this, *Gropiusstadt* seemed to be an absolutely utopian undertaking. It was located directly next to Bruno Taut's *Hufeisensiedlung* and was intended to have a direct relationship to it.[2] The early masterplans drawn up by Walter Gropius and *The Architects Collaborative* (TAC) in May 1960 and April 1961 make these references self-evident. Three large rings of housing referring to the horseshoe still dominated the second stage of planning (1961)[3]; however, they were later not realised. The artist's stroll begins begins exactly at the north-western point of the three rings. Wandering along the greenbelt, he makes visible the promises borne in the initial stages of the project and then refers to the failure of most of the plans. According to Gropius' letter, too many diverging interests formed and influenced the project.[4] Today's *Gropiusstadt* (until 1972: *Großsiedlung Berlin-Britz-Buckow-Rudow, BBR),* does not have very much in common with the original ideas of the *GEHAG* and the ideas of Walter Gropius.

But the greenbelt once again demonstrates the ideas that Le Corbusier, in particular, had been propagating since 1919 and were subsequently summarised in the *Propos d'urbanisme* in 1946, immediately after the end of the Second World War.[5] He speaks about the "vertical garden city" in which the "housing block (...) rises up in a park with sporting facilities, crèches, kindergartens, elementary schools and clubs."[6] "The house must be moved away from the street; the concept of the 'residential street' and 'courtyard' should disappear.

A required number of apartments are united in one building; by concentrating on a single point, a

Gropiusstadt, Wohnsiedlung der GEHAG (Neukölln, Britz/Buckow/Rudow), Prof. Walter Gropius vor dem Modell der Wohnsiedlung, 1962 | Gropiusstadt, GEHAG housing development (Neukölln, Britz/Buckow/Rudow), Prof. Walter Gropius in front of the model of the housing development, 1962

Eine entsprechende Anzahl von Wohnungen wird in einem Gebäude zusammengefaßt; durch diese Konzentration auf einen Punkt gewinnt man eine beträchtliche Bodenfläche; das Wohngebiet erhält Großzügigkeit und die Landschaft kann in die Gesamtkonzeption mit einbezogen werden."[7] Der Städtebau Le Corbusiers, dessen Prinzipien er stets in eleganten Zeichnungen visualisierte, mutet wie eine unendliche feriale Parklandschaft an. Einzelne Hochhäuser beziehungsweise Wohnblöcke, die durch Hochstraßen in die obersten Stockwerke erschlossen werden, sind wie bauliche Akzente hineingetupft. Unter den Straßen können die Bewohner genauso flanieren und die Natur erleben wie unter den Häusern selbst, die auf Betonpfeilern aufgeständert werden. Der Mensch in Le Corbusiers architektonischer Welt wird befreit, seine „vordringlichen biologischen und psychologischen Bedürfnisse" werden befriedigt.[8]

Albert Weis zeigt in *parade* zwar die dunkle Seite der Moderne, die Entgleisung ihrer Utopien. Doch er beharrt darauf, dass es sich lohnt, an ihre Potenziale zu erinnern. Er fragt immer danach, wie die Lebenswelt des Individuums tatsächlich aussieht, wie die Architektur und das Design seine Alltagsrealität begrenzen oder sie tatsächlich befreien können. Er zeigt das Dickicht der Parklandschaft und beschreibt es zugleich als Angstraum. Er schaut mit seiner Kamera hoch an den gerasterten Fassaden direkt in den Himmel und verweist den Betrachter durch den sehr tiefen Blickpunkt doch zurück auf seine Unterlegenheit.

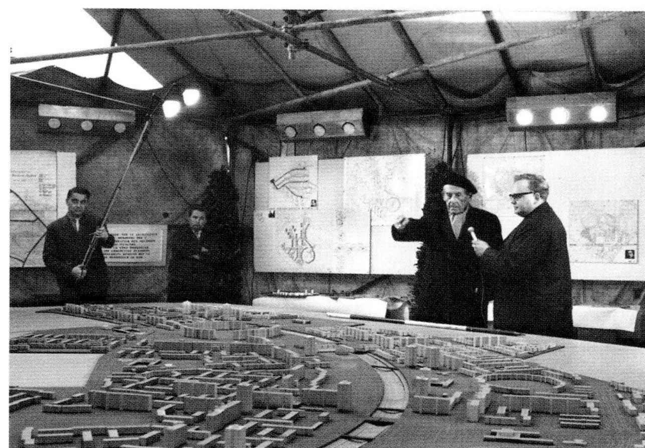

considerable area of space is gained; the residential area becomes more spacious and the landscape can be integrated into the overall concept."[7] The urban development of Le Corbusier, whose principles were always visualised in elegant drawings, seems to be an endless ferial park landscape. Individual skyscrapers or blocks of housing connected by elevated streets in the top floors are inserted as architectural accents. The inhabitants are able to promenade beneath the streets and experience nature, as well as underneath the houses themselves that were supported on concrete pillars. The human being in Le Corbusier's world is liberated; his "pressing biological and psychological needs" are satisfied.[8]

Although Albert Weis shows in *parade* the dark side of Modernism—particularly how utopia have gotten out of hand, he still insists that is worthwhile remembering their potential. He always asks how the daily life of the individual actually appears; how architecture and design limit the reality of everyday life and whether they are actually able to liberate it. He shows the thicket of the park landscape and describes it as a nightmare at the same time. Through the lens of his camera, he looks up past the grid-like facades directly into the sky and, as a result of the extremely deep visual focus, makes the viewer aware of his inferiority. Instead of pointing his camera at streets that have been freed of automobiles, he focuses on multi-storey car parks and the commonplace, uninterrupted line of cars parked along the edge of the road. The video

film shows a parade of utopias—limitless mobility, the return to nature, the new human—and repeatedly addresses the possibility of their failure.

The title of the work, *parade,* is also a hidden reference to the "great arc" of the underground Gropius speaks about, as well as the horseshoe-shaped plan of Taut's housing scheme in the neighbourhood. In his search for the title, Albert Weis was inspired by a topographic circular arc in the *Parade Gardens* in the English spa town of Bath. The gardens in the immediate vicinity of the River Avon were established in the early 18th century and increased in importance in 1738 when architect John Wood framed them with two shady summer promenades that later gave the gardens their name—the *North Parade* in the south, and the *Grand Parade* in the west. A large section of the park is enclosed by a lawn (surrounded by a path), which, it is assumed, was once used as a bowling green. The circular form was also a typical military formation that could be used for small mounted parade units to present themselves. The artist is fascinated by double meanings of this kind. They could be an indication of a hidden function of the pleasant walk in the park in Bath that, over time, became detached from its original urban planning concept. Just as the idea of the park and residential landscape of the *Gropiusstadt* had been destroyed by rampant interests, changes in masterplans and—first and foremost—later densification, the park in Bath could have followed the reverse path: from a parade

Gropiusstadt (Neukölln/Buckow/Rudow), Blick auf die Großsiedlung, 1968 | View over Gropiusstadt, 1968

changes, 2016, Ausstellungsansicht | exhibition view Rathausgalerie | Kunsthalle München

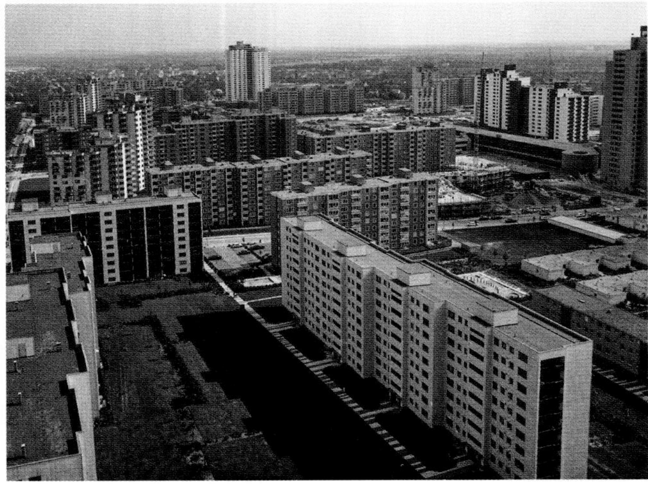

Statt auf Straßen, die von Automobilen befreit sein sollten, richtet er die Kamera auf Parkhäuser und die üblichen, lückenlos parkenden Autoschlangen am Straßenrand. Der Videofilm zeigt eine Parade von Utopien – grenzenlose Mobilität, die Rückkehr zur Natur, den neuen Menschen – und spricht dabei immer wieder die Möglichkeit ihres Scheiterns an.

Der Titel der Arbeit, *parade,* ist aber auch ein versteckter Hinweis auf den „großen Bogen" der U-Bahn, von dem Gropius spricht, sowie die hufeisenförmige Planung der Tautschen Siedlung in der Nachbarschaft. Albert Weis hat sich bei der Findung des Titels von einem topografischen Kreisbogen in den *Parade Gardens* der englischen Bäderstadt Bath anregen lassen. Die unmittelbar am Fluss Avon gelegenen Gärten wurden im frühen 18. Jahrhundert angelegt und erlangten wachsende Bedeutung, als der Architekt John Wood sie 1738 durch zwei schattige Sommerpromenaden rahmte: die *North Parade* im Süden und die *Grand Parade* im Westen, die den Gärten später ihren Namen gaben. Ein großer Teil des Parks wird von einem kreisrunden, von einem Weg gefassten großen Rasenstück erschlossen, von dem man annimmt, dass es einst als „Bowling Green" diente. Die Kreisform war aber auch eine typische militärische Formation, in der sich kleine berittene Paradeeinheiten präsentierten. Diese Doppelbedeutungen faszinieren den Künstler. Sie könnten einen Hinweis auf eine verborgene Funktion des gemütlichen Rundwegs im Bather Park geben, die sich im Verlauf der Zeit vom ursprünglichen

ground to a leisure park today, which is accessible to the local population and free of charge.

Albert Weis' works always place the everyday in the foreground. Where am I actually? What are the functions of the buildings around me? How do streets and paths make the urban space accessible? Are our movements and conditions defined by architecture? What was planned, and what has simply developed? He challenges us to look closely. What do we really see? And how is it made? Finally: Where does the art of the others begin and where does his own art follow on?

When Albert Weis plans an exhibition, he starts by looking at the space it is to be held in. He studies the architecture, the historical sources and changes, and questions the social meanings and relationships inherent in—or created by—place. The *changes* exhibition, which was shown in the *Rathausgalerie* in Munich in the summer of 2016, consequently responded to the special nature of the location.

Today's *Rathausgalerie* was originally the cashier's hall of the *New Town Hall* in Munich. The overall complex was erected in three stages in the years 1867 to 1909 with the cashier's hall being built during the last phase between 1898 and 1905.[9] Similar to many other German town halls and representative public buildings, such as churches, train stations, schools, bridges and all types of administrative buildings, it was constructed in the neo-Gothic style. Gothic elements can still be recognised in the ribbed vaults of two archways, while the neo-Gothic furnishings—in particular, the long counters—were destroyed during the Second World War. The enormous glass roof is another reminiscence of the Gothic; however, this only applies to the richness of light flowing in through the glass as it would have still been impossible to construct roofs with such a wide span in the Gothic age.

The glass roof inspired the artist to an intervention in which both the light and space itself were multiplied into infinity. To achieve this, Weis covered the entire front wall with 300cm high sheets of mirror—with the exception of the projecting sections of the room such as the portal and two jib doors, on the side of today's entrance. A second mirror wall—this time free-standing and 150 cm deep, with the same recesses, stands, like a bar, exactly parallel to the front wall a few metres towards the centre of the room. The viewer experiences a fascinating sight as he makes his way through the hall. On the one hand, the mirrors help the visitor to define the space more clearly while, on the other, the physical effects created by the mirror walls subvert the visitor's attempt to orientate himself when moving between two parallel sheets. An infinite recursive loop, which does not open an architectural, but virtual, optical space, is produced in this intermediate area. For the artist, a direct connection between Bruno Taut's architectural visions and his utopian project of the *Gläserne Kette* (The Glass Chain) exists here.[10]

Taut erected the *Glashaus,* which is now regarded as an icon, at the Werkbund Exhibition in

stadtplanerischen Konzept abgelöst hat. Sowie die Idee der Park- und Wohnlandschaft *Gropiusstadt* von wuchernden Interessen, Planänderungen und vor allem einer späteren Verdichtung zerstört wurde, könnte in Bath also der umgekehrte Weg beschritten worden sein: vom Exerzierplatz zum Freizeitpark, der der lokalen Bevölkerung heute kostenfrei zur Verfügung steht.

Die Arbeiten von Albert Weis stellen immer das Alltägliche in den Vordergrund. Wo befinde ich mich eigentlich? Welche Funktionen tragen die Gebäude, die mich umgeben? Wie erschließen die Straßen und Wege den Stadtraum? Werden unsere Bewegungen und unser Befinden von der Architektur reguliert? Was wurde geplant, was hat sich entwickelt? Er fordert uns auf, genau hinzuschauen. Was sehen wir tatsächlich? Und wie ist das gemacht? Schließlich: Wo beginnt die Kunst der Anderen, und wo setzt die eigene Kunst an?

Wenn Albert Weis eine Ausstellung plant, schaut er sich daher zuerst den Ausstellungsraum selbst an. Er studiert die Architektur, ihre historische Herkunft und Veränderungen, und er befragt die sozialen Bedeutungen und Beziehungen, die der Ort einschließt beziehungsweise stiftet. Die Ausstellung *changes*, die im Sommer 2016 in der Münchner *Rathausgalerie* stattfand, war daher folgerichtig an der Spezifik des Ortes ausgerichtet.

Die heutige *Rathausgalerie* war ursprünglich die Kassenhalle des *Neuen Rathauses* in München. Der gesamte Komplex wurde in den Jahren 1867 bis 1909 in drei Bauabschnitten errichtet, wobei die Kassenhalle zwischen 1898 und 1905 im Zuge des letzten Abschnitts gebaut wurde.[9] Es gehört wie viele Rathäuser und andere repräsentative öffentliche Gebäude in Deutschland wie Kirchen, Bahnhöfe, Schulen, Brücken oder jegliche Formen von Verwaltungsgebäuden dem Stil der Neugotik an. In der Kassenhalle erkennt man heute noch gotisierende Elemente in den Kreuzrippengewölben zweier Bogengänge, während das neugotische Mobiliar, insbesondere die beiden langen Schaltertresen, während des 2. Weltkriegs zerstört wurden. Eine weitere Reminiszenz an die Gotik bildet das gewaltige Glasdach, wobei der Anklang nur dem Glas mit seiner Lichtfülle gilt, da solch weitgespannte Dächer in der Gotik noch nicht gebaut werden konnten.

Das Glasdach hat den Künstler zu einer Intervention angeregt, mit der sowohl das Licht als auch der Raum selbst in die Unendlichkeit multipliziert werden. Dazu hat Weis die gesamte Stirnwand auf der Seite des heutigen Eingangs mit 300 Zentimeter hohen Spiegelplatten verkleidet und dabei nur die vorspringenden Raumteile wie das Portal sowie zwei Tapetentüren ausgespart. Eine zweite Spiegelwand, diesmal freistehend und 150 Zentimeter tief, steht exakt parallel zur Stirnwand und mit gleichen Aussparungen wie ein Riegel einige Meter Richtung Raummitte. Der Betrachter erlebt ein faszinierendes Schauspiel, sobald er durch die Kassenhalle wandelt. Einerseits helfen ihm die Spiegel, den Raum klarer zu

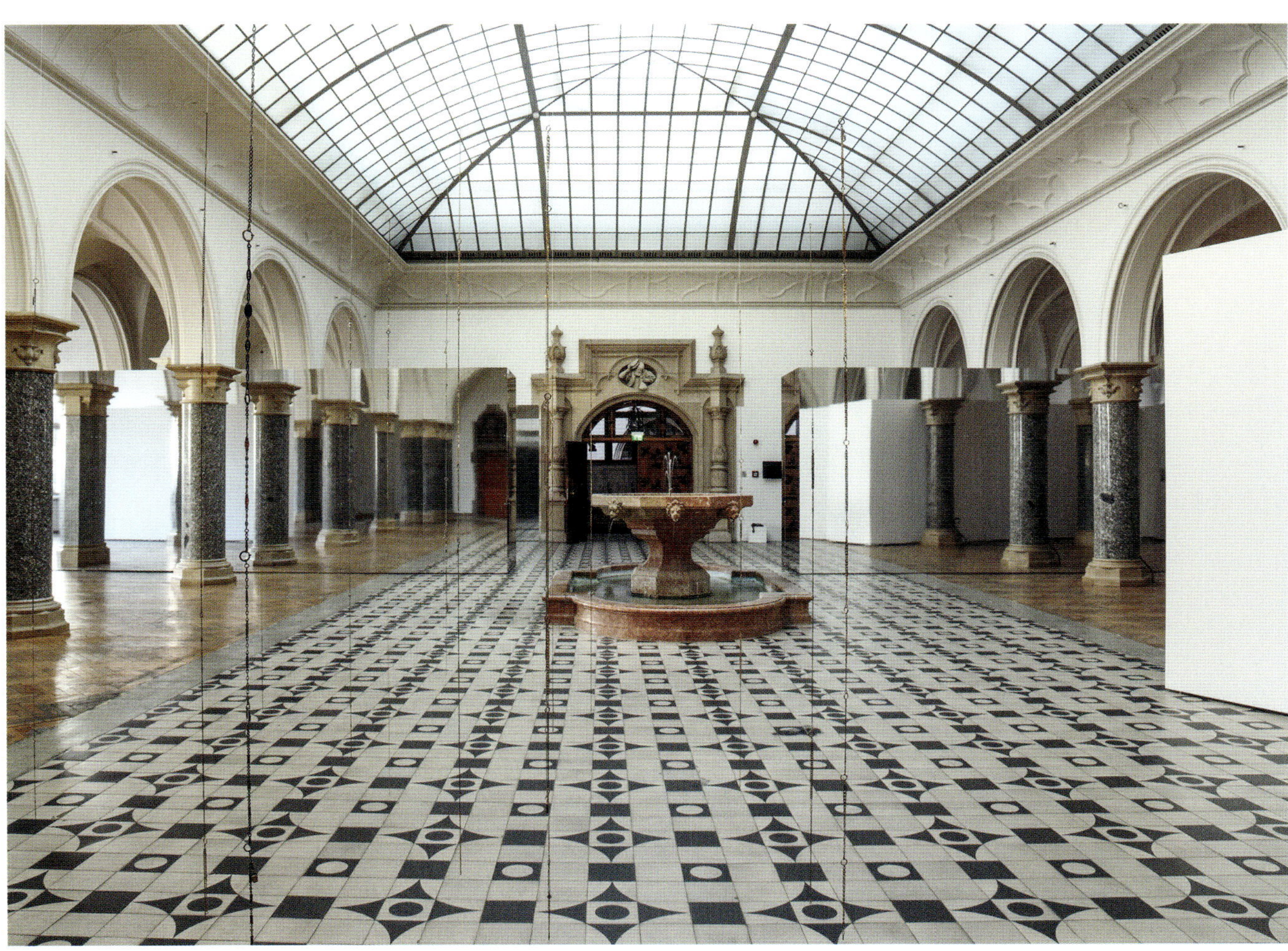

definieren; andererseits unterlaufen die physikalischen Effekte der Spiegelwände dort sein aufklärerisches Bemühen, wo er sich zwischen zwei parallelen Platten bewegt. In diesem Zwischenraum entsteht eine unendliche Schleife, die nicht einen architektonischen, sondern einen virtuellen, optischen Raum öffnet. Für den Künstler besteht hier eine direkte Verbindung zu den Architekturvisionen von Bruno Taut und sein utopisches Projekt der *Gläsernen Kette.*[10]

Taut hatte im Jahr 1914, unmittelbar vor Ausbruch des Zweiten Weltkriegs, das heute ikonische *Glashaus* auf der Werkbund-Ausstellung in Köln errichtet.[11] Es entstand als Reklamepavillon für die *Deutsche Luxfer-Prismen-Syndikat GmbH,* die sich auf besonders widerstandsfähige Glasbausteine spezialisiert hatte und bildete den „Vorschein auf eine kommende Architektur", die das Glas in Verbindung mit Stahlbeton in ihren Mittelpunkt stellt.[12] Das *Glashaus* wurde auf einem vierzehneckigen Grundriss errichtet und trug als Obergeschoss eine doppelt verglaste, rhomboederförmige Glaskuppel. Vor allem das Zusammenspiel aus weißem und farbigem Licht, der Aufstieg in die gläserne Kuppel über eine Glastreppe oder die Milchglaskugelleuchten, die im Obergeschoss einen Leuchtkranz bildeten, tauchten den Raum in eine völlig entrückte, märchenhafte Atmosphäre. Hatte man die Kuppel erreicht, gab „eine große runde Öffnung im Boden (...) den Blick frei auf eine Kaskade im Erdgeschoß, deren Wasser golden schimmerte und durch eingelegte farbige Gläser bunt ge-

fleckt war. Diesen Kaskadenraum betrat man vom Kuppelraum abwärts über eine zweite Glastreppe mit hellem zerstreutem Licht. Er empfing den Besucher mit einer intensiven Farbenpracht. Seine Decke schimmerte im Silber- und Goldglanz, durch die Deckenöffnung strahlte das weiße Licht des Kuppelraumes herunter (...). Unablässig blinkende Farbeindrücke gingen von der Kaskade aus, ihr fallendes Wasser erfüllte den Raum mit leisem Geplätscher. Schritt man neben der Kaskade zum Ausgang hinab, sah man auf die ständig wechselnden Farbfiguren eines großen Kaleidoskops."[13]

Mit diesem Gesamtkunstwerk erregte Taut überregional großes Aufsehen. Er hatte intensiv die gläsernen Ausstellungshallen des 19. Jahrhunderts studiert,[14] von denen auch das Glasdach in der Kassenhalle des *Neuen Rathauses* in München abgeleitet war. Die originale, im Zweiten Weltkrieg zerstörte Glasdecke in der Kassenhalle war sogar von einer Malerei Waldemar Kolmspergers gekrönt: „Monachia verteilt gemeinsam mit dem Münchner Kindl einen Goldregen".[15] In einer zeitgenössischen Fotografie erkennt man Monachia, die Allegorie der Stadt München, und das Münchener Kindl, die Wappenfigur der Stadt, wie sie im zentralen Mittelfeld des Glasgewölbes gemeinsam auf einer Wolke sitzen und – in der illusionistischen Manier barocker süddeutscher Deckenmalerei – aus der Höhe einen feinen Goldregen über die Besucher ausschütten. Die kunstvoll aufgespannte Glasdecke diente also als Membran zwi-

Cologne in 1914, immediately before the outbreak of the First World War.[11] It was created as an advertising pavilion for the *Deutsche Lux-Prismen-Syndikat GmbH* that specialised in particularly resistant glass building blocks and provided a "foretaste of future architecture" that placed glass, in connection with reinforced concrete, at its core.[12] The *Glashaus* was built on a fourteen-angled layout and had a double-glazed, rhombus-shaped, glass dome as its top floor. In particular, the interaction between white and coloured light, the ascent into the glass dome over a glass staircase, and the milk-glass globe lights that formed a circle of light in the upper storey immersed the space in a completely ethereal, fairytale-like atmosphere. When the dome was reached "a large opening in the floor (...) revealed a view of a cascade, with golden glittering water sprinkled with colour created by the inserted coloured glass, on the ground floor. One entered this cascade room by descending from the dome over a second staircase with bright diffused light. It welcomed the visitor with an intense blaze of colour. Its ceiling glittered in silver and gold splendour; the white light of the dome shone down through the opening in the ceiling (...). Continuously flashing colour impressions emitted from the cascade and its falling water filled the room with a softly splashing sound. When one went down to the exit next to the cascade, one looked at the permanently changing colour figures of a great kaleidoscope."[13]

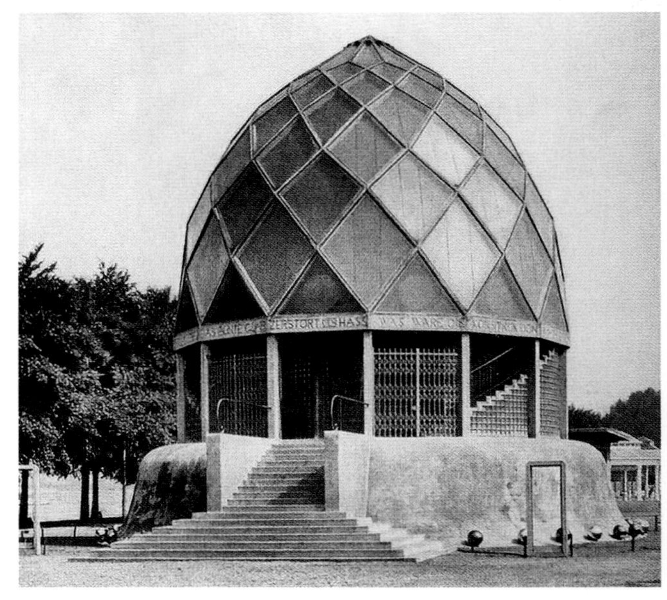

Bruno Taut, Glashaus-Pavillon, Kölner Werkbund-ausstellung, 1914 | Bruno Taut, Glasshouse Pavilion, Cologne Werkbund Exhibition, 1914

schen dem irdischen Standort des Betrachters und dem himmlischen Licht des Tages. Sie bildete ein neues, künstliches Firmament. Der Goldregen versetzte die Decke in optische Schwingungen und verwandelte den Raum in eine flirrende Gesamtheit aus Architektur, Ingenieurskunst, Volksdichtung und Malerei.

Kurz nach Vollendung des *Glashauses* brach der Erste Weltkrieg aus, und Taut zog sich – ohne die Aussicht auf konkrete Bauaufträge – in eine vergeistigte, phantastische Welt kristalliner Utopien zurück, die eng mit dem schriftstellerischen Werks Paul Scheerbarts verbunden waren. Scheerbart hatte bereits das *Glashaus* maßgeblich inspiriert, und nun war es ein Zitat aus seinem Werk *Münchhausen und Clarissa,* das Taut zu seiner *Alpinen Architektur* anregte.[16] Die freien Architekturvisionen sind von gotischen Domen inspiriert und entwerfen die chiliastische Vorstellung einer entrückten Welt, in der der titanische Architekt die Schöpfungskraft der Natur triumphal vollendet. Der Architekt ist der geistige Mittler zwischen dem Volk und dem Paradies, in dem der neue Mensch von sakralen neuen Bauten umgeben ist.[17] Von hier aus ist der Weg kurz zu den bündischen Vorstellungen einer mittelalterlichen Bauhütte, die auch Walter Gropius in dieser Zeit teilte.[18] Und so ist es nur folgerichtig, dass Gropius auch zu den Architekten und Künstlern gehörte, die Bruno Taut im Dezember 1919 ansprach, um seinen Geheimbund *Die Gläserne Kette* zu gründen: „Seien wir mit Bewusstsein imaginäre Architekten!" schreibt Taut unter dem Pseudonym Glas an Alfred Bust, Hermann Finsterlin, Paul Goesch, Jakobus Göttel, Wenzel August Hablik, Hans Hansen, Carl Krayl, die Gebrüder Hans und Wassily Luckhardt, Hans Scharoun – und eben Walter Gropius (Pseudonym Maß).[19] *Die Gläserne Kette* frönte noch einmal hemmungslos einem naiven utopischen Denken, das von der Idee geprägt war, dass der Architekt als prometheischer „Führer" die Revolution, die im Frühjahr 1919 noch fehlgeschlagen war, vollenden könne. Exzessiv wurde das Motiv des Kristalls als Verkörperung der Reinheit in Architektur übertragen und variiert. Doch schon im Februar 1920 schrieb Taut an seinen Mentor Karl Ernst Osthaus: „Damit sollte es dann mit ‚Utopien' ein Ende haben, und ich hoffe, dass ich dann noch im Praktischen einige Gelegenheit haben werde, für meine Anschauungen zu arbeiten."[20] Jetzt, da wieder Bauaufträge vergeben wurden, gründete Gropius 1919 das Bauhaus in Weimar als eine äußerst pragmatische, der industriellen Produktion zugewandte Bauhütte, und Bruno Taut steuerte unter vernichtender (Selbst-)Kritik an der *Gläsernen Kette* einer Reihe bedeutender Großaufträge entgegen.

Was heute an der aktivistischen Phase Tauts (1914–19) irritiert[21], ist ein Vokabular, das es schlecht verträgt, im Licht der völkischen Propaganda der Jahre 1933–45 wiedergelesen zu werden. Die aktivistische Theorie war „elitär und antidemokratisch".[22] Unablässig hantierte Taut mit Begriffen wie „Volkswillen" und „Führerschaft": „Architekt sein, das heißt wörtlich Führer sein. Er muß heute Führer im Ganzen

Taut created a great nationwide furore with this *gesamtkunstwerk*. He had made an intense study of the glass exhibition halls of the 19th century[14] that had also acted as the model for the service hall of the *New Town Hall* in Munich. The original glass ceiling of the hall, which was destroyed in the Second World War, was even crowned by a ceiling painting by Waldemar Kolmsperger: "The Monarchy Distributes a Shower of Gold Together with the 'Münchner Kindl'".[15] In a contemporary photograph, it is possible to recognise Monarchia, the allegory of the city of Munich, and the 'Münchner Kindl', the city's heraldic figure, sitting together on a cloud in the central middle pane of the glass dome and—in the illusionist style of Baroque painting from southern Germany—pouring a fine shower of gold over the visitors. The skilfully spanned glass ceiling therefore acted as a membrane between the worldly position of the viewer and the heavenly light of day. It formed a new, artificial firmament. The shower of gold produced optical vibrations and transformed the rooms into a shimmering entity of architecture, engineering art, folk poetry and painting.

The First World War broke out shortly after the *Glashaus* had been completed and Taut—who had no prospects of any further building commissions—withdrew into a spiritual, fantasy world of crystalline utopias that were closely related to the literary works of Paul Scheerbart. The writer had already played a major role in inspiring the *Glashaus* and now a quotation from Scheerbart's work *Münchhausen und Clarissa* provided the impetus for Taut's *Alpine Architecture*.[16] The free architectural visions were inspired by Gothic cathedrals and conceptualise the chiliastic notion of an abstracted world in which the titanic architect triumphantly perfects the creative forces of nature. The architect is the spiritual mediator between the people and paradise in which the new human is surrounded by modern sacred buildings.[17] From here, it is only a short path to the communality of the mediaeval mason's lodges that was also shared by Walter Gropius during this period.[18] It is therefore a natural conclusion that Gropius was one of the architects whom Taut contacted in December 1919 when he was in the process of establishing his secret society *Die Gläserne Kette*. Under the pseudonym of *Glas,* Taut wrote: "Let us be, with consciousness, imaginary architects!" to Alfred Bust, Hermann Finsterlin, Pail Goesch, Jakobus Göttel, Wenzel August Hablik, Hans Hansen, Carl Krayl, the brothers Hans and Wassily Lickhardt, Hans Scharoun—and precisely Walter Gropius (pseudonym: *Maß* (Measure).[19] The *Gläserne Kette* once again indulged uninhibitedly in naïvely utopian thoughts that were marked by the idea that the architect—as the Promethean "Führer"—could bring the revolution that had failed in the spring of 1919 to fruition. The motif of the crystal as the embodiment of purity in architecture was used excessively and in many variations. However, as early as in February 1920, Taut wrote to his mentor Karl Ernst Osthaus: "That should put an end to the 'utopias'' and I hope that I will now have some

Ornamentsaal mit Kaskade in Bruno Tauts Glashaus
auf der Kölner Werkbundausstellung, 1914 |
Bruno Taut Glass Pavilion, Cologne Werkbund 1914
Exhibition

1916, 2016, historische Uhrenketten, Maße variabel
(Detail) | historic watch chains, dimensions variable,
(detail), Rathausgalerie I Kunsthalle München

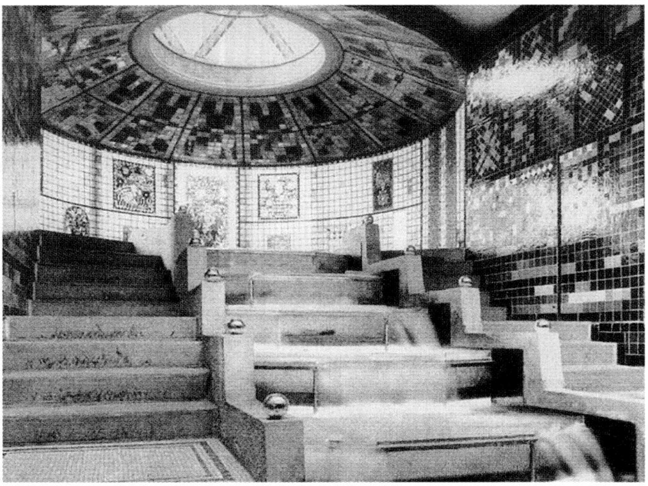

sein, Führer in eine schönere, lichtvolle Zukunft hinein.“[23] Auch die Ideen von Reinheit und Purismus dienten damals zwar vielen utopischen Bewegungen als Zielvorstellungen, sie schlossen aber immer die Bedeutung von Ausschluss und Vernichtung des angeblich „Unreinen“ ein.

Dabei war Taut ein vehementer Gegner des Krieges, der offenbarte, wie mächtig ein aggressiver Nationalismus eine Gesellschaft erfassen und leiten konnte. Im Zentrum der Münchener Ausstellung *changes* von Albert Weis steht daher die Installation *1916,* die gleichsam das Gegenteil der luziden, intellektuell entrückten *Gläsernen Kette* thematisiert: die eisernen Taschenuhrenketten, die seit 1916 im Deutschen Kaiserreich gegen goldene Uhrenketten eingetauscht werden sollten, um den Weltkrieg zu finanzieren. Weis hat systematisch über Monate zirka 300 dieser historischen Ketten aufgekauft und sie in der *Rathausgalerie* zu 20 Strängen von einer Länge von jeweils 200 Zentimetern zusammengefügt. Die Ketten werden mit Nylonschnüren so präzise von der Glasdecke abgehängt, dass sie nur wenige Millimeter über dem Boden enden und dabei zu schweben scheinen. Sie dominieren das hintere, den Spiegelwänden gegenüberliegende Raumsegment und bilden dort eine feinnervige Barriere, durch die sich die Besucher mit äußerster Vorsicht hindurchbewegen können. Aus der Nähe sind die einzelnen Ketten leicht durch ihre Sicherheitsschließen voneinander abzugrenzen, die jeweils an den beiden Enden der Ketten angebracht

opportunities to work to put my ideas into practice.”[20] In 1919, when building commissions were once again being granted, Gropius established the Bauhaus in Weimar as an extremely pragmatic 'mason's lodge' favouring industrial production, and Bruno Taut made damning (self) criticism of the *Gläserne Kette* as he headed towards a series of major contracts.

Today, the irritating aspect of Taut's activist phase (1914–19)[21] is a vocabulary that is hard to tolerate when re-read in the light of the national propaganda of the period 1933–45. The activist theory was “elitist and antidemocratic”.[22] Taut incessantly plied concepts such as “the will of the people” and “leadership”: “Being an architect literally means being a leader. Today, he must be a leader in everything and lead into a more beautiful future full of light.”[23] Although the ideas of purity and purism also acted as objectives for many utopian movements at the time, the sense of exclusion and the annihilation of the supposedly 'impure' were always inherent in them.

At the same time, Taut was also a vehement opponent of the war that revealed how a powerfully aggressive nationalism could take hold of and control a society. This is the reason why the installation *1916*—which thematises the opposite of the lucid, intellectually enraptured *Gläserne Kette*—forms the centre of Albert Weis' Munich exhibition *changes:* iron pocket-watch chains that had been exchanged to replace those made of gold after 1916 to finance the war. It took several months for Weis to systematically

purchase 300 of these historic chains and to link them together to create 20 strands, each measuring 200 cm. The chains were hung so precisely from the glass ceiling on nylon cords that they ended only a few millimetres from the floor and seemed to hover. They dominate the rear segment of the room behind the mirror walls and form a delicate barrier through which the visitors move with extreme caution. From close up, the safety clasps, which are attached to both ends of the chains, make it simple to differentiate the individual chains from each other. It is also easy to read the small plaques with the inscriptions “Gold for the Fight”, “1916” and “Iron for Honour” that have been inserted to replace individual chain links.

In reality, the campaign that was initiated under the motto of “I gave gold for iron” was actually a reprise of a patriotic fundraising crusade from the year 1813 through which Prussia intended to finance the so-called Wars of Liberation; which ended Napoleon's domination of large sections of Europe in 1815. At the time, Princess Marianne of Prussia had called on the women living in the country to exchange their gold jewellery for pieces made of iron and this actually led to a real fashion for iron ornaments.

At first sight, *1916* seems to be a classical work of minimal art: serial elements, a clear—almost mathematical—arrangement in the room, and the focus on the proportions on the human body. However, in contrast to the classic minimalists, on closer inspection, *1916* reveals itself as a highly referential work

sind. Gut lesbar sind auch die kleinen Plaketten mit der Aufschrift „Gold zur Wehr", „1916" oder „Eisen zur Ehr", die als Ersatz für einzelne Kettenglieder eingearbeitet wurden.

Die Kampagne unter dem Motto „Gold gab ich für Eisen" war im Grunde die Wiederauflage einer patriotischen Spendenaktion aus dem Jahr 1813, mit der Preußen die sogenannten Befreiungskriege finanzieren wollte; sie beendeten im Jahr 1815 Napoleons Herrschaft über weite Teile Europas. Damals hatte Prinzessin Marianne von Preußen die Bewohnerinnen des Landes dazu aufgerufen, ihren Goldschmuck gegen Schmuck aus Eisen einzutauschen, was zu einer regelrechten Eisenmode geführt hatte.

Die Arbeit *1916* mutet auf den ersten Blick wie ein klassisches Werk der Minimal Art an: serielle Elemente, eine klare, fast mathematische Anordnung im Raum und die Orientierung der Maße an der Größe des menschlichen Körpers. Aber anders als die klassischen Minimalisten entpuppt sich *1916* bei näherer Betrachtung als ein hochreferentielles Werk, das sich geradezu dramatisch in seinen Bezügen entwickelt. Es erinnert dadurch eher an Werke des amerikanischen Postminimalisten Félix González-Torres, zum Beispiel dessen Raumteiler aus Kunststoffperlen wie *Untitled (Blood)* von 1992[24] oder die von der Decke in Reihen abgehängten Lichterketten wie *Untitled (North)* aus dem Jahr 1993.[25] Die roten Plastikperlen aus *Untitled (Blood)* tragen geradezu ostentativ das Blut im Untertitel, das genauso auf das pulsierende Leben wie auf den Tod verweist. Und die ersten, damals paarweisen Lichterkettenobjekte entstanden ebenfalls nicht zufällig zu dem Zeitpunkt, als González-Torres' Lebensgefährte Ross Laycock verstarb: „Ein vollkommenes Paar, leuchten sie nun gemeinsam, bis eines Tages eine der Birnen vor der anderen ausbrennt. Zwar lassen sie sich ersetzen, aber der Gedanke ist trotzdem eine Qual. Wie die meisten Arbeiten Felix' verwandelt auch dieses Werk vollkommen banale Dinge in etwas Schönes und Hoffnungsvolles, aber auch Hartes und Tragisches."[26]

Ähnlich wie die Postminimalisten entfaltet Albert Weis aus der strengen Beherrschung des Materials und des Raumes ein äußerst beziehungsreiches und überraschend emotionales Werk. Die Emotion ist dabei Anlass und zugleich Ergebnis der künstlerischen Arbeit. Die auf den ersten Blick in der Münchener Ausstellung leicht zu übersehenden Pigmentdrucke *Liberty Hall* (2014–16) sind ein gutes Beispiel dafür. Sie zeigen das von Desmond Rea O'Kelly am Ufer des Flusses Liffey 1965 in Dublin errichtete Hauptquartier der mächtigen Gewerkschaftsorganisation *Siptu*. Es war das erste Gebäude Irlands im internationalen Stil der Glas- und Stahlbetonarchitektur und dominiert mit seinen sechzehn Stockwerken und seinem wellenförmig geschwungenen Dach bis heute das innerstädtische Panorama Dublins. *Liberty Hall* war zugleich das erste Gebäude im Internationalen Stil, das Albert Weis selbst als Schüler auf einer Reise nach Irland kennen gelernt hat. Seine Ausstrahlung,

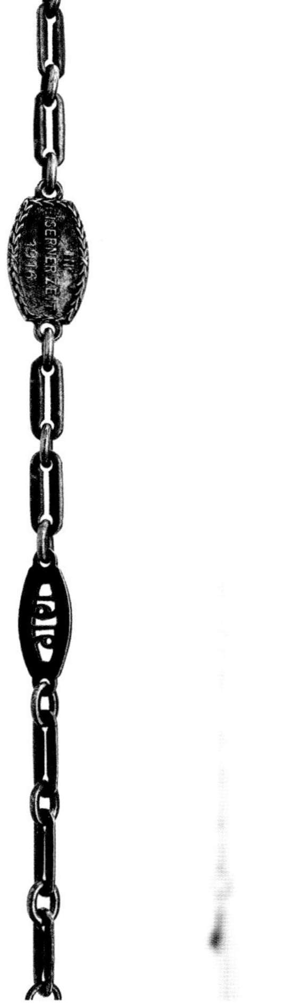

that develops its relationships in a veritably dramatic fashion. It evokes once more the work of the American post-minimalist Félix Gonzaléz-Torres—for example, his room dividers made of synthetic pearls like *Untitled (Blood)* from 1992,[24] or the chains of lights hanging from the ceiling in rows such as *Untitled (North)* from the year 1993.[25] The red plastic pearls in *Untitled (Blood)* ostentatiously refer to the blood of the subtitle that can be an indication of pulsating life as much as death. And it is not coincidental that the first projects with chains of lights—in pairs at the time— were also created at the time when Gonzaléz-Torres' partner Ross Laycock died: "Perfect lovers, glowing together with the implication that one bulb can burn out before the other. Even though the bulb can be replaced, the thought is agonising. Like most of Felix' work, this piece transforms banal material into something hopeful and beautiful as well as realistic and tragic."[26]

Similar to the post-minimalists, Albert Weis develops a work, which is extremely suggestive and surprisingly emotional, out of a stringent command of the material and space at his disposal. The emotion is both the cause and result of the artistic work. The pigment prints *Liberty Hall* (2014–16), which were shown at the Munich exhibition and could be easily overlooked at first sight, are a good example of this. They show the headquarters of the powerful *Siptu* trade union organisation, which architect Desmond Rea O'Kelly erected on the banks of the River Liffey in

seine Musikalität und rigide Eleganz haben ihn damals enorm beeindruckt und sein Interesse an der Formensprache der Moderne geweckt. Das Farbfoto der *Liberty Hall* vor grauem, wolkenverhangenem Himmel zeigt also einerseits die sachlich aufgenommene Ansicht einer Ikone des modernen Bauens in Europa, aber auch den Ausgangspunkt der späteren künstlerischen Karriere von Albert Weis. Im Gegensatz zu den beiden, in unmittelbarer Nachbarschaft gehängten Pigmentdrucken, die stark nachbearbeitete, fast bis zur Unkenntlichkeit eingeschwärzte Ansichten des Gebäudes zeigen, ist das farbige Hauptmotiv unbearbeitet geblieben. Seine Totale ist beschreibend, nicht interpretierend. Fast erhält man den Eindruck, dass Weis diese biografische Basis seines Werks als Dokument vorzeigen möchte: eine gerade in ihrer Sachlichkeit sehr persönliche, emotionale Geste.

Und doch gibt es ein *punctum* in diesem Bild, das über das klassische, beflissene *studium* hinausgeht und es „durchbricht (oder skandiert)": ein Element in dem Bild, das „wie ein Pfeil aus seinem Zusammenhang hervor(schießt), um mich zu durchbohren".[27] Dabei handelt es sich um das irritierende und zunächst unerklärliche Glänzen einiger Fensterscheiben und ganzer Fensterreihen, vor allem einer zusammenhängenden, längeren Passage im dritten Obergeschoss des Gebäudes. Dieser abweisende Glanz verweist auf einen Mangel im Erscheinungsbild der *Liberty Hall*: Eigentlich müsste das Gebäude transparent wirken, das Tageslicht seine Struktur optisch öffnen, indem es weitgehend ungehindert durch den Skelettbau strömt. Doch nachdem eine offenbar loyalistische Terrororganisation am 1. Dezember 1972 in unmittelbarer Nachbarschaft der *Liberty Hall* eine Autobombe gezündet und dabei fast alle Scheiben des Gebäudes zerstört hatte, wurden die Fenster mit einem schillernden Anti-Bomben-Überzug beschichtet. Die Vertreter eines hasserfüllten britischen Nationalismus hatten es zumindest geschafft, dass aus dem lichten Symbol der internationalen Modernität der noch jungen Republik Irland ein auch optisch abgeschotteter Block wurde.

Dabei war die *Liberty Hall* schon einmal das Ziel britischer Bomben geworden, genauer gesagt der Vorgängerbau gleichen Namens. Er stand im Zentrum des militärischen Gegenschlags der Briten gegen die irischen Unabhängigkeitsbestrebungen, die im Osteraufstand des Jahres 1916 kulminierten. Damals war die *Liberty Hall* der Sitz der irischen *Labour Party* und der Gewerkschaften. Am dritten Tag des Aufstands, der als erstes militärisches Ziel die Besetzung der wichtigsten Knotenpunkte Dublins formuliert hatte, hatte sich die britische Armee formiert und bombardierte das Gebäude mit grober Streuung vom Kanonenboot *Helga* aus. Obwohl der Aufstand nach drei Tagen niedergeschlagen wurde, gilt er als der entscheidende Schritt auf dem Weg zum *Irischen Freistaat*, 1922, und somit als die eigentliche Geburtsstunde der unabhängigen *Republik Irland*.

Dublin in 1965. It was the first building in Ireland to be constructed in the international architectural style of glass and reinforced concrete and, with its sixteen storeys and wavelike curved roof, has dominated the inner-city panorama of Dublin to the present day. *Liberty Hall* was also the first building in an international style that Albert Weis became acquainted with when he travelled to Ireland while he was still a secondary school student. Its presence, musicality and rigid elegance made an enormous impression on him at the time and awakened his interest in the design vocabulary of Modernism. The colour photo of *Liberty Hall* in front of a grey, cloud-covered sky therefore shows the realistically photographed view of an icon of modern European architecture and, simultaneously, the starting point for the later artistic career of Albert Weis. In contrast to the two pigment prints hung closely next to each other, which show heavily worked views of the building that have been blackened almost beyond recognition, the coloured main motif has remained in its original state. Its total view is descriptive, not interpretative. One almost has the impression that Weis wanted to show this biographical aspect of his work as a document; as a very personal emotional gesture in its objectivity.

However, there is one *punctum* in this picture that goes beyond the classic, assiduous *studium* and "breaks (or punctuates) it": an element in the picture that "rises from the scene, shoots out of it like an arrow, and pierces me."[27] This is the irritating—and,

Liberty Hall, 2014–16, mixed media,
Rathausgalerie | Kunsthalle München, 2016

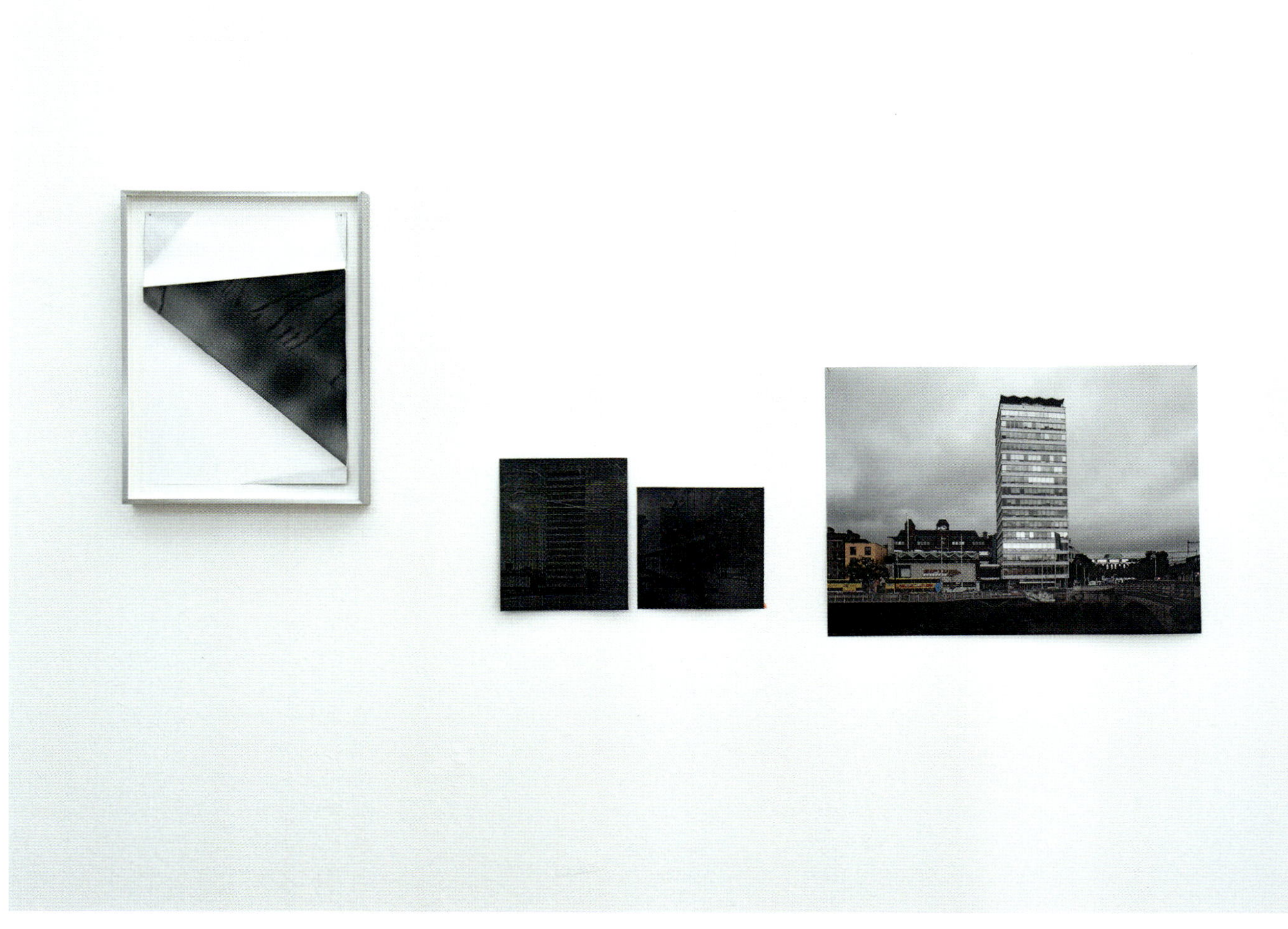

at first sight, inexplicable—shine of some individual window panes and entire rows of windows; especially, a long unbroken passage in the third floor of the building. This forbidding glow draws attention to an imperfection in the facade of *Liberty Hall:* The building should actually appear to be transparent; daylight should optically open its structure as it flows through the skeleton construction almost unhindered. But, after an apparently loyalist terror organization detonated a car bomb in the immediate vicinity of *Liberty Hall* on 1 December 1972 and destroyed almost all of the original windows in the building, the panes were covered with a shining anti-bomb coating. The representatives of a hateful form of British nationalism had at least managed to transform a glowing symbol of international Modernism of the still-young Republic of Ireland into a visually isolated block.

But then *Liberty Hall* had already been the target of British bombs once before; more precisely the preceding building of the same name. It stood at the centre of the British military counter strike against the Irish struggle for independence that culminated in the 1916 Easter Rising. *Liberty Hall* was the seat of the Irish *Labour Party* and trade unions at the time. On the third day of the uprising, which had made the occupation of the most important buildings in Dublin its foremost military goal, the British Army formed and carried out a wide-spread bombing of the building from the gunboat *Helga*. Although the uprising was crushed after three days, it is considered to be the

decisive step on the path towards the *Irish Free State* (1922) and, therefore, the actual birth of the *Republic of Ireland*.

The artist becomes even more personal in the touching two-channel video-installation *each other* from the year 2015. Two simple video monitors are placed approximately two metres opposite each other. On one the monitors, the viewer can see the artist's father, who was 88 years old at the time, listening to his son's voice and how he is repeatedly overcome by strong emotions. The other monitor shows the artist himself—extremely concentrated, but emotionally much less involved—listening to the voice of his father. The visitor to the exhibition therefore looks at the listening and not the speaking person respectively. Paradoxically, after a phase of familiarisation, this increases the concentration on the two elements of the installation—the image and the sound—because the viewer is not induced to identify with one of the speakers.

The voices of the father and the son read from the same texts; however, in their own individual rhythm. This results in acoustic shifts and, in spite of the slow delivery, also to receptive jolts as (depending on the perspective), one either runs ahead of or lags behind the content, possibly wanting to reassure oneself of what the slower of the two speakers has said, and in this way completely loosing time and, sometimes, continuity.

Father and son both read from the letters that the father had sent to his family in the Upper Palatinate

Noch persönlicher wird der Künstler in der berührenden Zweikanal-Videoinstallation *each other* aus dem Jahr 2015. Zwei schlichte Videomonitore stehen sich in einem Abstand von etwa zwei Metern gegenüber. Auf einem der Monitore kann man den damals 88-jährigen Vater des Künstlers dabei betrachten, wie er der Stimme seines Sohnes zuhört und immer wieder von starken Emotionen überwältigt wird. Auf dem anderen Monitor ist der Künstler selbst zu sehen, wie er sehr konzentriert, aber emotional viel weniger beteiligt, der Stimme seines Vaters zuhört. Der Ausstellungsbesucher betrachtet also jeweils die zuhörenden und nicht die vorlesenden Personen. Das erhöht paradoxerweise – nach einer Phase der Eingewöhnung – die Konzentration auf beide Elemente der Installation: das Bild und den Ton, weil der Betrachter nicht verleitet wird, sich mit einem der Sprecher zu identifizieren.

Die Stimme des Vaters und die Stimme des Sohnes lesen die gleichen Texte vor, allerdings in ihrem jeweils eigenen Rhythmus. Dadurch entstehen akustische Verschiebungen und trotz des langsamen Vortrags auch rezeptive Versprünge, weil man (je nach Perspektive) dem Inhalt mal vorauseilt und mal hinterherlauscht, sich beim langsameren der beiden Sprecher womöglich noch einmal über das bereits Gesagte versichern möchte und dabei ganz den Takt und manchmal auch den Anschluss verliert.

Vater und Sohn lesen beide aus den Briefen vor, die der Vater aus der jugoslawischen Kriegsgefangenschaft in den Jahren 1945 bis 1948 an seine Familie in die Oberpfalz geschrieben hat. Ihre Inhalte sind weitgehend alltäglich, doch genau aus diesem Grund erschüttern sie den Zuhörer mehr als womöglich viel dramatischere Geschehnisse, die seinen eigenen Erfahrungshorizont übersteigen. Auch hört man mit der Zeit die Zwischentöne, die vom Autor gar nicht selbst angeschlagen werden, sondern sich daraus ergeben, dass das Leben in der Heimat von den anderen einfach fortgeführt wird. Die Landwirtschaft zu Hause muss weiter betrieben werden; die Eltern und Geschwister leben ihr Leben in relativ gesicherten Existenzen. Auch hier lässt sich ein Versprung beobachten, die langsame Entkopplung und ständige Wiederannäherung zweier Realitätsebenen.

Die Installation *each other* hat in München sehr viele Zuschauer gefunden, die den Briefen aus Jugoslawien lange zugehört haben und offenbar sehr bewegt wurden. Dazu beigetragen hat sicherlich die konzentrierte Anordnung, aber mehr noch die Konstellation: Hier wird etwas erzählt, das noch niemals zuvor zwischen den Generationen ausgetauscht wurde. Vater und Sohn hören einander zu, und sie lesen einander vor. Das heißt, sie wechseln nicht einfach mechanisch die Perspektiven, sondern sie fühlen sich auch in die Emotionen des Anderen ein. Es scheint, als würden sie zwischen den nur wenige Meter entfernten Spiegelplatten stehen und sich für einen Moment in einer unendlich tiefen diskursiven Schleife bewegen.

while he was a prisoner of war in Yugoslavia from 1945 to 1948. Their contents are mainly mundane but, precisely for this reason, they unsettle the listeners more than events that might have been more dramatic; events going far beyond the horizon of their own experience. With time, one also hears the fine nuances that were not even struck by the author but result from the fact that life in the home country was simply being continued by the others. The farming at home had to be carried on; the parents and siblings were living their lives in relative secure existences. It is also possible to recognise another jolt here; the slow decoupling and permanent re-engagement of two levels of reality.

When it was shown in Munich, the installation *each other* attracted a large number of viewers who listened to the letters from Yugoslavia for a long time and were clearly very moved. Of course, the concentrated arrangement played a major role, but the constellation was ever more important: Here, something was being recounted that had previously never taken place between the generations. Father and son were listening and reading to each other. That means that they were not simply changing the perspectives mechanically; they empathised with the emotions of the other person. It seems as if they are standing between the two mirror sheets a few metres away and, for a moment, moving in an endless, profound discursive loop.

The neo-Gothic architecture of the *New Town Hall* in Munich provides a fertile resonance space for Albert Weis' works dealing with the two world wars, European nationalisms, and the exaggerated utopian expectations of early Modernism. Its elegance and modernity contrast with a diffuse, somewhat grotesque, nationalism that left its mark on the overall debate about the historical architectural styles in the 19th century.

The neo-Gothic style was the result of a strained search for a national identity through which the many small German states should at least be ideologically linked, even before the foundation of the German empire in 1871. The debate reached its peak in the period around 1842 when the foundation stone for the continuation of the construction of the *Cologne Cathedral* was laid.[28] The "patriots" intended "to place the seal of a perfect example of genuine German art on the Rhenian cathedral" and "did not tire of stressing the contemporary national significance of this work of art."[29] Until well into the 1830s, the German discussion on this matter had remained under the impression created by Goethe's *Von deutscher Baukunst* (On German Architecture) (1773) in which he glorified *Strasbourg Cathedral* as "true art" and celebrated its builder, Erwin von Steinbach, as a genius.[30] Spurred by the national enthusiasm for the Romantic, a German-centric image of the Gothic as a style that perfectly reflected the character of the German nation—united in Christianity, born by genius and connected as a people in the community of the craftsmen—was derived. An entire generation of architects then attempted to connect the construction methods of

Für Albert Weis' Arbeiten, die sich mit den beiden Weltkriegen, europäischen Nationalismen und den übersteigerten utopischen Heilserwartungen der frühen Moderne beschäftigen, bildet die neogotische Architektur des *Neuen Rathauses* in München einen fruchtbaren Resonanzraum. Dessen Eleganz und Modernität kontrastieren mit einem diffusen, teilweise grotesken Nationalismus, der die gesamte Debatte um die historistischen Baustile im 19. Jahrhundert geprägt hat.

Die Neogotik war das Ergebnis der forcierten Suche nach einer nationalen Identität, mit der die vielen deutschen Kleinstaaten bereits vor der Reichsgründung 1871 zumindest ideologisch geeint werden sollten. Ihren Höhepunkt erreichte die Debatte um das Jahr 1842, als der Grundstein für den Weiterbau des *Kölner Doms* gelegt wurde.[28] Die „Patrioten" beabsichtigten, „der rheinischen Kathedrale das Siegel eines Musterbeispiels genuin deutscher Kunst aufzudrücken" und wurden „nicht müde, auch die aktuelle nationale Bedeutung dieses Kunstwerks zu betonen."[29] Bis in die 1830er-Jahre hinein hatte die deutsche Diskussion unter dem Eindruck von Goethes Schrift *Von deutscher Baukunst,* 1773, gestanden, in der dieser das *Straßburger Münster* als „wahre Kunst" verklärt und dessen Erbauer Erwin von Steinbach als Genie gefeiert hatte.[30] Daraus leitete man, angespornt von den nationalreligiösen Schwärmereien der Romantik, ein germanozentrisches Bild der Gotik als einem Stil ab, der den Charakter der deutschen Nation perfekt widerspiegele: verbunden im Christentum, von Genialität getragen und in der Gemeinschaft der Domhütte als Volk geeint. Eine ganze Generation von Architekten versuchte nun, die Bauweisen des 13. und 14. Jahrhunderts mit den neuen Technologien des 19. Jahrhunderts zu verbinden.

Aus Hybris und Ignoranz hatte man es jedoch versäumt, die französische Gotik mit ihren prachtvollen Kathedralen und Abteikirchen zu studieren. Wieso hätte man das auch tun sollen, war die Einzigartigkeit und Prägekraft der Lösungen, die für das *Straßburger Münster* und den *Kölner Dom* gefunden worden waren, doch scheinbar derart evident, dass die französischen Bauten keiner Reise Wert zu sein schienen. In den 1840er-Jahren aber wies eine junge Gruppe von Berliner Kunsthistorikern um Franz Kugler und Franz Mertens sowie den Baseler Jacob Christoph Burckhardt gegen alle Widerstände mit ihrer historisch-kritischen Forschung den französischen Ursprung der Gotik nach und stürzte die Nationalisten damit in eine schwere Identitätskrise. Es ist durchaus amüsant, nachzuvollziehen, wie einige Wortführer des nationalistischen Diskurses auf der Suche nach einem verbindenden Stil entweder an den Leistungen der Gotik festhalten oder stattdessen einer Neoromanik oder sogar Neorenaissance das Wort reden. Als Begründung dient in der Regel die jeweils größere Modernität des historischen Vorbilds. Im Grunde endet der Diskurs erst mit Beginn des Ersten Weltkriegs. Noch 1913 hatte Kurt Gerstenberg sehr erfolgreich

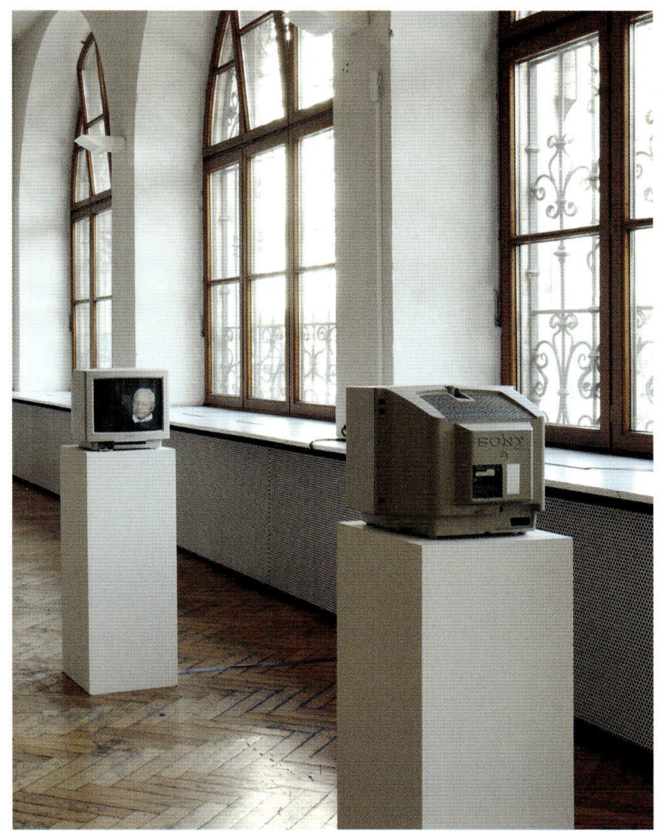

each other, 2015, 2-Kanal Video, 120 Minuten |
2-channel video, 120 minutes
Rathausgalerie | Kunsthalle München, 2016

the 13th and 14th centuries with the new technologies of the 19th.

However, out of hubris and ignorance, they had forgotten to study the French Gothic style with its magnificent cathedrals and abbey churches. But, why should they do that? Weren't the uniqueness and formative power that had been found in the *Strasbourg Cathedral* and *Cologne Cathedral* so apparent that it did not seem necessary to make a visit to the French buildings? Nevertheless, in the 1840s, and against all opposition, a group of young Berlin art historians around Franz Kugler and Franz Mertens, as well as Jacob Christoph Burckhardt from Basle, proved the French origin of the Gothic in their historic-critical research and, by doing so, plunged the nationalists into a deep identity crisis. It is quite amusing to reconstruct how, in their search for a unifying style, some advocates of the national discourse either stuck to the achievements of the Gothic or, instead, spoke out in favour of a neo-Romanesque or neo-Renaissance. As a rule, the greater modernity of the respective model served as justification. In fact, this discourse did not end until the beginning of the First World War. In 1913, Kurt Gerstenberg still successfully used the argument of race to proclaim a specific "German Gothic" as opposed to French Cathedral Gothic.[31]

When the 26-year-old Austrian architecture student Georg Hauberrisser won, in 1866, the competition to build the *New Town Hall* in Munich under the motto of *"In the German Sense, for the German Sense"*,[32]

changes, 2016, Wandeinbauten | exhibition display, Rathausgalerie | Kunsthalle München

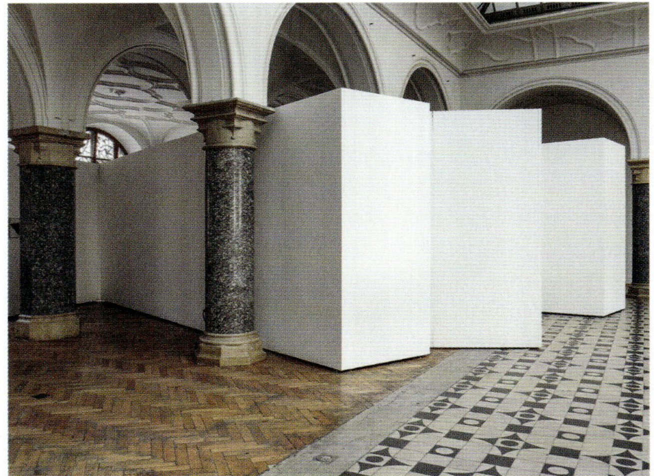

mit dem Argument der Rasse eine „Deutsche Sondergotik" in Abgrenzung zur französischen Kathedralgotik proklamiert.[31]

Als der 26-jährige österreichische Architekturstudent Georg Hauberrisser im Jahr 1866 den Wettbewerb um den Bau des *Neuen Rathauses* in München unter dem Motto „In deutschem Sinn, für deutschen Sinn"[32] gewann, war man also in der paradoxen Lage, dass die Gotik als originär französischer Stil für einen deutschen Nationalismus eigentlich desavouiert war, sich aber dennoch in ganz Deutschland als Referenz für repräsentative öffentliche Bauten durchgesetzt hatte.

Im Königreich Bayern blieb allerdings selbst nach 1871 das nationalistische Drängen nur schwach ausgeprägt, war man doch eher widerwillig und ausgestattet mit vielen Sonderrechten dem Deutschen Reich beigetreten. Die Entscheidung für einen neugotischen Entwurf in München lässt sich daher nur vor dem Hintergrund eines Geschichtsbildes verstehen, in dem das Bürgertum des Mittelalters als Vorkämpfer zunehmender städtischer Freiheiten gesehen wurde.[33] Der neugotische Bau neuer Stadt- und Rathäuser in Aachen (1900–03), Berlin Mitte, Neukölln, Schöneberg, Spandau und Wittenau, Bremen (1909–13), Dresden (1905–10), Frankfurt am Main (1914–16), Hamburg (1886–97), Hannover (1901–13), Köln (1910–13), Leipzig (1899–1905), Stuttgart (1898–1905) und vielen anderen Orten war daher Ausdruck eines neuen, gestiegenen Selbstbewusst-

the country found itself in a paradoxical position; as an originally French style, the Gothic was actually out of favour for reasons of German nationalism although it had become established throughout Germany as the reference for representative public buildings.

However, this national movement remained weakly developed in the Kingdom of Bavaria even after the country had entered into the German Reich —more or less against its will and vested with many special rights—in 1871. The decision taken in favour of a neo-Gothic plan in Munich can, therefore, only be understood against the background of a view of history in which the citizenry of the Middle Ages could be seen as the champions of increased urban liberties.[33] The neo-Gothic construction of new town and city halls in Aachen (1900–03), Berlin-Mitte, Neukölln, Schöneberg, Spandau and Wittenau, Bremen (1909–03), Frankfurt am Main (1914–16), Hamburg (1886–97), Hannover (1901–13), Cologne (1910–13), Leipzig (1899–1905), Stuttgart (1898–1905), and many other locations was therefore the expression of a new, increased self-awareness of the cities in the German empire.[34]

In 1916, the last major new construction of a historical town hall was completed in Frankfurt am Main. The Battle of Verdun began on 21 February 1916. The hardship caused by the First World War started to be increasingly felt by the German civil population during the same year and the exchange action, "Gold for Defence, Iron for Honour", was also introduced at this time.

Confronted with the war, Bruno Taut wrote an utopian manifesto on the renewal of German cities *Die Stadtkrone* (The City Crown) in the years 1916–17.[35] In it, he drew up a city for three million inhabitants towered over by a crystalline sacred building. This represented a chiliastic radicalisation of his architectural visions; the transition into an unreal world of fantasy oriented on the German Middle Ages. The *Strasbourg Cathedral* that Goethe had elevated to the supreme crown of a city in 1773[36] and the romantic identification with the wanderer acted as his points of reference: "Perfused by the light of the sun, the crystal house thrones, like a dazzling diamond, above everything, glittering in the sun as a symbol of the highest serenity, the purest inward peace. A lonely wanderer finds the most perfect bliss of architecture in its space and, ascending the steps in the room to the upper platform, he sees his city at his feet with the sun, on which this city is so rigorously oriented, rising and setting behind it. 'The light wants to pass through the entire universe and is alive in the crystal'. Coming from infinity, light is caught on the highest pinnacle of the city, is refracted, and shines in the coloured plates, edges, surface and curvatures of the crystal house."[37]

Albert Weis brutally and realistically reversed Taut's light metaphors into their opposite in the *New Town Hall* in Munich. They do not serve him as a vehicle for an accelerated flight from the world, but as a symbol for a destructive, eruptive discharge of energy: the electrical currents of a bolt of lightning.

seins der Städte im deutschen Kaiserreich.[34] Im Jahr 1916 wird der letzte große Neubau eines historischen Rathauses in Frankfurt am Main vollendet. Am 21. Februar 1916 beginnt die Schlacht um Verdun. Im Verlauf des Jahres wird die Not, die der Erste Weltkrieg verursacht, auch unter der deutschen Zivilbevölkerung drängend spürbar. Die Umtauschaktion „Gold zur Wehr, Eisen zur Ehr" beginnt.

Bruno Taut verfasst angesichts des Krieges in den Jahren 1916–17 *Die Stadtkrone,* ein utopisches Manifest zur Erneuerung der deutschen Städte.[35] Darin entwirft er eine Stadt für drei Millionen Einwohner, die von einem kristallinen Sakralbau bekrönt wird. Es handelt sich um die chiliastische Radikalisierung seiner Architekturvisionen, den Übergang in eine irreale, am deutschen Mittelalter orientierte Phantasiewelt. Als Referenzpunkte dienen ihm dabei immer noch das von Goethe 1773 zur ultimativen Stadtkrone erhobene *Straßburger Münster*[36] und die romantische Identifikationsfigur des Wanderers: „Vom Licht der Sonne durchströmt thront das Kristallhaus wie ein glitzernder Diamant über allem, der als Zeichen der höchsten Heiterkeit, des reinsten Seelenfriedens in der Sonne funkelt. In seinem Raum findet ein einsamer Wanderer das reine Glück der Baukunst und, auf den Treppen im Raume zur oberen Plattform emporsteigend, sieht er zu seinen Füßen seine Stadt und hinter ihr die Sonne auf- und untergehen, nach der diese Stadt und ihr Herz so streng gerichtet ist. ,Das Licht will durch das ganze All und ist lebendig im Kristall'. Aus der Unend-

lichkeit kommend fängt es sich in der höchsten Spitze der Stadt, bricht sich und leuchtet auf in den farbigen Tafeln, Kanten, Flächen und Wölbungen des Kristallhauses."[37]

Albert Weis hat im Münchner *Neuen Rathaus* die Lichtmetaphern Tauts brutal und realistisch in ihr Gegenteil verkehrt. Sie dienen ihm nicht als Vehikel zu einer beschleunigten Weltflucht, sondern als Symbol für eine zerstörerische, eruptive Entladung von Energie: die elektrischen Ströme eines Blitzes.

Gegenüber dem Eingang mit seiner wandverkleidenden und riegelartig in den Raum gestellten Spiegelarchitektur hat der Künstler zu diesem Zweck ein weiteres Mal massive, freistehende Wandeinbauten platziert. Es handelt sich um die gleichen Volumen wie bei den quer im Raum stehenden Spiegelwänden, doch sind sie jetzt mit matter weißer Dispersionsfarbe angestrichen und in eine Raumecke gedrängt worden. Ihre gefaltete und verästelte Form steht für die Verzweigungen des Blitzes. Mit mächtiger Präsenz drücken die Kompartimente in den Raum. Der Blitz „reinigt" jedoch nicht, sondern er gleicht lediglich die enormen Spannungsunterschiede im Raum aus. Hier der Krieg, dort das Paradies. Hier das Elend der Städte, dort „das reine Glück der Baukunst". Moderne und Mittelalter, Gold und Eisen, Vater und Sohn, Unabhängigkeit und Terror, der Einzelne und die „Gemeinschaft". Auch nachdem alle Spannungen entladen sind, gilt: Ein Prinzip gewinnt immer, die Moderne. Selbst der endzeitliche Taut ist schließlich kein

To achieve this, the artist once again placed solid, free-standing wall installations that jutted into the room like a bar opposite the entrance with its wall-covering mirror architecture. They have the same volume as the mirror walls standing obliquely in the room, but they are now covered with white dispersion paint and forced into the corner of the room. Their folded and forked form stands for the ramifications of the lightning. With their massive presence, the compartments force their way into the room. However, the lightning does not 'purify' but merely balances the enormous potential difference in the room. Here, war; there, paradise. Here, the misery of the city; there "the pure bliss of architecture". The modern and the Middle Ages, gold and iron, father and son, independence and terror, the individual and the 'community'.

Even after all the tension has been discharged, something remains valid: One principle always wins; the modern. When all is said and done, even the eschatological Taut is actually not a removed fantasist but an avaricious architect, passing time, in a waiting position. The war is hardly over before he starts planning major settlements in Berlin. In 1916, Walter Gropius also wrote his manifesto "Recommendations for Founding an Educational Institution as an Information Centre for Industry, Trade and Handwork", which would result in the foundation of the Bauhaus after 1919. The First World War is known as the first modern conflict and, in this case, "modernity" principally means its industrialisation. The never-ending

replenishment of mass-produced military equipment greatly accelerated this war and, in this way, reduced its costs. Fundamentally, these standardised rationalisation processes are similar to the new forms of construction with prefabricated building elements produced in series with which Taut, Gropius and many others were to revolutionise the building industry after 1919. The monolithic blocks, which keep the viewer at a distance in the exhibition space, also remind one of their ambivalent use.

Albert Weis captures the energy of Modernism in the image of the lightning bolt. He admires its transformative power and the many ideas and solutions it produces but he does not conceal its enormous potential for destruction. He expressly selected *changes* to be the leitmotif and title of the Munich exhibition. It is therefore no coincidence that the exhibition ends with a small light sculpture, which was developed specifically for Munich and mounted on one of the white walls. The sculpture's basic open structure consists of a multiplied and folded outline of the famous rhombohedron from Albrecht Dürer's copperplate engraving *Melencolia I* from 1514. These lines are encompassed by an illuminated narrow neon tube to produce a playful, hovering form. The proportions relate both to the *golden ratio* and rules of the *Modulor,* the scale of proportions developed by Le Corbusier between 1942 and 1948.[38]

Generations of art historians have attempted to interpret the motifs of Albrecht Dürer's copper

entrückter Phantast, sondern ein gieriger Architekt im Wartestand, der sich die Zeit vertreibt. Kaum ist der Krieg vorbei, wird er mit der Planung der großen Berliner Siedlungen beginnen. 1916 schreibt auch Walter Gropius ein Manifest, seine „Vorschläge zur Gründung einer Lehranstalt als künstlerische Beratungsstelle für Industrie, Gewerbe und Handwerk" nieder, die ab 1919 in der Gründung des Bauhauses münden werden. Der Erste Weltkrieg wird als der erste moderne Krieg bezeichnet, und Modernität bedeutet hier vor allem seine Industrialisierung. Der niemals endende Nachschub massenhaft industriell gefertigter militärischer Ausrüstung beschleunigt diesen Krieg enorm und senkt dabei seine Kosten. Im Grunde gleichen diese standardisierten Rationalisierungsprozesse den neuen Formen des Bauens mit serienmäßig vorproduzierten Bauteilen, mit denen Taut, Gropius und viele andere ab 1919 die Bauwirtschaft revolutionieren werden. Auch an ihre ambivalente Verwendung erinnern die monolithischen, den Betrachter distanzierenden Blöcke im Ausstellungsraum.

Albert Weis fängt die Energie der Moderne im Bild des Blitzes ein. Er bewundert ihre Veränderungskraft und die vielen Ideen und Lösungen, die sie produziert hat, aber er verschweigt nicht ihr enormes Zerstörungspotential. Ausdrücklich wählt er die *changes* zum Leitmotiv und Titel der Münchener Ausstellung. Nicht zufällig endet daher die Präsentation mit einer eigens für München entwickelten kleinen Lichtskulptur, die er auf einer der zusammengedrängten weißen Wände montiert hat: *parts*. Die offene Grundstruktur der Skulptur besteht aus einer multiplizierten und gefalteten Umrisslinie des berühmten Rhomboeders aus Albrecht Dürers Kupferstich *Melencolia I* aus dem Jahr 1514. Diese Linien werden von einer leuchtenden schmalen Neonröhre umfasst, so dass sich eine spielerische, schwebende Form ergibt. Die Proportionen entsprechen sowohl dem Goldenen Schnitt als auch den Regeln des Modulors, dessen Schema Le Corbusier von 1942 bis 1948 entwickelt hat.[38]

Generationen von Kunsthistorikern haben versucht, die Motive des Kupferstichs von Albrecht Dürer zu interpretieren: die Frau mit Engelsflügeln und verschattetem Gesichtsausdruck, die Sanduhren, die Leiter, die Waage, die astrologischen Instrumente, Werkzeuge, ein Haus, dessen Funktion rätselhaft ist, einen Kometen über dem Meer im Hintergrund und unzählig viele weitere Details wie auch den gewaltigen Rhomboeder im Mittelgrund. Zu jedem Gegenstand ließe sich eine Vielzahl unterschiedlicher Bedeutungen aufrufen, die aus der Kunstgeschichte um 1500 überliefert sind oder sich aus dem biografischen Hintergrund Albrecht Dürers herleiten lassen. Der Rhomboeder selbst, soviel ist unbestritten, feiert die Konstruktionsfähigkeit der Geometrie. Aber tatsächlich kann man aus all den naheliegenden ikonografischen Hinweisen auf die einzelnen Gegenstände keine schlüssige Gesamtdarstellung konstruieren. Der Stich ist als Rätsel angelegt, das sich nicht lösen lässt.[39]

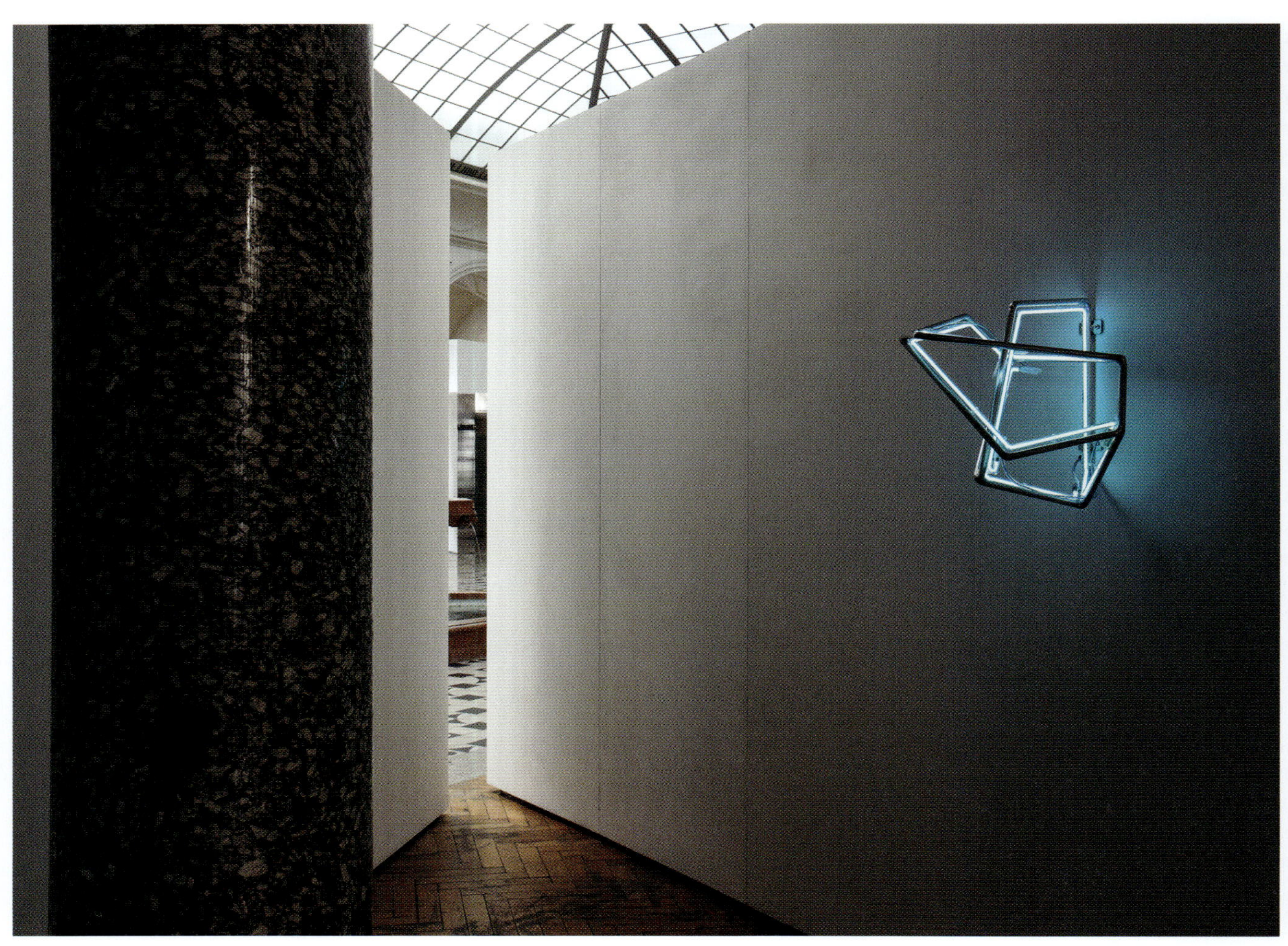

parts, 2016, Aluminium, Neon | aluminium, neon, Rathausgalerie | Kunsthalle München

Albrecht Dürer, *Melencolia I*, 1514

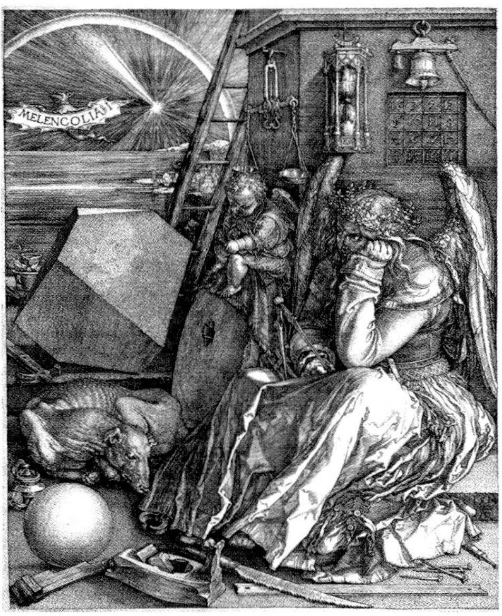

Albert Weis hat sich von der Form des Rhomboeders genauso wie die Zeitgenossen Dürers begeistern lassen. Der Polyeder gilt als besonders ausdrucksstark und damit kostbar, weil er zwar mathematisch präzise berechenbar, aber nicht regelmäßig wie zum Beispiel eine Kugel oder ein Würfel ist.[40] Seine eigentliche Bedeutung jedoch liegt darin, dass „das Blatt (…) nicht Darstellung einer Weltlandschaft, sondern Landschaft des Denkens" ist, „dem die Welt fragwürdig und problematisch geworden ist."[41] Hartmut Böhme spricht daher von einer „überlegene(n) Modernität" der *Melencolia I*. Dürer entwickele in diesem Werk „eine neue Deutung der saturnischen Genialität: in der wachen Kraft und der Weite der Fragen wird eine neue Würde sichtbar. Sie besteht nicht darin, dass der Mensch durch die Teilhabe an überlegenen Mächten einen privilegierten Status gewinnt, sondern darin, dass er im Durchdenken der Welt voller Zeichen sich als Subjekt mit endlichem Bewußtsein innewird und im Wissen der Grenzen das Mögliche schafft. Die Melancholie behält die Erfahrung ein, dass es aus der Vieldeutigkeit der Zeichen und der Endlichkeit des Könnens keine Erlösung gibt."[42] Genau das ist es, was die Ausstellung *changes* in der Münchener *Rathausgalerie* geleistet hat: Albert Weis hat mit jedem einzelnen Werk die Gewissheit in Zweifel gezogen und die Zeichen des Wandels durchdacht. Er hat die vielen Haupt-, Irr- und Nebenwege der Moderne als eine lange „Kette von Sinnentwürfen"[43] aufgeführt und damit die Moderne selbst gefeiert.

engraving: the woman with angels' wings and shaded facial expression, the hourglass, the ladder, the scales, the astronomic instruments, tools, a house with a puzzling function, a comet above the sea in the background, and countless other details, in addition to the enormous rhombohedron in the middle ground. It would be possible to invoke any number of different interpretations, which have been passed on from the art history of 1500 or derived from the biographic background of Albrecht Dürer for each object. The rhombohedron itself—and this is undisputed—celebrates geometry's constructional capabilities. But it is actually impossible to formulate a decisive comprehensive analysis from all of the manifest iconographic indications on the individual objects.[39] The engraving is a riddle that cannot be solved.

Albert Weis was inspired by the form of the rhombohedron as much as Dürer's contemporaries were. The polyhedron is considered to be especially expressive and, therefore, valuable because, although it can be precisely calculated mathematically, it is not regular like a sphere or cube.[40] However, its real significance lies in the fact that "the sheet is not a depiction of a landscape of the world, but a landscape of thought to which the world has become questionable and problematic."[41] For this reason, Hartmut Böhme speaks about a "considered modernity" when discussing *Melencolia I*. In this work, Dürer developed "a new interpretation of Saturnian genius: in the alert force and breadth of the questions, a new dignity becomes visible. It is not a matter of the human achieving a privileged status through the participation in considered forces but that, in thinking through the world full of symbols, he becomes aware of himself as a subject with endless conscience and creates the possible in awareness of the limits. Melancholy includes the experience that, from the ambiguity of the symbols and the finiteness of his faculties, there is no salvation."[42] That is precisely what the *changes* exhibition in the *Rathausgalerie* in Munich achieved: In each individual work, Albert Weis questioned certainty and explained the symbols of change. He presents the many main and secondary paths, as well as those leading in the wrong direction, as a long "chain of drafts for the senses"[43] and, in this way, celebrates Modernism itself.

1 Hans Bandel und Dittmar Machule: *Die Gropiusstadt. Der städtebauliche Planungs- und Entscheidungsvorgang*, Berlin 1974, S. 116.

2 Hans Bandel und Dittmar Machule: *Die Gropiusstadt* (wie Anm. 1), S. 13.

3 Vgl. die Aufnahme des Modells der 2. TAC-Planung in: Hans Bandel und Dittmar Machule: *Die Gropiusstadt* (wie Anm. 1), S. 57.

4 Hans Bandel und Dittmar Machule: *Die Gropiusstadt* (wie Anm. 1), S. 11.

5 Le Corbusier: *Grundfragen des Städtebaus*, Stuttgart o.J. Die französische Originalausgabe erschien unter dem Titel: *Propos d'urbanisme*, Paris 1946; die englische Ausgabe erschien unter dem Titel: *Concerning Town Planning*, New Haven 1948.

6 Le Corbusier: *Grundfragen des Städtebaus* (wie Anm. 5), S. 78.

7 Le Corbusier: *Grundfragen des Städtebaus* (wie Anm. 5), S. 84.

8 Le Corbusier: *An die Studenten. Die „Charte d'Athènes"*, Reinbek bei Hamburg 1962, S. 115.

9 Vgl. Brigitte Huber: *Das Neue Rathaus in München. Georg von Hauberrisser (1841–1922) und sein Hauptwerk*, Ebenhausen bei München 2006. Zum dritten Bauabschnitt vgl. ebd.: S. 74–86.

10 *Zur Gläsernen Kette* vgl. Iain Boyd Whyte: *Bruno Taut. Baumeister einer neuen Welt*, Stuttgart 1981, hier insbesondere S. 142–170.

11 Vgl. Angelika Thiekötter u.a.: *Kristallisationen, Splitterungen. Bruno Tauts Glashaus*, Basel 1993.

12 Carsten Ruhl: „Vom Kristallinen zum Licht. Architekturvisionen zwischen Expressionismus und Neuem Bauen", in: *Forschung Frankfurt*, 2.2015, S. 97–100; Zitat S. 98.

13 Kurt Junghans: *Bruno Taut 1880–1938*, 2. Aufl., Berlin 1983, S. 28.

14 Kurt Junghans: *Bruno Taut 1880–1938* (wie Anm. 13), S. 27.

15 Eine gute Abbildung, die den ursprünglichen Zustand zeigt, findet man in: Brigitte Huber: *Das Neue Rathaus* (wie Anm. 9), S. 188.

16 Regine Prange: *Das Kristalline als Kunstsymbol. Bruno Taut und Paul Klee. Zur Reflexion des Abstrakten in Kunst und Kunsttheorie der Moderne*, Hildesheim, Zürich, New York 1991, S. 107 und Abb. 25–55, o. S.

17 Iain Boyd Whyte: *Bruno Taut. Baumeister einer neuen Welt* (wie Anm. 10), S. 66.

18 Iain Boyd Whyte: *Bruno Taut. Baumeister einer neuen Welt* (wie Anm. 10), S. 105–107.

19 Zitiert nach Carsten Ruhl: *Vom Kristallinen zum Licht* (wie Anm. 12), S. 99.

20 Zitiert nach Iain Boyd Whyte: *Bruno Taut. Baumeister einer neuen Welt* (wie Anm. 10), S. 168.

21 Zur Ideologie des Aktivismus vgl. zusammenfassend: Iain Boyd Whyte: *Bruno Taut. Baumeister einer neuen Welt* (wie Anm. 10), S. 182–186.

22 Iain Boyd Whyte: *Bruno Taut. Baumeister einer neuen Welt* (wie Anm. 10), S. 186.

23 Bruno Taut: „Die Kunst der Siedlung", in: *Das neue Reich*, Nr. 19 (1920), S. 9; zitiert nach Iain Boyd Whyte: *Bruno Taut. Baumeister einer neuen Welt* (wie Anm. 10), S. 185.

24 Dietmar Elger: *Felix Gonzalez-Torres II*. Catalogue Raisonné, Ostfildern 1997, hier: WKVZ 217, S. 112.

25 Dietmar Elger: *Felix Gonzalez-Torres II* (wie Anm. 24), hier: WKVZ 232, S. 118.

26 Andrea Rosen: „Ohne Titel (Das nichtendende Portrait)", in: Dietmar Elger: *Felix Gonzalez-Torres I*. Text, Ostfildern 1997, S. 24–42, hier: S. 40.

27 Roland Barthes: *Die helle Kammer. Bemerkung zur Photographie*, Frankfurt a. M. 1989, S. 35.

---

1 Hans Bandel and Dittmar Machule: *Die Gropiusstadt. Der städtebauliche Planungs- und Entscheidungsvorgang,* Berlin 1974, p. 116.

2 Hans Bandel and Dittmar Machule: *Die Gropiusstadt* (see note 1), p. 13.

3 Cf. the photograph of the model of the second TAC plan in: Hans Bandel and Dittmar Machule: *Die Gropiusstadt* (see note 1), p. 57.

4 Hans Bandel and Dittmar Machule: *Die Gropiusstadt (*see note 1), p. 11.

5 Le Corbusier: Grundfragen des Städtebaus, Stuttgart s.a. The original French version was published under the title: *Propos d'urbanisme,* Paris 1946; the English edition had the title of: *Concerning Town Planning,* New Haven 1948.

6 Le Corbusier: *Grundfragen des Städtebaus* (see note 5), p. 78.

7 Le Corbusier: *Grundfragen des Städtebaus* (see note 5), p. 84.

8 Le Corbusier: *An die Studenten. 'Die Charte d'Athènes',* Reinbek bei Hamburg 1962, p. 115.

9 Cf. Brigitte Huber: *Das Neue Rathaus in München. Georg von Hauberrisser (1841–1922) und sein Hauptwerk,* Ebenhausen bei München 2006. On the third stage of building, cf. ibid.: pp. 74–86.

10 *On the "Gläserne Kette",* cf. Iain Boyd Whyte: Bruno Taut. *Baumeister einen neuen Welt,* Stuttgart 1981, here especially pp. 142–170. English edition: *Iain Boyd Whyte: Bruno Taut and the Architecture of Activism,* Cambridge, 1982.

11 Cf. Angelika Thiekötter et al: *Kristallisationen, Splitterungen. Bruno Tauts Glashaus,* Basel 1993.

12 Carsten Ruhl: Vom Kristallinen zum Licht. Architekturvisionen zwischen Expressionismus und Neuem Bauen, in: Forschung Frankfurt, 2.2015, pp. 97–100; citation p. 98.

13 Kurt Junghans: *Bruno Taut 1880–1938,* 2nd ed. Berlin 1983, p. 28.

14 Kurt Junghans: *Bruno Taut 1880–1938* (see note 13), p. 27.

15 A good illustration showing the original state can be found in: Brigitte Huber: *Das Neue Rathaus* (see note 9), p. 188.

16 Regine Prange: *Das Kristalline als Kunstsymbol. Bruno Taut und Paul Klee. Zur Reflexion des Abstrakten in Kunst und Kunsttheorie der Moderne,* Hildesheim, Zürich, New York 1991, p. 107 and ills. 25–55, s.p.

17 Iain Boyd Whyte: *Bruno Taut. Baumeister einen neuen Welt* (see note 10), p. 66.

18 Iain Boyd Whyte: *Bruno Taut. Baumeister einen neuen Welt* (see note 10), pp. 105–107.

19 Cited from: Carsten Ruhl: *Vom Kristallinen zum Licht* (see note 12), p. 99.

20 Cited after Iain Boyd Whyte: *Bruno Taut. Baumeister einen neuen Welt* (see note 10), p. 168.

21 A summary of the ideology of activism in: Iain Boyd Whyte: *Bruno Taut. Baumeister einen neuen Welt* (see note 10), pp. 182–186.

22 Iain Boyd Whyte: *Bruno Taut. Baumeister einen neuen Welt* (see note 10), p. 186.

23 Bruno Taut: Die Kunst der Siedlung, in: Das neue Reich, Nr. 19 (1920), p. 9; cited after Iain Boyd Whyte: *Bruno Taut. Baumeister einen neuen Welt* (see note 10), p. 185.

24 Dietmar Elger: *Felix Gonzalez-Torres II*. Catalogue Raisonné, Ostfildern bei Ruit 1997, here: WKVZ 217, p. 112.

25 Dietmar Elger: *Felix Gonzalez-Torres II* (see note 24), here: WKVZ 232, p. 118.

26 Andrea Rosen: 'Ohne Titel' (Das nichtendende Portrait), in: Dietmar Elger: Felix Gonzalez-Torres I. Text, Ostfildern bei Ruit 1997, pp. 24–42, here: p. 40.

27 Roland Barthes: *Die helle Kammer. Bemerkung zur Photographie,* Frankfurt a. M. 1989, p. 35. English edition: *Roland Barthes: Camera Lucida,* New York, 1981.

28 Vgl. Klaus Niehr: „Widerstand und Anpassung. Mittelalterliche Architektur als nationale Kunst zwischen Dombaufest und Reichsgründung", in: Ulrike Schubert und Stephan Mann (Hrsg.): *Renaissance der Gotik. Widerstand gegen die Staatsgewalt?* Museum Goch, Goch 2003, S. 7–28.

29 Klaus Niehr: *Widerstand und Anpassung* (wie Anm. 28), S. 7.

30 Johann Wolfgang von Goethe: *Von Deutscher Baukunst D. M. Ervini A. Steinbach,* Frankfurt/Main oder Darmstadt 1773 [d. i. 1772].

31 Kurt Gerstenberg: *Deutsche Sondergotik,* München 1913.

32 Brigitte Huber: *Das Neue Rathaus in München* (wie Anm. 9), S. 39.

33 Brigitte Huber: *Das Neue Rathaus in München* (wie Anm. 9), S. 24 und 48.

34 Vgl. Charlotte Kranz-Michaelis: *Rathäuser im deutschen Kaiserreich 1871–1918,* München 1976; dort findet sich auch ein Katalog der Stadt- und Rathäuser mit umfangreichen Angaben zu Vorgeschichte, Wettbewerben, Bauherren, Architekten, Bauzeiten, Kosten et cetera, S. 147–175.

35 Taut verfasste *Die Stadtkrone* in den Jahren 1916–1917; sie konnte aber erst 1919 publiziert werden. Bruno Taut: *Die Stadtkrone,* Jena 1919. Vgl. Regine Prange: *Das Kristalline als Kunstsymbol* (wie Anm. 16), S. 87–106.

36 Bruno Taut: *Die Stadtkrone,* Jena 1919, S. 79.

37 Bruno Taut: *Die Stadtkrone* (wie Anm. 36), S. 69.

38 Le Corbusier: *Der Modulor. Darstellung eines in Architektur und Technik allgemein anwendbaren harmonischen Maßes im menschlichen Maßstab,* Stuttgart 1953. Frz. Originalausgabe: *Le Corbusier: Le Modulor, essai sur une mesure harmonique à l'échelle humaine applicable universellement à l'Architecture et à la mécanique,* Boulogne 1950. Engl. Erstausgabe: *Le Corbusier: The Modulor: A Harmonious Measure to the Human Scale Universally applicable to Architecture and Mechanics,* London 1954.

39 Vgl. Hartmut Böhme: *Albrecht Dürer. Melencolia I. Im Labyrinth der Deutung,* Frankfurt am Main 1989.

40 Hartmut Böhme: *Albrecht Dürer. Melencolia I* (wie Anm. 39), S. 26.

41 Hartmut Böhme: *Albrecht Dürer. Melencolia I* (wie Anm. 39), S. 71.

42 Hartmut Böhme: *Albrecht Dürer. Melencolia I* (wie Anm. 39), S. 72f.

43 Hartmut Böhme: *Albrecht Dürer. Melencolia I* (wie Anm. 39), S. 9.

28 Cf. Klaus Niehr: "Widerstand und Anpassung. Mittelalterliche Architektur als nationale Kunst zwischen Dombaufest und Reichsgründung", in: Ulrike Schubert and Stephan Mann (eds.): *Renaissance der Gotik. Widerstand gegen die Staatsgewalt?* Museum Goch, Goch 2003, pp. 7–28.

29 Klaus Niehr: *Widerstand und Anpassung* (see note 28), p. 7.

30 Johann Wolfgang von Goethe: *Von Deutscher Baukunst D. M. Ervini A. Steinbach,* Frankfurt/Main or Darmstadt 1773 [d. i. 1772].

31 Kurt Gerstenberg: *Deutsche Sondergotik,* Munich 1913.

32 Brigitte Huber: *Das Neue Rathaus in München* (see note 9), p. 39.

33 Brigitte Huber: *Das Neue Rathaus in München* (see note 9), pp. 24 and 48.

34 Cf. Charlotte Kranz-Michaelis: *Rathäuser im deutschen Kaiserreich 1871–1918,* Munich 1976; this includes a catalogue of the town and city halls with comprehensive information on the previous history, competitions, commissioners, architects, costs, etc., pp. 147–175.

35 Taut wrote *Die Stadtkrone* in the years 1916–1917; it could not be published until 1919. Bruno Taut: *Die Stadtkrone,* Jena 1919. Cf. Regine Prange: *Das Kristalline als Kunstsymbol* (see note. 16), pp. 87–106.

36 Bruno Taut: *Die Stadtkrone,* Jena 1919, p. 79.

37 Bruno Taut: *Die Stadtkrone* (see note 36), p. 69.

38 Le Corbusier: *Der Modulor. Darstellung eines in Architektur und Technik allgemein anwendbaren harmonischen Maßes im menschlichen Maßstab,* Stuttgart 1953. French original edition: *Le Corbusier: Le Modulor, essai sur une mesure harmonique à l'échelle humaine applicable universellement à l'Architecture et à la mécanique,* Boulogne 1950. First English edition: *Le Corbusier: The Modulor: A Harmonious Measure to the Human Scale Universally applicable to Architecture and Mechanics,* London 1954.

39 CF. Hartmuth Böhme: *Albrecht Dürer. Melencolia I. Im Labyrinth der Deutungen,* Frankfurt am Main 1989.

40 Hartmuth Böhme: *Albrecht Dürer. Melencolia I* (see note 39), p. 26.

41 Hartmuth Böhme: *Albrecht Dürer. Melencolia I* (see note 39), p. 71.

42 Hartmuth Böhme: *Albrecht Dürer. Melencolia I* (see note 39), p. 72f.

43 Hartmuth Böhme: *Albrecht Dürer. Melencolia I* (see note 39), p. 9.

changes

2016

spiegelbeschichtetes Laminat, Wandeinbauten

mirror-coated, high-pressure laminate,
built-in exhibition display walls

Die raumgreifende Arbeit mit dem Titel *changes* transfomiert die ehemalige Kassenhalle des neugotischen Münchener Rathauses in ein komplexes Raumgefüge. Für die Installation wurde die Stirnwand an der Eingangsseite des Raumes mit 300 Zentimeter hohen Spiegelplatten verkleidet. Zusätzlich trennte nach einem Drittel des Raumes eine 30 Meter lange, vollständig verspiegelte Wand den Ausstellungsraum. Die Wand war 150 Zentimeter breit und hatte wie die Eingangswand drei Öffnungen, die ein Passieren in den Hauptraum gestatteten. Es entstanden vier großvolumige, ringsum verspiegelte Wandsegmente, die den Ausstellungsraum fragmentierten und gleichzeitig ins Unendliche spiegelten. Der unendliche Raum nimmt Bezug auf die utopischen Raumvorstellungen der frühen Moderne um Bruno Taut.

Auch die Rückwand der Ausstellungshalle wurde als ein Wandeinbau wiederholt, jedoch ohne Spiegelflächen. Die weißen Wände wurden zusammengeschoben und gefaltet, so dass neue und teils fragmentierte Räume entstanden. In diesen Räumen wurden Foto- und Papierarbeiten gezeigt, die sich mit den Auswirkungen des Osteraufstands 1916 in Dublin auseinandersetzen. Der fragmentierte Raum auf der Rückseite der Installation wurde von einer Neonskulptur bespielt.

Eine Performance mit Schauspielschülern der Otto-Falckenberg Schule in München wurde Teil der Installation *changes*. Vier SchauspielerInnen bewegten sich nach einer geometrischen Choreographie, die auf die kristallinen Strukturen der frühen Moderne und auf Choreographien von Samuel Beckett Bezug nahm. Die Stücke umfassten unter anderem: Easter, 1916 von W. B. Yeats; *Mattina [Morgen]*, 1917 von Guiseppe Ungaretti; *Fadensonnen,* 1965 von Paul Celan und *musique de l'indifférence [Musik der Gleichgültigkeit]*, 1937–39 von Samuel Beckett.

The installation work *changes* transforms the former cashier's hall of Munich's neo-gothic City Hall into a complex spatial experience. The entrance wall of the room has been covered with mirror sheets 300 cm high. In addition, a 30 m long, full-size mirror wall dissects the exhibition space. The built-in wall has a width of 150cm and features three openings, the same as the entrance wall, allowing visitors to enter the main space. The result is large-format mirrored wall segments, which fragment and reflect the exhibition space into infinity. The infinite space refers to the utopian spatial perception of the early Modernism of Bruno Taut.

The rear wall of the exhibition space also features a built-in wall, albeit without mirror panes. The white-painted wall elements were moved together and folded, resulting in new and partly fragmented rooms. Within these rooms, photographs and works on paper were shown, which explore the aftermath of the Easter Rising 1916 in Dublin. A neon sculpture casts light on the rear walls of the fragmented room.

A performance by acting students of the Otto Falckenberg drama school in Munich was part of the installation *changes*. Four actors moved to a geometric choreography that refers to the crystal structures of early Modernism and the choreographies for Samuel Beckett TV plays. The selection of poems and text fragments included, amongst others: W.B. Yeats' Easter, 1916; Guiseppe Ungaretti's *Mattina / Morning,* 1917; Paul Celan's *Fadensonnen,* 1965; and Samuel Beckett's *Musique de l'indifférence / Music of indifference,* 1937-39.

Rathausgalerie I Kunsthalle München

Rathausgalerie I Kunsthalle Munich

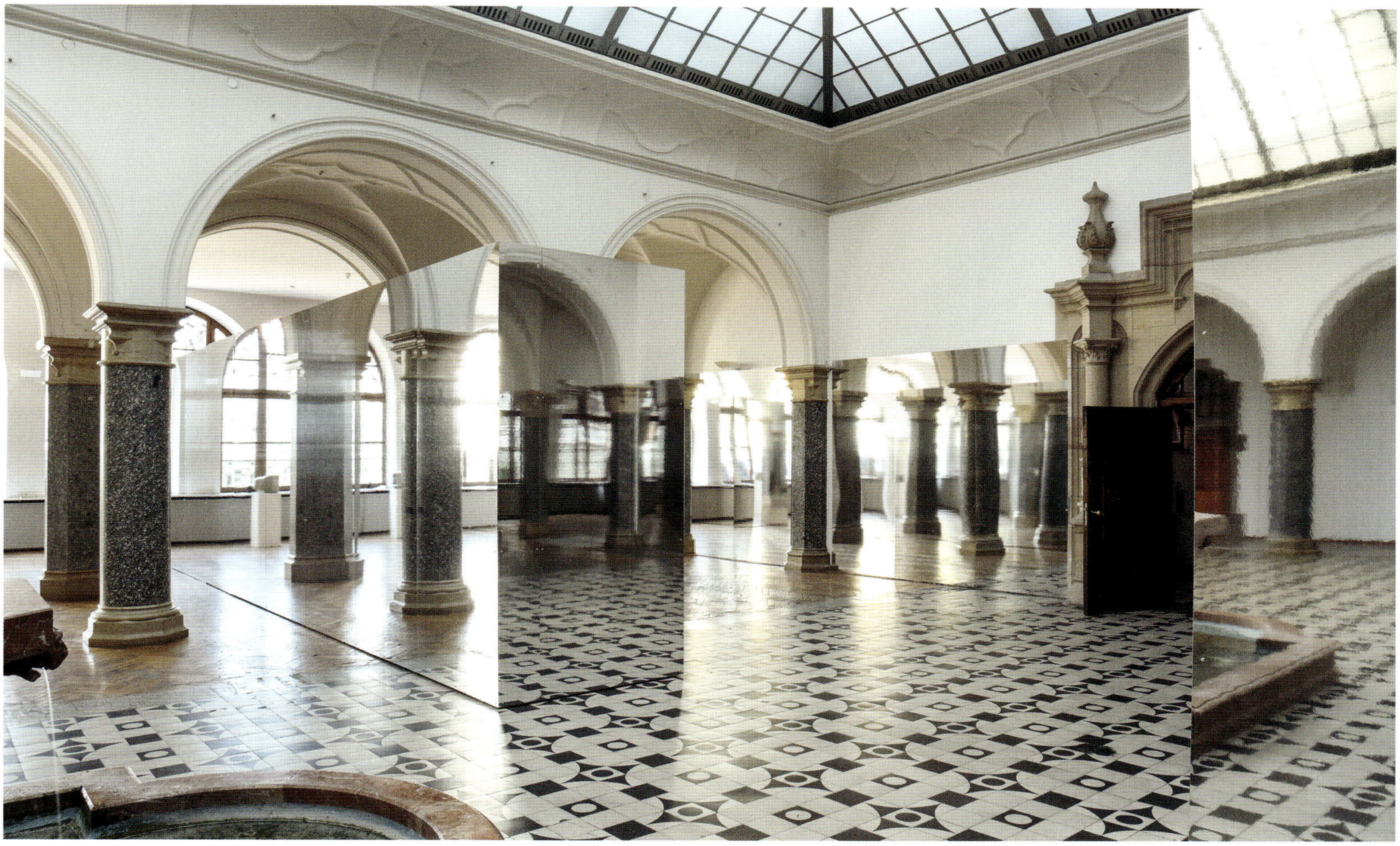

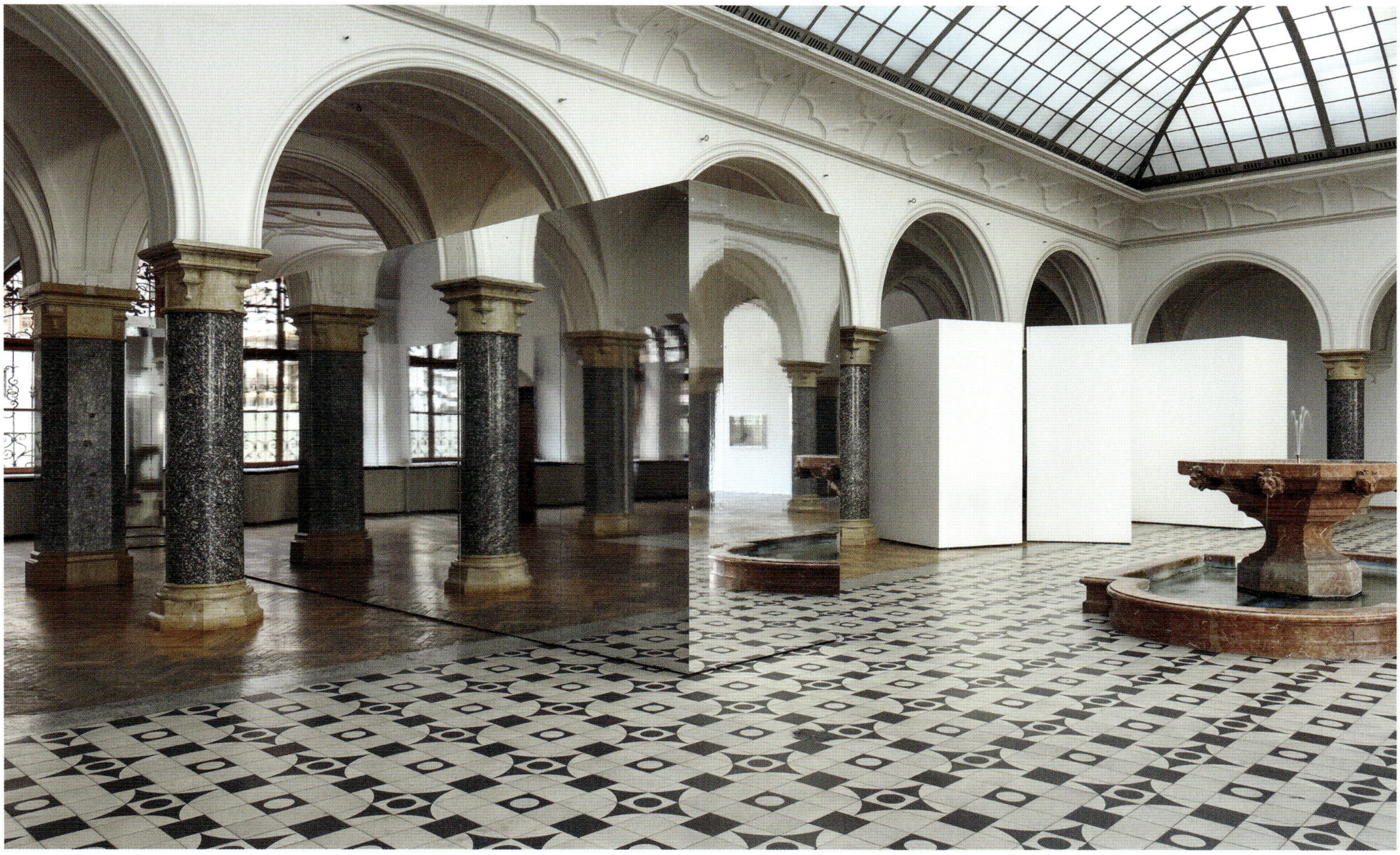

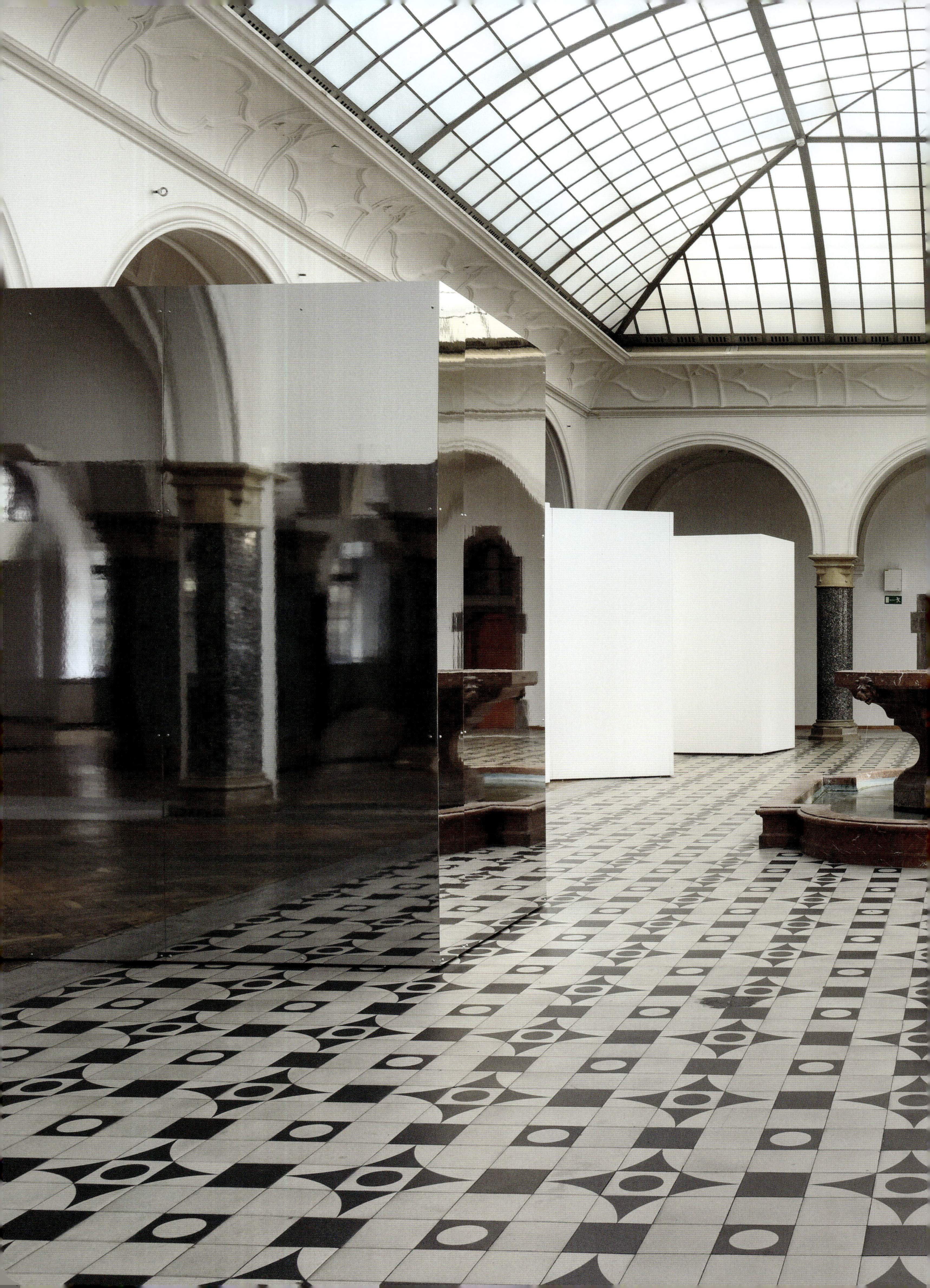

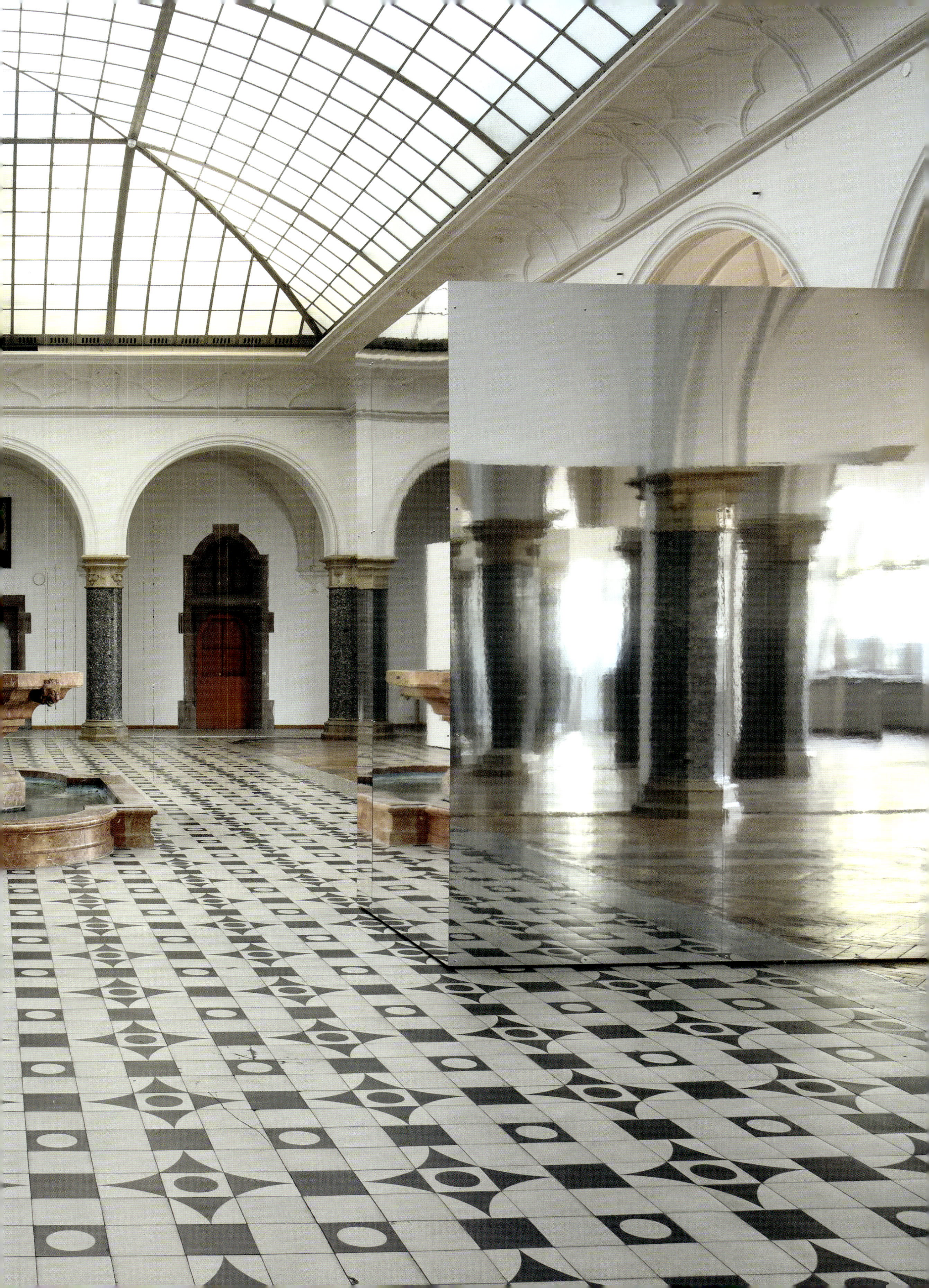

Konzert und performative Lesung von
Manfred Andrae und Peter Lackner

Concert and reading by von Manfred Andrae
and Peter Lackner

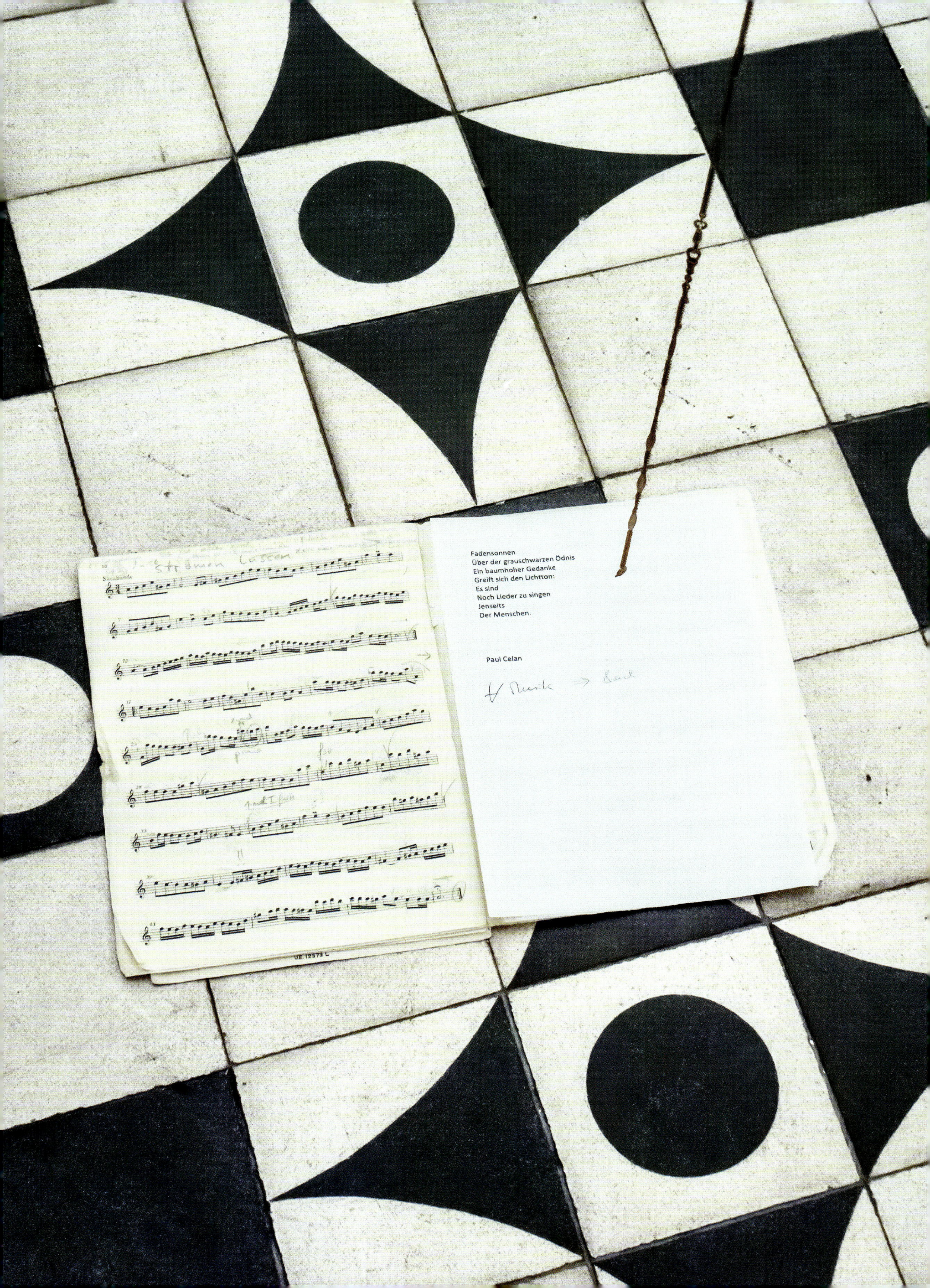
Strömen lassen
Sarabande
10

Fadensonnen
Über der grauschwarzen Ödnis
Ein baumhoher Gedanke
Greift sich den Lichtton:
Es sind
Noch Lieder zu singen
Jenseits
Der Menschen.

Paul Celan

UE 12573 L

Frühe Neuzeit – Moderne – Gegenwart. Architektur, Politik und Kunst in einem Setting von Albert Weis

Renaissance— Modernism—Present Architecture, Politics and Art in a Setting by Albert Weis

Ralf F. Hartmann

Die Ausstellung *changes* von Albert Weis markierte den Anfang einer Ausstellungsreihe, die zeitgenössische Künstler und Künstlerinnen einlädt, sich mit dem Kontext der Zitadelle Spandau, einer Festungsanlage aus dem 16. Jahrhundert, auseinanderzusetzen. Ansatzpunkt ist es, mit künstlerischen Mitteln Verbindungen zwischen der einstmals militärischen Nutzung der Zitadelle, einer idealtypischen Renaissance-Anlage, ihrer wechselvollen Geschichte und der Gegenwart herzustellen.

Albert Weis stellte in gleich mehrfacher Hinsicht solche konzeptuellen Verbindungen zwischen dem 16. Jahrhundert und seiner Modernerezeption her und konzentrierte sich neben formalästhetischen und kunsthistorischen Kategorien insbesondere auf die bis 1945 durchgängige Militärgeschichte der Zitadelle.

Das Bauwerk selbst, ein nahezu gleichschenkliges und bastioniertes Quadrat aus Wallanlagen mit einer Grundfläche von 100×106 Metern, lieferte die Matrix für eine Beschäftigung mit Architekturtypologien, wie sie seit dem Beginn der Neuzeit in Europa sowohl von Baumeistern als auch Künstlern entwickelt wurden. Die enge Verbindung zwischen Kunst und Militär, wie wir sie beispielsweise von Leonardo da Vinci, Albrecht Dürer, Andreas Schlüter und anderen Künstlerpersönlichkeiten der Neuzeit kennen, charakterisiert auch die Spandauer Zitadelle, die von den beiden italienischen Baumeistern Chiaramella de Gandino und Rocco Guerrini Linari nach aktuellsten militärischen wie künstlerischen Gesichtspunkten geplant und errichtet wurde.

Beide Architekten brachten ihre Kenntnisse der verfeinerten neuen Architektur und Kunst mit, als sie in die Dienste der Brandenburger eintraten. Ihr Know-How war im technologisch und künstlerisch noch recht wenig entwickelten Brandenburg mehr als gefragt, hatte sich die Relevanz der sogenannten „Neuitalienischen Manier" im Festungsbau an den europäischen Höfen doch bereits weit herumgesprochen.

Vor dieser künstlerisch wie technologisch auf der Zitadelle Spandau bis heute rezipierbaren Folie entwickelte Albert Weis im Gebäude der Alten Kaserne von 1861 sein ortsspezifisches Ausstellungskonzept, das sowohl architekturhistorische wie nutzungsgeschichtliche Aspekte zeitgemäß reflektierte und es mit grundlegenden Überlegungen der/zur Moderne gleichsetzte. Dabei spielte sowohl die Architektursprache der Zitadelle eine zentrale Rolle für formale Entscheidungen, wie die militärische Nutzungsgeschichte für die Zusammenführung von Arbeiten, in denen sich der Künstler mit den entsprechenden Einschreibungen in historische wie biografische Referenzsysteme auseinandersetzt.

Im Kern ging es in der Ausstellungskonzeption um das nicht unproblematische Verhältnis zwischen Militär, Kunst und Innovation, das auch für die Moderne am Beginn des 20. Jahrhunderts eine wesentliche Rolle spielte. Denn auch die architektonischen und

The exhibition *changes,* with works by Albert Weis, marked the beginning of a series of events by invited artists to respond to the context of Spandau Citadel, a fortress complex dating from the 16th century. The curatorial concept is to use artistic means to create connections between the former military use of the Citadel, an exemplar of a Renaissance fortress, its chequered history and the present.

In several respects, Albert Weis creates these types of conceptual connections between the 16th century and his perception of the modern. In addition to formal-aesthetic and art-historical concerns, he particularly concentrates on the military history of the Citadel, which continued uninterrupted until 1945. The construction itself, an almost equal-sided square with bastions, consisting of ramparts covering a surface of 100×106 metres, provided the matrix for investigating architectural typologies that master builders and artists alike had developed since the beginning of the Renaissance in Europe. The close connection between art and the military, as evident in the works of Leonardo da Vinci, Albrecht Dürer, Andreas Schlüter and other artists of the modern age, also characterises Spandau Citadel, which was planned and executed by the Italian master builders Chiaramella de Gandino and Rocco Guerrini in keeping with the most modern military and artistic aspects of the period.

Both architects brought their knowledge of sophisticated new architecture and art to the project when they entered into the service of the Brandenburgs. Their knowledge was in great demand in Brandenburg, which was not particularly developed technologically and artistically at the time, and the so-called "New Italian Style" of fortress construction had already made a name for itself at other European courts.

Albert Weis developed his site-specific exhibition concept for the former barracks (Alte Kaserne), dating from 1861, in juxtaposition to the artistic and technological backdrop of the Citadel, which reflects both the architectural-historic aspects and former use of the Citadel in a contemporary manner and compares it with fundamental observations of—and about—the modern era. The architectural language and military use of the Citadel played a decisive role in arriving at formal decisions for bringing together works in which the artist concerns himself with the corresponding entries in historical, as well as biographical, reference systems.

At its core, the exhibition concept is concerned with the somewhat problematic relationship between the military, art and innovation that also played a major role for Modernism at the beginning of the 20th century. The architectural and urban-planning utopias of Modernism reflect developments that have been relevant since the 16th century. This was especially the case in the 18th and 19th centuries with European urban development projects, such as those carried out in Turin and Paris, which reflected new concepts

stadtplanerischen Utopien der Moderne reflektierten Entwicklungen, die seit dem 16. Jahrhundert und insbesondere im 18. und 19. Jahrhundert in europäischen Stadtbauprojekten beispielsweise für Turin oder Paris relevant wurden und veränderten Herrschaftsvorstellungen und militärischen Überlegungen Rechnung trugen. Spätestens die Projektierungen Georges-Eugène Haussmanns für Paris ab 1853 machten deutlich, wie sehr modernistische Planungen und militärische Kontrolle Hand in Hand gingen. Denn jenseits der sozialen Verbesserungen ging mit den massiven Umbauten im post-revolutionären Zweiten Kaiserreich auch eine Reglementierung und Kontrolle des öffentlichen Lebens einher, die auf militärische Sicherung und Ordnung der politischen Verhältnisse abzielte.

Die Normierung und Systematisierung des öffentlichen Lebens durch Ordnungen bildet denn auch die Grundlage für die Konzeptionen der Moderne, die sich in Architekturen und Stadtplanungen zwar innovativ artikulierten, aber dennoch weiter in den politischen Rastern der Vergangenheit operierten. Das innovative Potential der Entwürfe von Hans Scharoun, Mies van der Rohe, Bruno Taut und anderen Architekten am Beginn des 20. Jahrhunderts für urbane Entwicklungen artikulierte sich vorrangig in der Wahl von Materialien und signifikanten Details, während es in politischer Hinsicht nicht zwingend die Grundlagen für ein verändertes Gesellschaftsbild durch Aufhebung der tradierten Ordnungssysteme im Sinn hatte. Bestes Beispiel dafür ist die Berliner Philharmonie von Scharoun, die sich an höfischen Theaterkonzeptionen des Barock orientierte.

Grund genug für Albert Weis, sich immer wieder den immanenten sozialpolitischen Aspekten in den Konzeptionen der Moderne zu widmen und jene neuralgischen Brüche zwischen formaler Gestalt und politischem Gehalt sichtbar und nachvollziehbar werden zu lassen. Im Zentrum der Ausstellung auf der Zitadelle stand die Rauminstallation *changes*. Sie besteht aus einer mehrteiligen Sequenz von Spiegelwänden, die in einem dialogischen Verhältnis zueinander platziert sind. Einzelne Wandkompartimente sind in spitzen Winkeln miteinander verbunden und schaffen so nicht nur architektonische, sondern auch visuelle Sackgassen, die zu Endlos-Spiegelungen führen. Die Konzeption der Installation referiert auf die Formen der Eckbastionen der Zitadelle, dekonstruiert sie und setzt sie in ein verändertes Verhältnis zueinander. Aus der perfektionierten Symmetrie der Renaissance entsteht nicht nur eine scheinbare Unordnung, sondern aufgrund der ganzflächigen matten Verspiegelung auch ein visuell kaum rezipierbares Raumkontinuum, das Betrachtende verwirrt und irritiert.

Analog zu Architekturkonzeptionen der Moderne mit flächig verglasten Wänden verschwimmen die Grenzen zwischen den verschiedenen Räumen und Situationen in der Installation pointiert zu einer Verunsicherung und Verunklärung gebauter Verhältnisse. Was klassischerweise als Transparenz der

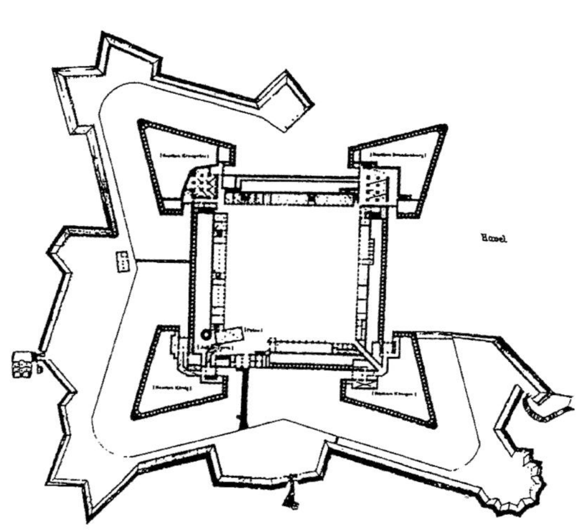

Lynarplan, ca. 1578
© Burgenkarte Brandenburg

of authority and military considerations. Georges-Eugène Haussmann's projects for Paris, which started in 1853, demonstrated, at the very latest, just how closely modern planning and military domination went hand in hand. Beyond the social improvements that took place, the massive building activities of the post-revolutionary Second Empire were accompanied by a regimentation and control of public life geared towards the military securing and controlling the political environment. The standardisation and systemisation of public life through regulations also formed the foundation of Modernism; although this was articulated innovatively in architecture and urban planning, it continued to operate in the political frameworks of the past. The innovative potential of the urban development plans designed by Hans Scharoun, Mies van der Rohe, Bruno Taut and other architects at the beginning of the 20th century expressed itself mainly in the choice of materials and design details and less so from a political point of view; they did not necessarily have a vision of a changed society as a result of the abolishment of traditional systems of order in mind. The best example of this is Scharoun's Philharmonie in Berlin, which refers to the courtly theatre concepts of the Baroque court theatre period.

This was reason enough for Albert Weis to repeatedly devote himself to the immanent socio-political aspects in the concepts of the modern and to make those neuralgic ruptures between formal structure and political content visible and

Architekturmoderne positiv bewertet wird, kehrt sich in *changes* zum traumatischen Phänomen einer permanenten (Selbst-)Beobachtung und damit Kontrolle von Sichtbarkeitsverhältnissen um. Die Betrachtenden sind nicht nur Beobachtende, sondern eben auch Beobachtete. Hier artikuliert sich vielleicht am deutlichsten die unmittelbare Referenz der Ausstellungskonzeption von Albert Weis auf die Überwachungsarchitektur der Zitadelle, denn auch sie ist nichts anderes als eine perfektionierte Rauminszenierung für Beobachtung, Blickregie und damit Kontrolle. Eine wichtige Innovation der sogenannten „Neuitalienischen Festungsmanier" des Baumeisters Rocco Guerrini Linari war denn auch die Überwindung jener gefürchteten „toten Winkel", die durch das Zurücksetzen der Flanken an den Bastionsenden hergestellt wurde: Kein Angreifender konnte übersehen werden, ebenso wie kein Beobachtender selbst in Gefahr eines Beschusses geriet. Solch maximale Sicherheit (die durch die Entwicklung neuer Waffentechnologien bereits bei Fertigstellung der Zitadelle 1594 nicht mehr gegeben war) kehrt Albert Weis in *changes* durch Verunklärung der räumlichen Koordinaten in maximale Unsicherheit um.

Die Installation *1916* wiederum greift ausgehend von der Materialität historischer Artefakte einhundert Jahre nach dem Ende des Ersten Weltkriegs die militärhistorischen Implikationen einer Festungsarchitektur auf. Im Gegensatz zu *changes* tut sie dies aber in einer filigranen räumlichen Setzung aus

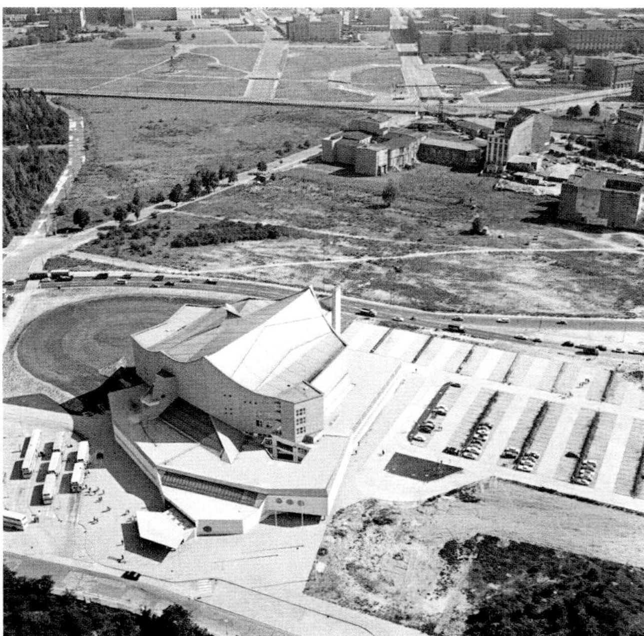

Philharmonie am Kemperplatz, Berlin, 1964

comprehensible. The spatial installation *changes* is at the centre of the exhibition in the Citadel. It consists of a multi-part sequence of mirror walls placed in a dialogue to each other. Individual wall compartments are connected at acute angles and, in this way, construct not only spatial but also visual dead-ends, leading to endless reflections. The installation concept makes reference to the corner bastions of the Citadel, deconstructs them and places them in an altered relationship to each other. Weis not only creates an apparent disorder out of the perfect symmetry of the Renaissance, but also a spatial continuum that is almost impossible to absorb; one that confuses and irritates the viewer as a result of the non-shiny mirroring of the whole surface.

Analogous to the architectural designs of Modernism, with their extensive glazed walls, the borders between the various rooms and situations in the installation become emphatically blurred to produce a feeling of disconcertion and confusion about the constructed relationships. What is traditionally evaluated positively as the transparency of modern architecture, is metamorphosed—in *changes*—into the traumatic phenomenon of a permanent (self-) observation and, therefore, control of visible relationships. The viewers are not only the observers but also the observed. This possibly provides the clearest articulation of the immediate reference of Albert Weis' exhibition concept to the surveillance character of the Citadel; for the Citadel is nothing less than a perfection of a spatial installation for observing, scrutinizing and, consequently, controlling. An important innovation of the so-called "New Italian Fortress Style" by master builder Rocco Guerrini Linari was the conquering of the dreaded "blind spots", created by setting back the flanks at the ends of the bastions: No assailant could be missed, just as no observer could come into the line of fire. In *changes*, Albert Weis makes use of the technique of obscuring the spatial coordinates, thus transforming maximum safety (which the development of new weapon technologies had already made obsolete at the time the Citadel was completed in 1594) into maximum insecurity.

The installation *1916*, on the other hand, makes use of the materiality of historical artefacts to deal with the military-historical implications of fortress architecture one hundred years after the end of the First World War. However, in contrast to *changes*, this is achieved through the dramatic spatial positioning of watch chains from the period, suspended from the ceiling. In this work, a modernist aspect is also articulated in the choice of materials that stand in a decisive contrast to the imperialist diction of speech of the embedded texts: *"Gold zur Wehr—Eisen zur Ehr"* ("Gold for the Fight—Iron for Honour") or *"In Eisener Zeit—1916"* ("In Iron Times—1916") can be read on the ornamented plaques just as if the watch chains from the war period were pieces of iron jewellery. Moreover, in an economic sense, inexpensive contemporary

zusammengesetzten und von der Decke hängenden Uhrenketten der Zeit. Auch hier artikuliert sich ein modernistischer Aspekt in der Wahl von Materialien, die in dezidiertem Gegensatz zur imperialistischen Sprachdiktion der eingebetteten Texte stehen: „Gold zur Wehr – Eisen zur Ehr" oder „In eiserner Zeit – 1916" ist auf ornamentierten Plaketten zu lesen, so als würde es sich bei den Uhrenketten aus der Zeit des Krieges um eiserne Schmuckstücke handeln. Vielmehr sind jedoch in einem ökonomischen Sinn preiswerte zeitgemäße Materialien verarbeitet und zeigen Formen einer ästhetischen Moderne, wie sie in unzähligen Kunst- und Designobjekten der Zeit Anwendung findet. Angeordnet in einer räumlich losen Verteilung hängen aneinandergereihte Ketten zwischen Decke und Fußboden, und zwar so knapp über diesem schwebend, dass die leichteste Schwingung zwischen den Ketten zur Bewegung führt.

Im Kontext dieser beiden raumgreifenden Installationen eingespannt, konkretisiert allein die Videoarbeit *each other* die unmittelbaren Auswirkungen von Kriegen auf das menschliche Subjekt: Im Dialog zwischen Vater und Sohn auf zwei sich gegenüberstehenden Monitoren setzt sich Albert Weis ins Verhältnis zu den Erinnerungen seines Vaters an die letzten Tage des Zweiten Weltkriegs, an Zwangsarbeit und Kriegsgefangenschaft im ehemaligen Jugoslawien, wo dieser als junger Mann noch zum Kriegsdienst eingesetzt war.

Solchermaßen treten die Arbeiten *changes, 1916* und *each other* in einen unmittelbaren Dialog mit der Festungsarchitektur der Zitadelle und thematisieren dezidiert militärische Aspekte, während weitere skulpturale Arbeiten sich nur mittelbar in einen solchen Kontext einordnen. Hier wiederum spielen formale Traditionslinien von der Renaissance bis in die Moderne die Hauptrolle, wenn beispielsweise der Polyeder aus Dürers Kupferstich *Melencholia*, 1514, über die polyedrischen Symboliken in Scharouns Entwürfen für die Berliner Philharmonie bis in aktuelle Wandreliefs von Albert Weis aus industriell gefertigten Aluminiumprofilen migriert.

Die Zitadelle Spandau und das Gebäude der Alten Kaserne aus dem 19. Jahrhundert lieferten somit ein gleichermaßen formales wie inhaltliches Framing für eine Ausstellung, mit der der Künstler Albert Weis im Rahmen seiner signifikanten Formsprache und Materialwahl einen weiten Referenzbogen geschlagen hat. Innerhalb dessen ging es nicht nur darum, Inkunabeln der Kunstgeschichte auf ihre soziopolitischen Implikationen hin zu überprüfen, sondern auch darum, jene wichtigen Fragen nach der Verquickung von Kunst, Militär und Gesellschaft auf verschiedenen Ebenen zu diskutieren. Die scheinbar zunächst rein formalästhetische Auseinandersetzung mit der Moderne wurde so zu einer essentiellen Versuchsanordnung und zu einem künstlerischen Diskurs über Grundkonflikte des Menschlichen.

---

materials were being used that displayed the same expression of a modernist aesthetic that one can also find in countless artistic and design objects from the period. The rows of chains are arranged informally and are suspended between the ceiling and the floor; they are so close to the floor that the lightest vibration between the chains causes them to move.

Inserted between these two spatial installations, the video work *each other* gives expression to the immediate effects of war on the human subject: Albert Weis creates a relationship between himself and his father's memories of the last days of the Second World War, of his forced labour and captivity as a POW in former Yugoslavia where he was on active duty as a young man, in a dialogue between father and son on two monitors facing each other.

While other sculptural works can only indirectly be classified in a context of this kind, in such a way, the works *changes, 1916* and *each other* enter into an immediate dialogue with the fortress architecture of the Citadel and deliberately address military aspects. Here once again, formal lines of tradition from the Renaissance to the modern day play the main role when—for example—the polyhedron from Dürer's copperplate engraving *Melencholia I,* 1514, migrates over to the polyhedral symbolisms in Scharoun's designs for the Philharmonie in Berlin to the current wall reliefs Albert Weis has created out of industrially produced aluminium profiles.

The Citadel in Spandau and the former barracks, dating from the 19th century, provide both the formal and contextual frame for an exhibition through which artist Albert Weis has added further references into the existing framework of his significant formal language and choice of materials. In Spandau, it was not only a matter of investigating the socio-political implications of early works from the history of art, but also of discussing those important questions about the amalgamation of art, the military and society on various levels. What initially seems to be a purely formal-aesthetic confrontation with the modern era becomes here an essential experimental arrangement and an artistic discourse on fundamental conflicts of humankind.

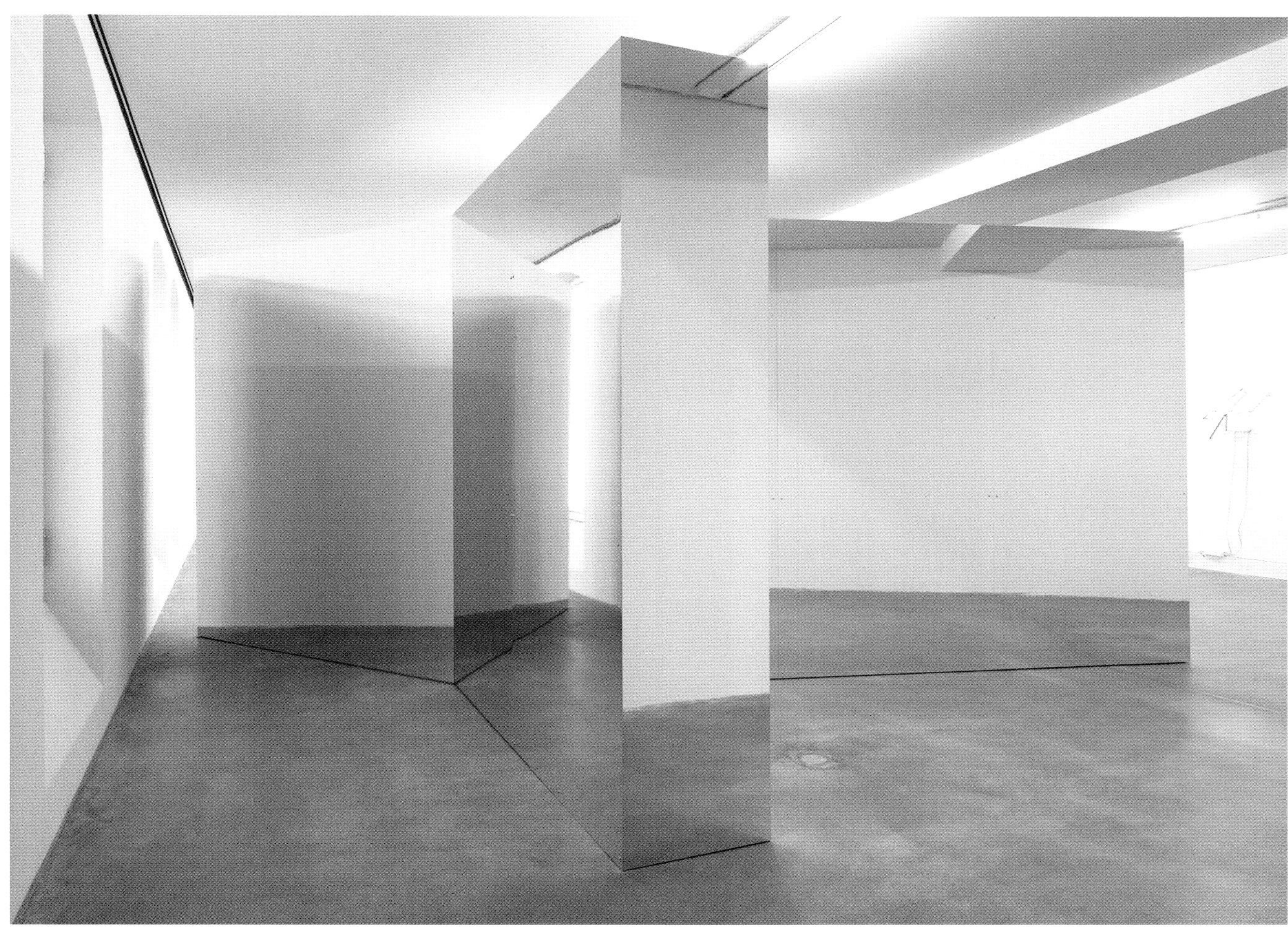

changes, 2018, Zentrum für Aktuelle Kunst, Zitadelle Spandau | Center for Contemporary Art, Spandau Citadel

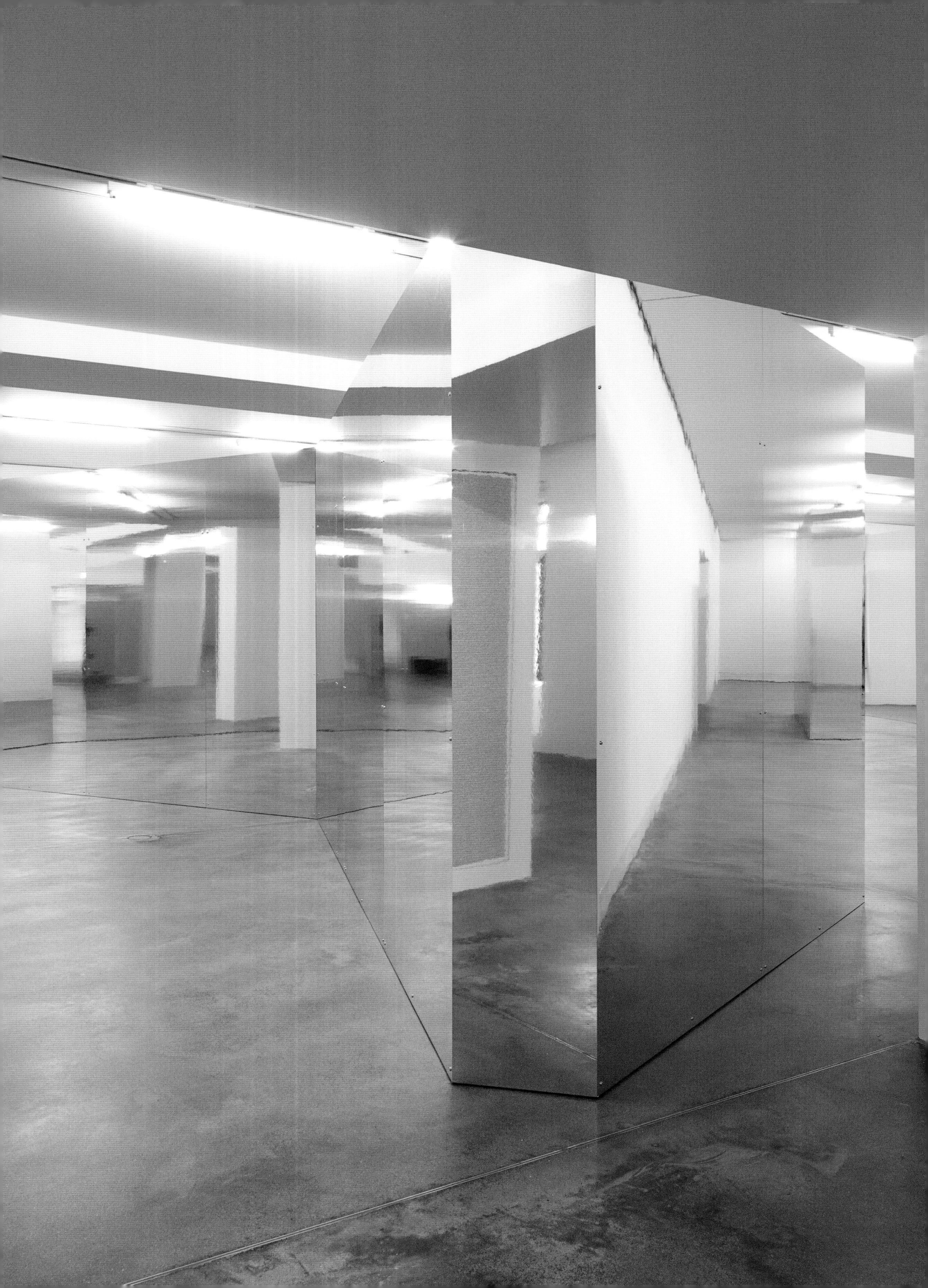

changes

2018

Spiegelplatten, Maße variabel

mirror, high pressure laminate, dimensions variable

changes ist eine mehrteilige, architektonisch-räumliche Installation. Ihre nahezu deckenhohen, spiegelnden Wände fragmentieren den Ausstellungsraum und erweitern ihn ins Unendliche. Es entstehen faszinierende Binnenräume, die an Raummodelle der beiden für Berlin wichtigen Architekten Bruno Taut und Hans Scharoun erinnern und damit utopische Vorstellungen der Moderne aufrufen. Zugleich stellt die kristalline Form von *changes* eine deutliche Referenz an die spezifischen Architekturformen der Zitadelle her: an den sogenannten *Lynarplan* von 1578 mit seinem perfekten sternförmigen Renaissance-Grundriss.

Unmittelbar über die eigene Bewegung und Spiegelung stehen die Betrachtenden im Mittelpunkt der Installation. Gleichzeitig sind sie aber auch subtil und intuitiv über die sich kontinuierlich verändernde Raumwahrnehmung und die entstehenden visuellen Effekte dazu aufgefordert, sich mit sich selbst und dem eigenen Verhältnis zur unmittelbaren Umgebung auseinanderzusetzen. (Ralf F. Hartmann)

changes is a multi-part, architectural and spatial installation. Its almost ceiling-high, mirrored walls fragment the exhibition space and extend it into infinity. Fascinating interior spaces are created, reminiscent of two important Berlin architects, Bruno Taut and Hans Scharoun, thus evoking utopian notions of Modernism. At the same time, the crystalline form of *changes* creates a clear reference to the specific architectural forms of Spandau Citadel: the so-called *Lynarplan* of 1578, with its perfect star-shaped renaissance ground floor plan.

The viewers are at the centre of the installation as a result of their own movements and reflections. At the same time, they are subtly and intuitively invited to confront themselves and their own relationship to their immediate surroundings via the continually changing spatial perception and the visual effects created. (Ralf F. Hartmann)

Zentrum für Aktuelle Kunst, Zitadelle Spandau

Center for Contemporary Art, Spandau Citadel

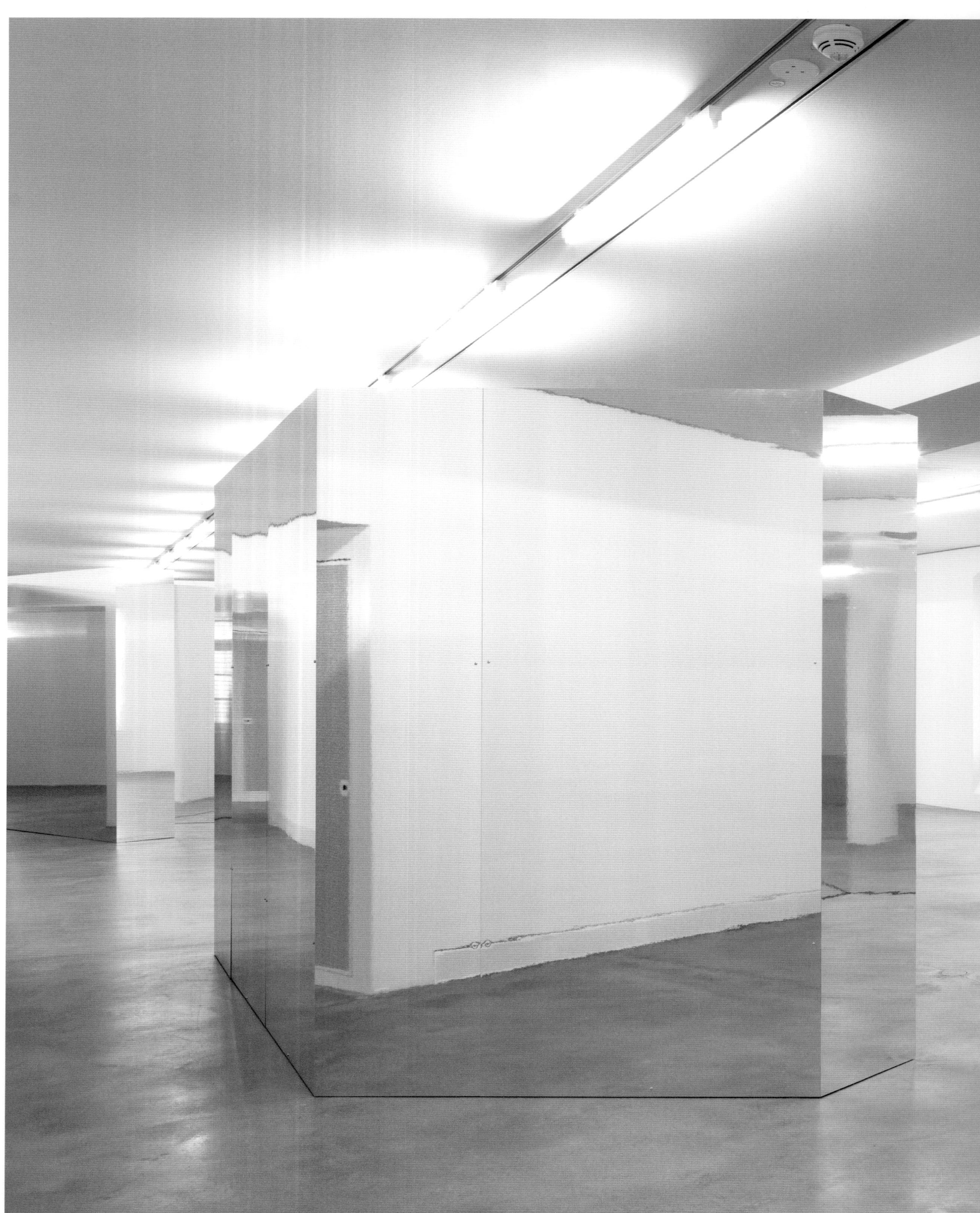

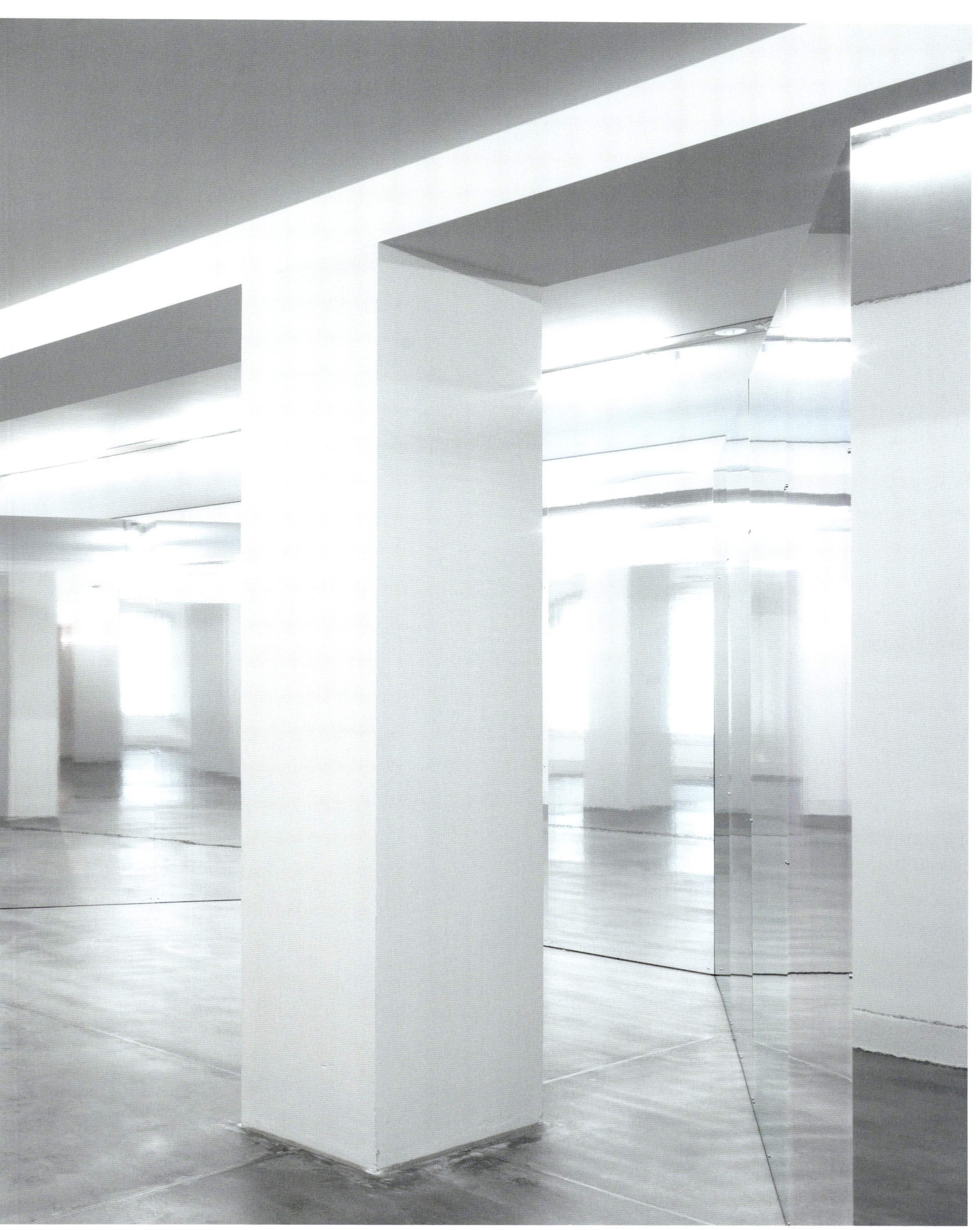

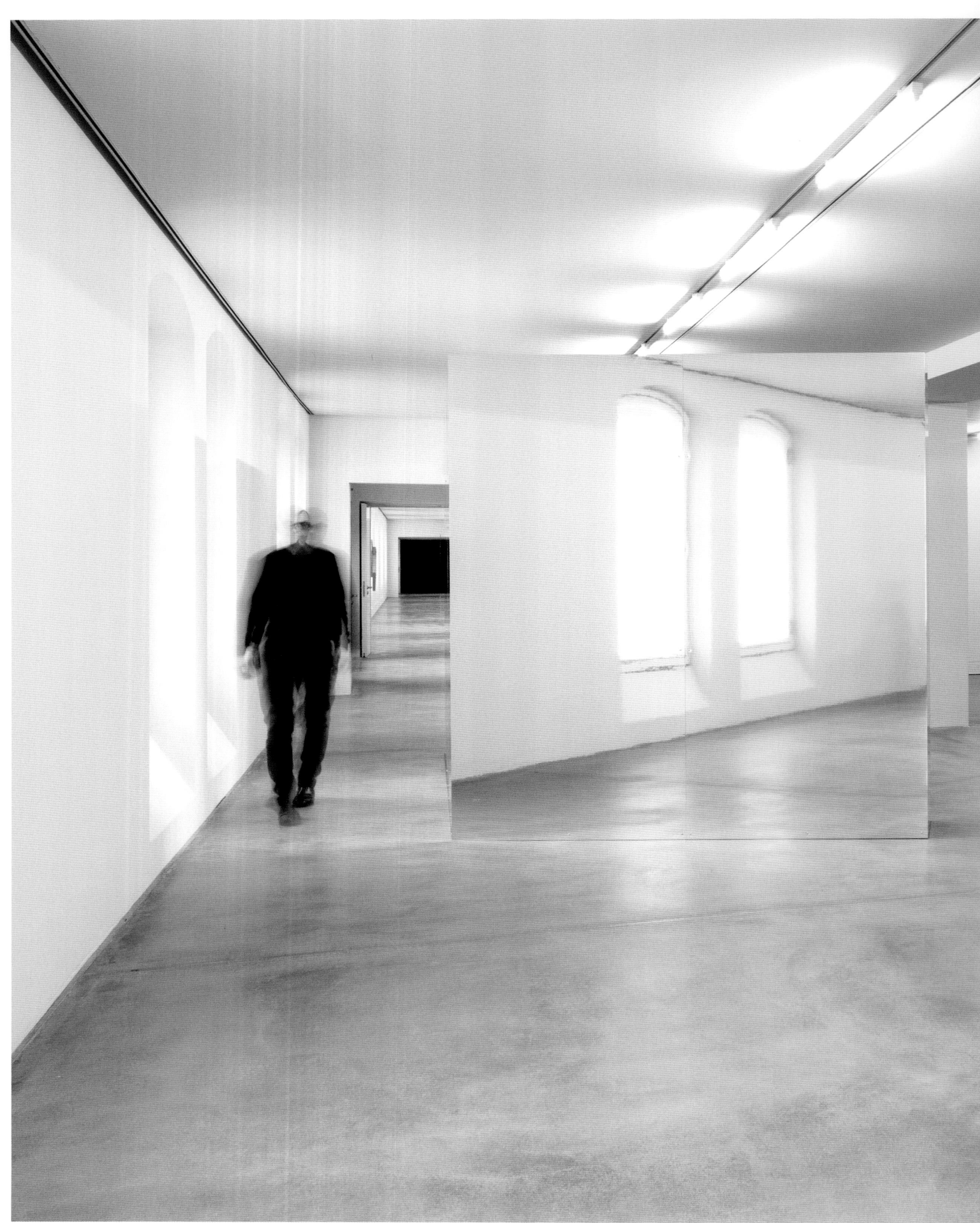

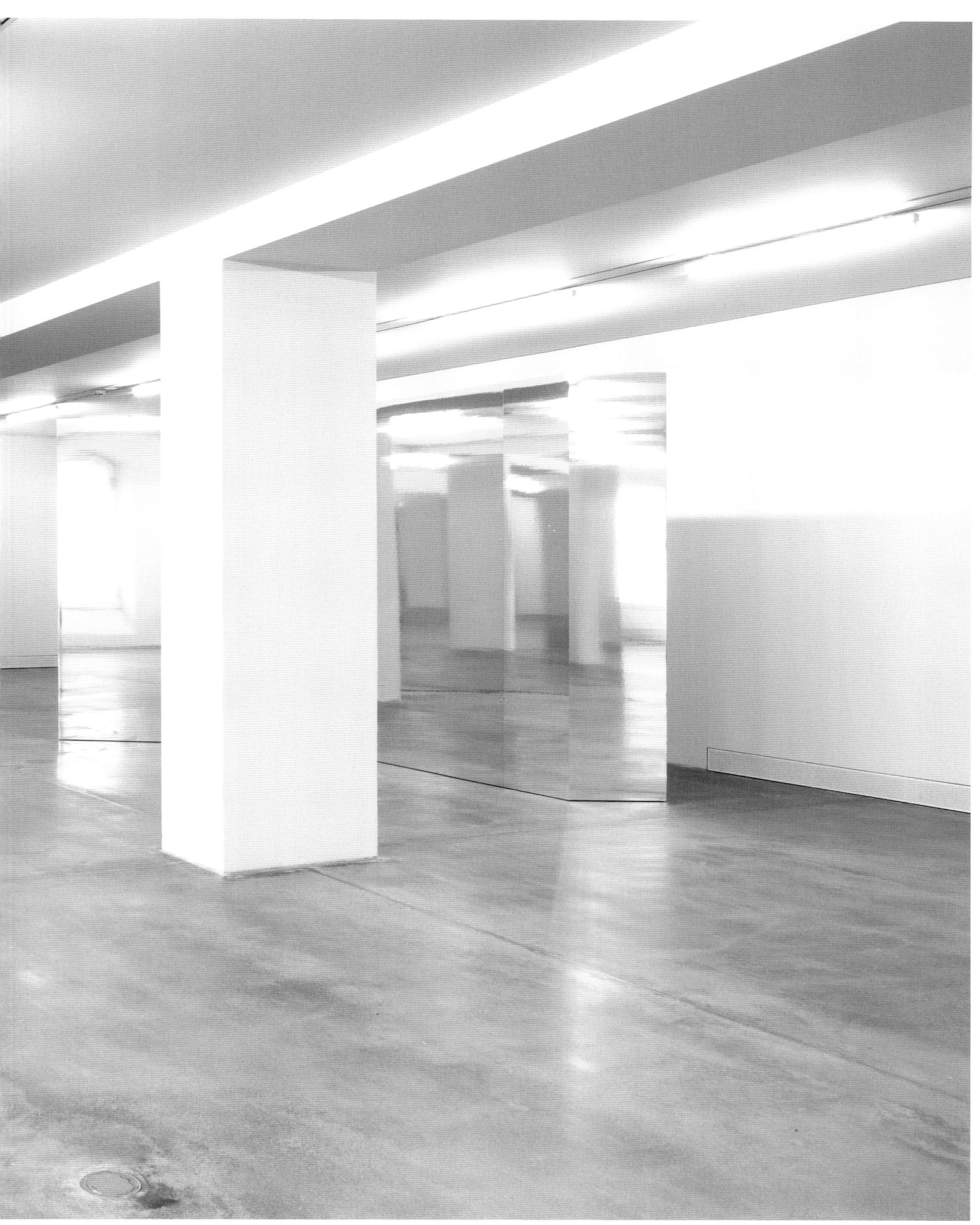

Die Installation *changes* war auch Raum und Bühne für ein künstlerisch-performatives Programm mit konzertanten Aufführungen und Lesungen. Zur Eröffnung spielte der Musiker Georges-Emmanuel Schneider im Rahmen des Projektes *itinerant interludes* (kuratiert von Laurie Schwartz) Stücke von Iannis Xenakis, Salvatore Sciarrino und Isang Yun.

An einem weiteren Abend trug die Schauspielerin Wiebke Frost Gedichte und Textfragmente von Samuel Beckett, Paul Celan und Guiseppi Ungaretti vor. Die ausgewählten Gedichte, Texte und Musikstücke stammen aus der gleichen Zeit, mit der sich die Ausstellung beschäftigt – dem Beginn des 20. Jahrhunderts und des Ersten Weltkrieges, der Zeit zwischen den Kriegen und der Nachkriegszeit. Die Stücke beschäftigen sich mit existenziellen Fragen der Wahrnehmung und des Seins und greifen den Gedanken des Fragmentarischen, des Seriellen und der Abstraktion auf.

The installation *changes* was also both space and stage for a programme of artistic performances, including concerts and readings. At the opening, the musician Georges-Emmanuel Schneider played pieces by Iannis Xenakis, Salvatore Sciarrino and Isang Yun as part of the project *itinerant interludes* (curated by Laurie Schwartz). On another evening the actor Wiebke Frost performed poems and text fragments by Samuel Beckett, Paul Celan and Guiseppi Ungaretti.

The selected poems, texts and pieces of music date from the same periods the exhibitions addresses—the beginning of the 20th century, World War I, the interwar and the post-war periods. The pieces address existential questions of perception and being and take up ideas of the fragmentary, the serial and the abstract.

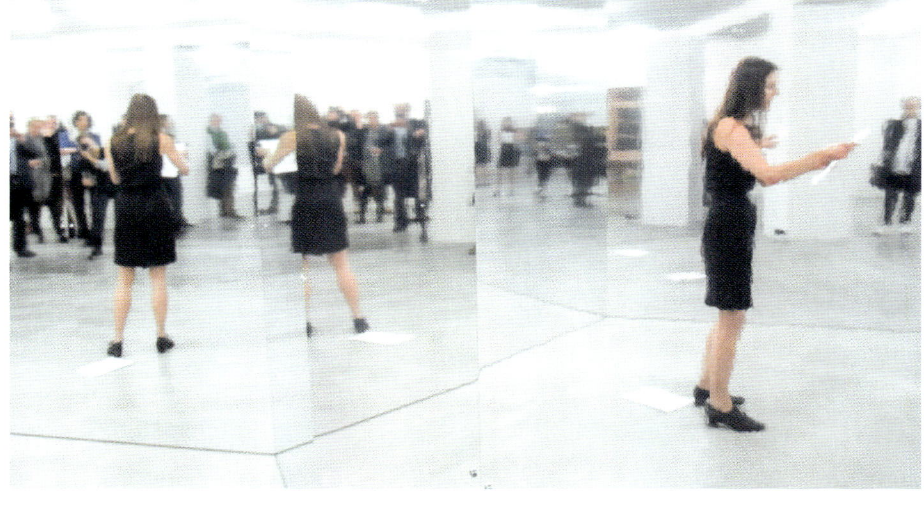

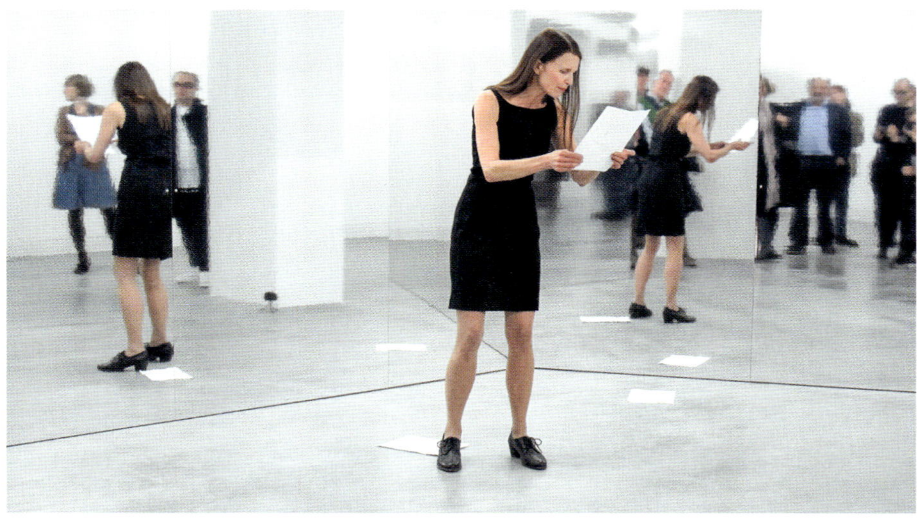

Minimum. Momentum. Rekonfiguration utopischer Entwürfe der Moderne
Zu einigen Werken von Albert Weis 2010 bis heute

Minimum. Momentum. Reconfiguration of utopian modernist designs.
On selected works by Albert Weis, 2010 to the present.

Renate Wiehager

Albert Weis ist seit Ende der 1990er-Jahre mit architekturbezogenen Rauminstallationen und plastisch-zeichnerischen sowie fotografischen Arbeiten hervorgetreten, welche die Komplexität urbaner Räume und unsere Orientierung in diesen analysieren. Die Praxis visueller Recherchen mit der Kamera zu urbanen Strukturen in Los Angeles, New York, Berlin oder Paris hat er seit etwa 2000 um eine intensive Auseinandersetzung mit wichtigen Architekten und Designern des 20. Jahrhunderts erweitert, hier vor allem Jean Prouvé, Eileen Gray oder Le Corbusier. Ausgehend von diesen beiden Polen – visuelle Analyse der uns umgebenden Welt einerseits, Rückblick auf das utopische Potential der Moderne andererseits – führt er in einem nächsten Schritt zentrale Fragestellungen der Minimal und Conceptual Art in die Gegenwart hinein fort.

Der Bildhauer hat sein facettenreiches Werk um Konfigurationen zentraler Begrifflichkeiten herum entfaltet: Raum, Volumen und Leere – Struktur, Raster, Maß und Proportion – Transparenz, Licht und Schatten. Damit untrennbar verbunden ist die Palette der von ihm eingesetzten Materialien: Spiegelplatten, Aluminium, Neon, Video, Raster- und Farbfolien, Lochblech. Sie erschließen den Betrachtern im physischen Umgang weitere kennzeichnende Begrifflichkeiten und Erfahrungen: Reflexion und Reflexivität, Transluzenz und Undurchsichtigkeit, Taktilität und Visualität.

Albert Weis' Skulpturen und Installationen, Wandobjekte, Lichtstrukturen und Faltungen definieren ihre Vollendung, ihr Abgeschlossen-Sein nie in sich selbst, sondern projizieren diese aus sich heraus als energetische Wechselwirkung mit Raum, Licht und Betrachter. Um die Objekte herum ist nicht Ruhe, Stillstand, Finalität, vielmehr kann sich manchmal etwas ergeben wie ein Austausch von strukturellen Eigenheiten, eine wechselweise Anreicherung um Potentiale von Ausdehnung und Ausstrahlung oder auch Verdichtung und Verinnerlichung. Die ungegenständlichen Formverläufe der Skulpturen, Neonbündel, Rasterfolien und Lochbleche enden nicht in abgeschlossener Stille oder kalter Abstraktion. Sie entwickeln vielmehr eine Dynamik der Vibration, die über die isolierte Gegenständlichkeit hinausweist und Formqualitäten von Objekt und Umgebung gleichsam in neuer Qualität zusammenfasst.

Ich möchte im Weiteren auf drei jüngere Kooperationen mit Albert Weis eingehen und damit verbunden Werke der letzten zehn Jahre vorstellen, die in unterschiedlicher Weise die eben genannten Charakteristika und Qualitäten repräsentieren. Dabei werde ich jeweils beispielhaft auf Wegbereiter der Moderne eingehen, welche Albert Weis in formaler und inhaltlicher Hinsicht oder auch bezogen auf die Materialwahl beeinflusst haben.

Since the late 1990s, Albert Weis has been making his mark with architecture-related room installations and sculpted, drawn and photographic works that analyse the complexity of urban spaces and the way we orientate ourselves in them visually. Since then, the practice of visual research, using a camera, of urban structures in Los Angeles, New York, Berlin or Paris has been extended into an intensive exploration of some of the most important architects and designers of the early 20th century, and in particular Jean Prouvé, Eileen Gray and Le Corbusier. On the basis of these two poles—visually analysing the world around us on the one hand, and reconsidering the utopian potential of Modernism on the other—he continues in his next move to pose the central questions of Minimal and Concept Art for the present day.

The sculptor has developed his multi-faceted work around configurations of central concepts: space, volume and emptiness; structure, grid, dimension and proportion; transparency, light and shadow. These are inseparably linked to the palette of materials he uses: mirror plates, aluminium, neon, video, grid and colour foils, perforated sheeting. They open up further characteristic concepts and experiences to the viewers in physical contact: reflection and reflexivity; translucency and opacity; tactility and visuality.

Albert Weis' sculptures and installations, the wall objects, light structures and folds never define their perfection, their being self-contained, but project them from within themselves as an energetic interaction with space, light and viewer. Around the objects there is no peace, standstill, finality, but rather something can arise, such as an exchange of structural peculiarities, an alternate enrichment with potentials of expansion, or even densification and internalisation. The non-representational forms of the sculptures, neon bundles, grid foils and perforated sheets do not end in closed silence or cold abstraction. Rather, they develop a dynamic of vibration that points beyond the isolated objectivity and combines the formal qualities of object and environment in a new quality.

I would like to discuss now three recent collaborations with Albert Weis and present related works from the last ten years that represent the characteristics and qualities mentioned above in different ways. In each case, I will deal with pioneers of Modernism who have influenced Albert Weis in terms of form and content or in relation to materiality as examples.

Albert Weis: *folders. flexions. salon.*
Gray. Prouvé. Posenenske.
In the exhibition *'Minimalism and Applied II'* of the Daimler Art Collection[1], curated by me in 2010/11, Albert Weis was represented by a group of works that exemplified the transition, the back and forth between surface and depth, facade and space, two- and three-dimensionality.

Albert Weis: *folders. flexions. salon.*
Gray. Prouvé. Posenenske.
In der von mir 2010/11 kuratierten Ausstellung *Minimalism and Applied II* der Daimler Art Collection war Albert Weis mit einer repräsentativen Werkgruppe vertreten, die den Übergang, das Hin und Zurück zwischen Oberfläche und Tiefe, Fassade und Räumlichkeit, Zwei- und Dreidimensionalität exemplarisch veranschaulichte.[1]

folders

Der erste Schritt, das skizzenhafte Ausfalten der architektonischen Fläche in eine imaginativ zu erschließende Räumlichkeit, war mit einem Beispiel der Werkgruppe *folders* nachvollziehbar. Dieser Werkkomplex, bestehend aus Fotografien und gefalteten Zeichnungs-Collagen, immer im Format DIN-A4, begleitet seit 1998 ähnlich einem dreidimensionalen Tagebuch Albert Weis' Untersuchungen zu urbanen Strukturen. Die Fotografien eröffnen den Blick auf ausschnitthafte Prospekte von Fassaden und Fensterbändern, in Gänge oder durch mit Jalousien verhängte Scheiben, die Innen- oder Außenansicht unklar werden lassen. In ihren irritierenden Volumen und Oberflächen sind die fotografischen Ansichten zu den plastisch gefalteten und bemalten Papieren ins Verhältnis gesetzt. Raumgreifendes plastisches Denken zeigt sich hier in seinen konzeptuellen Ansätzen. In den frühen Beispielen dieser Serie zeigt sich noch eine spezifische,

fast malerische Tonigkeit der Papiere, da der Künstler diese mit Ölkreide bearbeitet hatte. In den neueren *folders*-Werkgruppen ist Weis zu einem Collageverfahren mit Farb- und Rasterfolien unterschiedlicher Qualität und Farbigkeit übergegangen, um näher an technischen und architektonischen Verfahren der Raumdarstellung zu bleiben.

Ich zitiere hier eine Aussage von Albert Weis zur Serie *folders*, da diese, wir mir scheint, einige Grundüberlegungen des Künstlers zusammenfasst: „*folders* sind Papierarbeiten, die über den Moment der Faltung und Beschichtung räumliche Strukturen bilden. Meist als mehrteilige Arbeit angelegt, entstehen zusammen mit den Fotoarbeiten architektonische und räumliche Referenzen, die wiederum Bezüge zu meinen in situ-Installationen herstellen. Ausgangspunkt der Fotoarbeiten sind Gebäude und urbane Ensembles der 1960er- und 1970er-Jahre des 20. Jahrhunderts, deren spezifische Formensprache bis heute Aspekte eines utopischen Versprechens lesbar werden lässt – die Vision, dass eine radikal erneuerte Konzeption und Praxis im Städtebau zur Erneuerung gesellschaftlicher Prozesse beitragen könnte. Diese Architektur ist immer mehr im Begriff, aus dem öffentlichen Bewusstsein zu verschwinden, und mit ihr die damit verbundenen utopischen Momente.“[2]

Struktur, Raster, abstrakte Organisationsformen – das sind, wie eingangs erwähnt, für das Werk von Albert Weis zentrale Begriffe. Ich möchte für diese einige Referenzen andeuten, die nicht unmittelbar

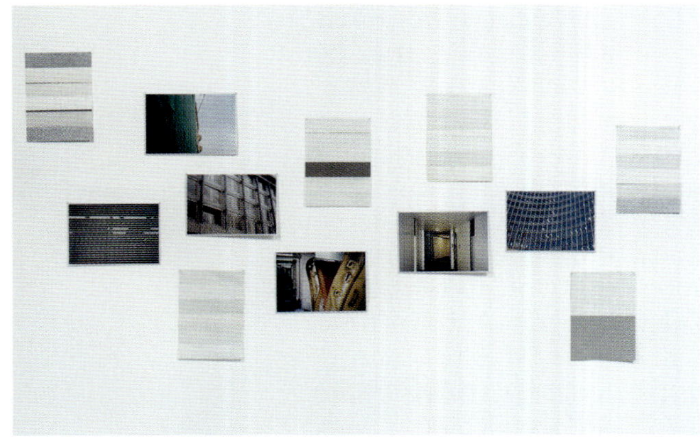

folders, 2001, C-Prints, mixed media, *Sieben Stücke für einen Raum* | *Seven Pieces for One Space*
Daimler Contemporary, Berlin, 2002, Daimler Art Collection, Stuttgart/Berlin

folders (flat/condition), 2005–10, mixed media, *Minimalism and Applied II*, Daimler Contemporary, Berlin, 2010, Daimler Art Collection, Stuttgart/Berlin

folders

The first step, the sketch-like unfolding of the architectural surface into an imaginatively accessible space, could be understood with an example from the group of works *folders*. This compilation of works, consisting of photographs and folded drawing collages, always in DIN-A4 format, has accompanied Albert Weis' investigations into urban structures since 1998, similar to a three-dimensional diary. The photographs open up a view of cuttings from brochures of facades and window into corridors or through glass panes hung with blinds, which leave the interior or exterior view unclear. In their irritating volumes and surfaces, the photographic views are set in relation to the plastically folded and painted papers. This spatial, plastic thinking is shown here through his conceptual approaches. In the early examples of this series, a specific, almost painterly tonality of the papers can still be seen, since the artist had worked on them with oil crayon. In the more recent *folders* group of works, Weis has switched to a collage process with colour and raster foils of different quality and colour, in order to remain closer to technical and architectural processes of spatial representation.

I will quote now a statement by Albert Weis about the series *folders*, since it seems to summarise some of the artist's fundamental considerations: "*folders* are paper works that form spatial structures through the moment of folding and coating. Mostly conceived as a multi-part work, architectural and spatial references merge together with the photographic works, which

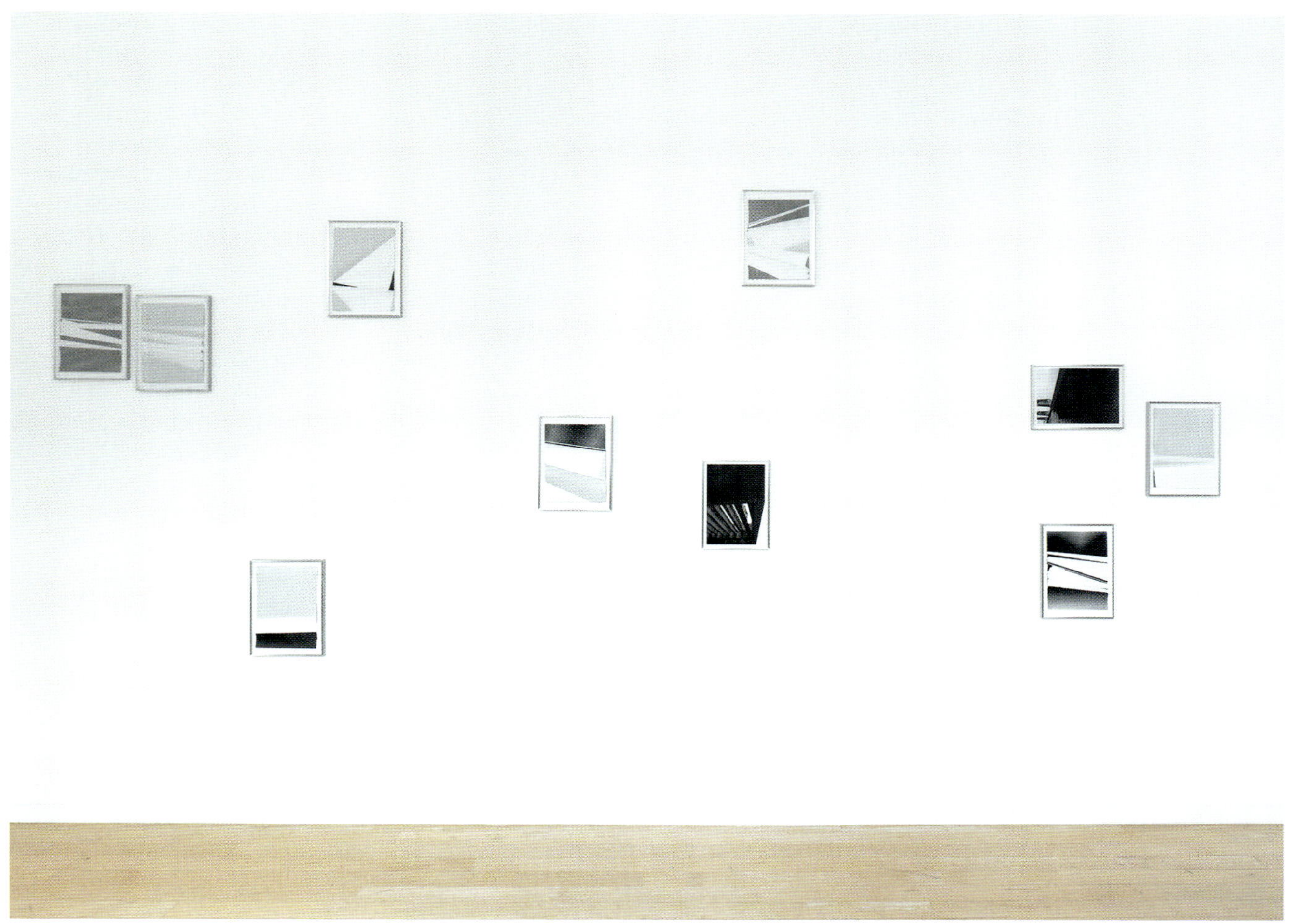

in turn establish references to my in situ installations. The starting point for the photographic works are buildings and urban ensembles from the 60s and 70s of the 20th century, whose specific formal language still makes aspects of a utopian promise legible today—the vision that a radically renewed concept and practice in urban planning could contribute to the renewal of social processes. This architecture is increasingly disappearing from public consciousness, and with it the utopian moments associated with it." (A.W.)[2]

Structure, grid, abstract forms of organisation—these are, as previously mentioned, central concepts in the work of Albert Weis. For these concepts, I would like to suggest a few references that are not immediately readable in his works, but which nevertheless open up a spiritual horizon that may illustrate the artist's working method.

The minimalist structure of Mies van der Rohe's *Seagram Building* (1954–58, New York), is one of the first buildings to recall when writing about the work of Albert Weis. Geometric reduction and the simple elegance of the facade disguise the complexity of the inner building structure. All details and formal decisions are based on clear proportions and scale: from the window dimensions to the bronze-coloured support structure of the façade, and from the surrounding plaza to the integration of the building volume into the urban environment. The transparency of the floor-to-ceiling glass windows is articulated at night as a geometric light drawing in space. Or one

might think of the extremely reduced materiality of the staircase at the *Chapel at Miramar Naval Station* (1957, La Jolla, California) by Richard Neutra/Rober E. Alexander, which was created at about the same time, and which adds a filigree ordering element to the angular structure.

When we think of seamless integration of monolithic appearance and grid structure, the thought almost automatically turns to the *Twin Towers* by Minoru Yamasaki Architects, the World Trade Center in New York, built in 1972 and destroyed in 2001. The minimalisation of the facade through extremely narrow, vertically-oriented window bands and aluminium-clad steel pillars, the cubic reduction and the doubling of the volumes gave the *Twin Towers* their unique urban presence.

When we widen the narrow focus on architecture into product design, we may think of Shiro Kuramata, who worked in both areas. All details of the interior design and ceiling of his *Issey Miyake department store,* (1987, Seibu, Shibuya, Tokyo) were made from perforated sheets. They created a transparent minimalism that was, at the same time, highly functional. Kuramata's short-lived space solutions for the rapidly changing fashion cycles gained a poetic refinement and lightness. The development of form from the material, the transparent and translucent permeability of the interior and exterior has also been implemented by Kuramata in his furniture designs, such as the armchair *How High the Moon,* 1986.

Ludwig Mies van der Rohe, Seagram Building, 1958, New York City

Minoru Yamasaki, World Trade Center, 1973, New York City, Luftaufnahme | aerial view, März | March 2001

flexions, 2008–12, gekantete Aluminiumprofile, Sprayfarbe | folded aluminium profiles, spray paint, *Minimalism and Applied II,* Daimler Contemporary, Berlin, 2010, Daimler Art Collection, Stuttgart/Berlin

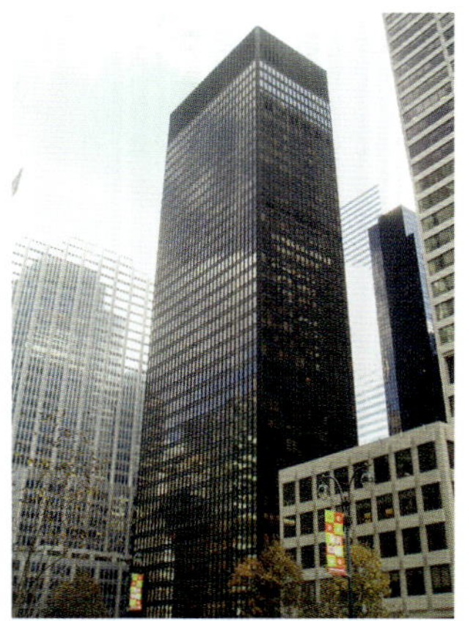 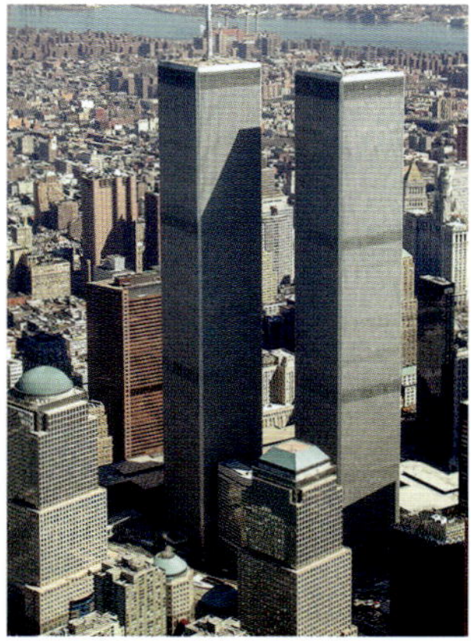

seinen Arbeiten ablesbar sind, die aber doch einen geistigen Horizont eröffnen, der für die Arbeitsweise des Künstlers leitend sein mag.

Der minimalistische Baukörper von Mies van der Rohes *Seagram Building,* 1954–58, ist eines der ersten Bauwerke, an das man sich im Schreiben über das Werk von Albert Weis erinnert. Geometrische Reduktion und die schlichte Eleganz der Fassade täuschen über die Komplexität der inneren Gebäudestruktur hinweg. Allen Details und formalen Entscheidungen liegen klare Verhältnisse bezogen auf Proportion und Maßstab zugrunde: von den Fenstermaßen über die bronzefarbene Trägerstruktur der Fassade und die umgebende Plaza bis zur maßstäblichen Einbindung des Gebäudevolumens in die urbane Umgebung. Die Transparenz der bodentiefen Glasfenster artikuliert sich nachts als geometrische Lichtzeichnung im Raum.

Oder man mag an die extrem reduzierte Materialität der etwa zeitgleich entstandenen Treppe an der *Airman Memorial Chapel* in Miramar (1957, La Jolla, Kalifornien) von Richard Neutra und Robert E. Alexander denken, die dem kantigen Baukörper ein filigranes Ordnungselement hinzufügt.

Wenn wir an ein bruchloses Ineinander von monolithischer Erscheinung und Rasterstruktur denken, wendet sich die Vorstellung fast automatisch den *Twin Towers* von Minoru Yamasaki Architects zu, dem 1972 erbauten, 2001 zerstörten *World Trade Center* in New York. Die Minimalisierung der Fassade

flexions

Albert Weis' spatial-sculptural method was represented in the Berlin exhibition 2011, *'Minimalism and Applied II',* by an early example of the work group *flexions:* aluminium profiles bent into crystalline structures and mounted on the wall, the dimensions of which are based on the Modulor by Le Corbusier. This is a system of proportions which formed the basis of Le Corbusier's entire oeuvre and had a formative influence on the architecture of Modernism to which Albert Weis refers constitutively in many of his works.

Albert Weis has stated the following: "A strand of aluminium profiles is sawn open at different intervals on the webs and bent into a crystalline structure. The distances correspond in principle to the dimensions of Le Corbusier's Modulor, but I deliberately make mistakes, and this symbolic way of reinterpreting given norms and misinterpretations gives rise to the various forms in the next step of folding the material. I spray-paint the outside with lacquer, which remains visible inside the profiles—like dirt or oil residues. Le Corbusier's parameters, which were developed to human dimensions, are being translated by me into abstraction, into a crystalline form, which in turn has a connection to Dürer's Polyhedron, that strange formal symbol of melancholy from his 1514 graphic work. In my artistic practice, as well as directly in my sculptural work, I therefore reflect the ideals of Modernism—in relation to urban planning, but also to those housing units

adapted to human dimensions—and their perhaps necessary failure"[3].

cabinet. salon.

In the Berlin exhibition, the sculpture *cabinet (lined)* was free standing in the room, consisting of aluminium profiles covered with Duropal high-pressure laminate. The holes for the rivets were unusually drilled from the inside outwards, causing the rivets and cracks to punctuate both the external side surfaces, contrasting with the object's clear, minimalist form. *cabinet (lined)* also references the idea of thinking of a piece of furniture—or a building—as a machine, and designing it as such. This idea was implemented and disseminated in manifestos by the Bauhaus and Marcel Breuer, and also by Eileen Gray, Jean Prouvé and (later) Le Corbusier.

At the centre of Albert Weis' contribution was the sculpture *salon, 2009,* a room within a room, covered on the outside with laminate tiles in a cool white, while inside the surrounding mirror tiles confused the viewer's orientation. The sculpture relates, as the artist explained, directly to a former department store building situated in Turmstrasse in Berlin-Moabit. A change in scale turns the architectural details into sculptural structures: the large-format ceramic cladding becomes tile-sized high-pressure laminate plates. The system of proportions used for the installation was based on a deliberately ambiguous

durch extrem schmale, vertikale Fensterbänder und mit Aluminium verkleidete Stahlpfeiler, die kubische Reduktion und die Doppelung der Volumen vermittelten den *Twin Towers* ihre einzigartige urbane Präsenz.

Erweitert man diesen knappen Blick auf die Architektur um den Aspekt von Produktdesign, so kann man an Shiro Kuramata denken, der in beiden Bereichen gearbeitet hat. Alle Details der Raumgestaltung seiner *Issey Miyake-Boutique,* 1987, (Seibu, Shibuya, Tokyo) bestanden aus Lochblechen. Diese kreierten einen transparenten Minimalismus, der zugleich höchst funktional war. Kurzlebige Raumlösungen für die schnell wechselnden Zyklen der Mode gewannen bei Kuramata eine poetische Raffinesse und Leichtigkeit. Das Entwickeln der Form aus dem Material, die transparente und transluzente Durchlässigkeit zwischen Innen und Außen hat Kuramata auch in seinen Möbelentwürfen, etwa dem Sessel *How High the Moon,* 1986, umsetzen können.

flexions

Albert Weis' raumplastische Arbeitsweise war in der Berliner Ausstellung *Minimalism and Applied II,* 2011, vertreten durch ein frühes Beispiel der Werkgruppe der *flexions:* Aluminiumprofile, zu kristallinen Strukturen gebogen und an die Wand montiert, deren Maße sich am Modulor von Le Corbusier orientieren. Es handelt sich hierbei um ein Proportionssystem, das dem gesamten Werk Le Corbusier's zugrunde lag, das insgesamt prägend für die Architektur der Moderne wurde und auf welches sich Albert Weis konstitutiv in vielen Werken bezieht.

Albert Weis hat dazu formuliert: „Ein Strang aus Aluminiumprofilen wird in unterschiedlichen Abständen an den Stegen aufgesägt und zu einer kristallinen Struktur gebogen. Die Abstände entsprechen grundsätzlich den Maßen des Modulors von Le Corbusier, ich baue jedoch absichtlich Fehler ein und über diesen symbolischen Weg der Umdeutung gegebener Normen und der Fehlinterpretationen entstehen im nächsten Schritt beim Falten des Materials die verschiedenen Formen. Auf die Außenseite spraye ich Lackfarbe, die im Inneren der Profile sichtbar bleibt – wie Schmutz oder Ölreste. Le Corbusiers am menschlichen Maß entwickelte Parameter erfahren bei mir eine Übersetzung in die Abstraktion, in eine kristalline Form, die wiederum eine Verbindung hat zu Dürers Polyeder, jenem fremdartigen formalen Symbol für die Melancholie, wie wir es aus seiner Grafik von 1514 kennen. Ich reflektiere so in meiner künstlerischen Praxis wie auch unmittelbar im bildhauerischen Tun Idealvorstellungen der Moderne – bezogen auf den Städtebau, aber auch auf jene, dem menschlichen Maß angepasste Wohneinheiten – und ihr vielleicht notwendiges Scheitern." [3]

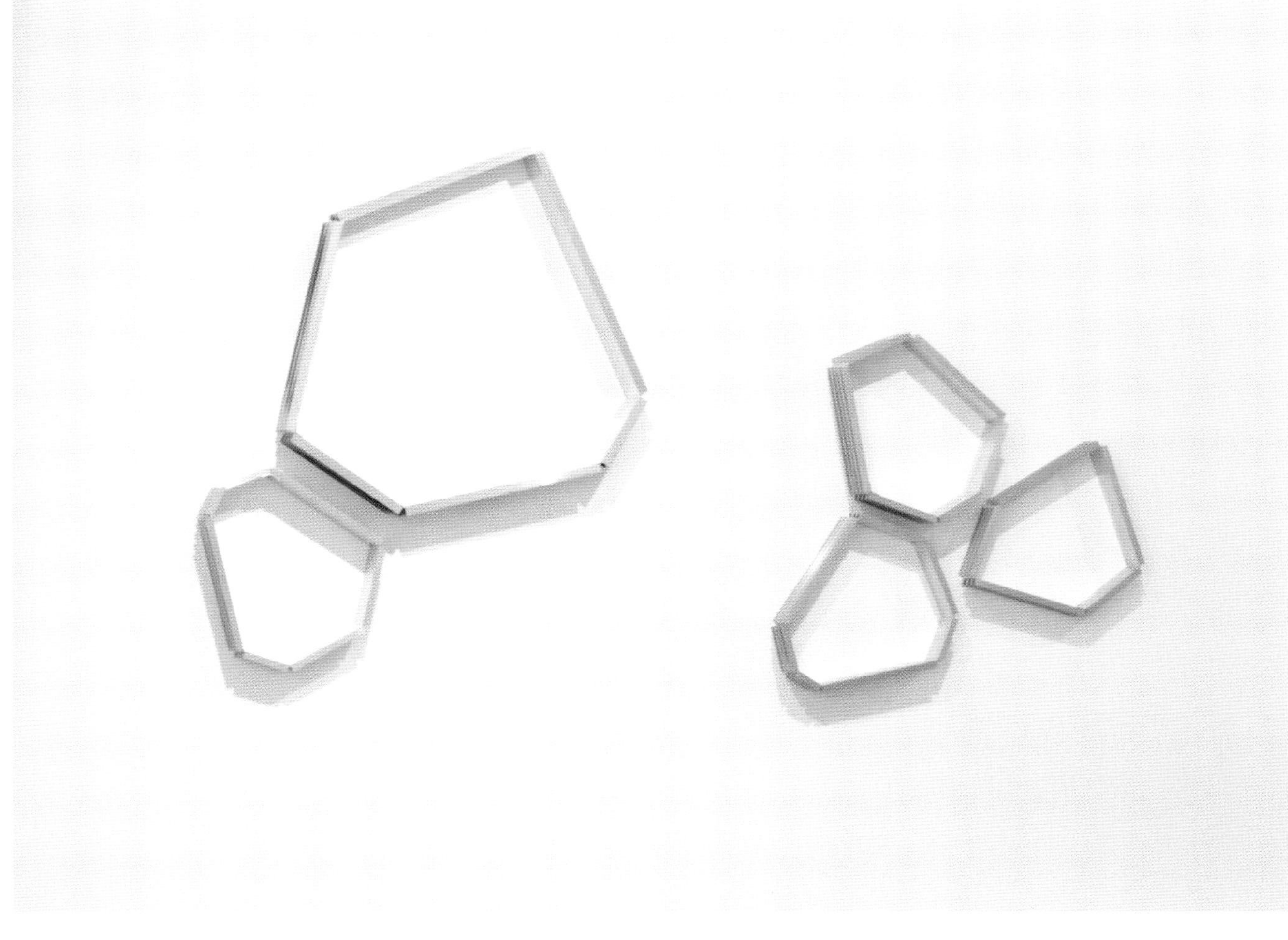

cabinet. salon.
Im Raum stehend war in Berlin die Skulptur *cabinet (lined)* zu sehen, deren Aluminium-Profile mit Duropal-Hochdrucklaminat beschichtet sind. Die Bohrungen für die Vernietung der Teile erfolgte von Innen nach Außen, die Nieten und Splitter rhythmisieren nun ihrerseits die beiden seitlichen Außenflächen und lassen einen Kontrast zur klaren, minimalistischen Form entstehen. *cabinet (lined)* zitiert auch die Idee, ein Möbel – wie auch ein Gebäude – als Maschine zu denken und zu entwerfen. Eine Idee, die von Bauhaus-Künstlern wie Marcel Breuer und vor allem auch von Eileen Gray, Jean Prouvé und später Le Corbusier in Manifesten propagiert und realisiert wurde.

Im Zentrum des Beitrags von Albert Weis stand die Skulptur *salon, 2009*, ein Raum im Raum, außen mit kaltweißen Laminatkacheln belegt, während im Inneren umlaufende Spiegelkacheln die Orientierung des Betrachters verwirrten. Die Skulptur bezieht sich, so der Künstler, auf das Gebäude eines ehemaligen Kaufhauses in der Turmstraße im Berliner Stadtteil Moabit. Albert Weis wählte eine Maßstabsverkleinerung, welche die architektonischen Details zu skulpturalen Strukturen transformierte: aus den großformatigen Keramik-Fassadenplatten wurden fliesengroße Elemente aus Hochdrucklaminat. Das Maßsystem der Skulptur basiert auf einer bewusst missverständlichen Verkettung von unterschiedlichen und sich gegenseitig störenden Maßeinheiten. Diese beziehen sich einerseits auf die realen und verkleinerten Abmessungen des originalen Gebäudes, andererseits wurden, wo möglich, Le Corbusiers Modulor-Maße integriert. „Dies geschah so frei und selektiv, dass anstatt eines ohnehin fragwürdigen Rasters eine eigenständige, skulpturale Struktur entstand." [4]

Raum, Volumen und ein nicht reduzierbares formales Minimum – das sind grundlegende künstlerische und architektonische Termini, die mit Weis' Konzept der Skulptur *salon*, aber auch mit seinen raumplastischen Wandbauten eng verbunden sind.

Um hier einen historischen Horizont anzudeuten, muss man zunächst weit zurückblicken, zu Mies van der Rohes Architekturskulptur *Deutscher Pavillon* für die Weltausstellung in Barcelona, 1929. Mit seiner konstruktiven Fügung von bauplastischen Materialien und durchdrungen von Naturelementen ist Mies' Barcelona Pavillon eines der sublimsten Bauwerke der Moderne. Stahlbeton, Glas, Travertin und Marmor verbinden sich bruchlos mit dem Grün der Umgebung, dem Wasser des Pools und dem Blau des Himmels. [4]

Eine wichtige frühe Orientierung für Albert Weis und zugleich zentraler Bezugspunkt – was Reduktion der Form, Ökonomie der Proportionen, Materialgerechtigkeit und den Bezug zum menschlichen Maß betrifft – ist mit dem visionären architektonischen Werk von Jean Prouvé gegeben. Prouvé (1901–84), einer der herausragenden Konstrukteure und Gestalter des 20. Jahrhunderts, entwickelte seit den 1930er-Jahren eine neuartige architektonische und gestalterische Formensprache, um industrielle

combination of different, mutually inconsistent scales taken partly from the actual, scaled-back dimensions of the original building. Where possible, Corbusier's *Modulor* proportions were also integrated. "This was done in a random and selective way so as to create a sculptural structure—an object in its own right—rather than being solely based on a somewhat questionable grid"(A.W.).

Space, volume, and an irreducible formal minimum—these are fundamental artistic and architectural terms that are closely connected with Weis' concept of the sculpture *salon*, but also with his sculptural wall structures.

In order to suggest a historical reference here, one must first look back further to Mies van der Rohe's architectural sculpture, the *German Pavilion* for the World Exhibition in Barcelona, 1929. With its constructive combination of sculptural materials permeated by natural elements, Mies' Barcelona Pavilion is one of the most sublime buildings of Modernism. Reinforced concrete, glass, travertine and marble blend seamlessly with the green surroundings, the water of the pool and the blue of the sky.

Jean Prouvé's visionary architecture provides an important early orientation for Albert Weis and at the same time a central point of reference—in terms of the reduction of form, the economy of proportions, the authentic use of materials, and the reference to the human proportion. Prouvé (1901–84), one of the outstanding constructors and designers of the 20th

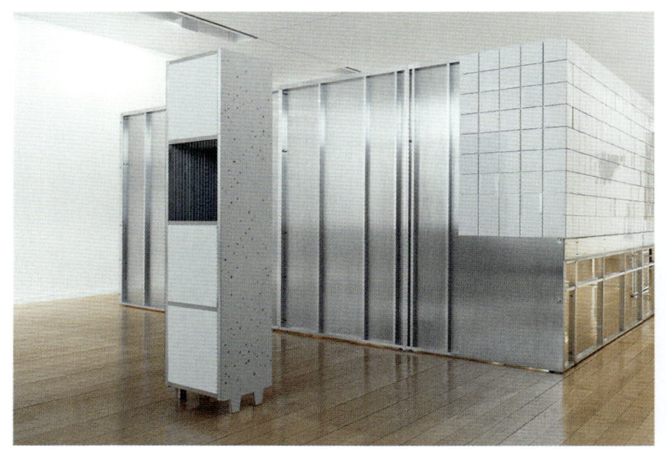

cabinet (lined), 2008, Aluminiumprofile, Hochdrucklaminat, Nieten | aluminium profiles, high pressure laminate, rivets, *Minimalism and Applied II,* Daimler Contemporary, Berlin, 2010, Daimler Art Collection, Stuttgart/Berlin

salon, 2009, Aluminium, Hochdrucklaminat, Spiegel | aluminium, high pressure laminate, mirrors, *Minimalism and Applied II,* Daimler Contemporary, Berlin, 2010

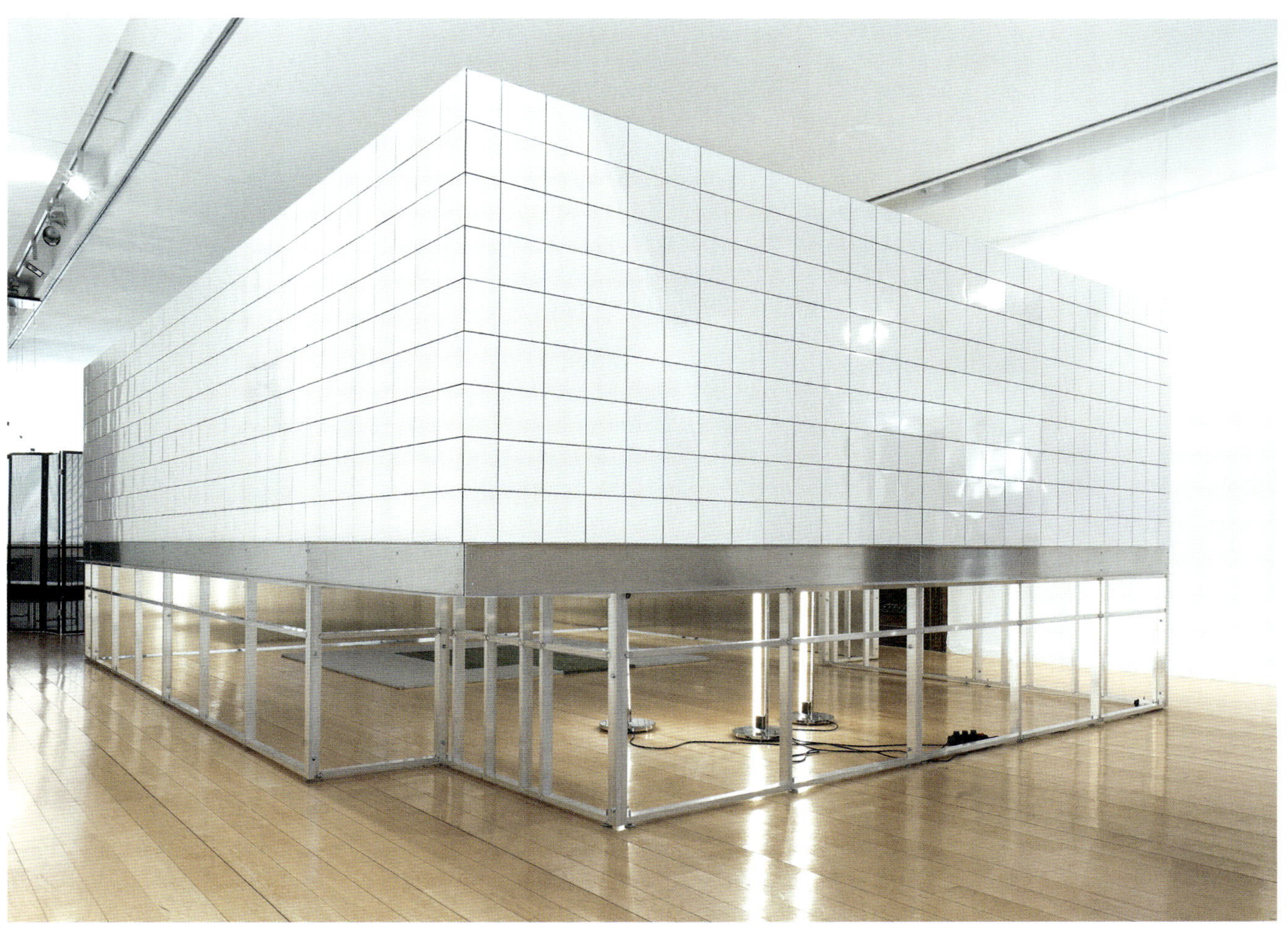

century, developed a new architectural and design language from the 1930s onwards in order to translate industrial production techniques for radically reduced and, at the same time, aesthetically sophisticated buildings, spatial solutions and furniture. Prouvé laid the foundations for a democratic ideal of broad availability and usability of his designs. As early as the 1920s, he used extremely thin, easily bendable and foldable steel plates, later also aluminium, and tried and tested construction techniques of the automotive industry. The close connection between design, prototyping and mass production became one of the foundations of his success. The immediate inspiration for Albert Weis' room sculpture *salon* are Prouvé's pavilions, such as his *Gas station* designed in 1953.

Donald Judd, one of the founders of Minimal Art in the USA in the 1960s, was a profound connoisseur and equally eloquent critic of artistic and architectural Modernism. In 1970, for the lobby of the Leo Castelli Gallery, he created a room within a room made from high, rectangular, galvanized iron plates, flush with the wall. In 1974, Judd realised another implementation of the concept for the Portland Center for Visual Arts with a deeper cubic structure made of plywood. His sculptural preoccupation with the empty volume of cubes that open into the room also dates back to around 1970. "It isn't necessary", writes Donald Judd in his important early essay 'Specific Objects' (1965), "for a work to have a lot of things to look at, to compare, to analyse one by one, to contemplate. The thing as a whole, its quality as a whole, is what is interesting. The main things are alone, and are more intense, clear and powerful."[5]

Of particular interest with regard to Albert Weis—with reference to the relationship between exterior space and interior space, exterior skin and interior structure, wall and room, etc.—seems to me Judd's 1971 steel cube: a ca. 180 cm high cube encompasses a lower, diagonally distorted cubic volume. The space of interpretation and association that this unusual sculptural setting by Judd opens may have inspired architects Diba and Parvin Pezeshki some years later for their prayer room *Iran Namaz Khaneh,* 1977–78, but, of course, one can also think further to the physically and psychologically arguing spatial concepts of Bruce Naumann. From a sculptural and formal perspective, Judd may also have also decisively influenced many representatives of architectural minimalism such as John Pawson and Claudio Silvestrin.

Finally, I would like to add the moment of variability to the themes of space, volume, proportion as another important aspect for many works by Albert Weis. At least a brief reference is therefore made to one of the most radical German contributions to Minimal Art, which was also presented in the Berlin exhibition 2011 in direct, dialogic proximity to Albert Weis: Charlotte Posenenke's open sculptures *Raumteiler (Partitions)* from 1967 and *Drehflügel,* 1967/68, which respond to room dimensions and proportions, are movable and can be changed by the users.

Produktionstechniken für radikal reduzierte und zugleich ästhetisch anspruchsvolle Bauten, Raumlösungen und Möbel zu übersetzen. Prouvé legte die Grundlagen für ein demokratisches Ideal breiter Verfügbarkeit und Nutzbarkeit seiner Entwürfe. Bereits in den 1920er-Jahren verwendete er extrem dünne, leicht biegbare und faltbare Stahlplatten, später auch Aluminium, und erprobte Konstruktionstechniken der Automobilindustrie. Die enge Verbindung zwischen Entwurf, Prototypenbau und Herstellung der Serienprodukte wurde zu einer der Grundlagen seines Erfolges. Als ganz unmittelbare Inspiration für Albers Weis' Raumskulptur *salon* darf man an Prouvés Pavillons erinnern, etwa seine 1953 entworfene Tankstelle.

Ein profunder Kenner und ebenso eloquenter Kritiker der künstlerischen und architektonischen Moderne war Donald Judd, einer der Begründer der Minimal Art in den USA in den 1960er-Jahren. Für die Lobby der Galerie Leo Castelli hat er 1970 einen Raum im Raum aus hochrechteckigen, galvanisierten Eisenplatten realisiert, bündig mit der Wand umlaufend. Eine noch einmal andere Umsetzung der Konzeption hat Judd dann 1974 für das Portland Center for Visual Arts verwirklicht, dort mit einer tieferen kubischen Struktur aus Sperrholz. In die Zeit um 1970 fällt auch seine bildhauerische Beschäftigung mit dem leeren Volumen von zum Raum hin offener Kuben.

„Es ist nicht notwendig", schreibt Donald Judd in seinem wichtigen frühen Essay *Specific Objects*, 1965, „dass ein Werk viele Dinge betrachtet, vergleicht,

Mies van der Rohe, Barcelona-Pavillon, 1929

Jean Prouvé, Tankstelle | Service Station, 1953, Vitra-Werk, Weil am Rhein

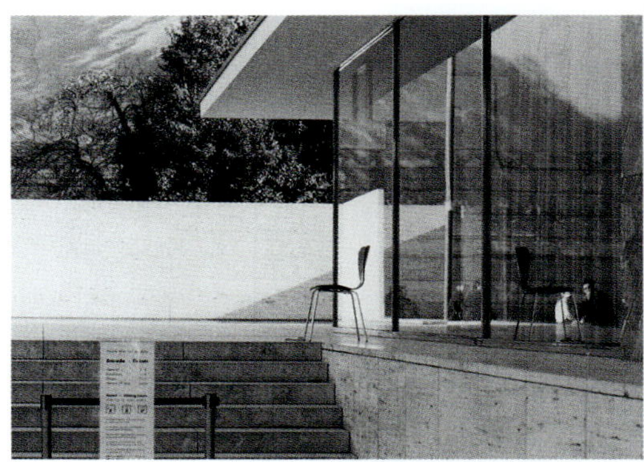

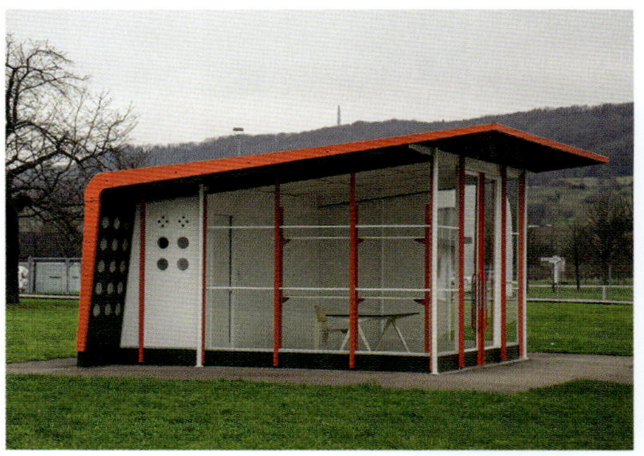

Charlotte Posenenske's lean sculptural oeuvre, developed between 1966 and 1968, stands out succinctly against the horizon of the 1960s avant-garde scene in Germany: firstly because of its quality—the power and logic with which it unfolds—and then again because of the decisiveness with which it was brought to a close in 1968. We can attempt to define Posenenske's specific contribution to the art discussions in the 1960s as 'mimetic Minimalism.' This means that placed serially in a museum or other public spaces, the metal reliefs and Vierkantrohre (Square Tubes)—made of sheets of aluminium, steel or cardboard, painted in standard colours, produced in limited or unlimited editions—involve themselves with reality in such a way that they initially undermine the difference between a work of art and the world that viewers expect. In the first place, this is because Posenenske always restricts herself to one material, at the same time, the lack of appeal and the emphatically 'anti-aesthetic' approach displayed by the surfaces of her metal sheets, covered with matt industrial paint, and the visually unattractive cardboard elements must have frustrated the viewers' visual curiosity.

With their bulky material quality and demonstrative anti-functionality, Posenenske's sculptural elements question any simple attribution of identity with the world surrounding them: their contemporary viewers could not appropriate their brittle minimalisation unambiguously to either the world of art or to the pragmatic constraints of industrial society.

Albert Weis, *salon*, and
Eileen Gray, *Tube Light*

Albert Weis selected two iconic design objects by Eileen Gray for the interior of the room sculpture *salon:* one of her carpets and the floor lamp Tube Light, 1927.

Eileen Gray (1878 –1976, IRL) was one of the most important product and interior designers of the 20th century. After studying at the Slade School of Art in London she moved to Paris, where she started to design and produce exclusive lacquer furniture, working in the spirit of Art Nouveau and Japonisme. In the 1910s and 1920s her furniture, carpets, screens and objects became more and more reduced, and she started to use the most modern materials such as steel, aluminium and glass at an early stage. At the same time, she broadened her creative vision by making the objects she designed part of complete concepts for interiors and architecture. The first groundbreaking result of this aesthetic overview is the E.1027 house (1925–29), built on the French Riviera with the Romanian architect Jean Badovici, her life partner at the time, in Roquebrune Cap Martine. This ensemble of nature, building and plan with fitted and individual items of furniture realised her ethos of a unity of landscape and cultural design, practical and versatile in use, with enormously refined detail in the choice of materials and finish. Unlike her friend Le Corbusier, who was working on combining formal reduction and standardisation, and coined the term 'machine à habiter', Eileen Gray devoted herself throughout her life to the ideal image

einzeln analysiert und betrachtet. Interessant ist die Sache als Ganzes, ihre Qualität als Ganzes. Die Hauptsachen sind allein und sind intensiver, klarer und kraftvoller." [5]

Von besonderem Interesse mit Blick auf Albert Weis – bezogen auf das Verhältnis von Außenraum und Innenraum, Außenhaut und Binnenstruktur, Wand und Raum etc. – scheint mir Judds Stahlkubus von 1971: Dort umfasst ein etwa 180 Zentimeter hoher Würfel ein niedrigeres, diagonal verzogenes kubisches Volumen. Der Interpretations- und Assoziationsraum, den diese ungewöhnliche skulpturale Setzung von Judd eröffnet, mag einige Jahre später die Architekten Diba und Parvin Pezeshki für ihren Gebetsraum *Iran Namaz Khaneh*, 1977–78, inspiriert haben, aber natürlich kann man von hier auch weiterdenken zu den physisch und psychologisch argumentierenden Raumkonzeptionen von Bruce Naumann. Aus bauplastischer und formaler Perspektive dürfte Judd aber auch viele Vertreter eines architektonischen Minimalismus wie etwa John Pawson und Claudio Silvestrin entscheidend geprägt haben.

Ich möchte abschließend die Thematik Raum, Volumen und Proportion noch um das Moment der Variabilität ergänzen – auch das ein wichtiger Aspekt für viele Werke von Albert Weis. Zumindest knapp sei daher auf einen der radikalsten deutschen Beiträge zur Minimal Art hingewiesen, der in der Berliner Ausstellung 2011 ebenfalls in unmittelbarer, dialogischer Nachbarschaft zu Albert Weis vorgestellt wurde:

Charlotte Posenenskes offene, jeweils auf Raummaße und Raumproportionen reagierende Skulpturen *Raumteiler* von 1967 und *Drehflügel*, 1967/68, deren bewegliche Elemente von den Benutzern verändert werden können.

Vor dem Horizont der Avantgarde-Szene der 1960er-Jahre in Deutschland zeichnet sich das schmale, zwischen 1966 und 1968 entwickelte plastische Werk Charlotte Posenenskes prägnant ab: einerseits aufgrund der Stringenz und Logik, mit der es aufgebaut wurde, und andererseits aufgrund der Entschlossenheit, mit welcher es 1968 beendet wurde.

Man könnte den spezifischen Beitrag Posenenskes als „mimetischen Minimalismus" beschreiben. Gemeint ist damit, dass die Metallreliefs und Vierkantrohre aus Alu- und Stahlblech oder Karton, in Normfarben lackiert, in Auflage oder unlimitiert produziert, seriell in museale oder öffentliche Räume gebracht, sich so in die Wirklichkeit hineinbegeben, dass sie die vom Betrachter erwartete Differenz zwischen Kunstwerk und Welt zunächst einmal unterwandern. Das hängt in einem ersten Schritt damit zusammen, dass Posenenske sich in jedem Werk auf ein einziges Material beschränkt, zugleich müssen die mit matten Industrielacken bemalten Bleche und die optisch reizlosen Kartonelemente die Schaulust der Betrachter durch ihre betonte „Antiästhetik" frustriert haben.

In ihrer sperrigen Materialität und demonstrativen Antifunktionalität stellen die Werke jede einfache Zuschreibung von Identität mit der sie umgebenden

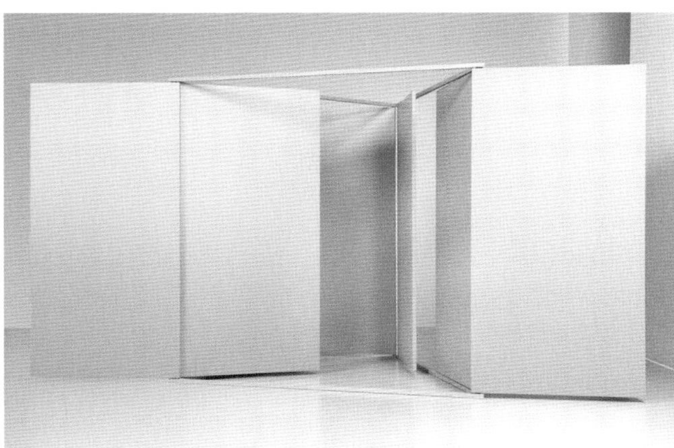

Charlotte Posenenske, *Serie E, Drehflügel,* 1967/68–2011, Daimler Art Collection, Stuttgart/Berlin

Bruce Nauman, *Floating Room: Lit from Inside,* 1972, 305 × 488 × 488 cm, Installation InK. Halle für internationale neue Kunst, Zürich, 1978
© Raussmüller Collection

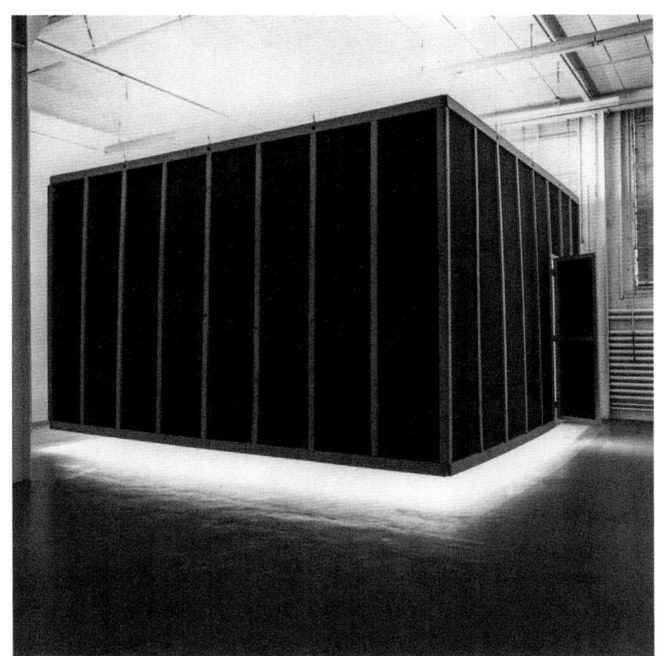

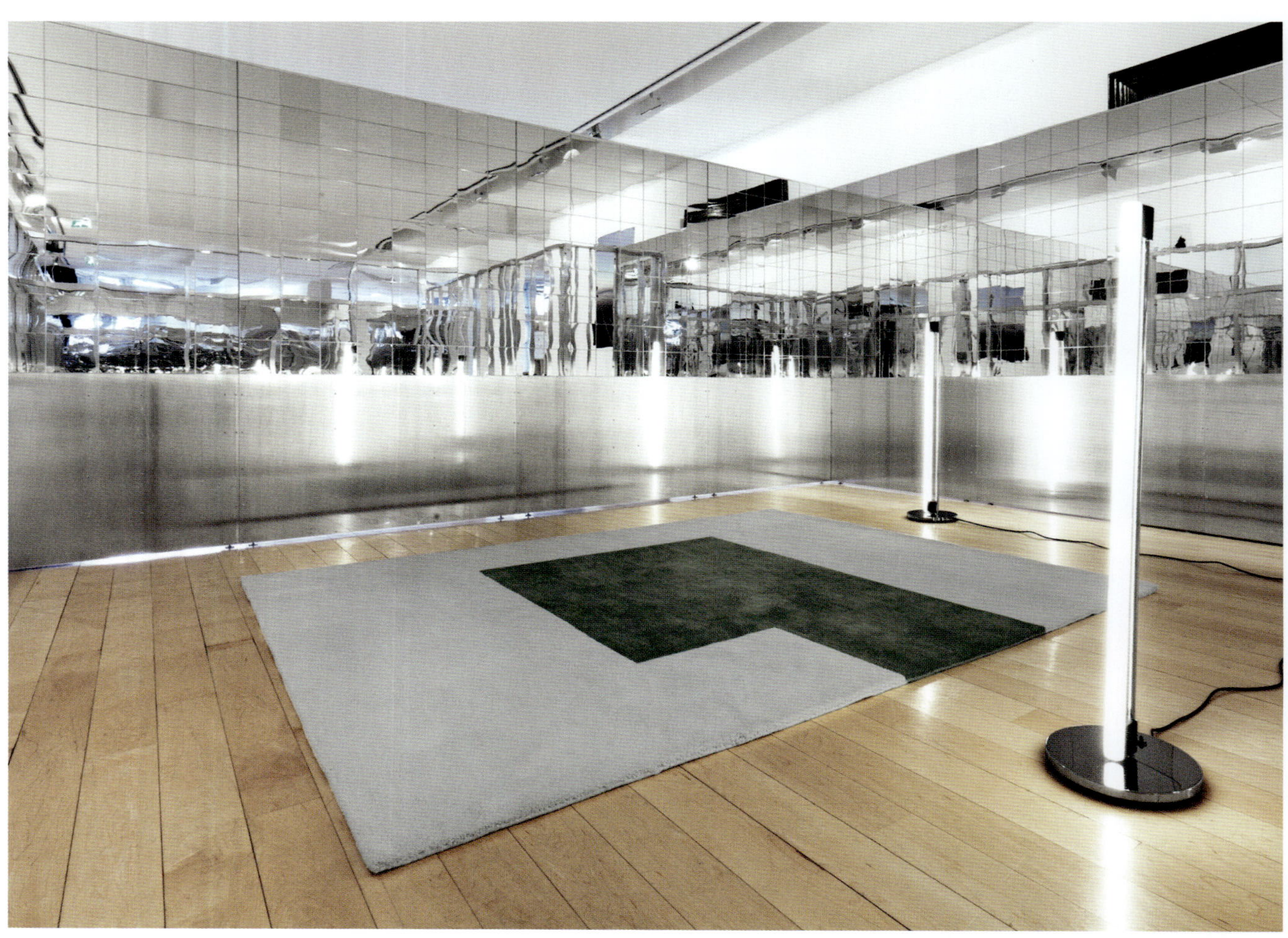

Albert Weis, *parts (brillant),* 2019
Daimler Art Collection, Stuttgart

of 'dwelling' as an extension of the individual physical human being into the material world. Gray was linked in Paris through acquaintance and discussion with the avant-garde designers Charlotte Perriand, Jean Prouvé and Robert Mallet-Stevens.

Tube Light, designed in 1927, of captivating elegance and radical reduction, was far ahead of its time in the combination of a cool chrome structure and warm neon light. Gray had probably designed the lamp for the *E.1027* house in Roquebrune on the Côte d'Azur, which she had architecturally designed and built. In the same context, Gray developed the wall and ceiling lamp, *Pailla* (1925–28), consisting of a light bulb in a chrome-plated metal socket, and the legendary *Adjustable Table E.1027,* as well as other furniture and interior objects, all designed for variability, mobility and multi-functionality.

In front of the exterior wall of Albert Weis' *salon* as part of the exhibition *'Minimalism and Applied II',* were positioned two other pieces of furniture by Eileen Green, which were designed at about the same time: Her *Folding Screen,* 1930, and the *Monte Carlo* bench, 1929. The *Folding Screen* already represents an example of a cooler, industrial aesthetic compared to the early lacquer works of Eileen Gray. The four-part screen is constructed from a wooden frame with two different, high-gloss lacquered perforated sheet fillings. The curved shapes of the bench and backrest of the *Monte Carlo* furniture combine subtle reduction and austerity with inviting simplicity and elegance.

On behalf of the Daimler Art Collection, Albert Weis developed the sculpture *parts* in 2018 and realised it in 2019. It now welcomes employees and visitors in the new board headquarters of the Daimler plant Stuttgart-Untertürkheim.

The sculpture refers directly to the form of the polyhedron in Albrecht Dürer's engraving *Melencolia I* from 1514, one of the first depictions of an abstract form in modern times. The polyhedron is an archaic motif as well as an important mathematical figure of Modernism. The sculpture's basic shape of the triangle refers to the Mercedes Star. This is also inscribed as a basic form in the mirror-polished stainless steel base. For the sculpture, the outlines of the polyhedron were duplicated and then folded and divided until a complex new, at the same time floating and stable, form was created. Viewers moving around in the room can discover continuously changing, colour-transparent spatial drawings.

The proportions of the sculpture are commensurate with the dimensions of the Golden Section and the *Modulor* of Le Corbusier These references to a human dimension create a direct relationship between sculpture and viewer, but also between sculpture and space.

The aluminium structure was repeated with a strand of 20 mm thick neon. The transparent glass tubes are filled with neon gas, which gives a red glowing hue,

Welt infrage: Weder waren sie in ihrer spröden Minimalisierung für den zeitgenössischen Betrachter der Welt der Kunst, noch den pragmatischen Zwängen der Industriegesellschaft eindeutig zuzuordnen.

Albert Weis, *salon* und
Eileen Gray, *Tube Light*
Für das Innere der Raumskulptur *salon* hatte Albert Weis zwei ikonische Designobjekte von Eileen Gray ausgewählt: einen ihrer Teppiche und die Bodenlampe *Tube Light*, 1927. Eileen Gray (1878–1976, IRL) gehört zu den wichtigsten Produkt- und Interieurdesignerinnen des 20. Jahrhunderts. Nach einem Studium an der Slade School of Fine Art in London wechselte sie nach Paris und begann hier zunächst, im Geiste von Art Nouveau und Japonismus, mit Entwurf und Fertigung exklusiver Lackmöbel. Während ihre Möbel, Teppiche, Paravants und Objekte in den 1910/20er-Jahren immer reduzierter wurden und früh mit dem Einsatz modernster Materialien wie Stahl, Aluminium und Glas arbeiteten, erweiterte sie parallel ihre gestalterische Vision, indem sie die Designobjekte Teil von umfassenden Interieur- und Architekturkonzepten werden ließ. Erstes bahnbrechendes Ergebnis dieser ästhetischen Gesamtschau ist das an der französischen Riviera, in Roquebrune-Cap-Martin gemeinsam mit dem rumänischen Architekten Jean Badovici, ihrem damaligen Lebenspartner, erbaute Haus *E.1027*, 1925–29. Das Ensemble von Natur, Baukörper, Grundriss,

Einbau- und Einzelmöbel verwirklicht ihr Ethos einer Einheit von Landschaft und kultureller Gestaltung, von praktikabler und variabler Nutzung bei höchster Raffinesse im Detail der Materialwahl und Ausführung. Anders als der mit ihr befreundete Le Corbusier, der an einer Verbindung formaler Reduktion und Standardisierung arbeitete und den Begriff der „Wohnmaschine" prägte, widmete sich Eileen Gray lebenslang dem Idealbild des „Wohnens" als der Erweiterung individueller menschlicher Physis in die materiale Welt. Bekanntschaft und Auseinandersetzung verband Gray in Paris auch mit den Avantgarde-Gestaltern Charlotte Perriand, Jean Prouvé und Robert Mallet-Stevens.

Tube Light, entworfen 1927, von bestechender Eleganz und radikaler Reduktion, war in der Kombination von kühler Chromstruktur und warmem Neonlicht ihrer Zeit weit voraus. Gray hatte die Leuchte vermutlich für das von ihr architektonisch konzipierte und gebaute Haus *E.1027* in Roquebrune an der Côte d'Azur entworfen. Im gleichen Kontext entwickelte Gray die Wand- und Deckenlampe *Pailla*, 1925–28, bestehend aus einer Glühbirne in verchromter Metallfassung, und den legendären *Adjustable Table E.1027*, sowie weitere Möbel und Interieur-Objekte, die sämtlich auf Variabilität, Mobilität und Multifunktionalität hin angelegt waren.

Vor der Außenwand von Albert Weis' *salon* im Rahmen der Ausstellung *Minimalism and Applied II* waren zwei weitere, etwa zeitgleich entworfene

or with argon gas, which produces a bright blue tone. An energetic sculpture emerges, which articulates an abstract space. Aluminium, a light and sturdy material, has since the beginning of the 20th century shaped many of the technical innovations of Modernism. It was used in the automotive industry (Silver Arrow) as well as in aircraft, in space or in laboratory facilities.

The intersections of the aluminium structure were elaborately welded and sanded to make the organic, artistically designed character of the sculpture tangible. The structure is balanced, but also incorporates moments of movement (tilting, folding, rotation with a dynamic tendency at higher levels). The aluminium structure has been extensively worked, sanded and brushed several times to create a shiny, metallic surface that creates a strong sculptural presence. The surface deliberately shows minimal traces of these processing steps. In this way, the sculpture articulates a moment between draft and perfection.

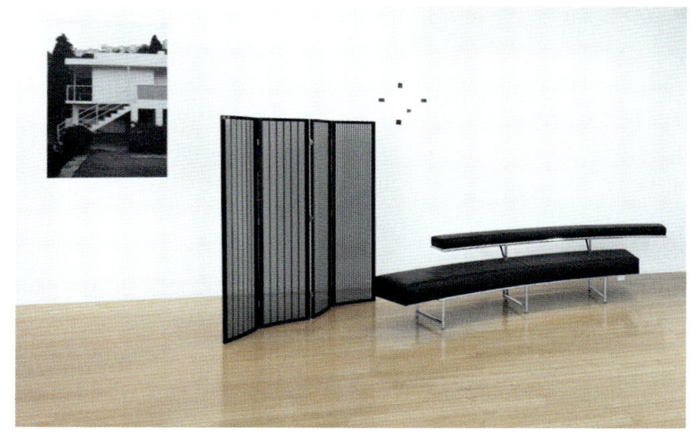

changes. Albert Weis' exhibition
in the citadel Spandau 2018
In 2018, Albert Weis was able to stage a concise overview of his groups of works, created since 2011, in the stark, functional, yet spacious rooms of the historical exhibition venue of the Spandau Citadel. The diversity of the artistic media—paper works and video; aluminium, perforated sheets and neon; walls made of

Albert Weis, *salon*, 2009, Eileen Gray, *Kilkenny*, 1925 und | and *Tube Light*, 1927, *Minimalism and Applied II*, Daimler Contemporary, Berlin, 2010

Eileen Gray, *Folding Screen*, 1930, und | and *Monte Carlo*, 1929, *Minimalism and Applied II*, Daimler Contemporary, Berlin, 2010

parts (brilliant), 2019, Foyer Daimler Vorstands-
gebäude | Headquarters, Stuttgart- Untertürkheim,
Daimler Art Collection, Stuttgart/Berlin

Möbel von Eileen Gray positioniert: Ihr *Folding Screen*, 1930, und die Sitzbank *Monte Carlo*, 1929. Der *Folding Screen* repräsentiert gegenüber den frühen Lackarbeiten von Eileen Gray bereits ein Beispiel einer kühleren, industriellen Ästhetik. Der vierflügelige Paravent ist aus einem Holzrahmen mit zwei unterschiedlichen, hochglanzlackierten Lochblechfüllungen aufgebaut. Die geschwungenen Formverläufe von Sitzbank und Rückenlehne des *Monte Carlo*-Möbels verbinden subtil Reduktion und Strenge mit einladender Schlichtheit und Eleganz.

Albert Weis, *parts (brillant)*, 2019
Daimler Art Collection, Stuttgart
Im Auftrag der Daimler Art Collection hat Albert Weis 2018 die Skulptur *parts* entwickelt und 2019 realisiert, die nun die Mitarbeiterinnen und Mitarbeiter ebenso wie Besucher im neuen Vorstandsgebäude des Daimler Werkes Stuttgart-Untertürkheim empfängt. Die Skulptur bezieht sich, wie viele der schon in diesem Essay vorgestellten Werke, unmittelbar auf die Form des Polyeders in Albrecht Dürers Kupferstich *Melencolia I* von 1514. Es ist ein archaisches Motiv wie auch eine wichtige mathematische Figur der Moderne. Über die Grundform des Dreiecks referiert die Skulptur auf den Mercedes-Stern. Dieser ist auch in den mit spiegelpoliertem Edelstahl beschichteten Sockel als Grundform eingeschrieben. Für die Skulptur wurden die Umrisslinien des Polyeders dupliziert,

mirror plates and the movement of light—unfolded a broad, sometimes very personally motivated spectrum of themes, without revealing the aesthetic cohesion of the exhibition as a holistic statement. The viewer's perception wandered between the readings of architecture and the display; between technical construction and artistic object.

All the works in the Spandau exhibition revolved around the ruptures and productive gaps in Modernism on the one hand, and moments of individual, German and European history on the other.

For the exhibition concept, Albert Weis had explored the history of fortifications—whose architectural foundations date back to the Renaissance and were influenced by Italian master builders—and further developed this thinking in relation to the architecture of the citadel. The Spandau Citadel was designed by an Italian Renaissance architect, Rochus Quirinus Graf zu Lynar. From this perspective, the artist continues to pursue this early period of architectural Modernism to Bruno Taut's ideas of crystalline architecture, developed in 1920, and to the facetted aesthetics that shaped Hans Scharoun's Berliner Philharmonie (1960–63).

Another aspect of the exhibition concept—as well as of the more recent works by Albert Weis in general—is based on his preoccupation with the German Renaissance, in this case with Dürer's 1514 graphic *Melencolia I*. Dürer places the mathematical figure of a polyhedron at the centre of his allusive

allegory of melancholy (in another interpretation: it is an allegory of contemporary scientific knowledge). It consists of two equilateral triangles and six non-regular pentagons on the upper and lower side surfaces—one may understand it as one of the first representations of an abstract form in the modern age times.

Albert Weis has implemented this discussion directly in the two-part wall piece *parts*, 2016. The aluminium struts appear as functional ready-mades, but they are actually sculpturally worked out—the forms are developed in a calculated way, the transitions at the corners and angles welded together in a way that remains hardly visible. The surfaces are the result of long machining processes. The glass tubes, which are filled with neon, repeat the plastic form in individual colours.

As in other works, the proportions of the sculpture correspond to the dimensions of the Golden Section and the Modulor by Le Corbusier. Visitors who walk around the wall sculpture see from each view point a seemingly unique, complex and, at the same time, floating, open structure. From certain perspectives one thinks one can recognize a meteorite or a star, but it always remains an abstract, crystalline figure.

The three wall sculptures *no land (another choice)* and *(acute)*, 2018, as well as *Werk 99/130/125,* 2018 are characterised by a particular sculptural finesse. In the case of the wide aluminium struts, layered from individual, narrower strips, the connections and

gefaltet und geteilt, bis eine komplexe neue, zugleich schwebend erscheinende und stabile Form entstand. Die Betrachter, die sich im Raum bewegen, können kontinuierlich sich wandelnde, farbig-transparente Raumzeichnungen entdecken.

Die Proportionen der Skulptur entsprechen den Maßen des Goldenen Schnitts und des Modulors von Le Corbusier. Diese Referenzen auf ein menschliches Maß lassen eine unmittelbare Beziehung zwischen Skulptur und Betrachter, aber auch zwischen Skulptur und Raum entstehen. Die Aluminium-Struktur wurde mit einem Strang aus 20 Millimeter dickem Neon wiederholt. Die transparenten Glasröhren sind mit Neongas, das einen rot leuchtenden Farbton ergibt, bzw. mit Argongas gefüllt, das einen leuchtenden, hellen Blauton erzeugt. Es entsteht eine energetische Struktur, die einen geometrischen Raum umschreibt.

Das Material Aluminium, leicht und stabil, hat seit Beginn des 20. Jahrhunderts viele technische Neuerungen der Moderne geprägt. Es wurde im Automobilbau (Silberpfeil) wie auch im Flugzeugbau, in der Raumfahrt oder für Laboreinrichtungen verwendet.

Die Knotenpunkte der Aluminiumstruktur wurden aufwändig verschweißt und verschliffen, um den organischen, künstlerisch gestalteten Charakter der Skulptur erfahrbar zu halten. Die Struktur ist ausgewogen, bezieht aber auch Bewegungsmomente (Kippen, Faltung, Drehung mit dynamischer Tendenz in die Höhe) mit ein. Das Aluminiumgerüst wurde als Ganzes intensiv bearbeitet, mehrmals geschliffen und gebürstet, so dass eine matt glänzende, metallische Oberfläche entsteht, die eine starke skulpturale Präsenz erzeugt. Minimale Spuren bleiben sichtbar und zeigen die Bearbeitungsschritte. Auf diese Weise artikuliert die Skulptur ein Moment zwischen Handschrift und Perfektion.

changes. Albert Weis' Ausstellung
in der Zitadelle Spandau 2018

In den nüchternen, funktionalen, dabei großzügigen Räumen des geschichtsträchtigen Ausstellungsortes der Zitadelle Spandau konnte Albert Weis 2018 einen konzisen Überblick zu seinen seit 2011 entstandenen Werkgruppen inszenieren. Die Diversität der künstlerischen Medien – Papierarbeiten und Video, Aluminium, Lochbleche und Neon, Wände aus Spiegelplatten und wanderndes Raumlicht – entfaltete ein breites, teils sehr persönlich motiviertes Spektrum an Themen, ohne doch den ästhetischen Zusammenhalt der Ausstellung als ganzheitliche Aussage preiszugeben. Die Wahrnehmung des Betrachters wanderte zwischen den Lesarten Architektur und Display, technischer Konstruktion und künstlerischem Objekt.

Alle Werke der Spandauer Ausstellung kreisten um die Brüche und produktiven Leerstellen in der Moderne einerseits, um Momente individueller, deutscher und europäischer Historie andererseits.

Für die Konzeption der Schau hatte Albert Weis sich mit der Historie von Festungsanlagen – deren

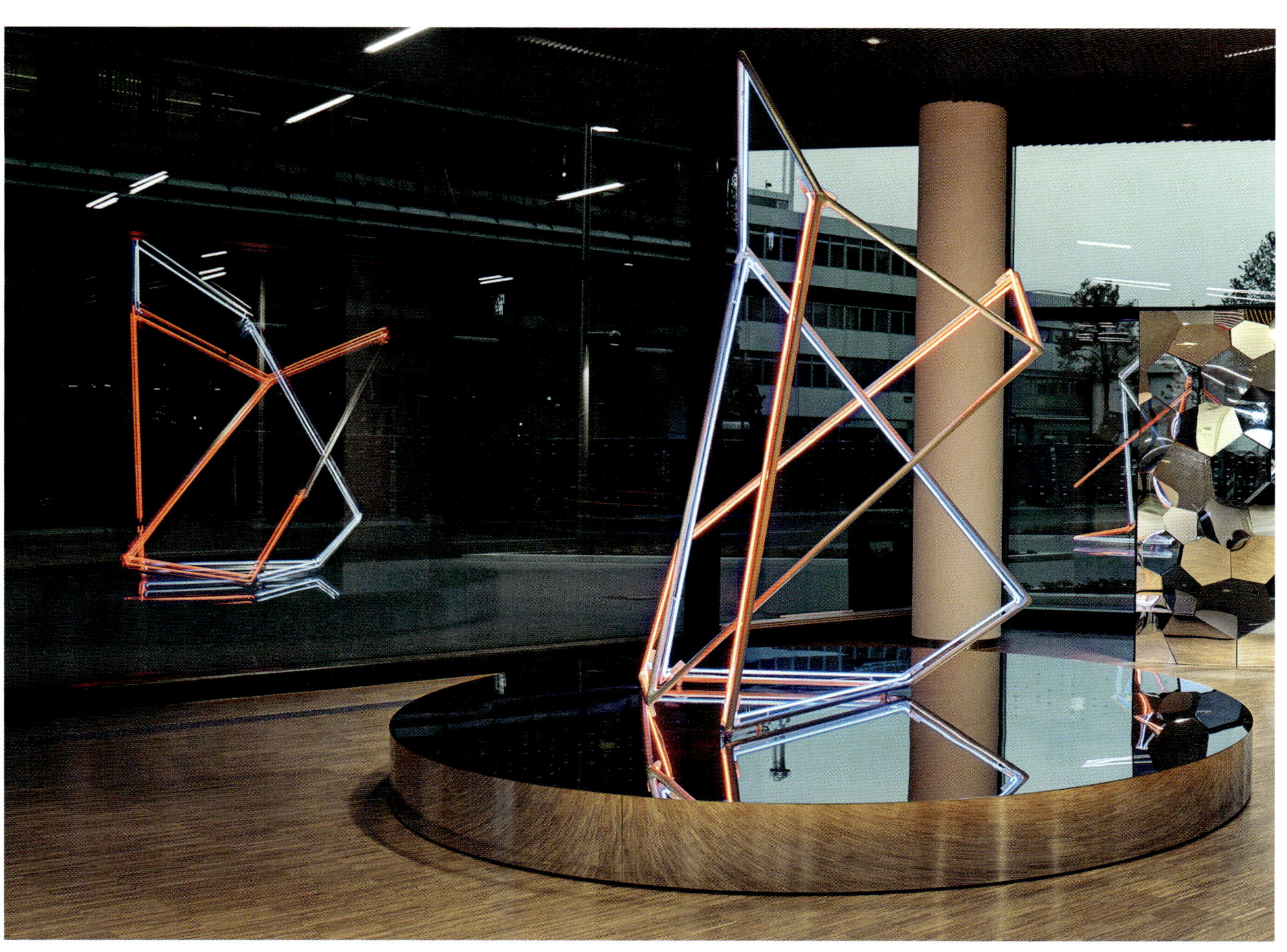

architektonische Grundlegungen aus der Renaissance stammen und von italienischen Baumeistern geprägt wurden – befasst und diese auf die Architektur der Zitadelle hin weitergedacht. So entstammt die Spandauer Zitadelle dem Entwurf eines italienischen Renaissance-Architekten Rocco Guerrini Linari. Perspektivisch verfolgt der Künstler diese Frühzeit der architektonischen Moderne weiter bis zu Bruno Tauts um 1920 entwickelten Ideen zu einer kristallinen Architektur und der facettierten Ästhetik, die Hans Scharouns Berliner Philharmonie, 1960–63, prägt.

Ein anderer Aspekt der Ausstellungskonzeption – wie auch insgesamt der jüngeren Arbeiten von Albert Weis – basiert auf seiner Beschäftigung mit der deutschen Renaissance, in diesem Fall mit Dürers 1514 entstandener Grafik *Melencolia I*. Dürer rückt in das Zentrum seiner anspielungsreichen Allegorie der Schwermut (einer anderen Deutung nach: eine Allegorie zeitgenössischer wissenschaftlicher Erkenntnisse) die mathematische Figur eines Polyeders. Dieser setzt sich oben und unten aus zwei gleichseitigen Dreiecken sowie an den Seiten aus sechs nicht-regulären Fünfecken zusammen – man mag es als eine der ersten Darstellungen einer abstrakten Form in der Neuzeit begreifen.

Albert Weis hat diese Thematik unmittelbar in der zweiteiligen Wandarbeit *parts*, 2016, umgesetzt. Die Aluminiumstreben erscheinen als funktionale Readymades, sie sind jedoch tatsächlich skulptural erarbeitet – die Formen kalkuliert entwickelt, die

Übergänge an den Ecken und Winkeln so verschweißt, dass Nahtstellen kaum sichtbar sind. Die Oberflächen sind das Ergebnis langwieriger Bearbeitungsprozesse. Die mit Neon gefüllten Glasröhren wiederholen die plastische Form in unterschiedlichen Farben.

Die Proportionen der Skulptur entsprechen wie schon in anderen Arbeiten den Maßen des Goldenen Schnitts und des Modulors von Le Corbusier. Betrachter, die die Wandskulptur umschreiten, sehen aus jeder Blickrichtung eine jeweils einzigartig erscheinende, zugleich komplexe wie auch schwebende, offene Struktur. Aus bestimmten Perspektiven meint man, einen Meteoriten oder Stern zu erkennen, aber es bleibt doch immer eine abstrakte, kristalline Figur.

Eine besondere bildhauerische Finesse zeichnet die drei Wandskulpturen *no land (another choice)* und *(acute)*, 2018, sowie *werk 99/130/125*, 2018, aus. Bei den breiten Aluminiumbändern, geschichtet aus einzelnen, schmaleren Bändern, sind die Verbindungen und Übergänge, die Knicke und Faltungen so ausgearbeitet, dass sie wie „aus einem Guss" erscheinen. Die Wandplastik *werk 99/130/125* referiert formal auf die architektonischen und planerischen Umrisse von Festungswerken und Forts, die in der Frühzeit mit pentagonalen, später auch mit hexagonalen Grundrissen angelegt wurden. Die *noland* Wandarbeiten hingegen beziehen sich unmittelbar hinsichtlich Form und Größe auf Bilder des abstrakten Farbfeldmalers Kenneth Noland (konkret auf Nolands Bilder

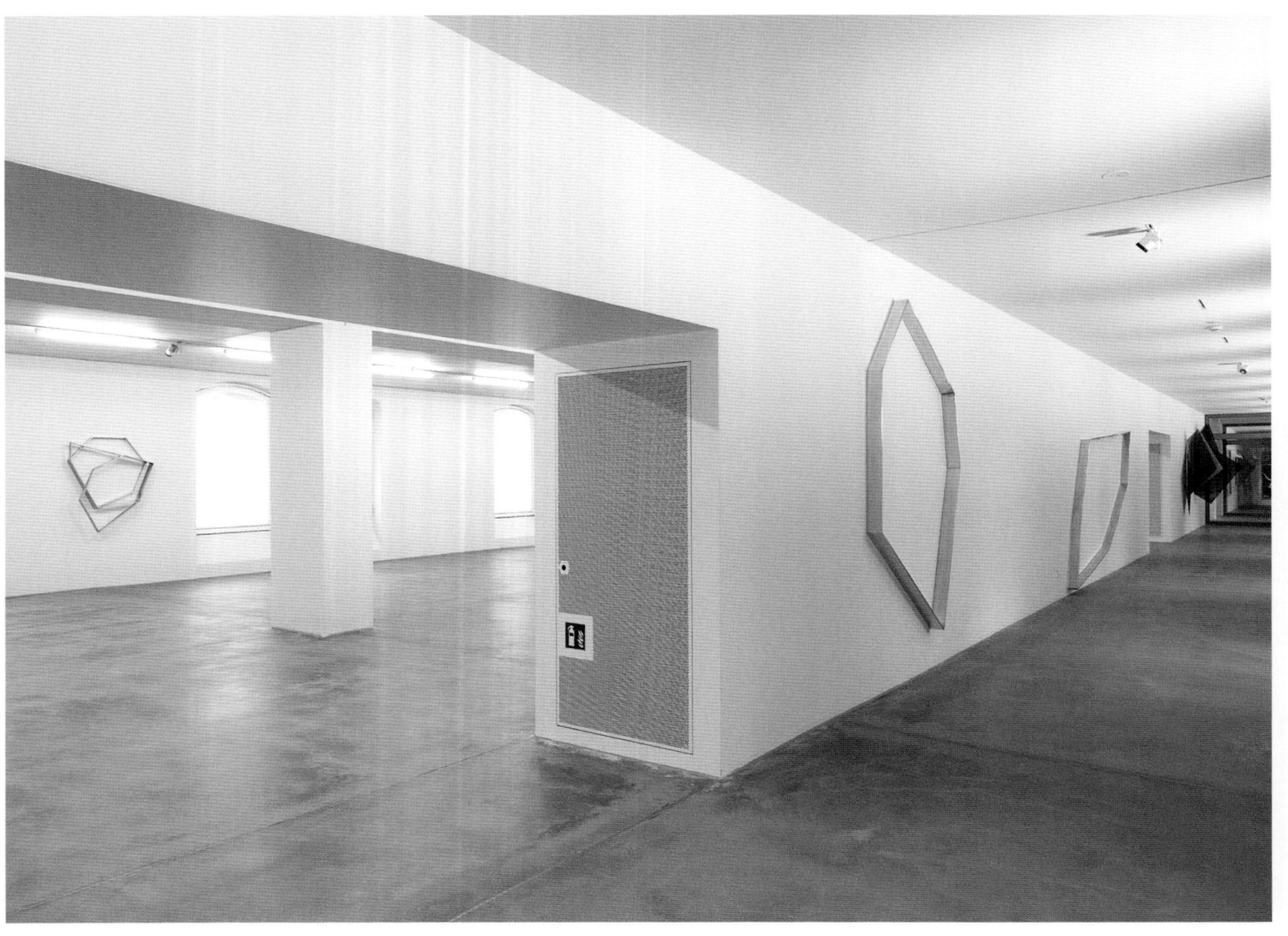

werk 99/130/125, 2011, no land (acute), 2018 und | and *no land (another choice),* 2018, Zentrum für Aktuelle Kunst, Zitadelle Spandau, 2018 | Center for Contemporary Art, Spandau Citadel, 2018

changes, 2018 und | and *parts,* 2016, Zentrum für Aktuelle Kunst, Zitadelle Spandau, 2018 | Center for Contemporary Art, Spandau Citadel, 2018

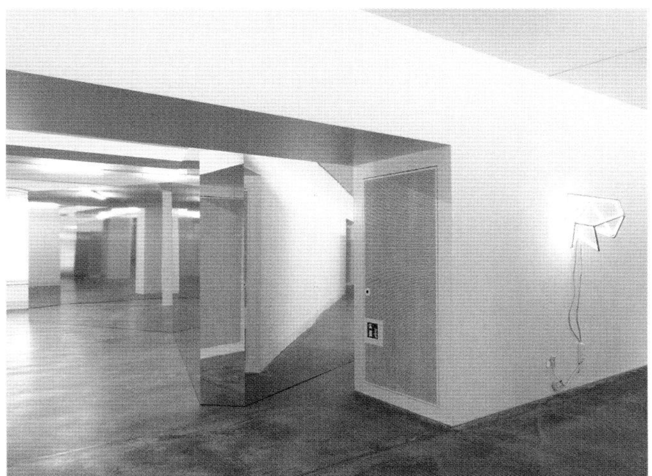

another choice, 1976, und *acute,* 1977). Albert Weis interessierten die polyedrischen Formen, die sich in den 1960er- und 1970er-Jahren in der Architektur und in der Kunst wiederfinden.

Faltens und Knickens geht bei Albert Weis zurück, wie eingangs beschrieben, auf die späten 1990er-Jahre und die Serie *folders,* seine Konstellationen aus Papiercollagen und fotografischen Details urbaner Architekturen. Bereits hier kamen Rasterfolien aus dem Materialkanon der Architekten zum Einsatz. Diese Praxis hat Albert Weis seither kontinuierlich weiterentwickelt und mit den neueren Faltungen aus pulverbeschichteten Aluminiumlochblechen raumgreifend umgesetzt. Als eine wichtige Bestätigung dieser bildhauerischen Thematik hat der Künstler Anfang der 2000er-Jahre die ersten Begegnungen mit den gefalteten Skulpturen und Objekten von Hermann Glöckner (zurückgehend in die 1930er-Jahre) wie auch mit den skulpturalen Faltungen von Charlotte Posenenske erlebt. Letztere wurden erst zu diesem Zeitpunkt – initial auch über Ausstellungen der Daimler Art Collection – einem größeren Publikum bekannt.

Wie der gedankliche Rundgang durch Albert Weis' Spandauer Ausstellung, 2018, bis hierher zeigt, standen für die Betrachter zunächst die Formen und Materialien und die mit ihnen verbundenen Themen und Inhalte im Fokus der Aufmerksamkeit. Überrascht stand man daher vor einer Videoarbeit, die den laut lesenden Künstler selbst zeigte sowie seinen 88-jährigen Vater – beide durch die ihnen zugeordneten

transitions, the bends and folds are worked out in such a way that they appear to be 'from a single mould'. The wall sculpture *Werk 99/130/125* formally refers to the architectural and planning outlines of fortifications and forts, which were laid out in the early period with pentagonal, later also with hexagonal floor plans. The *noland* wall sculptures, on the other hand, refer directly in form and size to paintings by the abstract colour field painter Kenneth Noland (specifically to Noland's paintings *another choice,* 1976, and acute, 1977). Albert Weis was interested in the polyhedral forms that can be found in the architecture and art of the 1960s and 1970s.

Albert Weis' method of folding and buckling goes back, as described above, to the late 1990s and the series *folders,* his constellations of paper collages and photographic details of urban architecture. Raster films from the architects' canon of materials were already used here. Since then, Albert Weis has continuously developed this practice and implemented it with the newer folds made of powder-coated perforated aluminium sheets. As an important confirmation of this sculptural theme, the artist experienced his first encounters with Hermann Glöckner's folded sculptures and objects (dating back to the 1930s) as well as with Charlotte Posenenske's sculptural folds at the beginning of the 2000s. The latter only became known to a wider public at this time—initially also through exhibitions of the Daimler Art Collection.

As this virtual tour through Albert Weis' Spandau exhibition from 2018 to here shows, the viewer's attention was initially focused on the form and materials and the themes and content associated with them. The viewer was therefore surprised to see a video work showing the loudly reading artist himself and his 88-year-old father—both separated by the video monitors assigned to them and yet facing each other spatially. In addition to the war theme, which was referenced in the exhibition by the motifs 'fort', 'citadel' etc., the personal memories of the father in the form of letters from the time of the Second World War were added. Albert Weis reads them out in the video, while the camera quietly observes the father's face and records his emotions and reactions. But also the father reads from the letters, the son listens to him. In the same room, historic pocket watches hung from the ceiling—the artist writes: "The *1916* installation consists of around 300 pocket watches. Many families exchanged such gold watches during World War I in order to support the financing of the war and the troops—as happened in the 19th century under the motto 'I gave gold for iron'. In the context of my exhibition in the Spandau Citadel—which has always been an important focal point of Prussian-German history—I have thus addressed questions of patriotism and identity in connection with modernity, society, politics and utopia. With the *1916* installation, individual memory and collective experience are transformed into a sculptural vocabulary and into an installation that can be experienced spatially."[6]

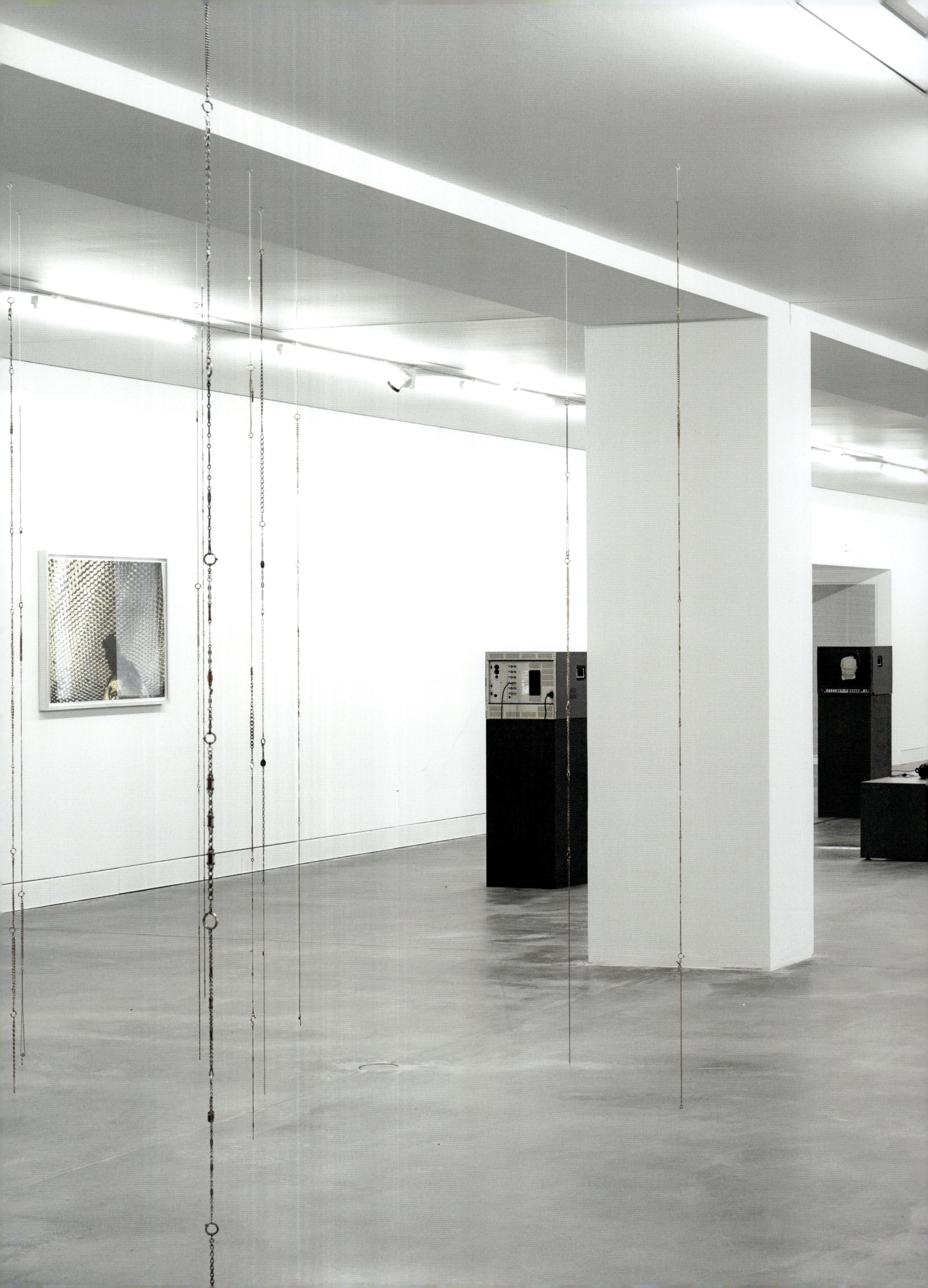

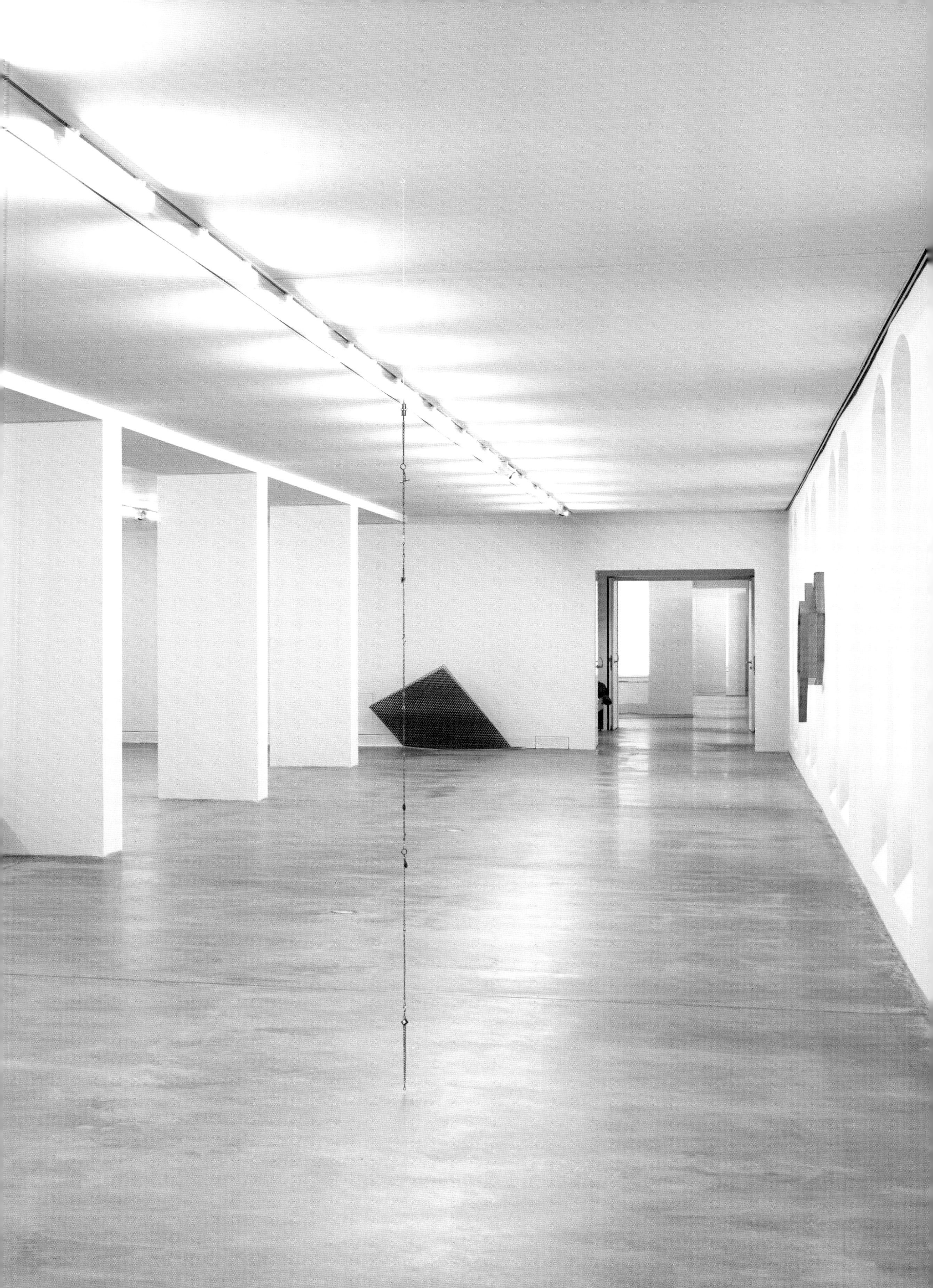

Videomonitore getrennt und doch räumlich einander zugewandt. Zu der Kriegs-Thematik, die in der Ausstellung durch die Motive „Fort", „Zitadelle" etc. gegeben war, traten die persönlichen Erinnerungen des Vaters in Form von Briefen aus der Zeit des Zweiten Weltkrieges hinzu. Albert Weis liest diese im Video vor, während die Kamera ruhig das Gesicht des Vaters beobachtet, seine Emotionen und Reaktionen aufzeichnet. Aber auch der Vater liest aus den Briefen, der Sohn hört zu. Im gleichen Raum hingen historische Uhrenketten von der Decke – dazu schreibt der Künstler: „Die Installation *1916* besteht aus ca. 300 historischen Uhrenketten. Viele Familien tauschten solche goldenen Uhrenketten im Ersten Weltkrieg ein, um damit – wie auch schon im 19. Jahrhundert unter dem Motto ‚Gold gab ich für Eisen' – die Finanzierung des Krieges und der Truppen zu unterstützen. Im Kontext meiner Ausstellung in der Zitadelle Spandau – die immer wieder ein wichtiger Kristallisationspunkt der preußisch-deutschen Geschichte war – habe ich auf diesem Wege Fragen nach Patriotismus und Identität im Zusammenhang mit Moderne, Gesellschaft, Politik und Utopie thematisiert. Mit der Installation *1916* werden individuelle Erinnerung und kollektive Erfahrung in ein skulpturales Vokabular und zu einer räumlich erfahrbaren Installation transformiert."[6]

Dieser Bezug zur Moderne, dem auch Berlin zu Beginn des 20. Jahrhunderts Impulse gegeben hat, leitete für die Besucher zum nächsten Raum der Spandauer Ausstellung über und zu der Videoarbeit

changes, 2018, Zentrum für Aktuelle Kunst, Zitadelle Spandau | Center for Contemporary Art, Spandau Citadel

1916, 2016, *faltung 20-28/3015/3020*, 2017, *each other*, 2015, *werk 99/130/125*, 2011, Zentrum für Aktuelle Kunst, Zitadelle Spandau, 2018 | Center for Contemporary Art, Spandau Citadel, 2018

parade (doubt), 2018 und | and *parade*, 2006–18, Zentrum für Aktuelle Kunst, Zitadelle Spandau, 2018 | Center for Contemporary Art, Spandau Citadel, 2018

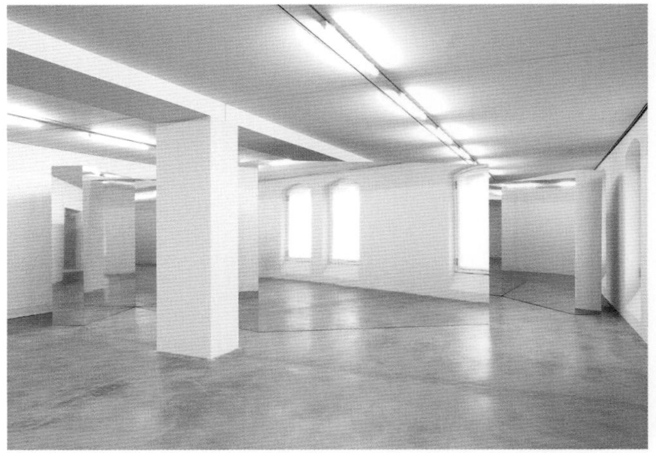

This reference to Modernism, to which Berlin also gave impulses at the beginning of the 20th century, led visitors to the next room of the Spandau exhibition and to the video work parade, 2006–18, which deals with the Gropiusstadt. A kinetic light installation led the reading to David Bowie and the film 'Christiane F.—We Children of Bahnhof Zoo', which begins in Gropiusstadt and whose soundtrack is taken from the album 'Changes' by David Bowie.

At the end of his tour of the exhibition in Spandau, the terms space, volume and emptiness on the one hand, reflection and opacity, tactility and visuality on the other hand, which were central to the artist and mentioned at the beginning, found a strong, as well as surprising and physically convincing, real implementation. For the in-situ installation, entitled *changes,* Albert Weis had covered the room with mirror plates and built walls almost room-high, which seemed to multiply the space and dissolve it into an open, undefined dimension. The walls themselves were not readable as physical volumes—due to the mirrored surfaces and their precisely calculated positioning in space—and hardly recognisable as spatial elements. The gliding together of real details such as windows, light bands, doorways and their fragmented multiplication did not, however, give the impression of standing in a tricky mirror cabinet. The reduction and minimalisation of the intervention rather enabled the viewer to concentrate on perceiving the unfolding, dissolution of boundaries and the imagined reconfiguration of abstract volumes: Minimum. Momentum.

The reconfiguration of utopian modernist designs—by architects, spatial planners, designers—as they characterise the work of Albert Weis throughout, found its aesthetic intensification in the here and now of the exhibition as a purely abstract phenomenon.

1   http://art.daimler.com/minimalism-and-applied-ii/
2   Albert Weis, E-mail to the author, Sept. 2010.
3   Ibid.
4   Albert Weis, E-mail to the author, Oct. 2010.
5   Donald Judd: *Complete Writings 1959–1975,* Halifax/New York 2005, p. 187
6   Albert Weis: Exhibition leaflet *Albert Weis - changes,* Spandau Citadel, Berlin, 13 October 2018 to 6 January 2019.

parade, 2006–18, die sich mit der Gropiusstadt auseinandersetzt. Eine kinetische Lichtinstallation führte die Lektüre weiter zu David Bowie und dem Film *Christiane F. – Wir Kinder vom Bahnhof Zoo,* der in der Gropiusstadt beginnt und dessen Soundtrack dem Album *Changes* von David Bowie entnommen ist.

Die eingangs benannten, für den Künstler zentralen Begrifflichkeiten von Raum, Volumen und Leere einerseits, Reflexion und Undurchsichtigkeit, Taktilität und Visualität andererseits, fanden in Spandau zum Abschluss des Rundgangs durch die Ausstellung noch einmal eine starke, ebenso überraschende wie überzeugende physische, reale Umsetzung. Für die in situ-Rauminstallation mit dem Titel *changes* hatte Albert Weis mit Spiegelplatten belegte, annähernd raumhohe Wände gebaut, die den Raum zu vervielfachen und in eine offene, nicht umgrenzte Dimension hinein aufzulösen schienen. Die Wände selbst waren durch die verspiegelten Oberflächen und ihre genau kalkulierte Positionierung im Raum als physische Volumen nicht lesbar, als Körper nicht erkennbar. Das Ineinandergleiten realer Details wie Fenster, Lichtbänder, Türöffnungen und deren fragmentierter Vervielfachung führte aber gerade nicht zu dem Eindruck, in einem trickreich ersonnenen Spiegelkabinett zu stehen. Die Reduktion und Minimalisierung des Eingriffs ermöglichte vielmehr für die Betrachter die konzentrierte Wahrnehmung der Ausfaltung, Entgrenzung und der imaginierten Rekonfiguration abstrakter Volumina: Minimum. Momentum.

Jene Rekonfiguration utopischer Entwürfe der Moderne – von Architekten, Raumplanern, Designern –, wie sie durchgängig das Werk von Albert Weis charakterisiert, fand als rein abstrakte Erscheinung ihre ästhetische Verdichtung im Hier und Jetzt des Ausstellungsgeschehens.

1   http://art.daimler.com/minimalism-and-applied-ii (23.10.2019)

2   Albert Weis, E-Mail an die Verfasserin, September 2010.

3   Ebd.

4   Albert Weis, E-Mail an die Verfasserin, Oktober 2010.

5   Donald Judd: *Complete Wrtings 1959–1975,* Halifax/New York 2005, S. 181–189, hier S. 187 (Übersetzung der Verfasserin).

6   Albert Weis: Faltblatt zur Ausstellung *Albert Weis – changes,* Zitadelle Spandau, Berlin, 13. Oktober 2018 bis 6. Januar 2019.

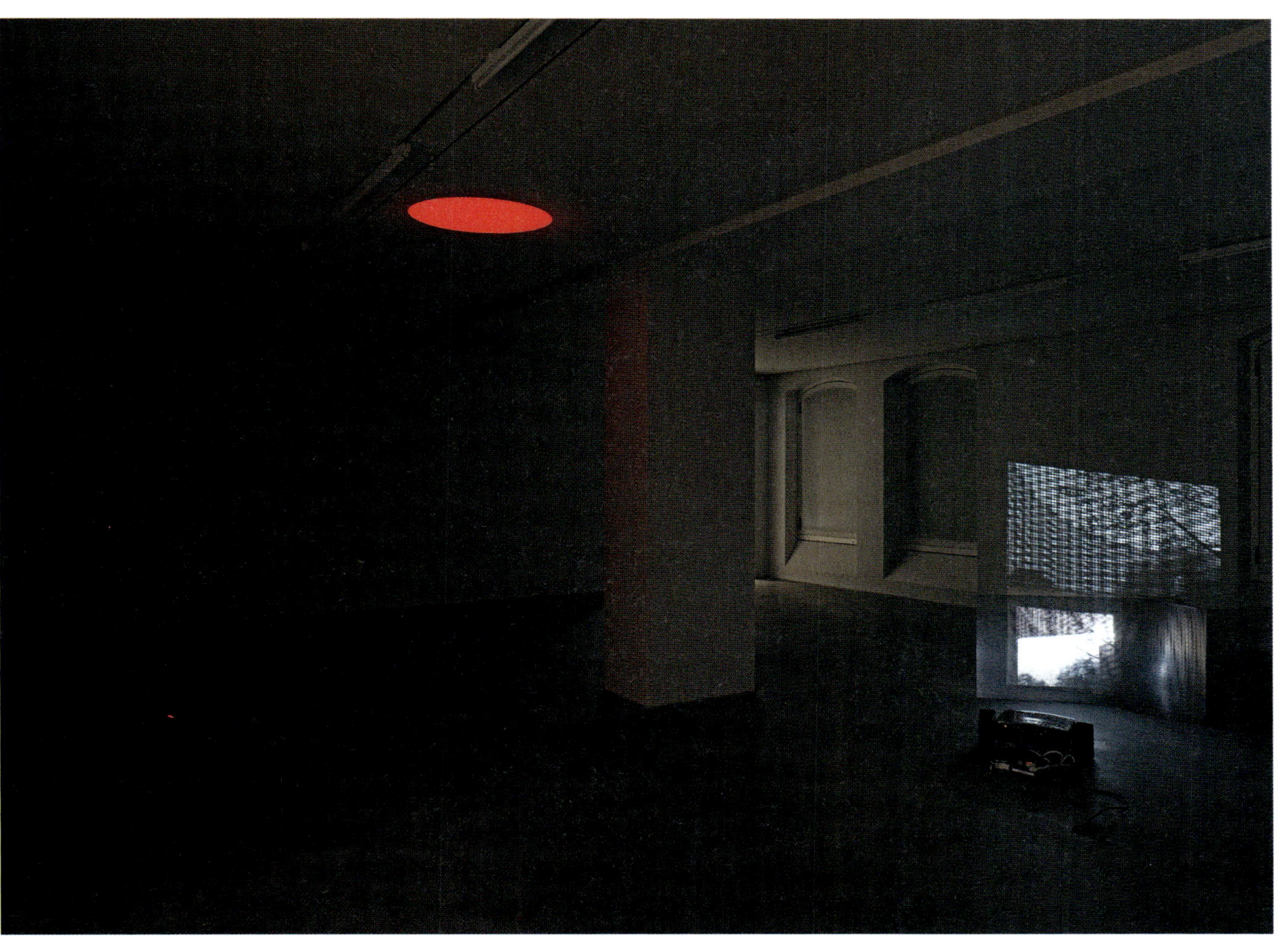

no land (acute)

2018

Aluminium, 180 × 159 × 10 cm

aluminium, 180 × 159 × 10 cm

Zentrum für Aktuelle Kunst, Zitadelle Spandau

Center for Contemporary Art, Spandau Citadel

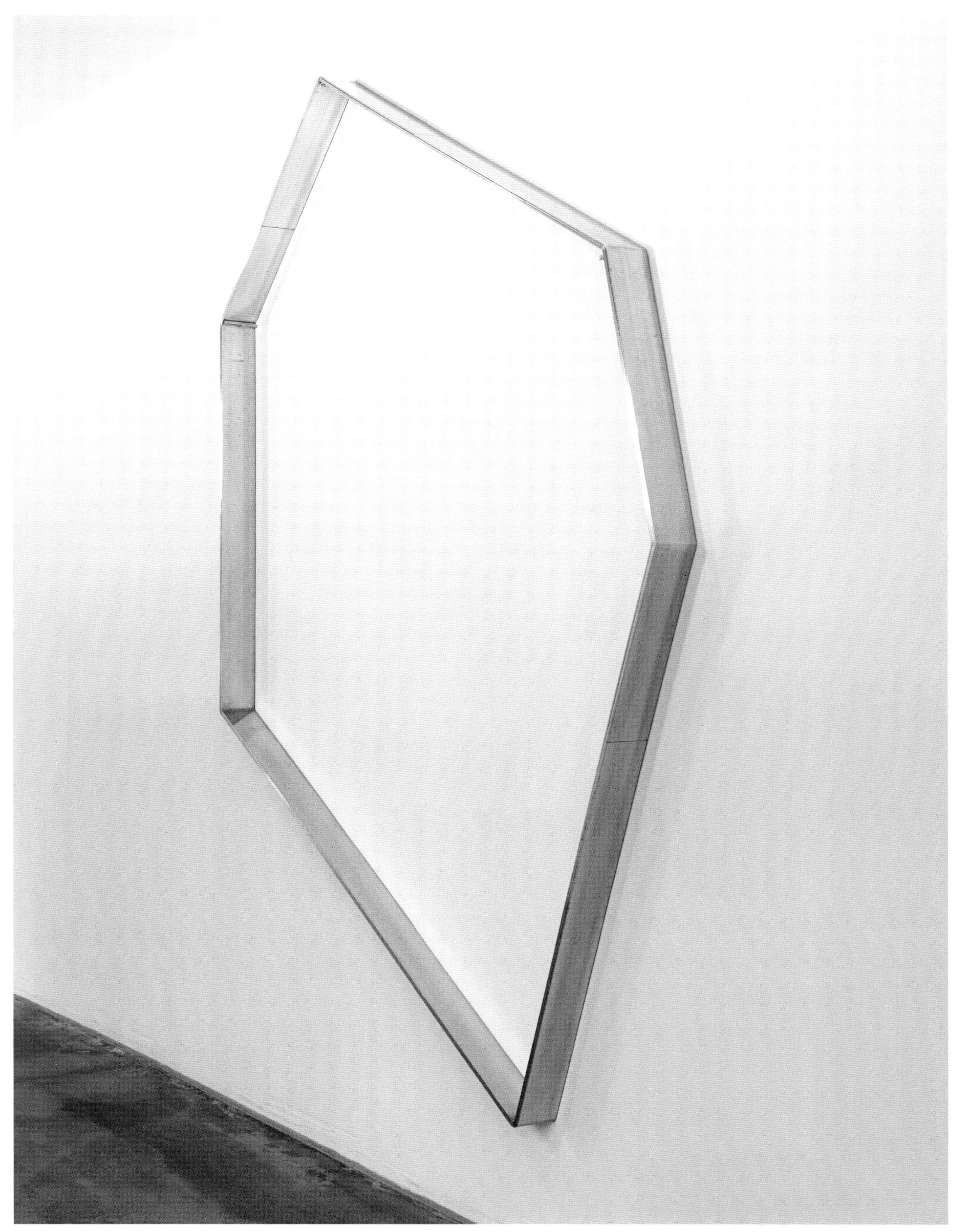

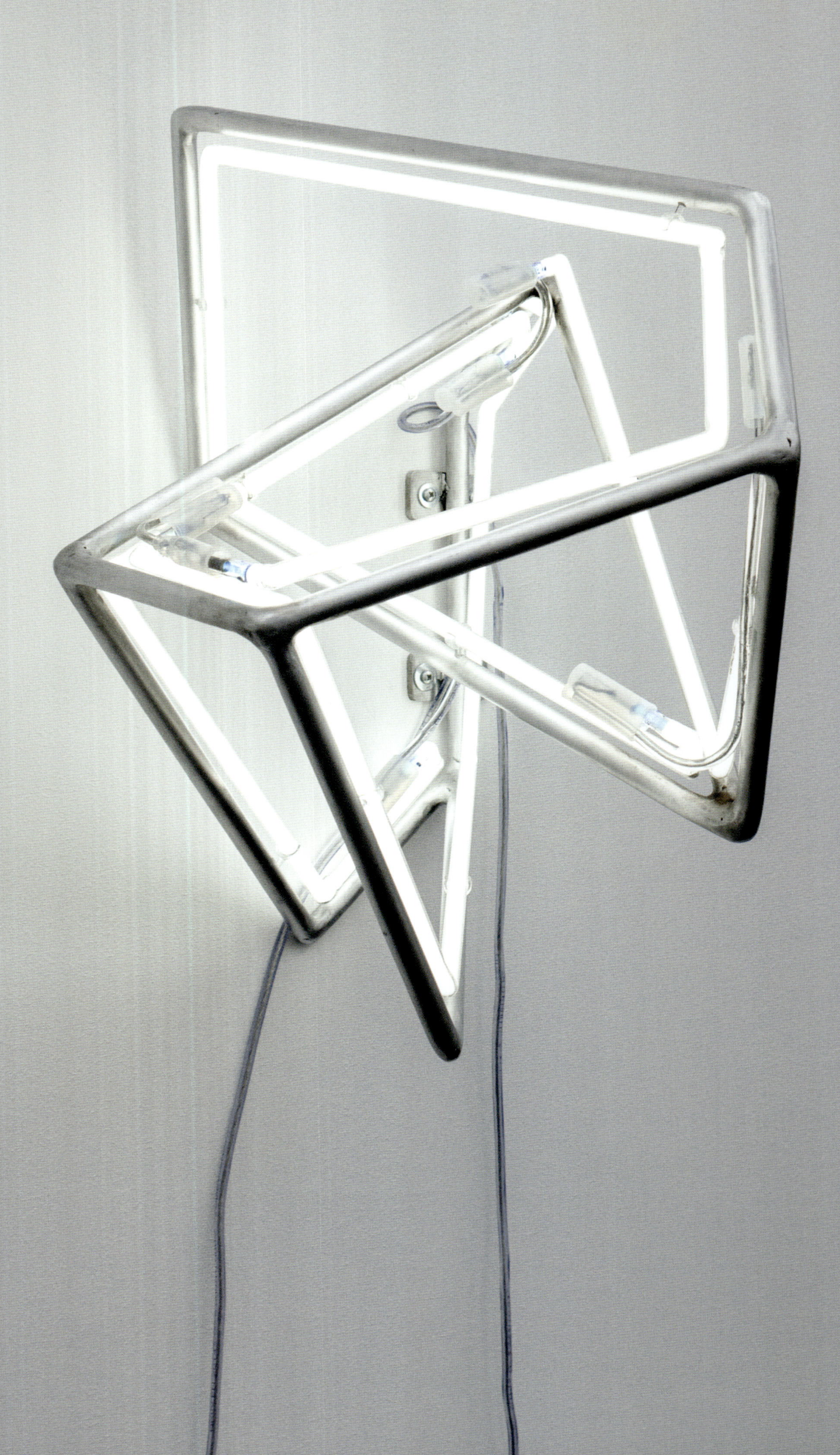

parts

2016

Aluminium, Neon, 59 × 47 × 52 cm, 63 × 45 × 44 cm

aluminium, Neon, 59 × 47 × 52 cm, 63 × 45 × 44 cm

Die Skulptur *parts* bezieht sich unmittelbar auf die Form des Polyeders in Albrecht Dürers Kupferstich *Melencolia I* von 1514. Für die Skulptur wurden die Umrisslinien des Polyeders dupliziert, anschließend gefaltet und geteilt, bis eine neue, stabile Form entstand. Die aus Aluminium bestehende Struktur wird mit Neon nachgezeichnet. Es entsteht wieder das Bild eines glühenden Meteoriten oder Sterns.

The sculpture *parts* refers directly to the form of the polyhedron in Albrecht Dürer's 1514 etching *Melencolia I*. For the sculpture, the outlines of the polyhedron were duplicated then folded and divided until a new, stable form was created. The aluminium structure was then traced in neon. The image of a glowing meteorite or star re-emerged.

Zentrum für Aktuelle Kunst, Zitadelle Spandau, 2018

Center for Contemporary Art, Spandau Citadel, 2018

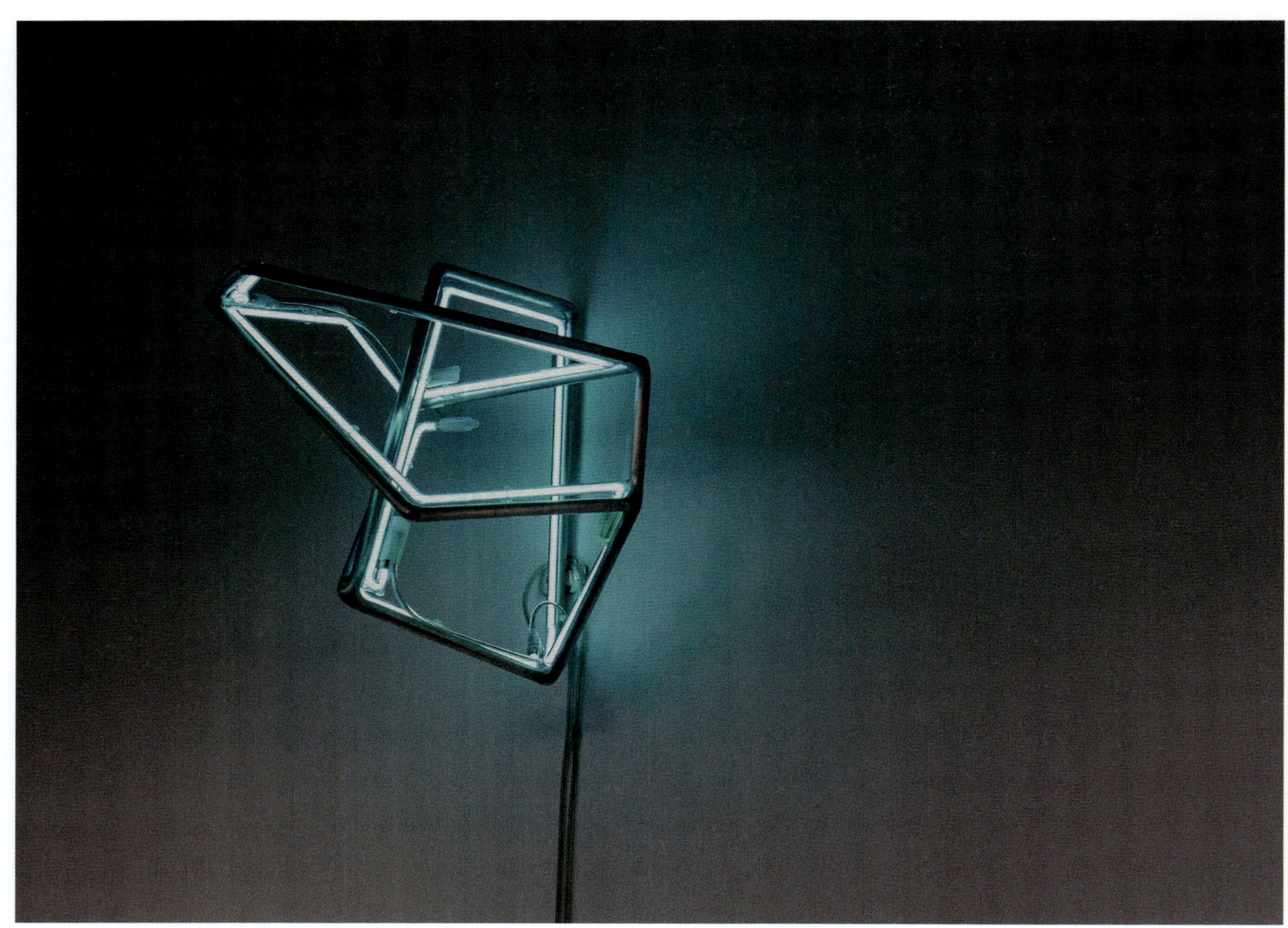

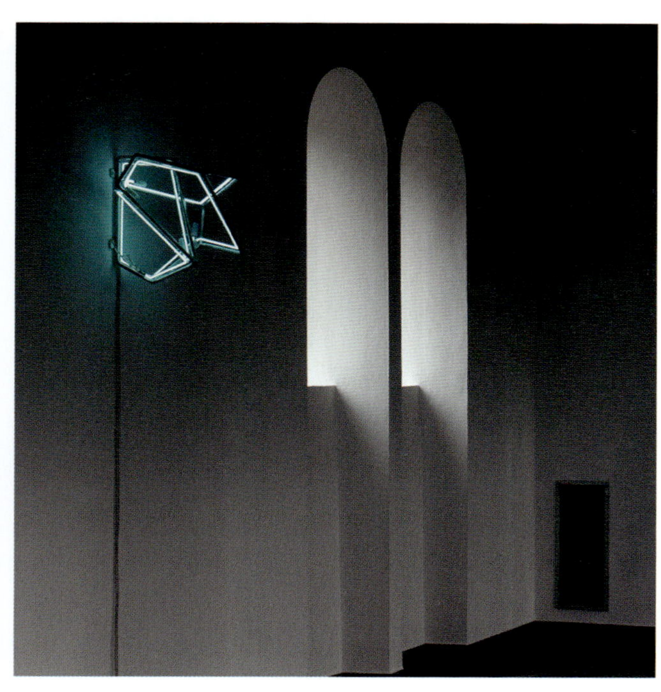

Melancholia, St. Matthäus, Berlin, 2017

Kunsthaus Dahlem, 2018

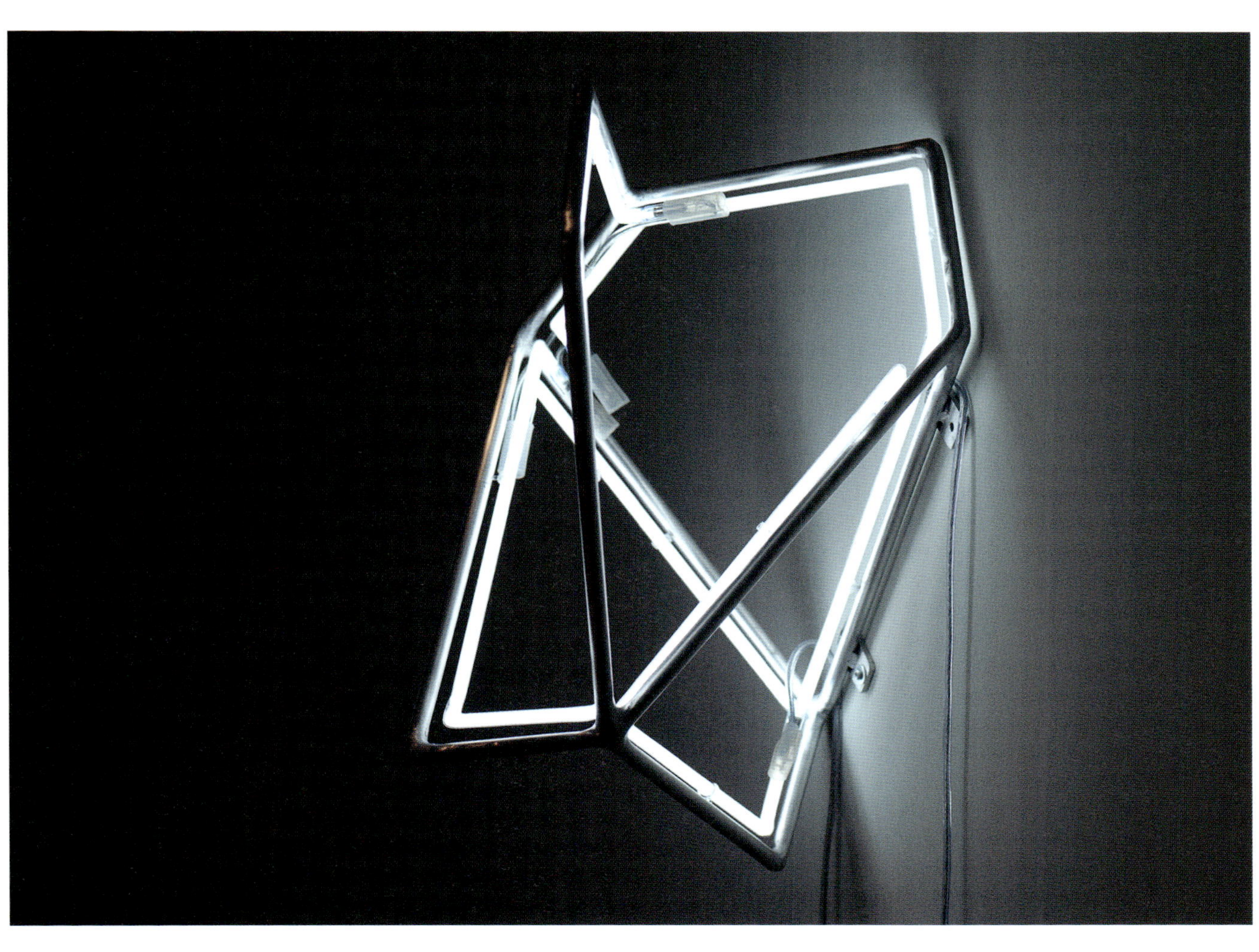

parts (brilliant)

2019

Aluminium, Neon, spiegelpolierter Edelstahl,
270 × 210 × 200 cm

aluminium, neon, mirror polished stainless steel,
270 × 210 × 200 cm

Foyer Daimler Vorstandsgebäude
Stuttgart Untertürkheim

Foyer Daimler Headquarters
Stuttgart Untertürkheim

Daimler Art Collection, Stuttgart / Berlin

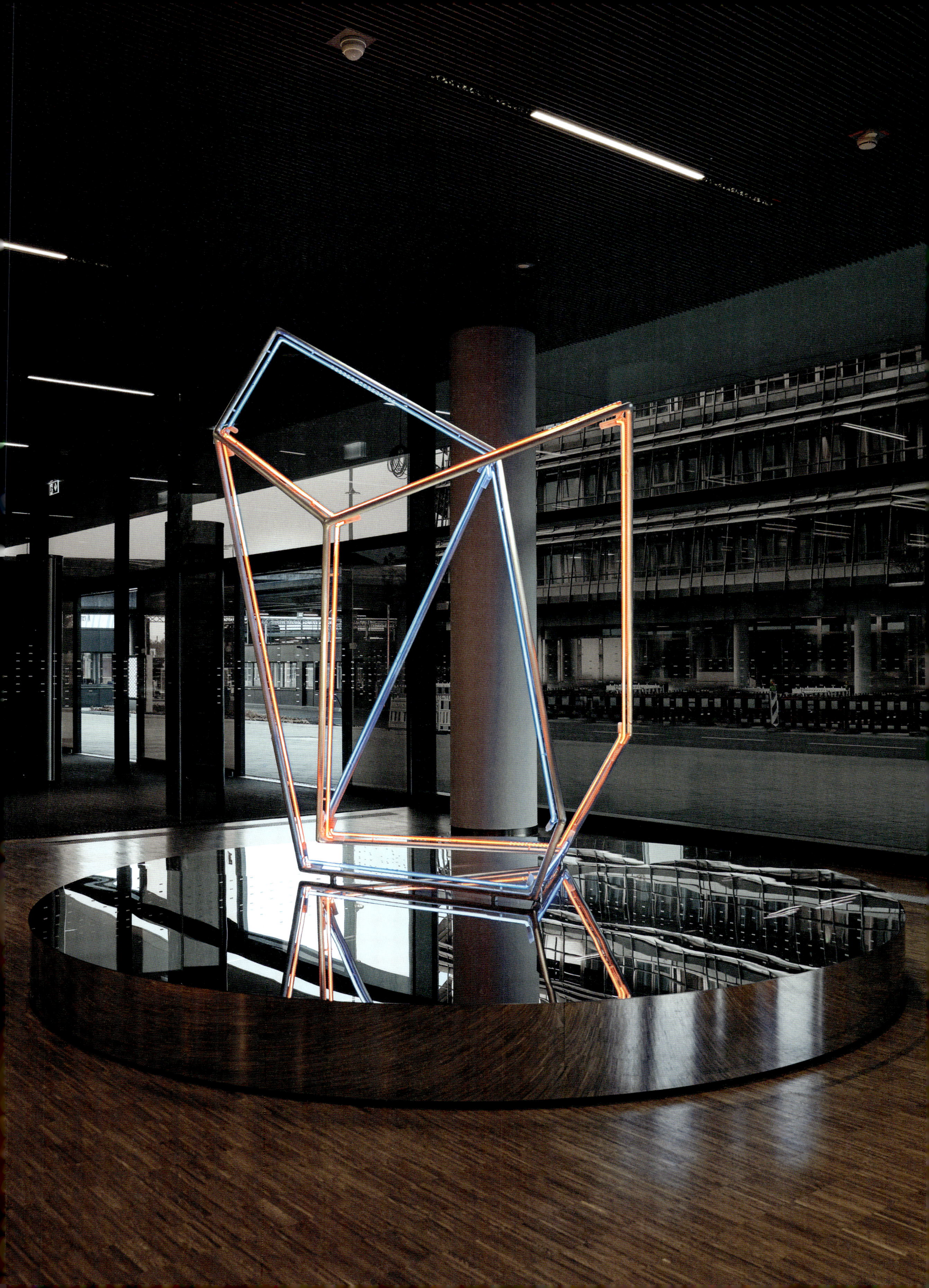

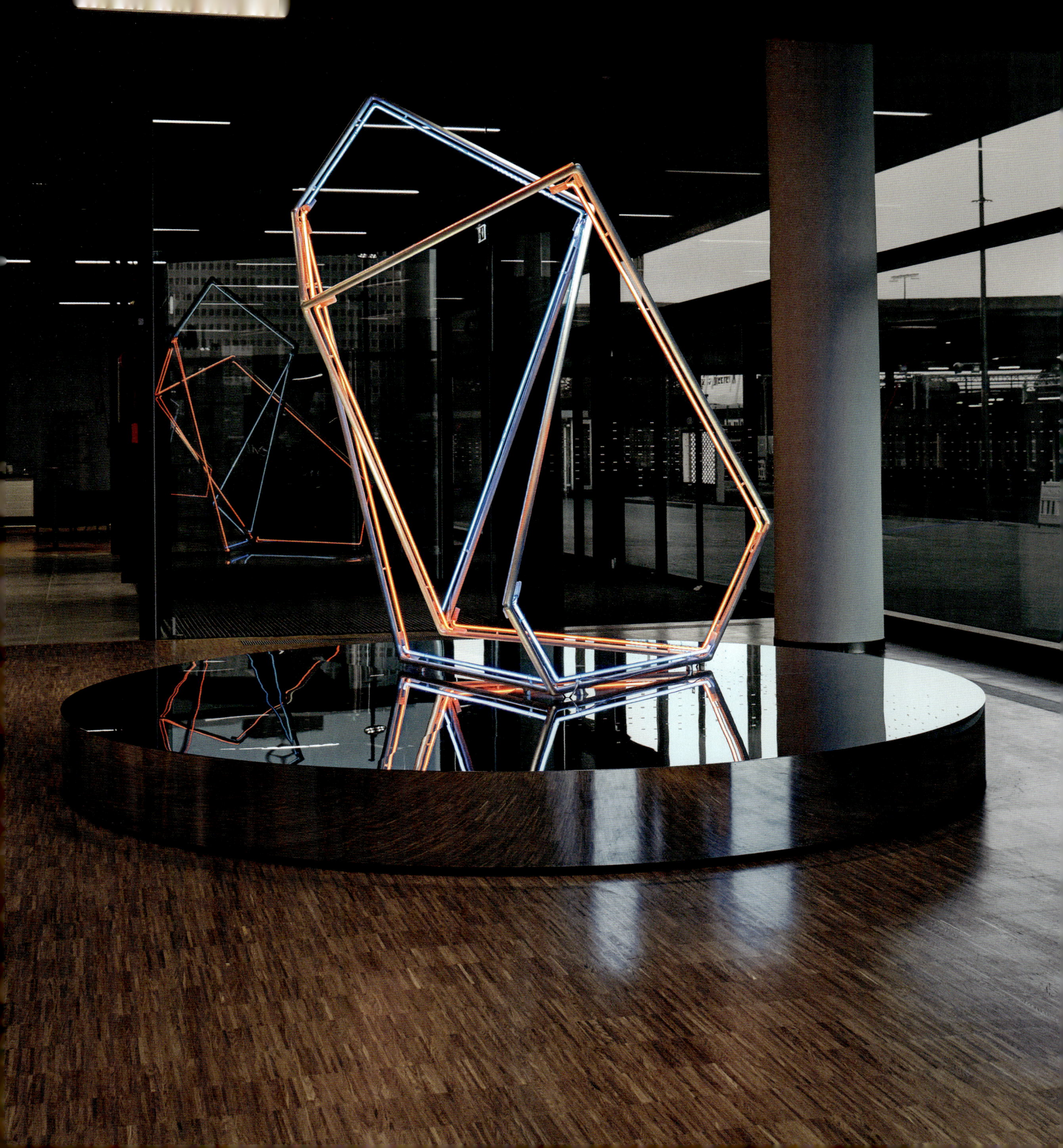

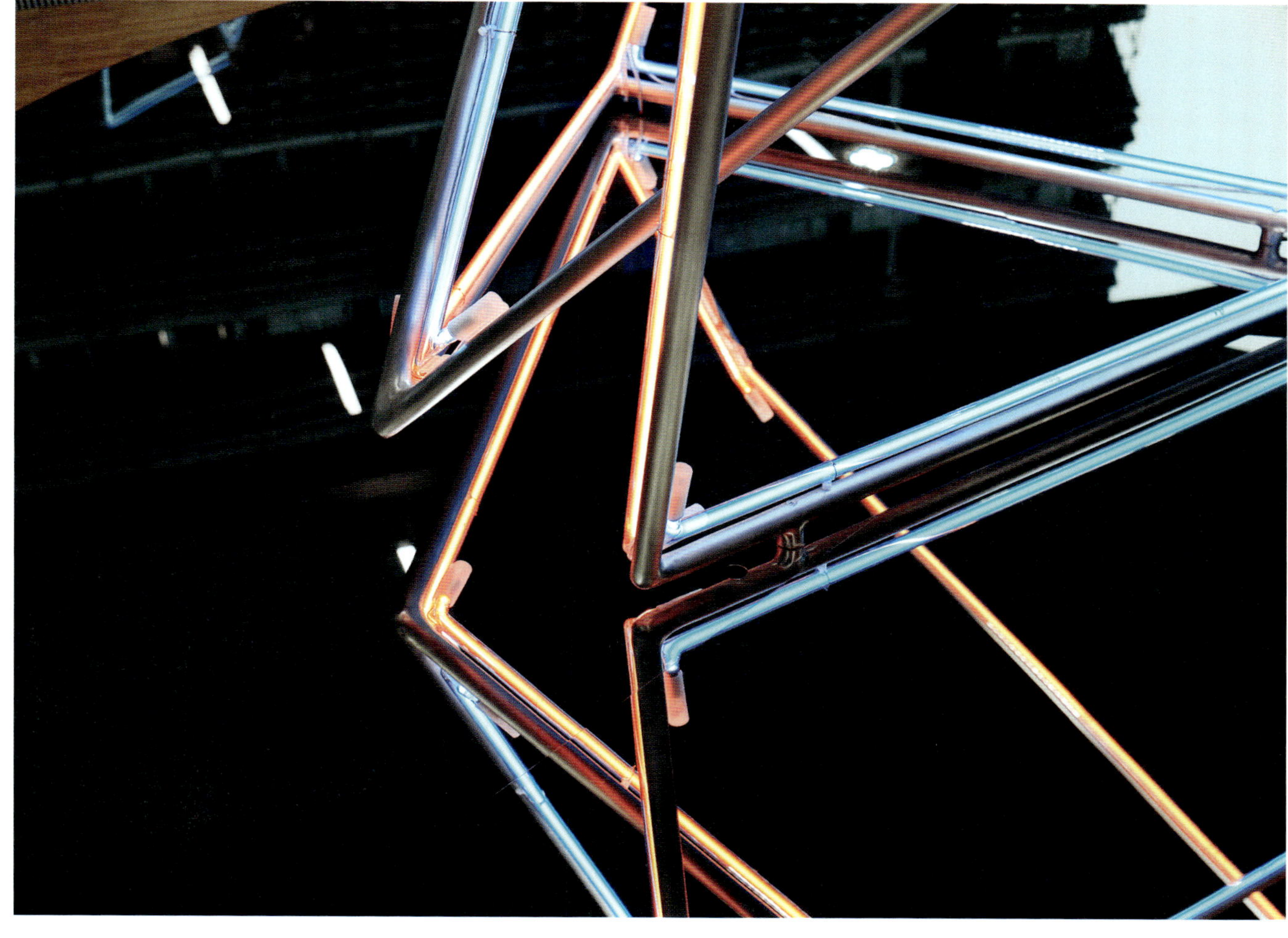

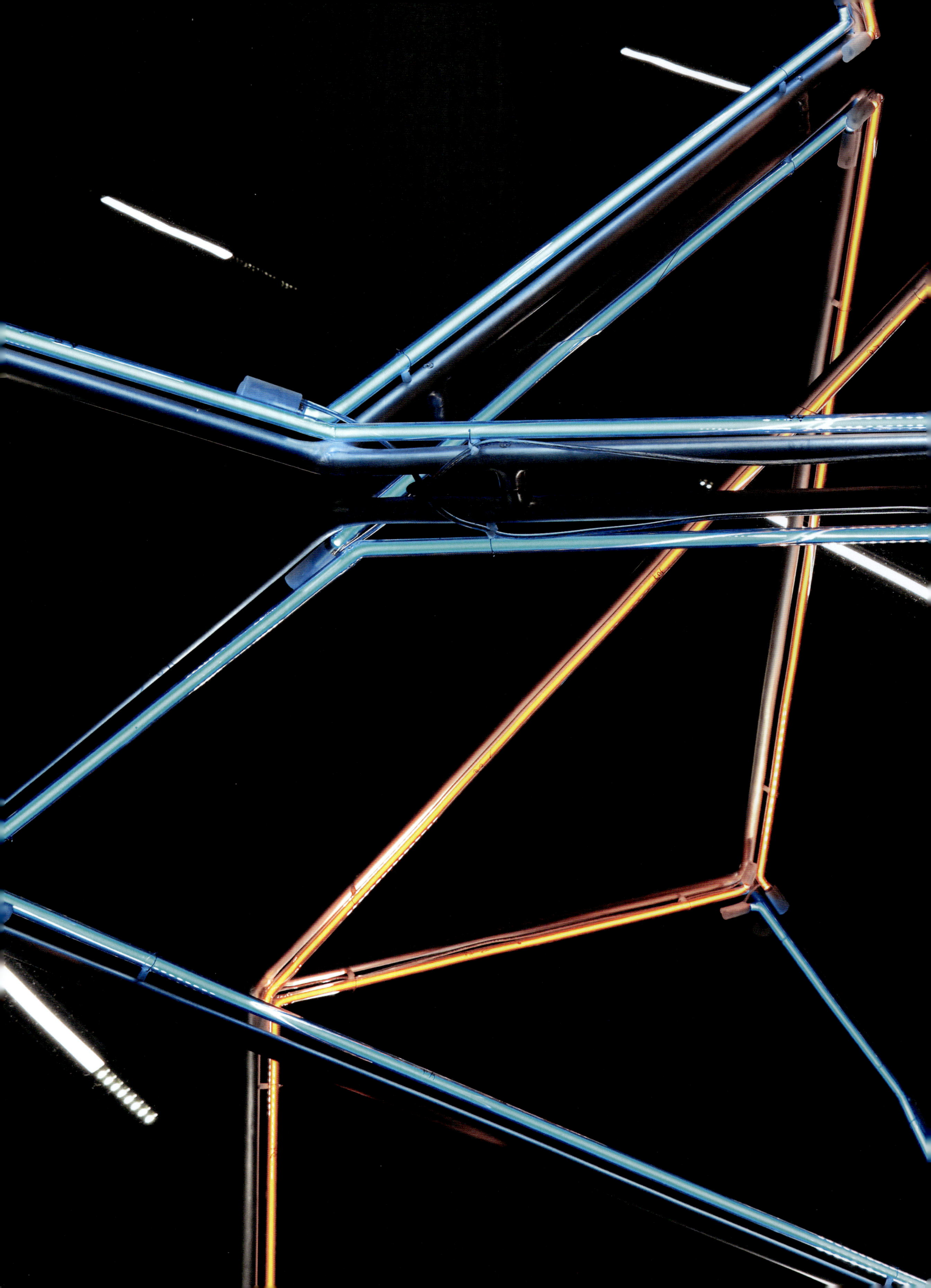

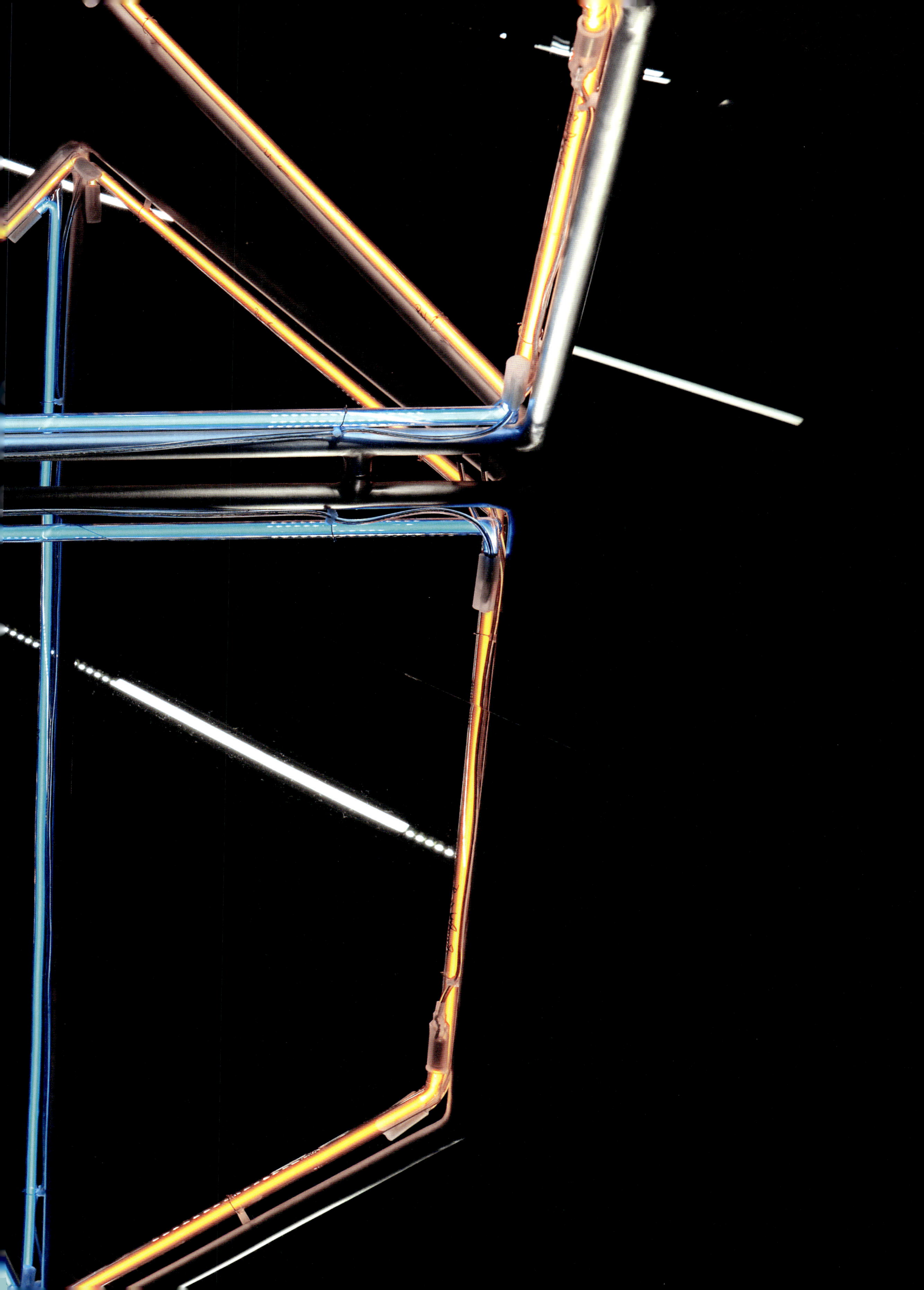

1916

2016

Uhrenketten, Maße variabel

watch chains, dimensions variable

Die Installation *1916* besteht aus ca. 300 historischen Uhrenketten, die aneinandergereiht in mehreren Strängen von der Decke hängen. Viele Familien tauschten solche goldenen Uhrenketten im Ersten Weltkrieg ein, um damit, wie auch schon im 19. Jahrhundert unter dem Motto „Gold gab ich für Eisen", die Finanzierung des Krieges zu unterstützen. Die Eisenketten enthielten mehrere Schmuckglieder mit der Inschrift „Gold zur Wehr – Eisen zur Ehr" und „In eiserner Zeit – 1916", womit der Träger seine patriotische Gesinnung zeigte. Die Arbeit *1916* beschäftigt sich mit diesem Tausch und den damit verbunden Transformationen. In der Installation wird individuelle Erinnerung und kollektive Erfahrung in ein skulpturales Vokabular transformiert und räumlich erfahrbar.

The installation *1916* consists of around 300 historic chains of pocket-watches, joined to each other and hanging vertically from the ceiling in multiple lines. Many German families exchanged their gold pocket watch chains for iron ones during World War 1 to help finance the war—as had also been done in the 19th century—encouraged by the popular slogan, 'I gave gold for iron'. The iron chains included various decorative links with inscriptions such as 'Gold for defence—iron for honour' and 'In steely times—1916', through which the wearer could show off their patriotic values. The work *1916* addresses this exchange and the associated transformations. In the installation individual memory and collective experience are transformed into a sculptural vocabulary and made tangible spatially.

Zentrum für Aktuelle Kunst, Zitadelle Spandau, 2018

Center for Contemporary Art, Spandau Citadel, 2018

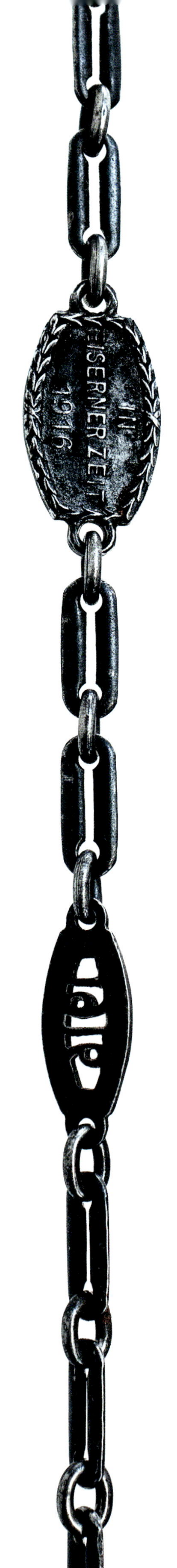

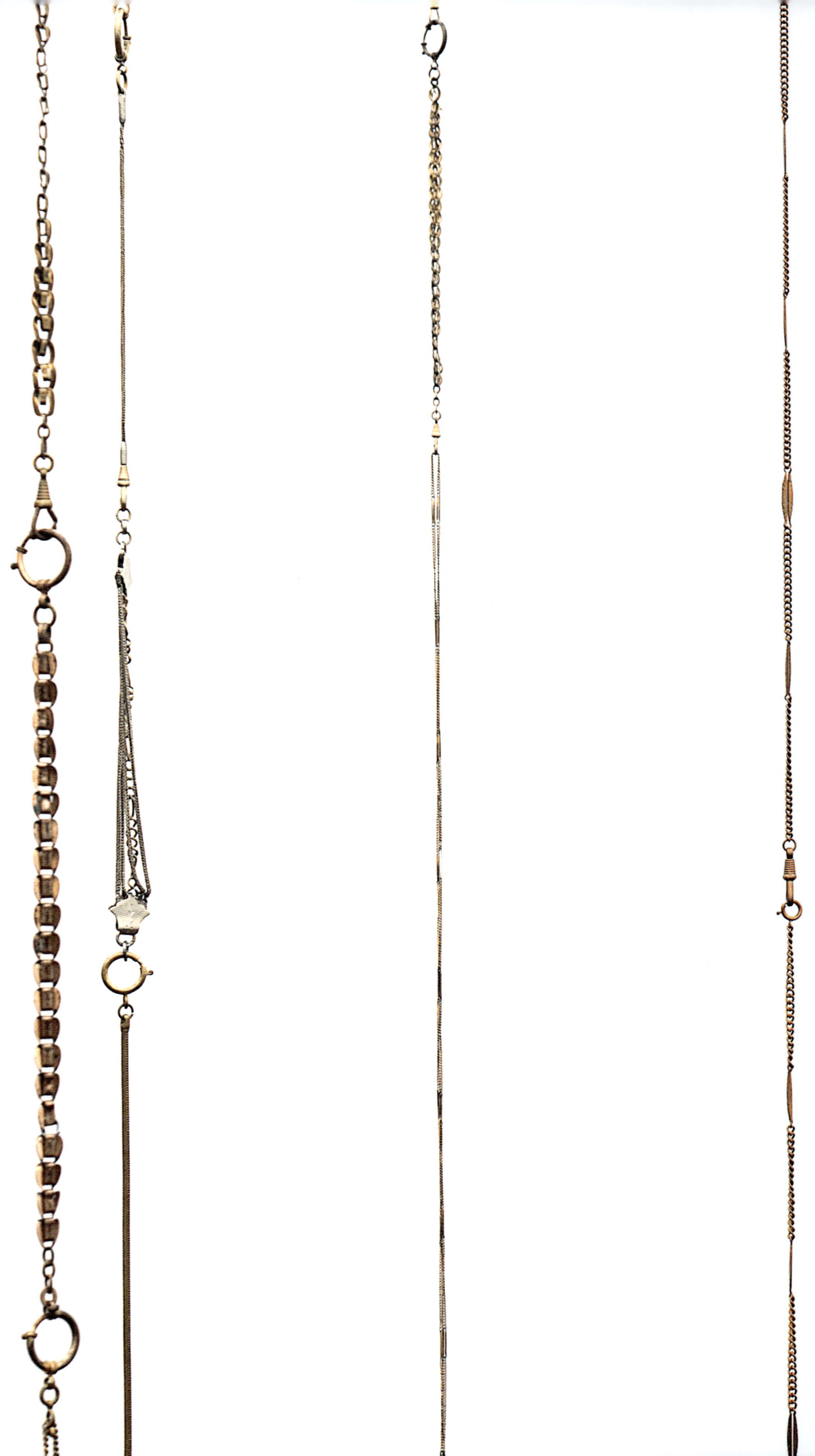

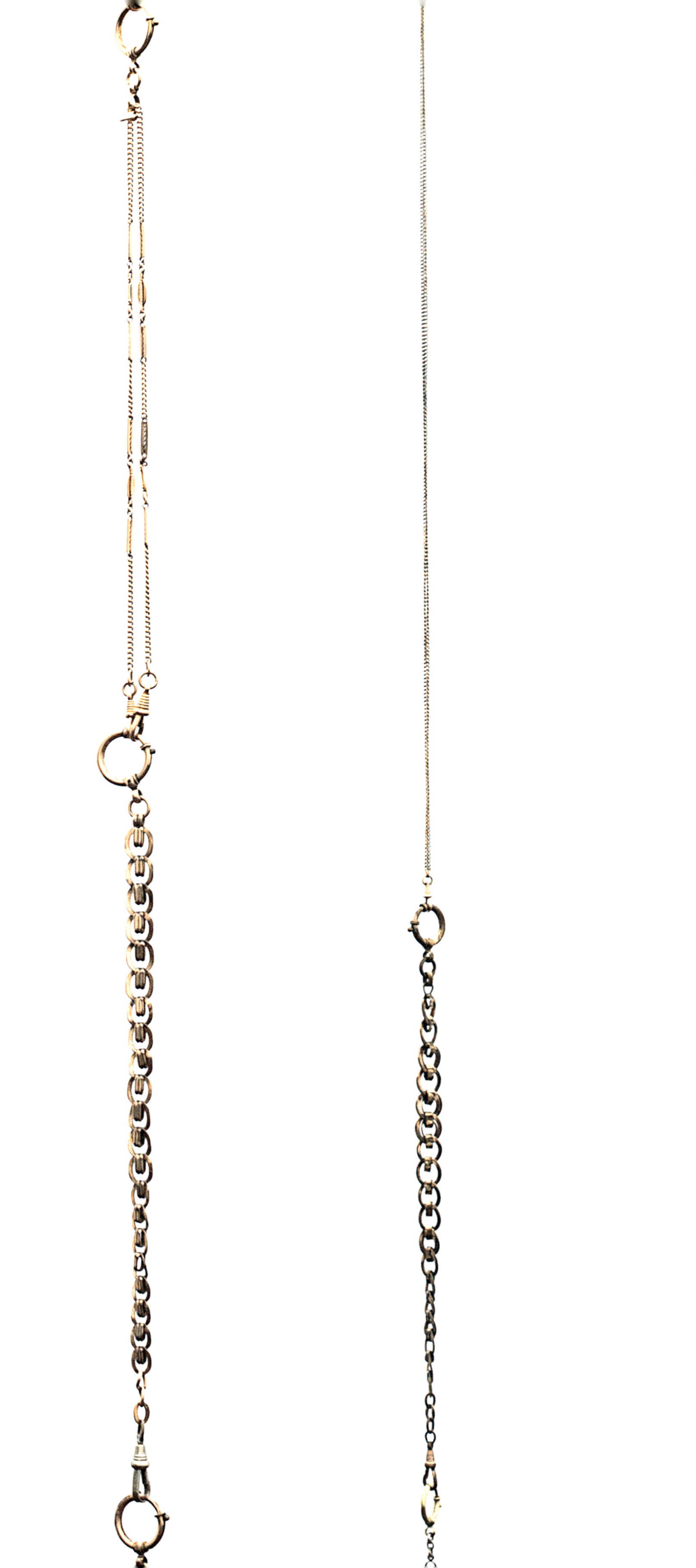

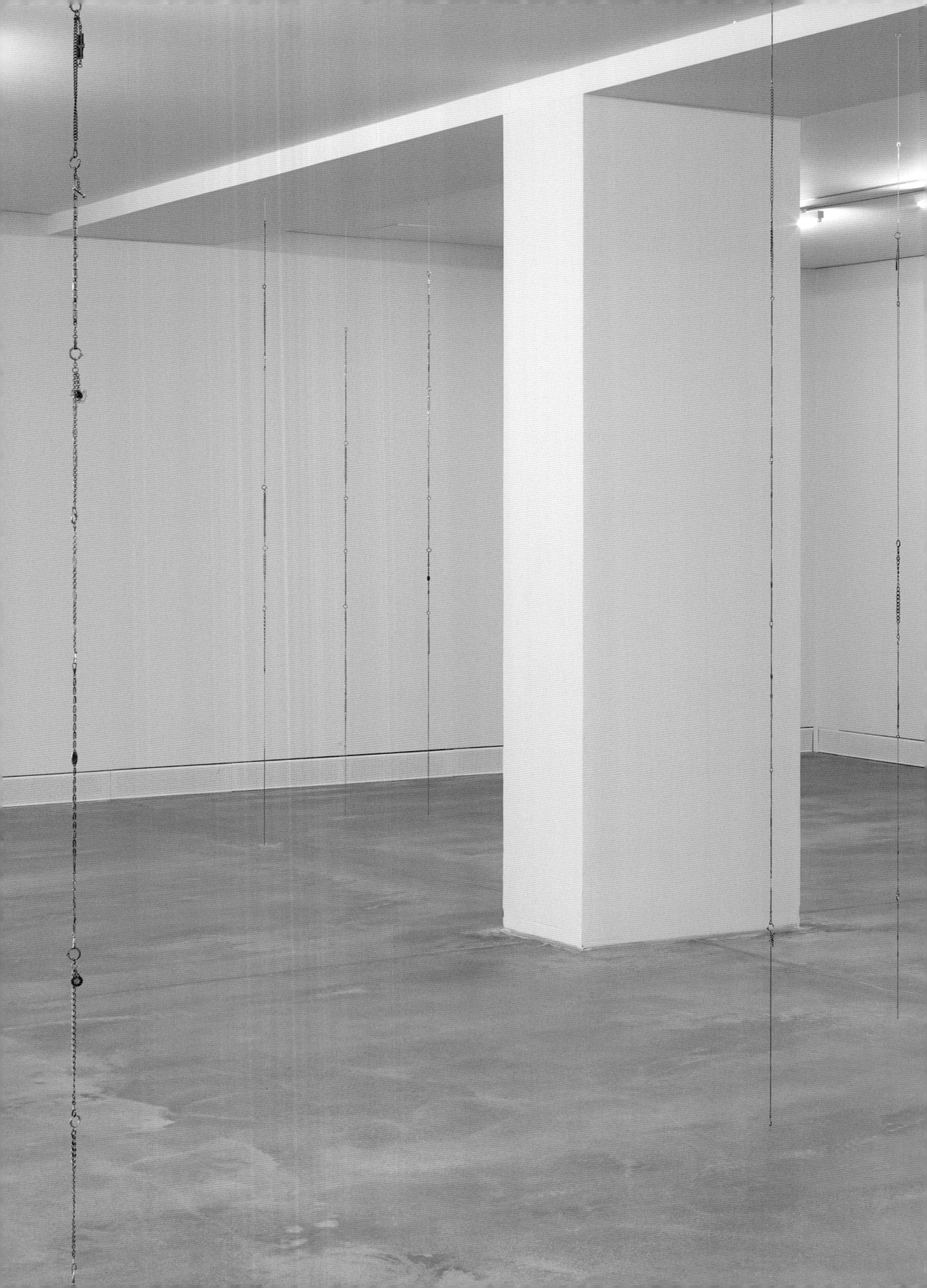

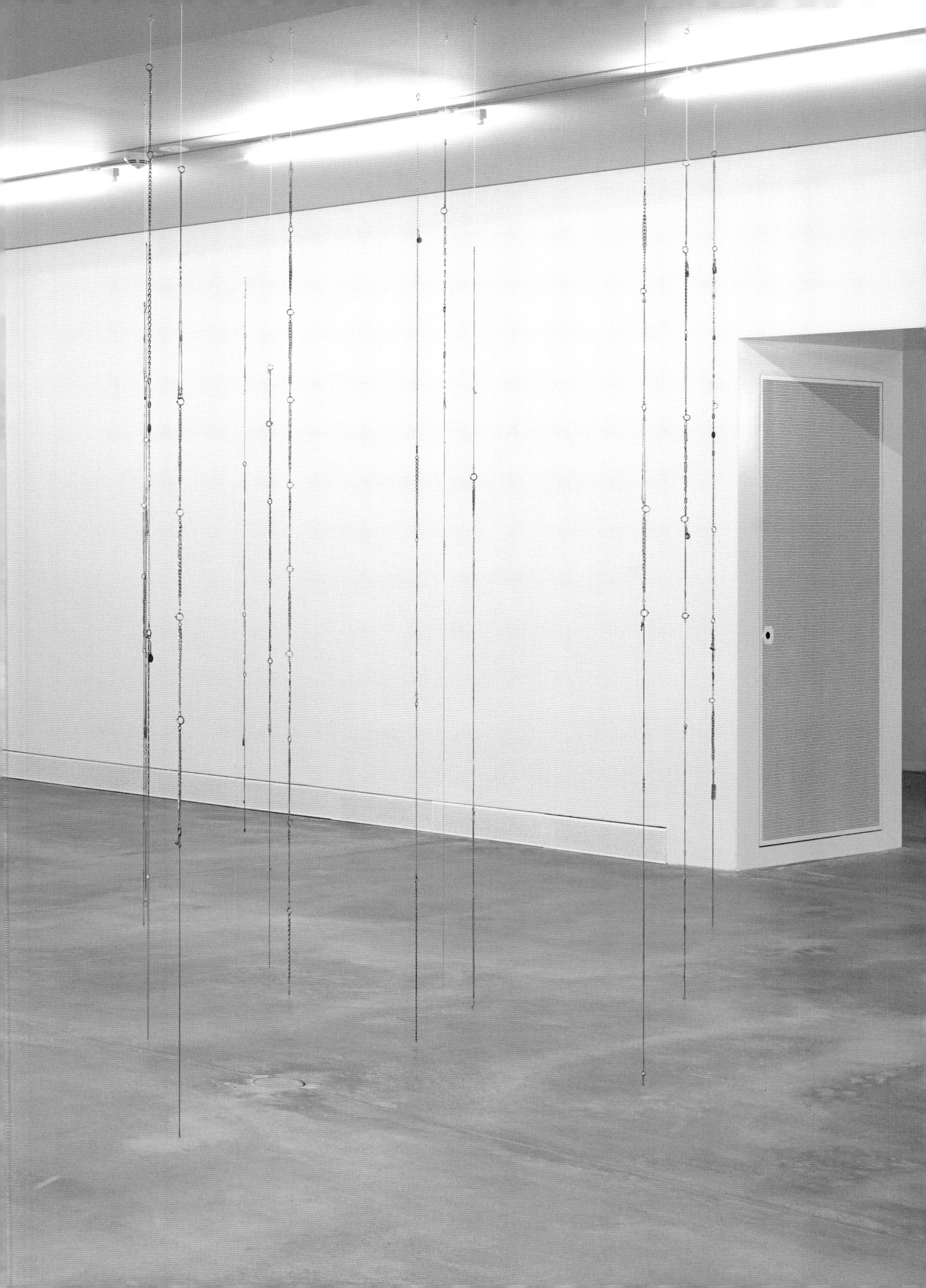

each other

2015

2-Kanal Video, 120 Minuten

2-channel video, 120 minutes

each other ist eine Videoarbeit, bei der Albert Weis seinen 88-jährigen Vater filmisch porträtierte, während er ihm seine eigenen Briefe und die seiner Familie aus der Zeit der letzten Kriegstage des Zweiten Weltkriegs und seiner anschließenden Gefangenschaft in Jugoslawien vorlas. Er wurde als 17-jähriger Schüler in den letzten Kriegsmonaten 1945 rekrutiert und war in Istrien in die letzten Kampfhandlungen involviert. Nach der Kapitulation Deutschlands verbrachte er fast vier Jahre in Kriegsgefangenschaft an unterschiedlichen Orten in Jugoslawien und leistete Arbeitseinsätze. Seine Geschichte ist prototypisch für viele dieser Generation.

Im zweiten Video sind die Rollen getauscht. Der Künstler wurde gefilmt, während sein Vater nun ihm seine Briefe aus der Zeit vorliest. Reagiert der Vater emotional auf die Erinnerungen, so ist der Blick des Künstlers eher introvertiert und nachdenklich. Die Erfahrungen sind nicht mehr unmittelbar erlebt, sondern nur noch emotional nachvollziehbar.

Die Videos werden auf zwei sich gegenüberstehenden Monitoren gezeigt, so dass sich die Porträtierten gegenseitig ansehen. Die Tonaufnahmen überlagern sich. Auf einer Tonspur ist die Stimme des Vaters zu hören, auf der anderen die des Sohnes.

For the video installation *each other* Albert Weis made a film portrait of his 88-year-old father while reading him the letters his father had sent to, and received from, his family during the final days of World War II and his subsequent time as a prisoner of war in Yugoslavia. He was conscripted as a seventeen-year-old student in 1945 during the final months of the war and was involved in the final battles in Istria. After Germany's capitulation he spent almost four years as a prisoner of war in various locations within Yugoslavia doing forced labour. His story is typical of many of his generation.

In the second video the roles are reversed. The artist was filmed while his father now reads the letters from this period to him. While the father reacts emotionally to the memories, the artist's face is more introverted and thoughtful. The experiences are no longer being experienced directly; they can only be understood emotionally.

The videos are shown on two monitors positioned so that the subjects gaze at each other. The recordings overlap. On one channel the father's voice can be heard, on the other that of the son.

Zentrum für Aktuelle Kunst, Zitadelle Spandau, 2018

Center for Contemporary Art, Spandau Citadel, 2018

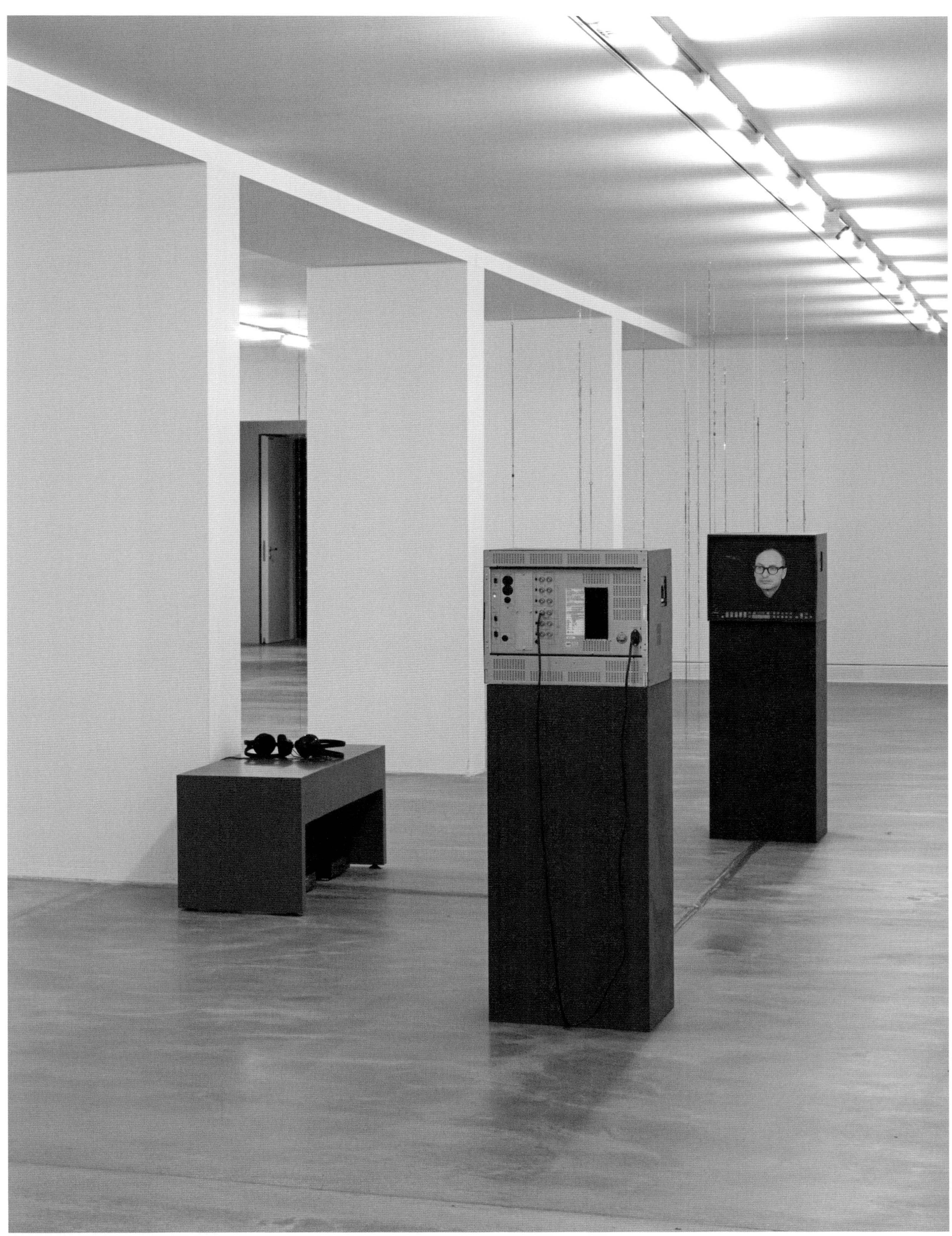

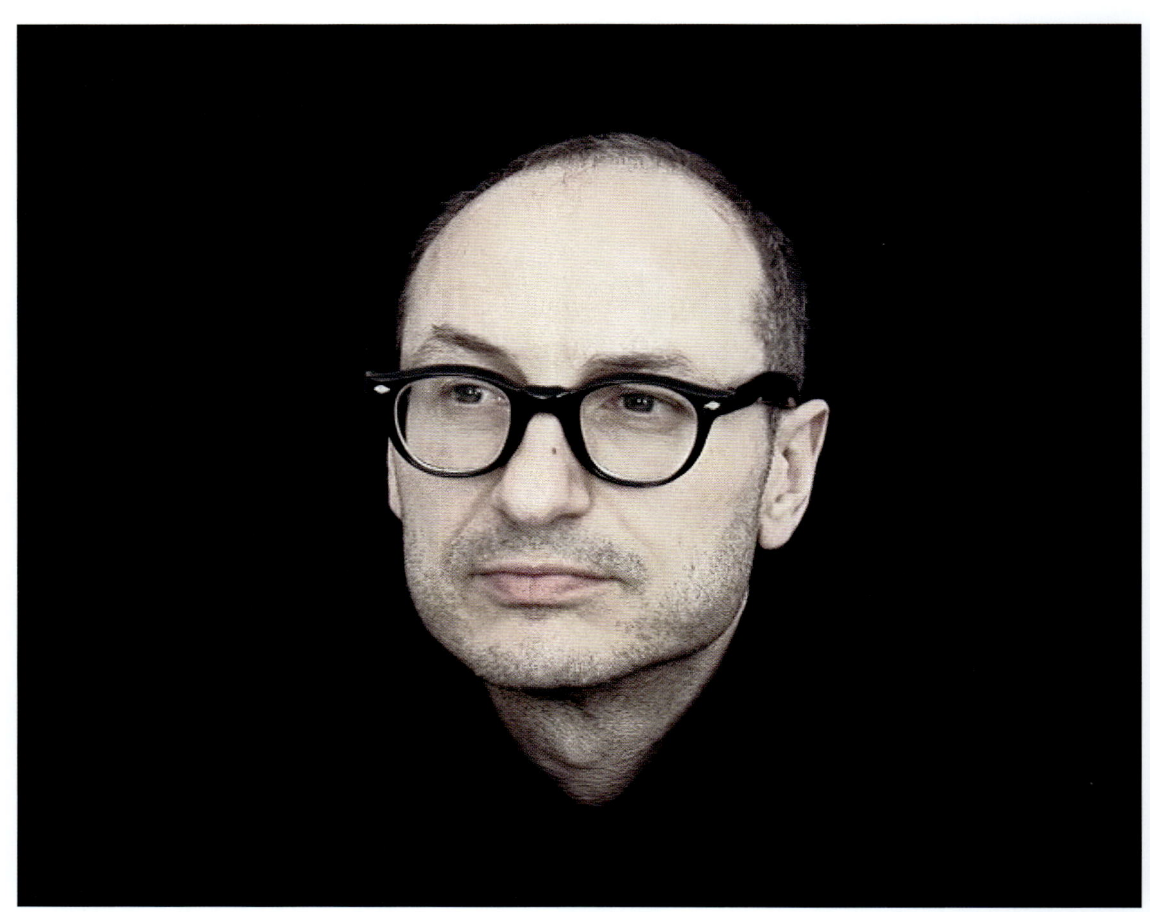

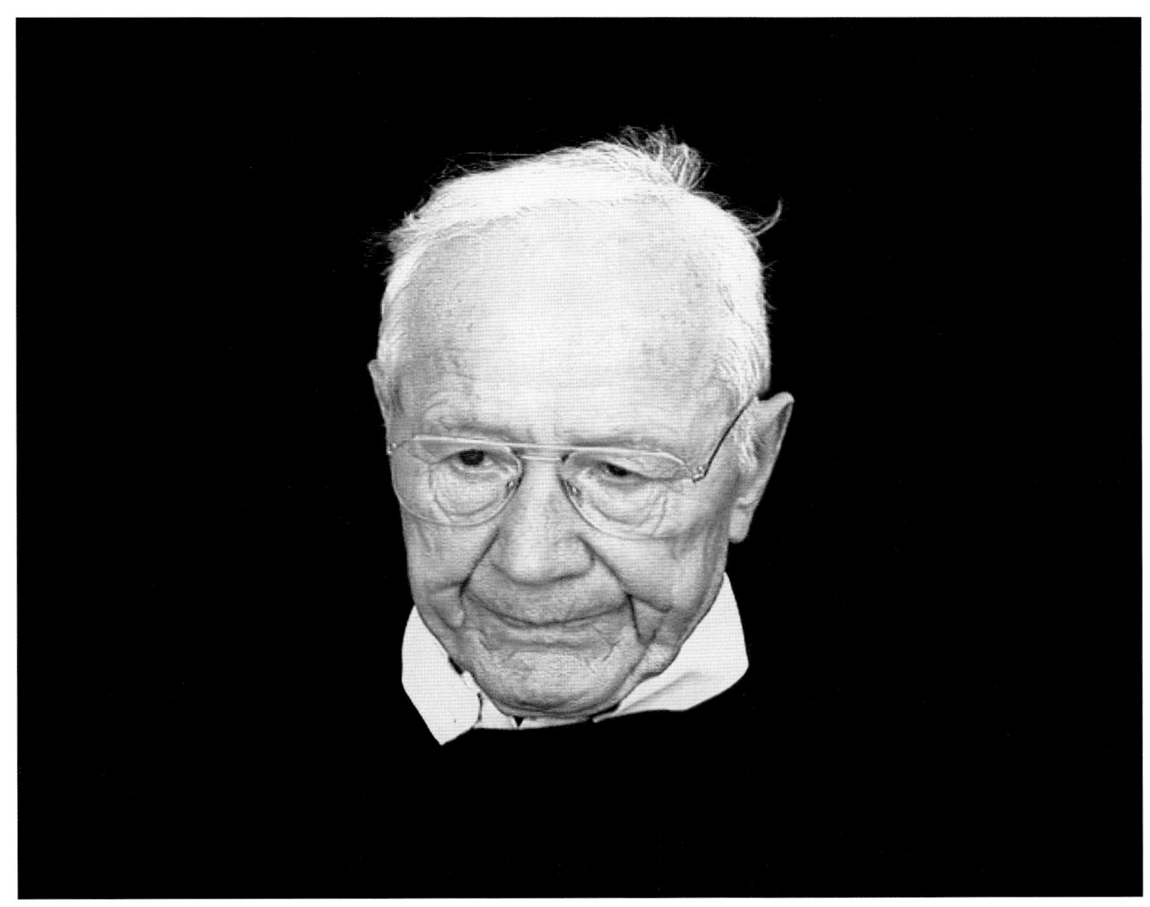

zeiten

2015

Aluminium, Uhrwerke, Plexiglas,
jeweils 80 × 100 × 22 cm

aluminium, clock works, acrylic glass,
each 80 × 100 × 22 cm

zeiten besteht aus drei großformatigen, doppelseitigen Uhren, die im Atrium des Fraunhofer Instituts für Physikalische Messtechnik installiert sind. In jedem der Uhrenpaare ist immer nur eine Zeiteinheit zu sehen: Die Stunden befinden sich in der obersten Uhr, in der mittleren Uhr bewegen sich die Minutenzeiger, und die Sekundenzeiger laufen in der untersten Uhr.

Sämtliche Ziffernblätter sind durch transparente Acrylgläser ersetzt, an denen die Uhrwerke und Zeiger befestigt sind. Während sich der Zeiger der vorderen Uhr fortbewegt, ist auch der Zeiger der dahinterliegenden Uhr sichtbar und läuft in die entgegengesetzte Richtung. Trotz der Bewegung entsteht der Eindruck, als würde die Zeit stehen bleiben, da die Zeiger immer ein symmetrisches Bild darstellen. Im Zerlegen der Zeit in unterschiedliche Momente findet auch eine bildhafte Entsprechung zu den Arbeitsprozessen in den Laboren des Instituts statt.

zeiten consists of three large-scale, double-sided clocks installed in the atrium at the Frauenhofer IPM (Institute for Physical Measurement Technology). Each clock tells only one unit of time. The highest clock has just an hour hand, the middle one tells only minutes and the lower one just seconds.

All the clock faces have been replaced with transparent acrylic sheets to which the clock mechanisms and hands are attached. While the clock-hand on the front of each double-sided clock turns, the hand on the clock behind is also visible, turning in the opposite direction. Despite their movement, the impression is that time is standing still, as the hands always form a symmetrical image. In this dissection of time into distinct moments, there is also a visual correlation to the procedures taking place in the institute's laboratories.

Fraunhofer-Institut IPM, Kaiserslautern

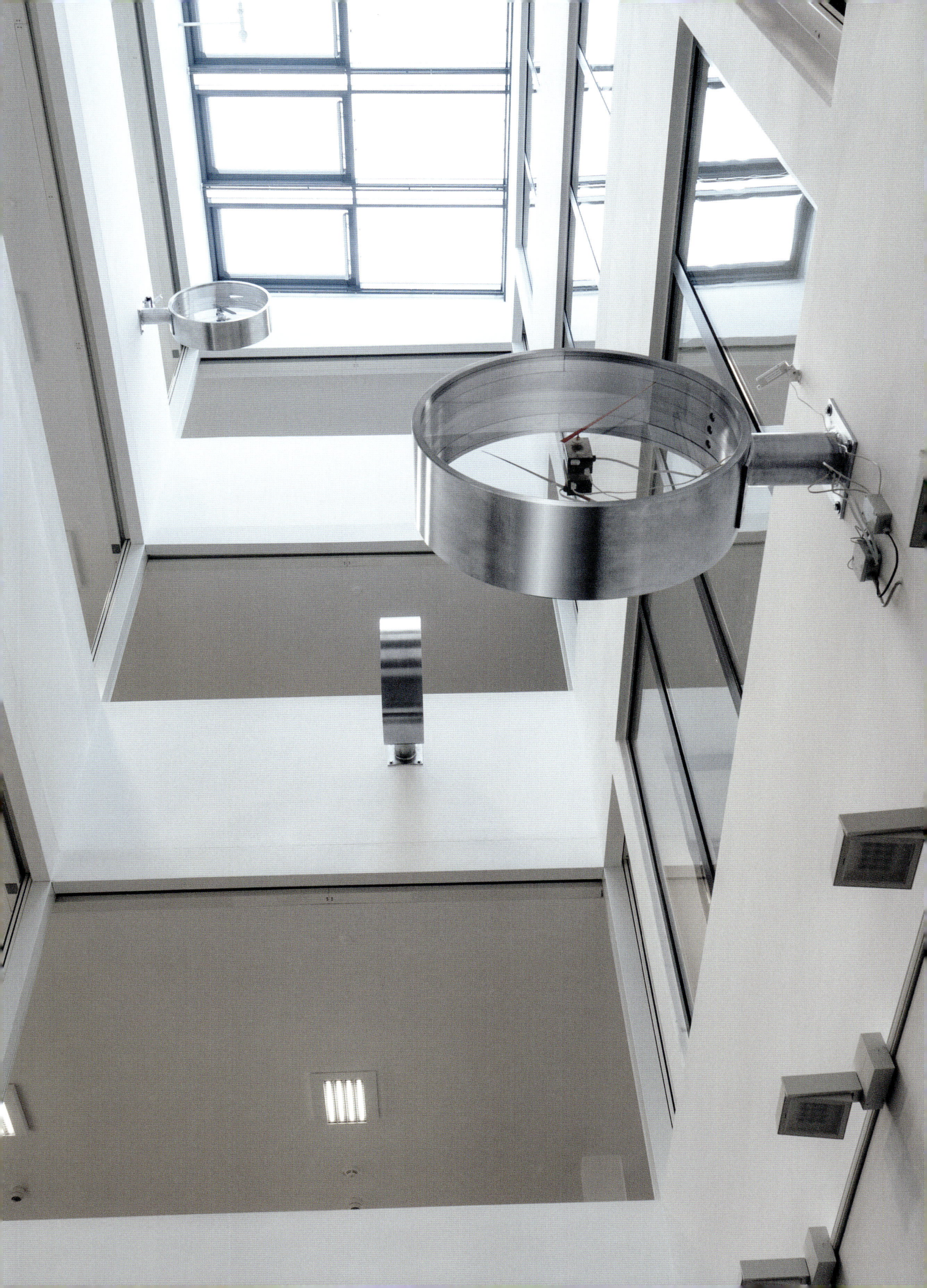

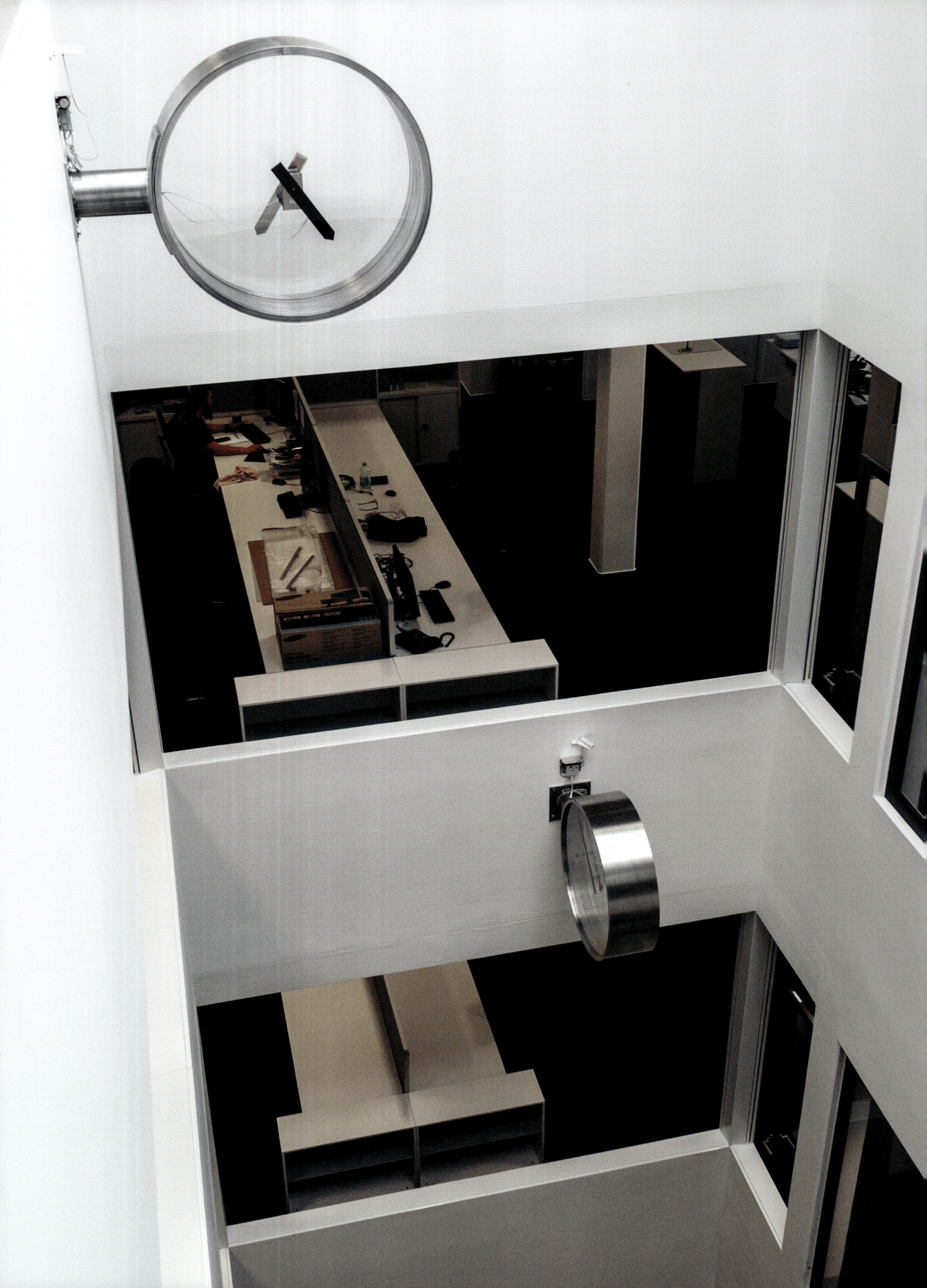

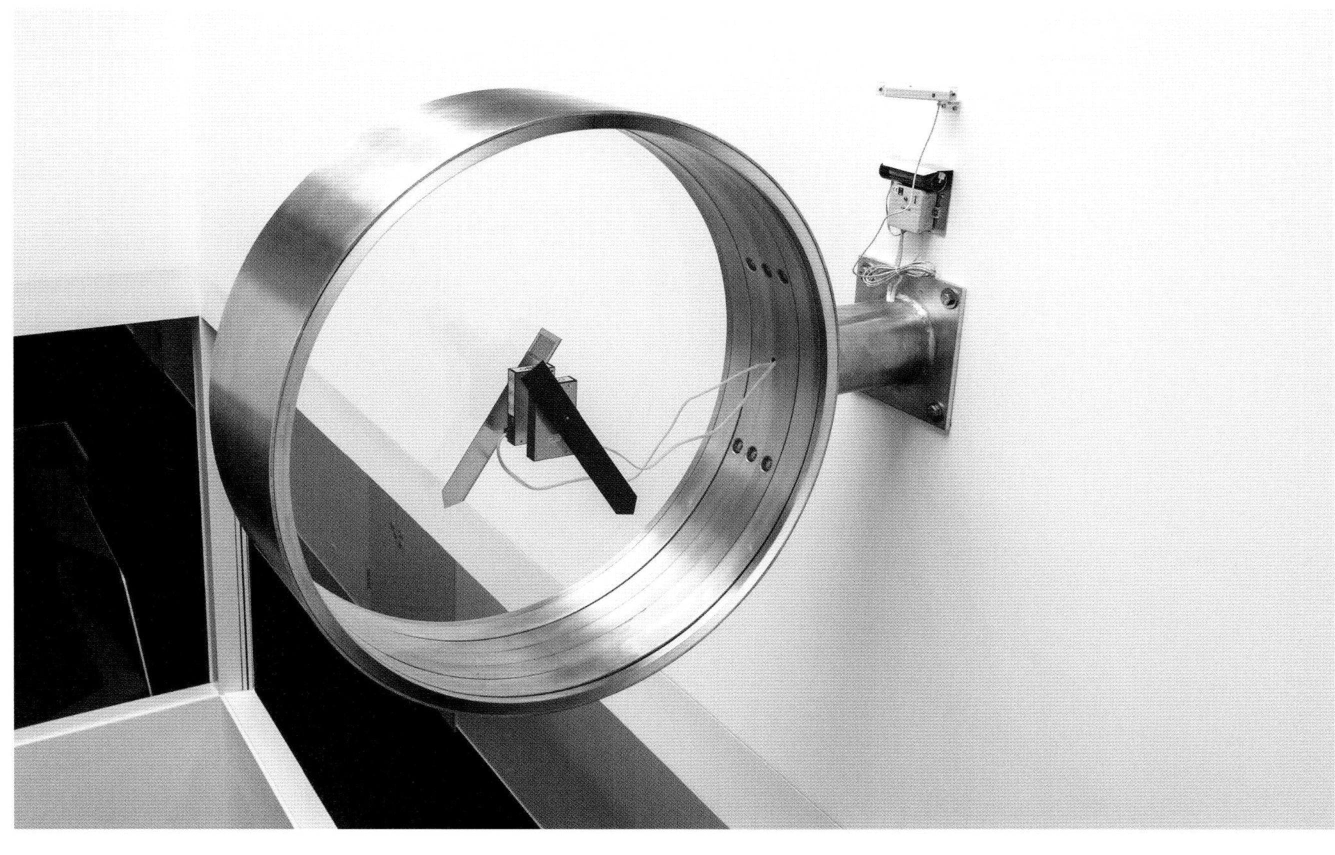

taped (silver)

2014–2016

Aluminiumklebeband und gefalteter Papierbogen
auf Wand

aluminium tape and folded paper on wall

taped (silver) ist eine Wandarbeit, die sich auf die Dimensionen des Ausstellungsraums oder der unmittelbaren Umgebung bezieht. Ein Papierbogen, der in seiner Länge dem Wandmaß entspricht, wird gefaltet und mit Aluminiumklebeband großflächig auf der Wand angebracht. Die Lichtbrechungen in der Aluminiumoberfläche bewirken, dass die Oberflächenstruktur der Wand detailliert sichtbar wird, während das Aluminium in den Bereichen über dem gefalteten Papierbogen eine fast glatte und spiegelnde Oberfläche erhält. Durch die mehrfache Faltung entsteht eine Reliefstruktur, deren räumlicher Charakter durch die Lichtbrechung an den Kanten verstärkt wird.

taped (silver) is a wall installation that relates to the dimensions of the exhibition space or its immediate surroundings. A sheet of paper, the length of the wall, is folded and fixed to the wall with an expanse of aluminium tape. The refractions in the surface of the aluminium make the surface of the wall visible in more detail, while the aluminium covering the surface of the folded sheet of paper acquires a smooth and reflective finish. Through the multiple folds, a relief structure is created, its spatial nature enhanced by the refractions on the corners.

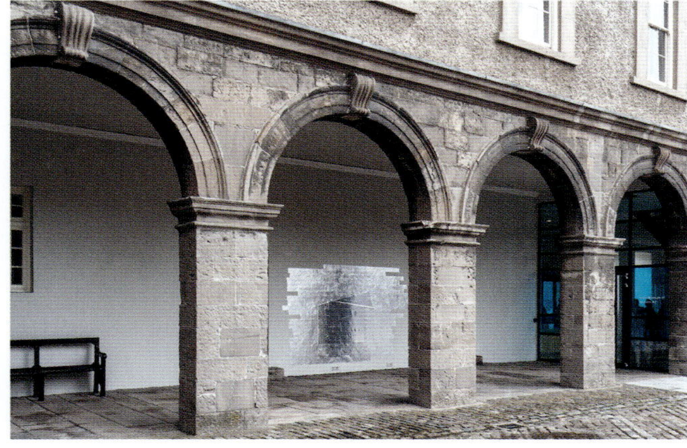

Unseen Presence, IMMA Irish Museum
of Modern Art, Dublin, 2014

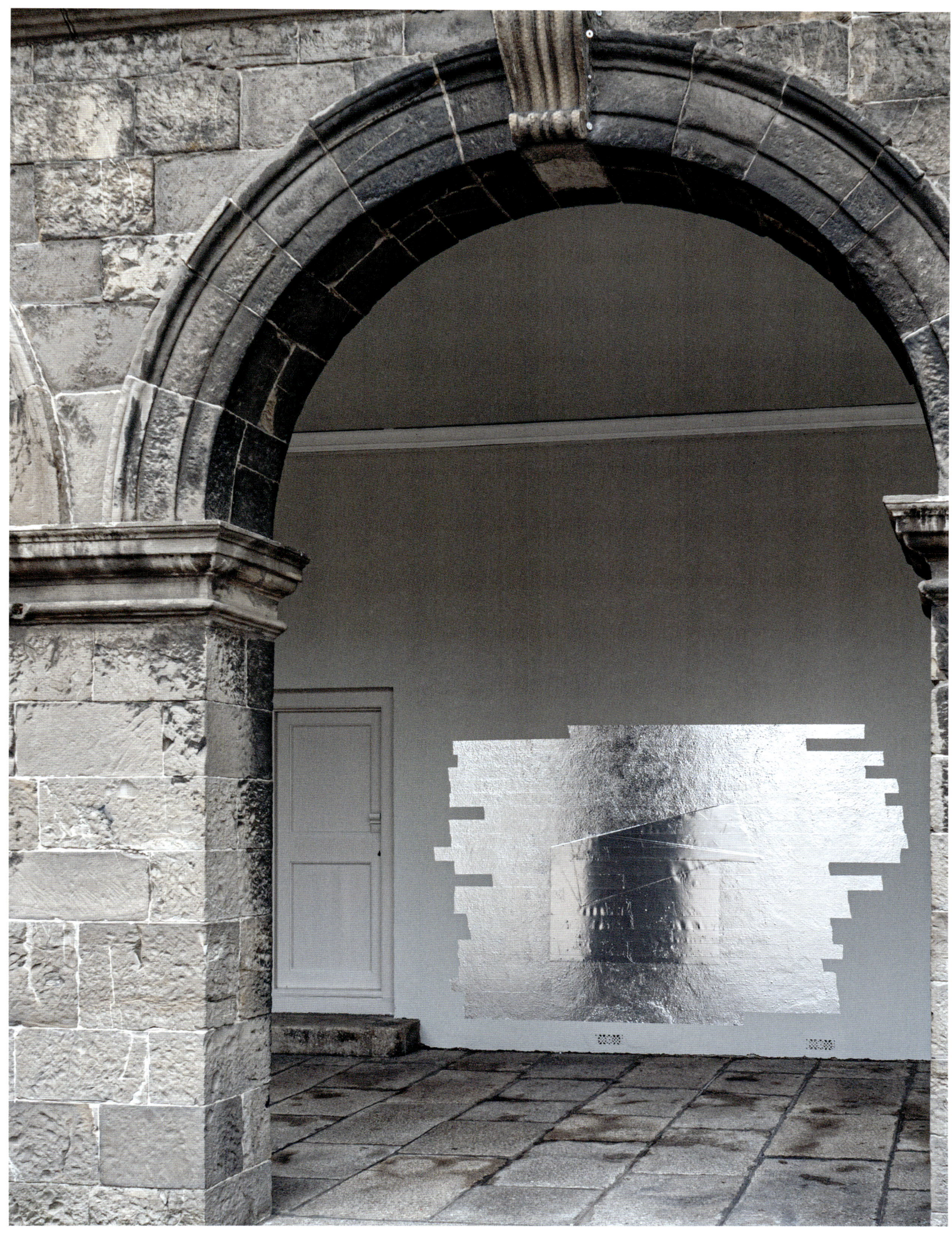

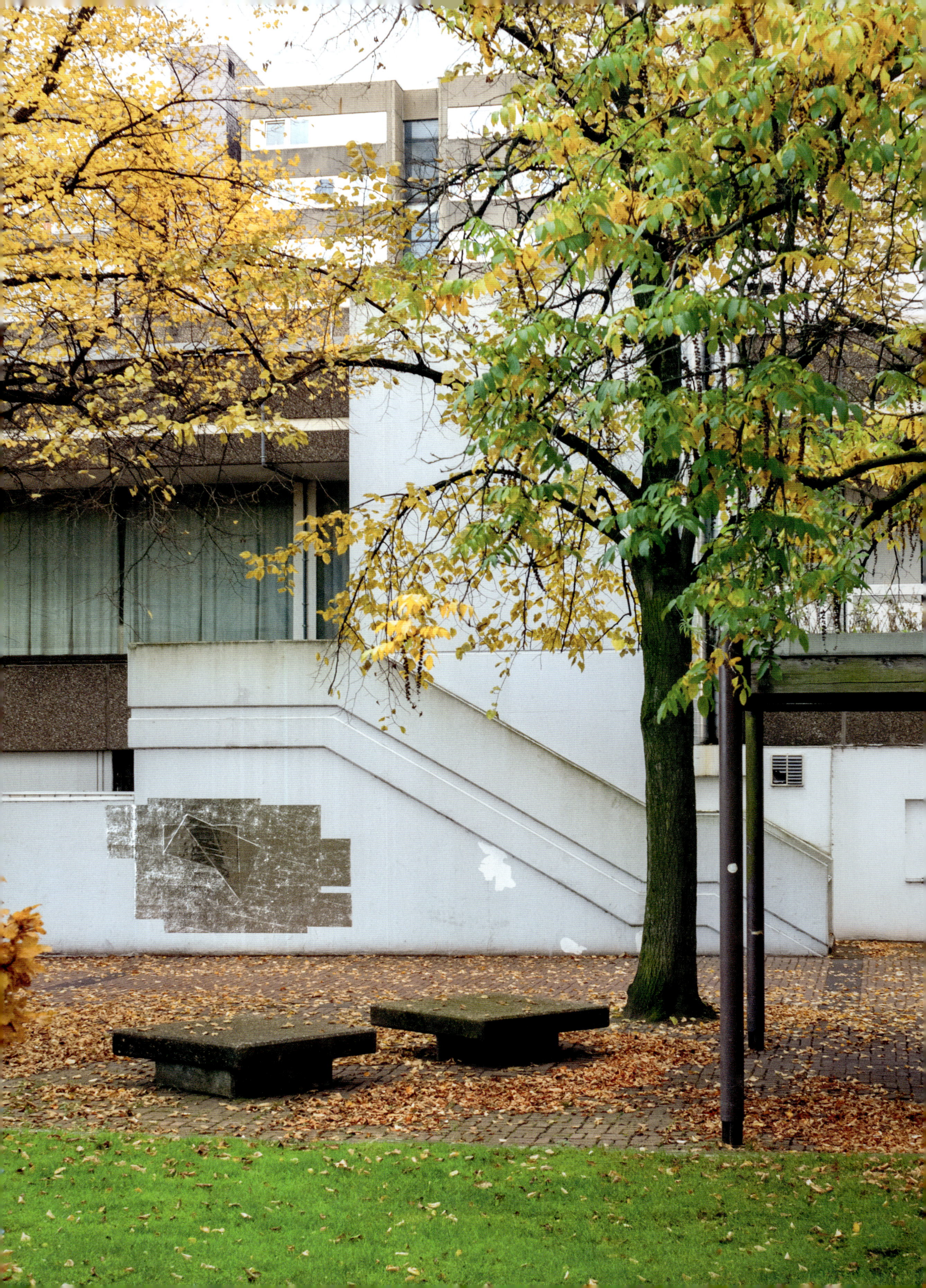

S. | pp. 126/127 *Einknicken oder Kante zeigen? –
Die Kunst der Faltung*, PEAC Paul Ege Art Collection,
Freiburg, 2015

Skulptur 2015, Skulpturenmuseum Glaskasten Marl,
2015

Pasing by, München | Munich | 2015

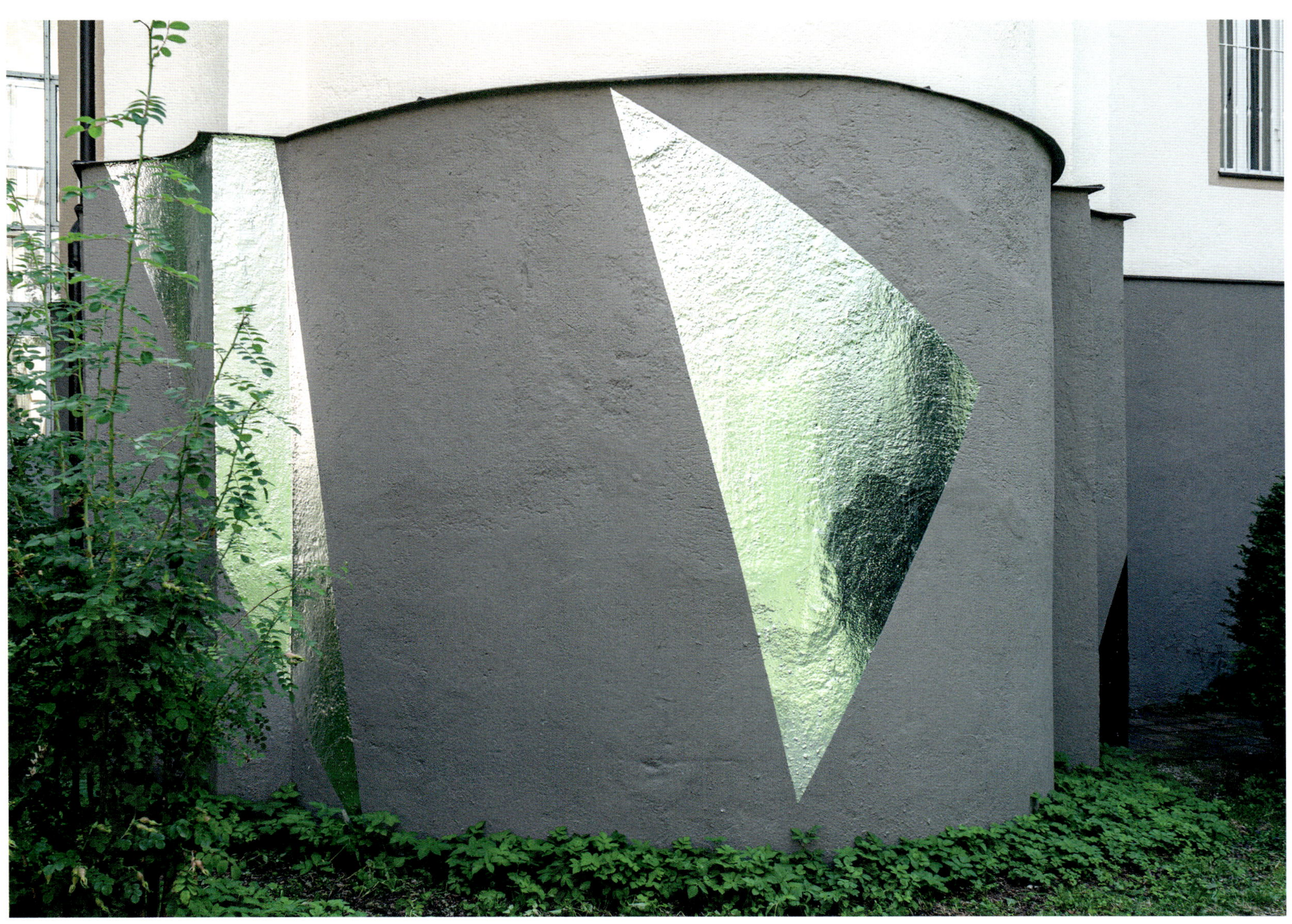

rondo

2015

Dispersionsfarbe und Aluminiumklebeband auf Wand,
Foto- und Papierarbeiten

paint and aluminium tape on wall,
photo and paper works

Für *rondo* wurde die Wandabwicklung des Ausstellungsraumes auf ein Blatt Papier übertragen. Dieses wurde anschließend mehrfach gefaltet und im gefalteten Zustand mit einer jeweils anderen Farbe oder mit Aluminiumklebeband beschichtet. Somit bezieht sich jede Farbe auf einen spezifischen gefalteten Zustand. Übertragen auf den Galerieraum überlagern sich die Farbflächen zu unterschiedlichen geometrischen Formen, die die Raumkanten auflösen und den Ausstellungsraum in einen Illusionsraum verwandeln.

Die Diagonale, charakteristisch für die Nordfassade der Berliner Philharmonie, wurde zum Ausgangspunkt der Faltungen. Die Installation wurde mit Papierarbeiten und Fotoarbeiten kombiniert, die die Formensprache der Philharmonie untersuchen und ihrerseits wieder einen räumlichen und musikalischen Bezug herstellen.

To create the installation *rondo,* the dimensions of the internal elevations of the exhibition space were transferred onto paper. This was then repeatedly folded and each fold was coated with a different colour or with aluminium tape. Each colour refers to a specific fold. Transferred to the gallery walls, the colour planes overlap each other, creating different geometries, which dissolve the edges of the walls and transform the exhibition space into an illusory space.

The diagonal, characteristic for the north facade of the Philharmonie Berlin, became the starting point for the diverse folds. The installation was juxtaposed with paper-based works and with photographic works that explored the formal language of the Philharmonic Hall and in turn established a spatial and musical link.

Galerie invaliden1, Berlin

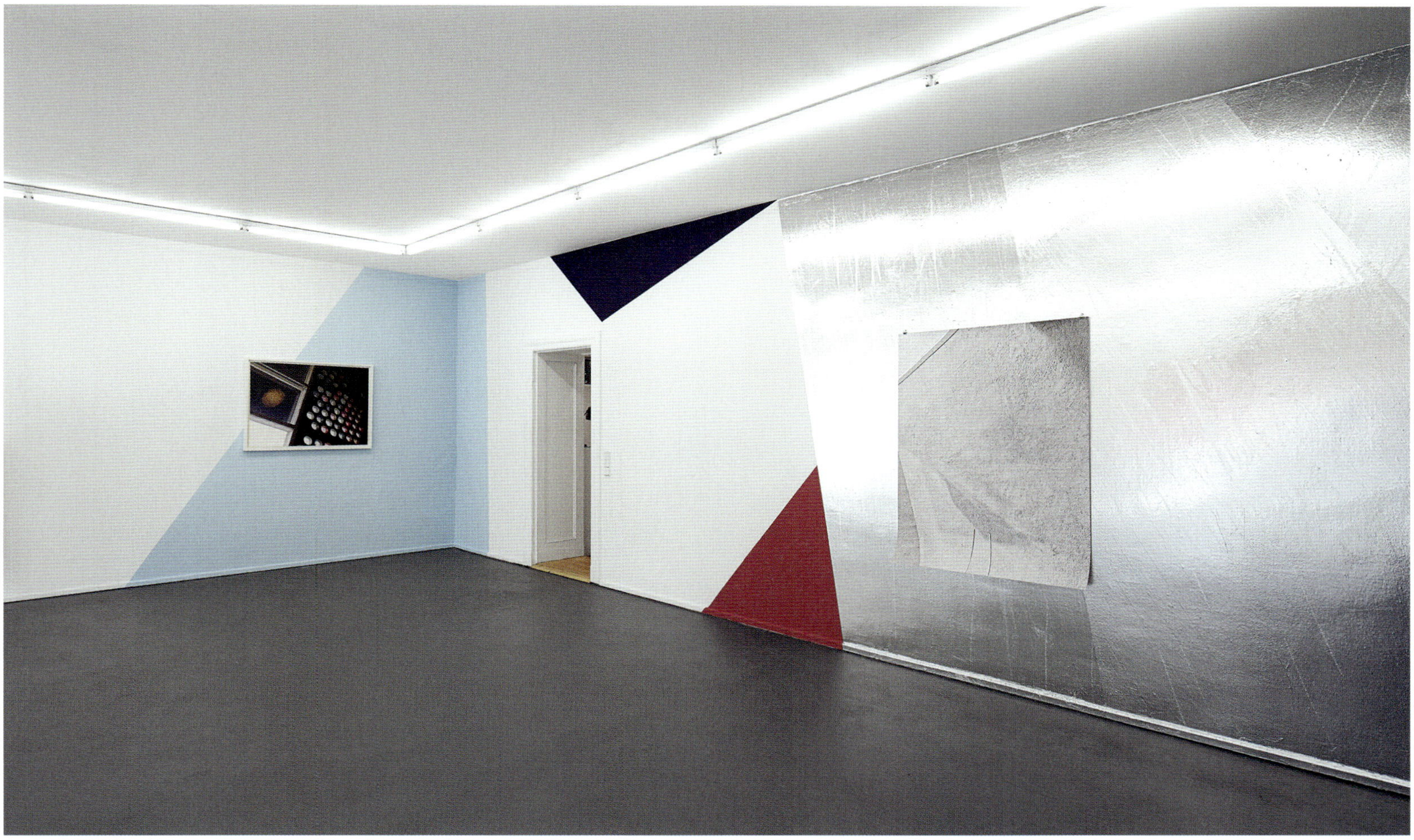

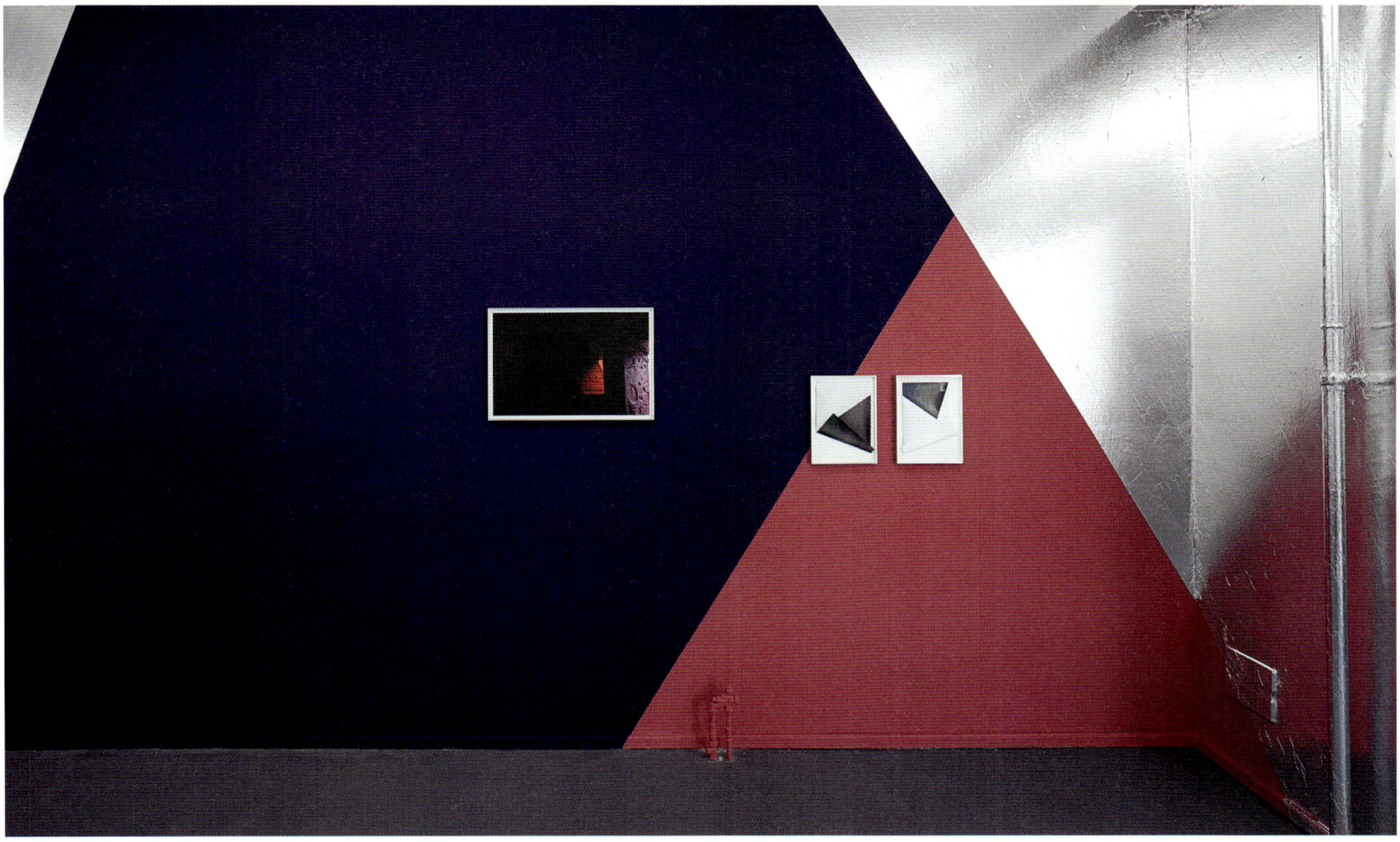

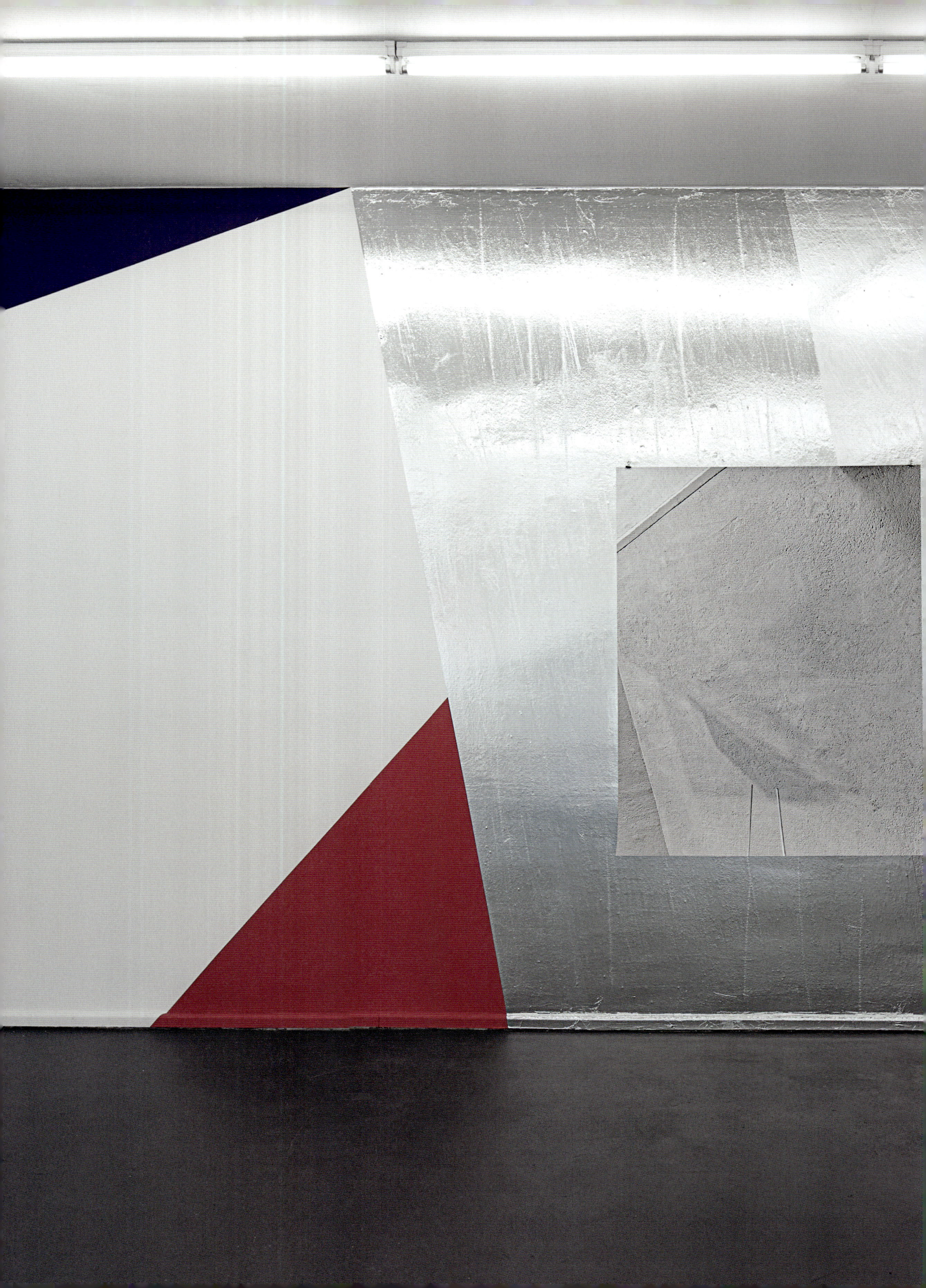

mosaik

2012

gestapelte Deckenpaneele, Sprayfarben

stacked ceiling panels, spray paint

Die für die 1950er- bis 1990er-Jahre typischen Deckenpaneele wurden herausgenommen und auf einigen
verbliebenen Feldern gestapelt. Es entstand ein zufäl-
liges Mosaik, das an die Zeit der 1950er-Jahre erinnert.
Jeweils eine Seite der Stapel wurde mit einer der Farben weiß, rot, blau oder gold besprayt – als Referenz
an die vorhandene Farbigkeit, die hinter der Decken-
verkleidung sichtbar wurde. Die Intervention wurde
von den Besuchern anfangs nur unbewusst wahrge-
nommen. Man fühlte sich intuitiv ans Ende des Raumes
hingezogen und bemerkte erst beim Zurückgehen den
veränderten Charakter des Raums.

Ceiling panels, typically used in buildings from 1950s
to the 1990s, were removed and piled up on top of the
few remaining ones. A random mosaic was created,
recalling the 1950s. One side of each pile was sprayed
either in white, red, blue or gold—in reference to the
pre-existing colour scheme, visible behind the false
ceiling. Visitors initially experienced the intervention
only subconsciously. They felt intuitively drawn to the
back of the room and only noticed the altered nature of
the exhibition space when retracing their steps.

das weisse haus, Wien

das weisse haus, Vienna

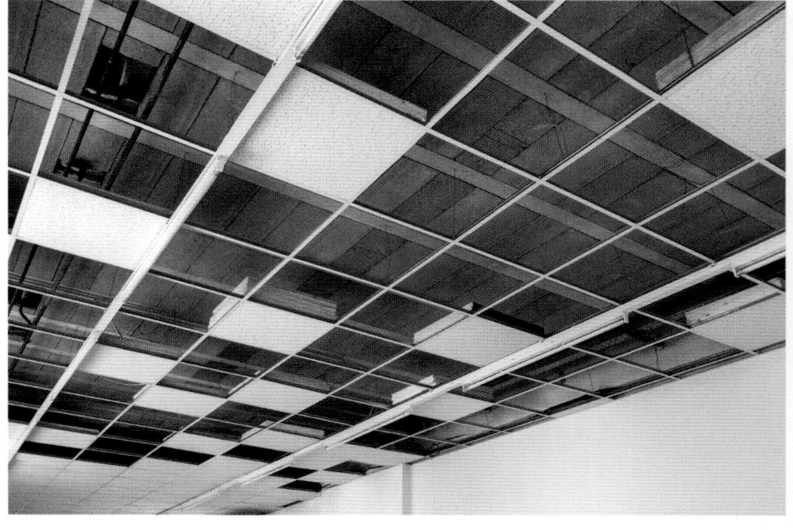

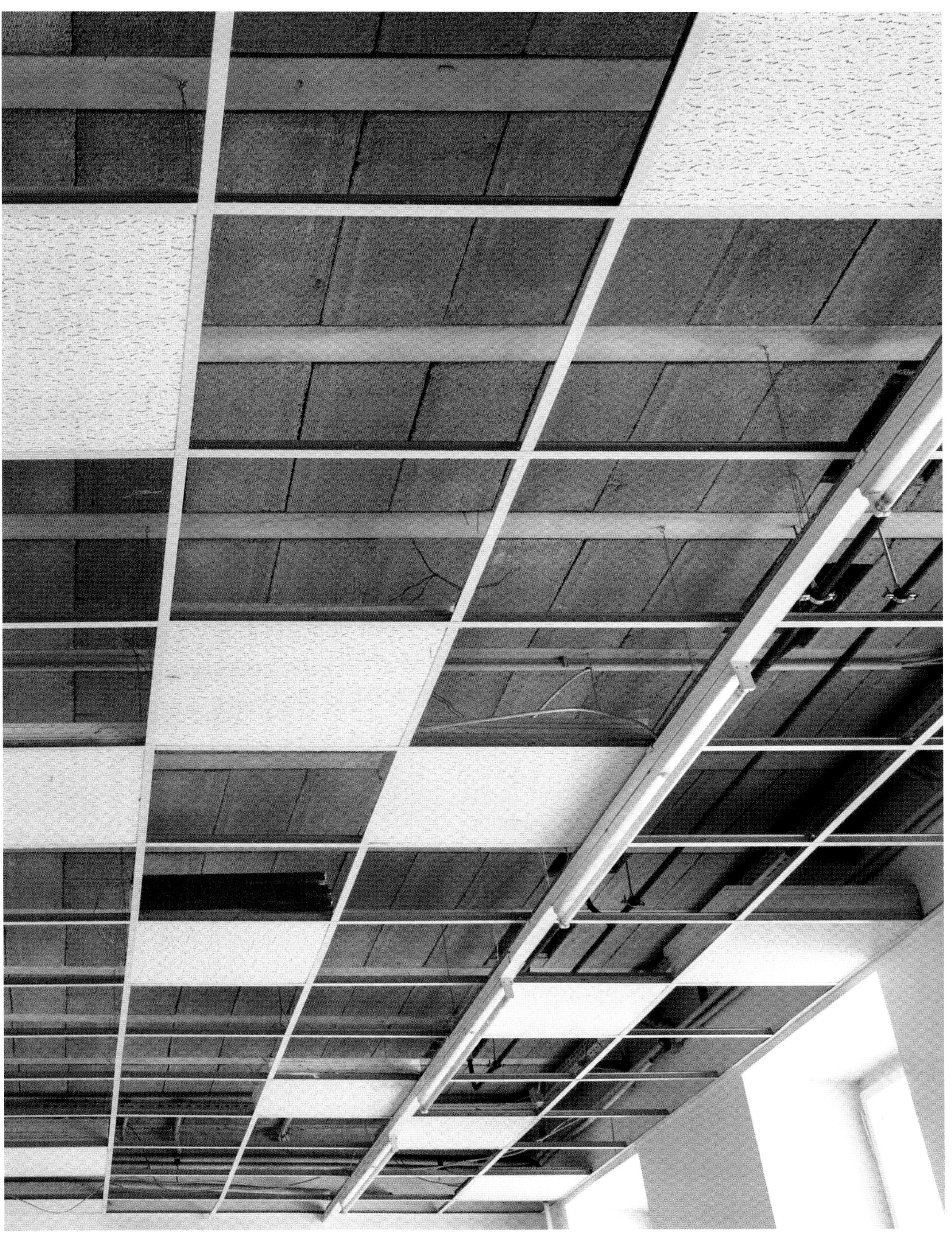

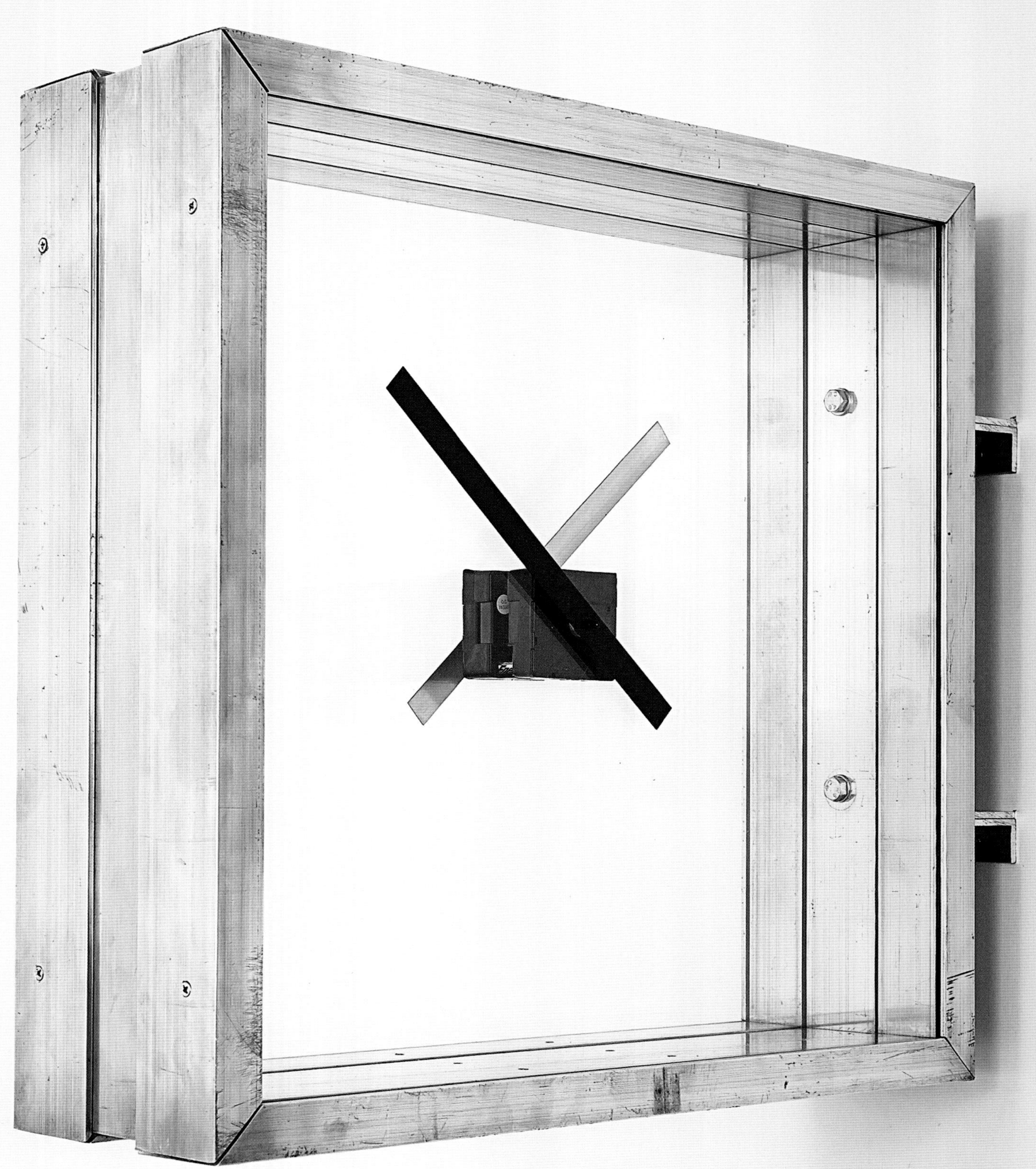

temps (hours)

2014

Aluminium, Plexiglas, zwei Uhrwerke, 34 × 34 × 15 cm

aluminium, acrylic glass, two clock mechanisms,
34 × 34 × 15 cm

Bei *temps (hours)* wurden die beiden Ziffernblätter entfernt und durch Glasscheiben ersetzt, an denen die Uhrwerke nun befestigt sind. Wenn der Zeiger einer Uhr voranschreitet, ist auch der Zeiger der anderen Uhr sichtbar. Auf den ersten Blick könnte man meinen, es handele sich um den Schatten des Zeigers der vorderen Uhr. Sobald sich die Zeiger aber bewegen, wird klar, dass man sich getäuscht hat. Die Zeiger laufen zwar synchron, aber in entgegengesetzte Richtungen. Vergangenheit und Zukunft spiegeln sich und halten die Gegenwart in der Balance.

In *temps (hours)* the two discs holding the numbers have been removed and replaced with sheets of glass, to which the clock's mechanism is attached. While the hour hand turns on one side, the hour hand on the other side is also visible. At first glance, we may assume this is the shadow of the hand on the side facing us. As soon as these hands turn, however, it is clear that this is not the case. The hands turn in synchrony, but in opposite directions. Past and future are reflected and hold the present in the balance.

Unseen Presence, IMMA Irish Museum of Modern Art, Dublin

come and go

2010/2014

Spiegelwand, Aluminium, Neon, Steuerung,
je 50 × 10 × 80 cm

---

mirror wall, aluminium, neon, switching mechanism,
mirrors, each 50 × 10 × 80 cm

Die Neonleuchten der raumgreifenden, mehrteiligen
Lichtskulptur werden über einen Zeitraum von circa
einer Minute in wechselnder Geschwindigkeit an- und
ausgeschaltet. Daraus ergeben sich stetig wechseln-
de Farbkonstellationen und -räume von variierender
Lichtintensität. Die diffuse Farbigkeit der Arbeit bezieht sich auf das vibrierende, bisweilen irritierende
Licht der nächtlichen Großstadt und transformiert
den Ausstellungsraum in einen suggestionsreichen
Lichtraum. Der Titel bezieht sich auf ein Bühnenstück
von Samuel Beckett von 1966. Es beschreibt ein vari-
ierendes Spiel von Identitäten und den unwieder-
bringlichen Verlust von Vergangenheit.

The neon lights of this installation-like, multi-part
light sculpture are switched on and off at varying
speeds over a period of around a minute. This creates
constantly changing colour combinations, and chro-
matic spaces with varying intensities of light. The installation's diffuse, non-linear colouration refers to the
vibrating, at times disturbing, light in big cities at
night, and transforms the gallery into an illuminated
light-space full of associations. The title refers to a
1966 play by Samuel Beckett. It describes a shifting
play of identities and the inescapable loss of the past.

Kunstverein Kohlenhof, Nürnberg, 2014

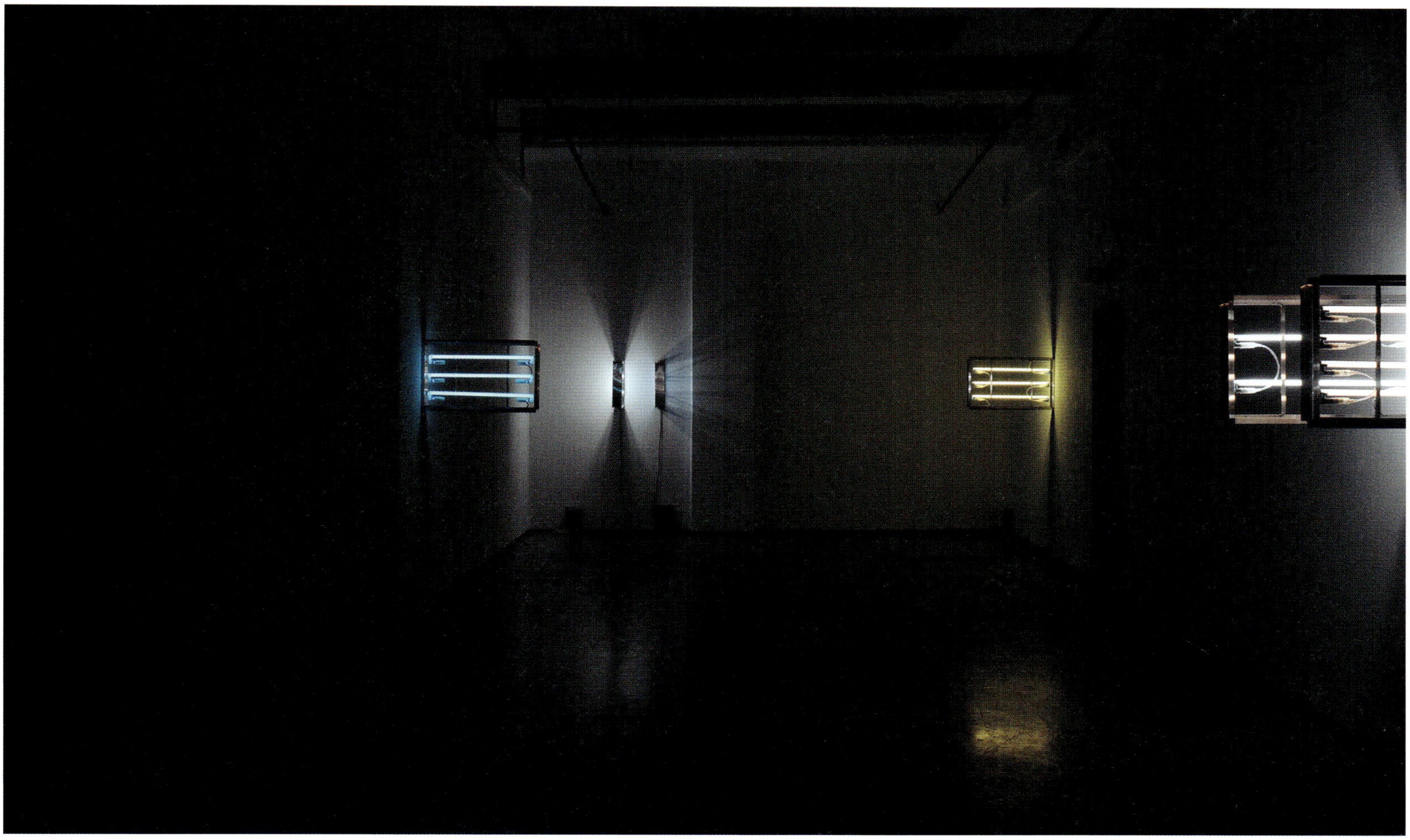

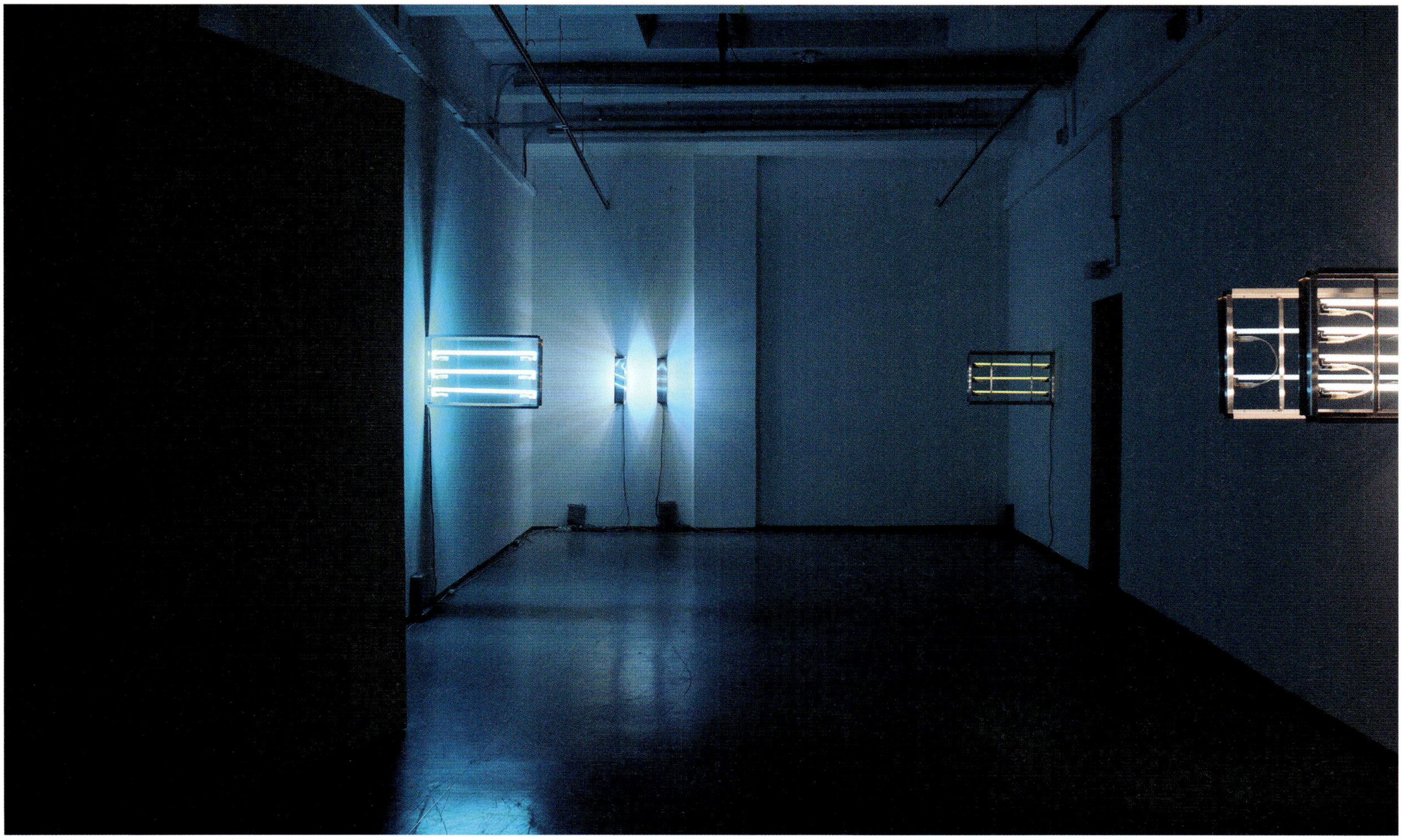

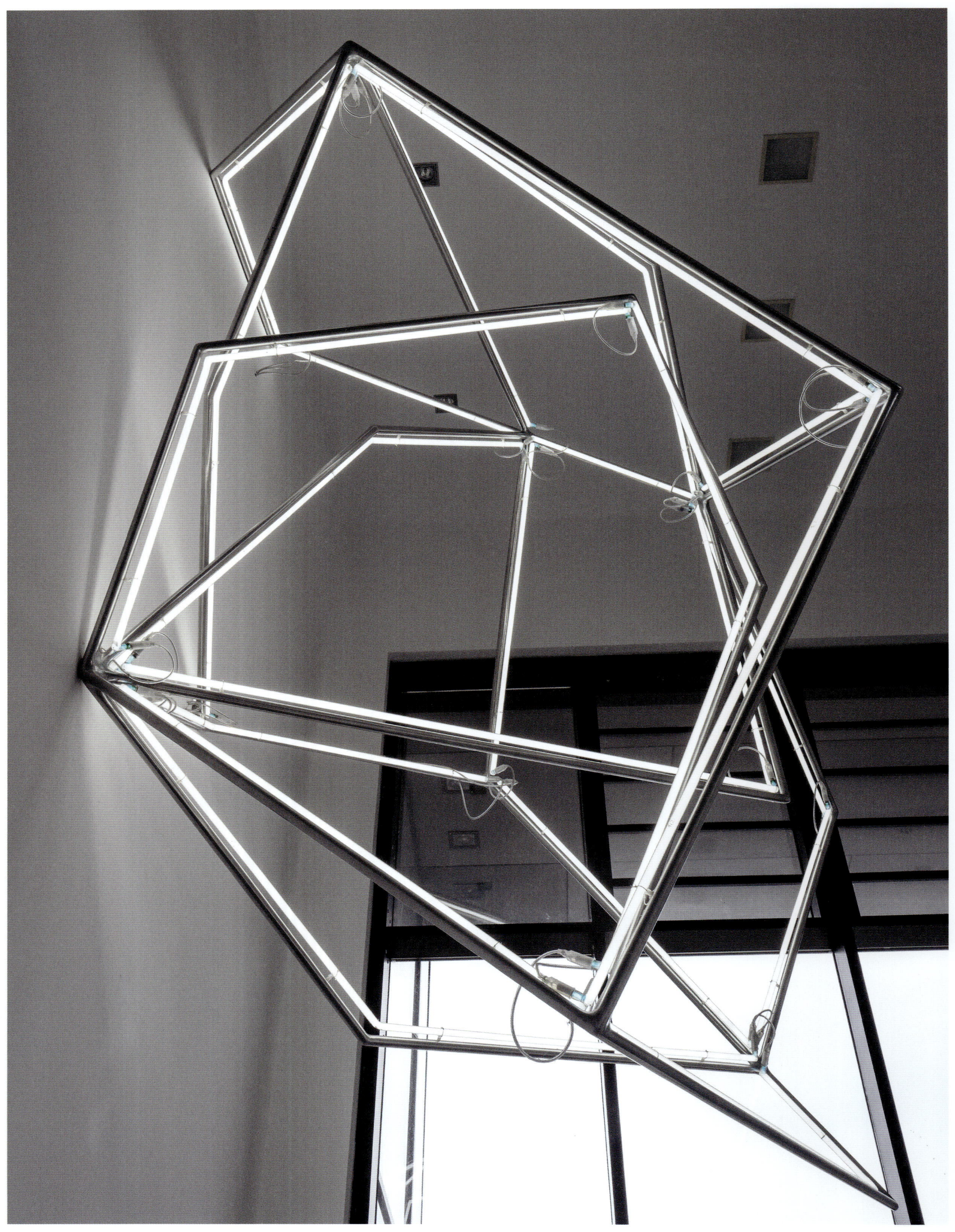

parting

2012

Aluminium, Neon, 350 × 280 × 235 cm

aluminium, neon, 350 × 280 × 235 cm

Die Skulptur *parting* bezieht sich auf Albrecht Dürers Kupferstich *Melencolia I* von 1514, der vom Aufbruch der Renaissance und der Versöhnung von Wissenschaft und Natur kündet. In der Bildmitte befindet sich ein Polyeder, der diese Erzählung symbolisiert. *parting* transformiert die symmetrische Form des Polyeders in eine komplexe und offene Struktur. Die Prozesse des Teilens, Multiplizierens und Zusammenfügens finden sich in den täglichen Arbeitsabläufen in den Labors des Landesamtes wieder. Dieser Transformationsprozess von *parting* bezieht sich auch auf die gleichzeitig entstandene Umgebung, denn das ehemalige Flugfeld, auf dem sich das Landesamt heute befindet, wurde auf ähnliche Weise in seine Einzelteile zerlegt und zu einer Landschaft neu zusammengefügt.

The sculpture *parting* refers to Albrecht Dürer's 1514 engraving *Melencolia I,* which heralded the beginning of the Renaissance and the reconciliation of science and nature. In the centre of the drawing is a polyhedron, which symbolises this narrative. *parting* transforms the symmetrical form of this polyhedron into a complex, open structure. The process of dividing, multiplying and piecing together takes place every day in the laboratories at the ministry for environmental protection. The transformation process within *parting* also relates to the immediate urban environment, which was created at the same time as the building. Built on a former airfield, the concrete layer that the building sits on was also broken into pieces and put back together, forming a new landscape.

Bayerisches Landesamt für Umwelt, Augsburg

Bavarian State Department for Environment, Augsburg

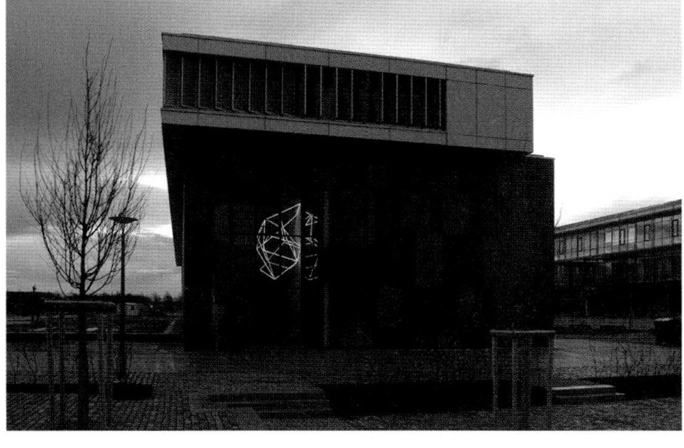

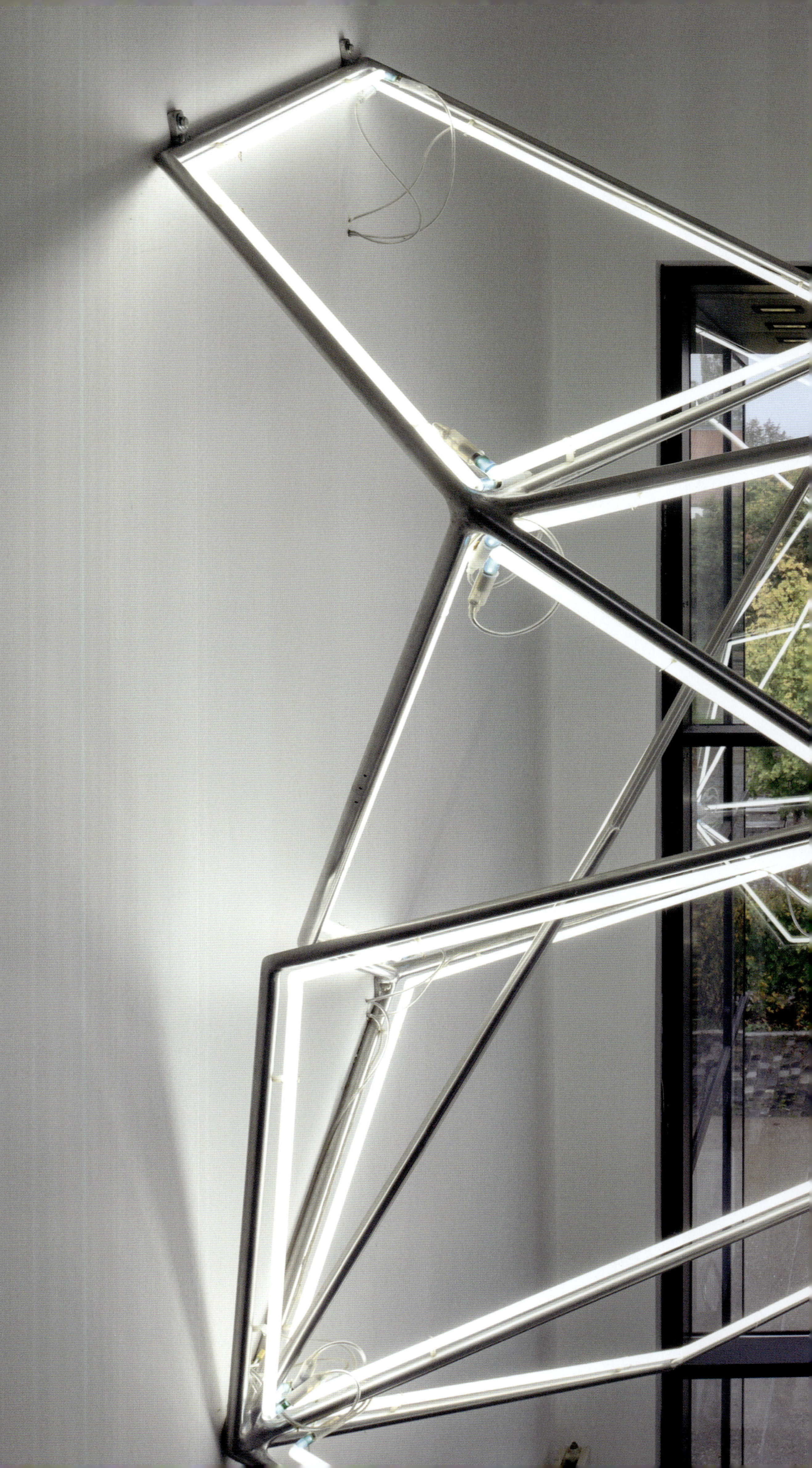

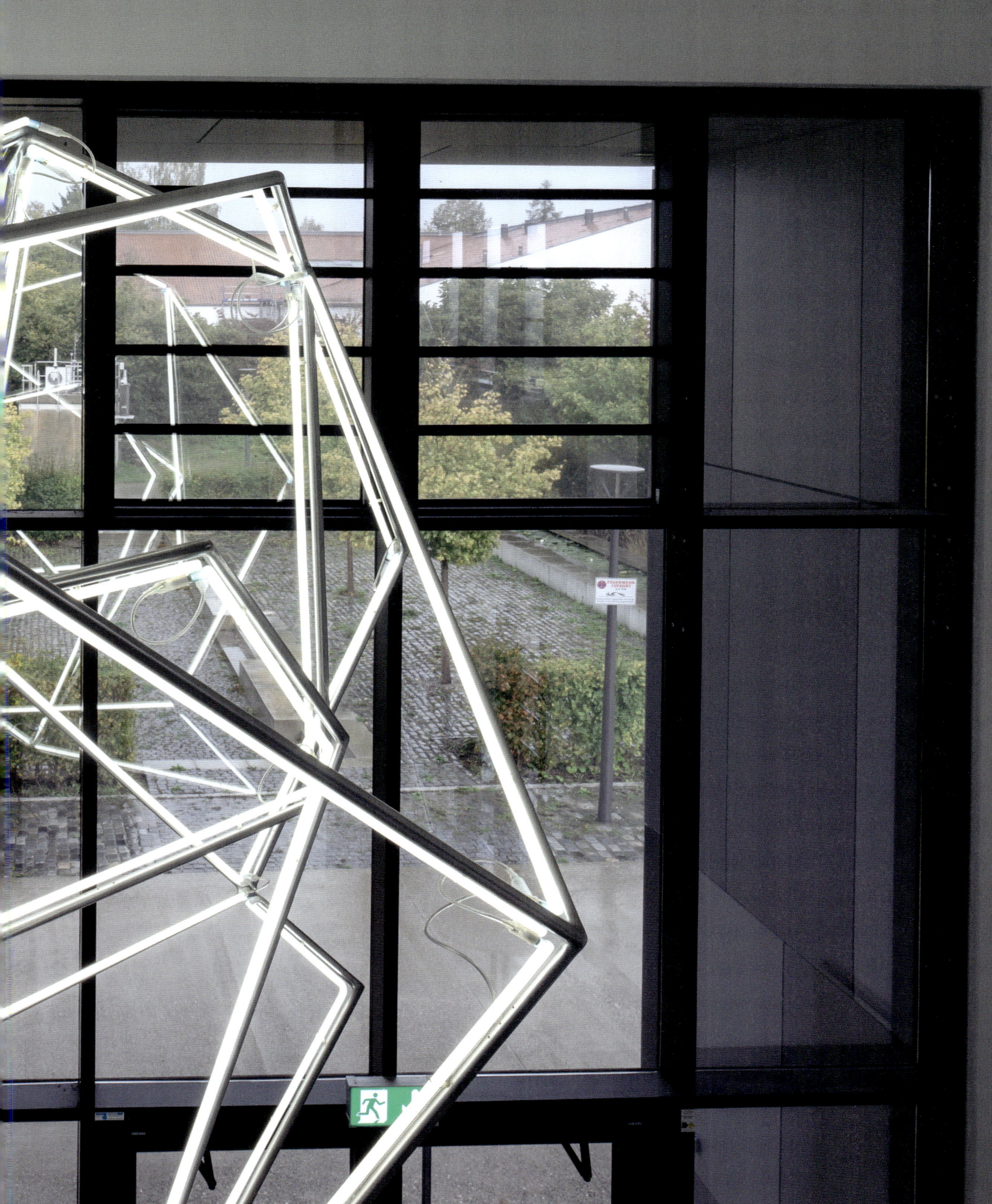

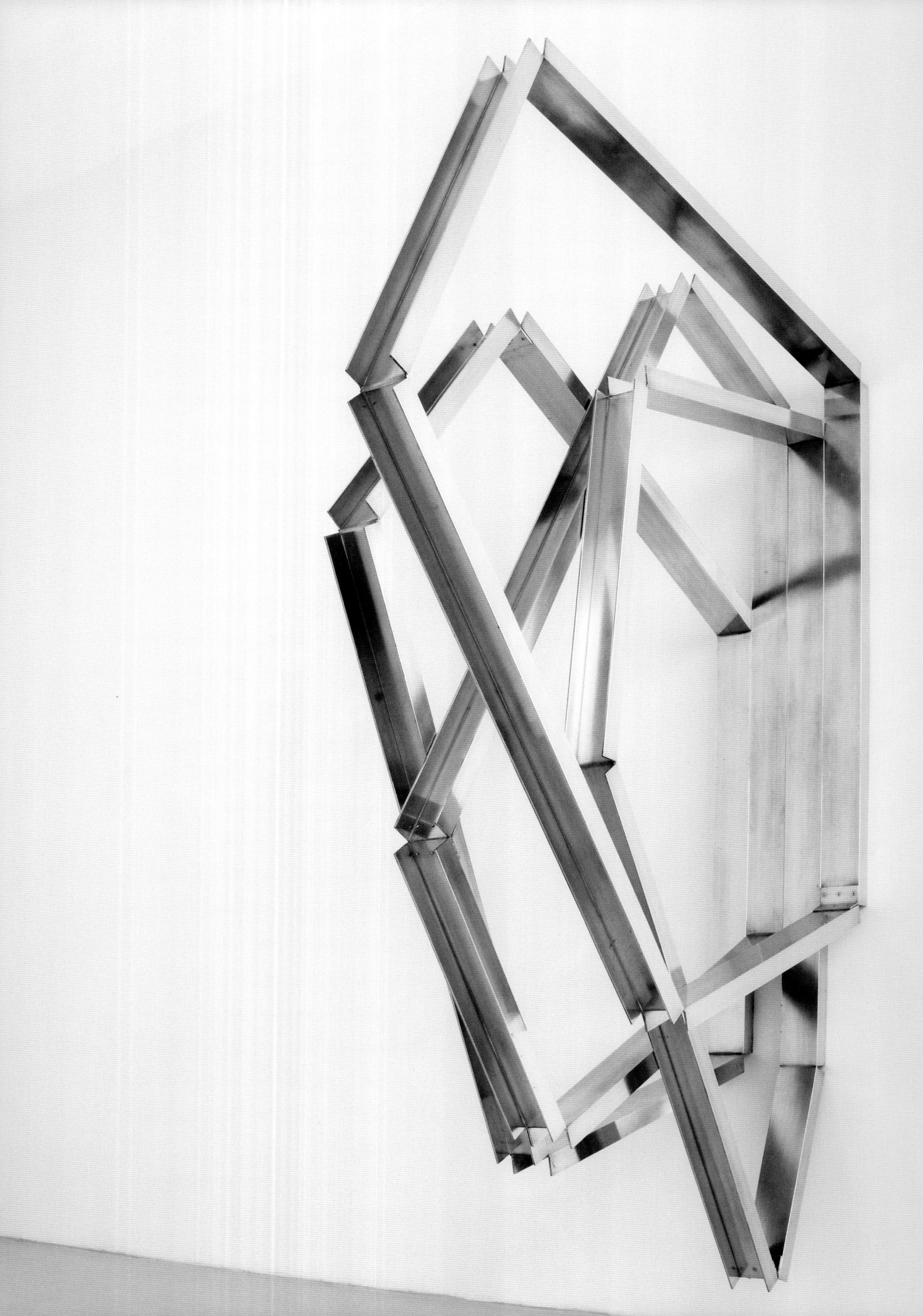

philharmonie (ange)

2011

gekantete Aluminiumprofile, 260 × 40 × 182 cm

angled aluminium profiles, 260 × 40 × 182 cm

Die Arbeit *philharmonie* untersucht die Struktur der von Hans Scharoun 1963 erbauten Philharmonie in Berlin und die ihr zugrunde liegende prägende pentagonale Form. Die unterschiedlich formulierten Raumbereiche werden abstrahiert und als skulpturale Formen isoliert. Über den Prozess von Faltung und Überlagerung entwickelt sich eine neue, komplexe Skulptur. Recherchiertes Material, Fotoarbeiten und Papierarbeiten ergänzen die Werkgruppe.

The work *philharmonie* examines the structure of Hans Scharoun's 1963 concert hall for the Berlin Philharmonic Orchestra and the characteristic pentagonal form it is based on. The differently shaped spaces in the building are abstracted and isolated as sculptural forms. Through the process of folding and superimposition a new, complex structure is developed. Research material, photographs and works on paper enrich this piece.

Galerie M + R Fricke, Berlin

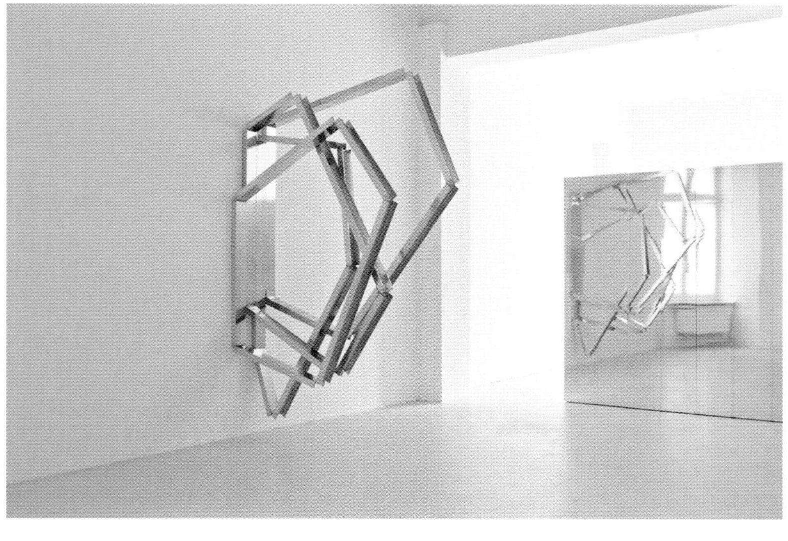

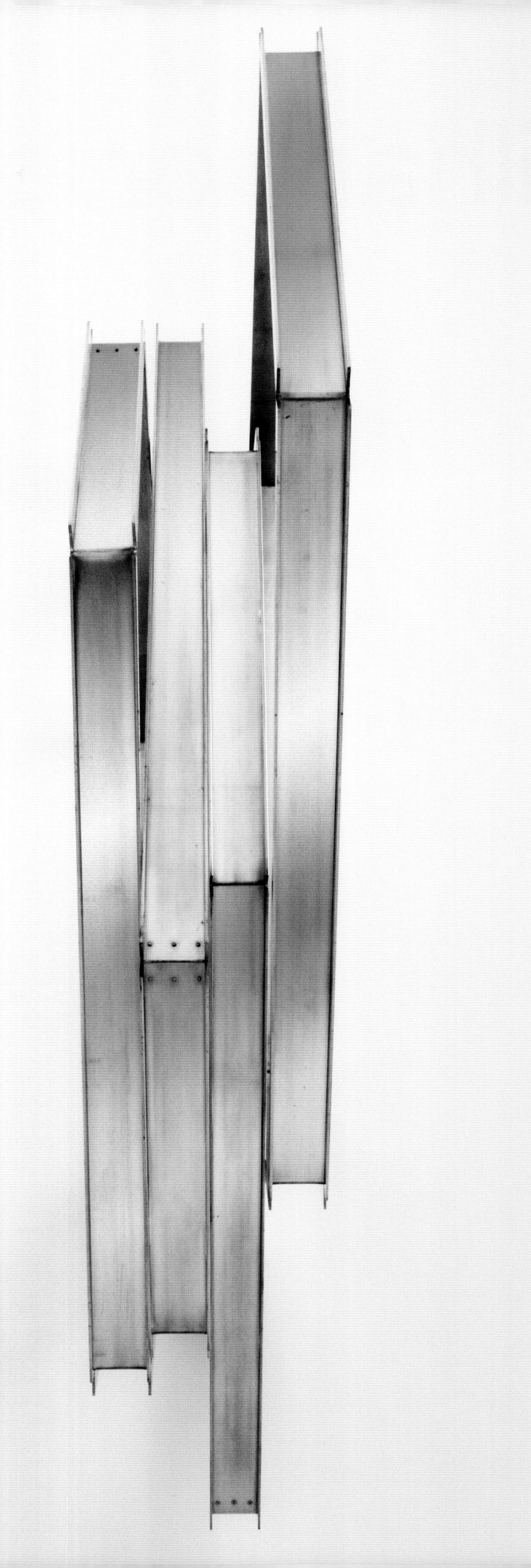

werk 99/130/125

2011

gekantete Aluminiumprofile, 98 × 117 × 18 cm

folded aluminium profiles, 98 × 117 × 18 cm

Die Arbeit *werk 99/130/125* bezieht sich auf die Formen von Festungswerken und Forts, die über mehrere Jahrhunderte lang ringförmig um Ingolstadt herum gebaut wurden. Sie alle wurden in pentagonalen, später in hexagonalen Formen errichtet. Der Polyeder ist einerseits ein archaisches Motiv, aber auch eine Form der Moderne und der Technik, die seit der Renaissance besonders im Festungsbau eingesetzt wurde. Die polygonale Form findet sich im 20. Jahrhundert häufig wieder, in Berlin in der Philharmonie, der Gropiusstadt oder am Flughafen Tegel, oder etwa in den Satellitenstädten um Paris herum.

werk 99/130/125 is based on the designs of fortifications and forts built over several centuries to surround the Bavarian town of Ingolstadt. They were constructed first in a pentagonal, later in a hexagonal form. While the polyhedron is an archaic motif – used since the Renaissance in particular for fortress constructions – it is also a design of Modernism and technology. The polygonal form has appeared throughout the 20th century, for example, in the design of the Philharmonie Berlin, Tegel Airport and Gropiusstadt in Berlin, or in the satellite towns surrounding Paris.

Zentrum für Aktuelle Kunst, Zitadelle Spandau, 2018

Center for Contemporary Art, Spandau Citadel, 2018

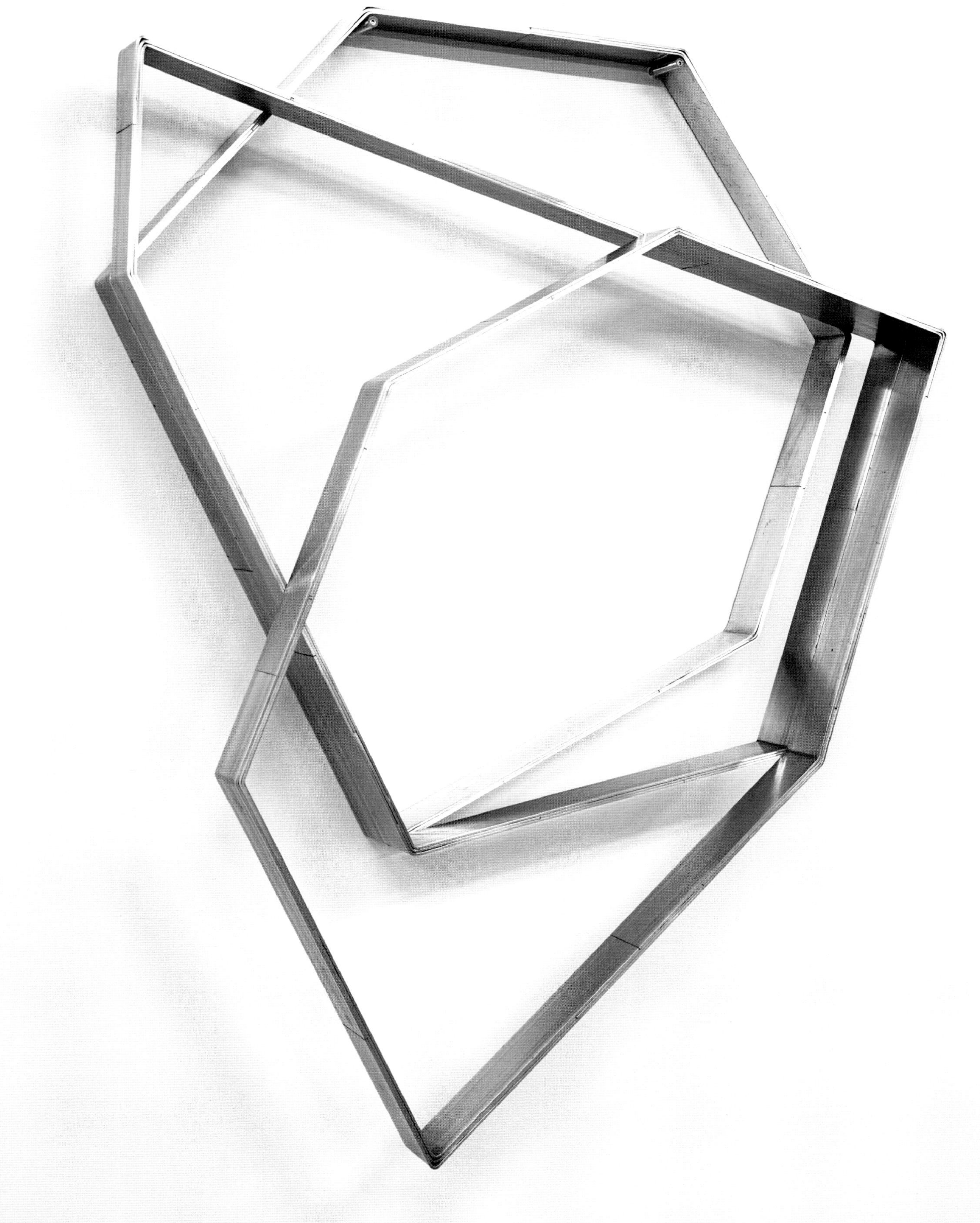

flexions

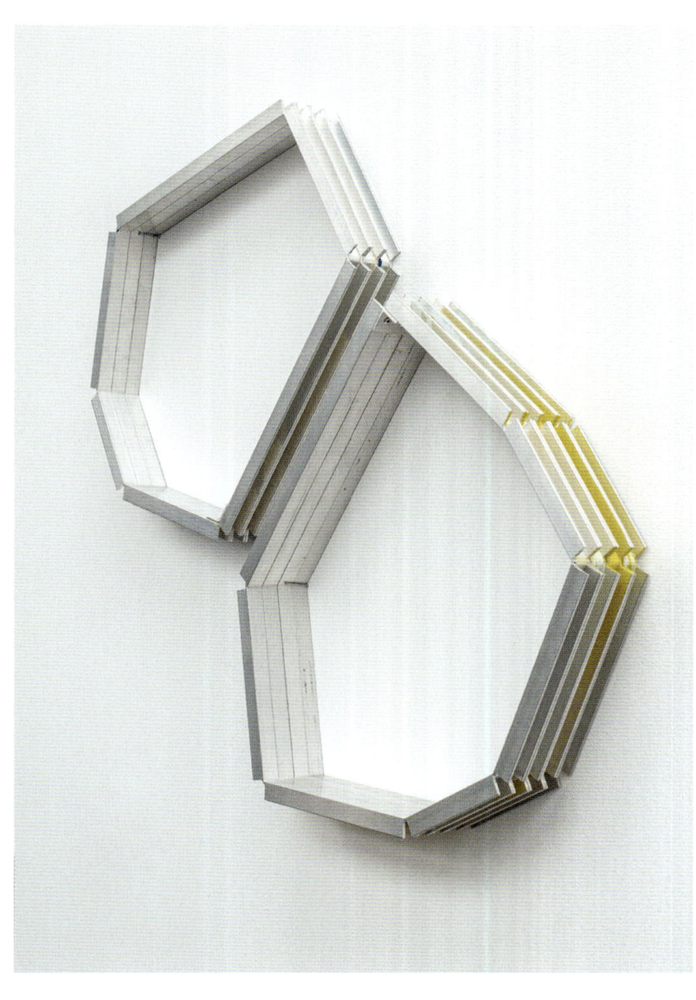

2008–2012

---

gekantete Aluminiumprofile, Sprayfarbe

---

folded aluminium profiles, spray paint

Ein Strang aus Aluminiumprofilen wird in unterschiedlichen Abständen an den Stegen aufgesägt und zu einer kristallinen Struktur gebogen. Die Abstände entsprechen den Maßen des Modulors von Le Corbusier – einem Proportionssystem, das sämtlichen seiner Bauten zugrunde liegt und prägend für die Architektur der Moderne wurde. Der Bezug der Arbeiten auf den Goldenen Schnitt und die Fibonacci-Folge verweist auf die Idealvorstellungen der Moderne, deren städtebaulichen, gesellschaftlichen und utopischen Ideen sowie auf die vermeintlich dem menschlichen Maß angepassten Wohneinheiten Le Corbusiers. Durch absichtlich eingebaute Fehler und Abweichungen vom Modulor-System unterlaufen die *flexions* diese Idealvorstellungen jedoch. Lackfarbe im Inneren der Profile emotionalisiert die kristalline Form. Sie erinnert an schmutziges Öl in den Lamellen eines Motors oder an Reste von bunten Graffitis in den Stegen einer metallenen Fassade.

A length of aluminium moulding has notches sawn into its edges at varying distances and is bent to a crystalline structure. The distances correspond to the measurements of Le Corbusier's *Modulor,* a system of proportions on which most of his buildings are based, and highly influential in modern architecture. The works' reference to the golden section and the Fibonacci sequence refers to Modernism's notions of the ideal—including to their urban-design, social and utopian ideas—as well as to Le Corbusier's units of dwelling, supposedly conforming to human proportions. Via deliberately incorporated mistakes and deviations from the *Modulor* system, the *flexions* undermine these ideal notions. Spray paint in the interior of the mouldings lends emotion to the crystalline form. It is reminiscent of grubby oil in the grill of an engine or the vestiges of colourful graffiti on the girders of a metal facade.

---

barbès – pas grave, Vagabonde Galerie, Paris, 2010

---

barbès – pas grave, Vagabonde Gallery, Paris, 2010

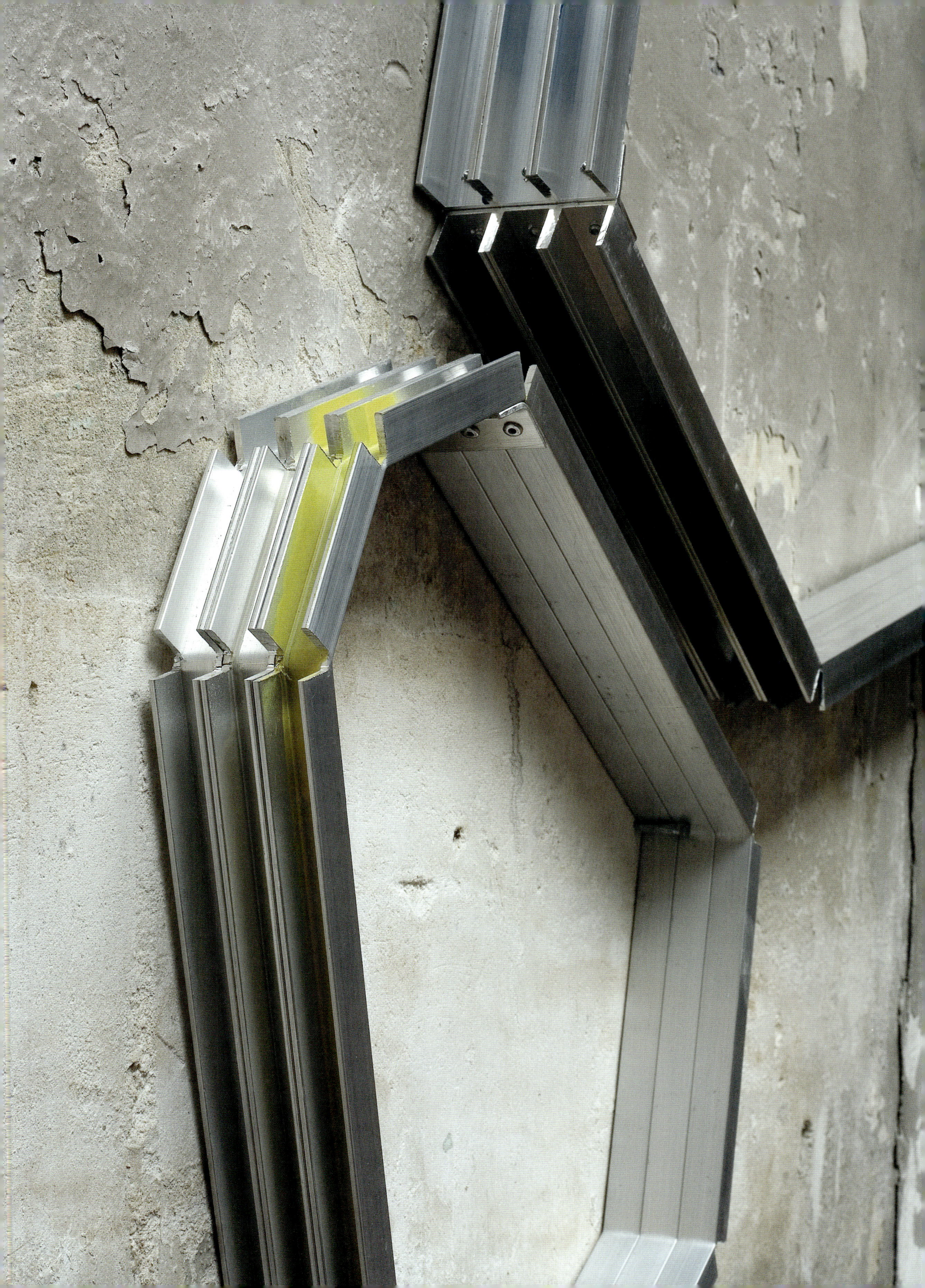

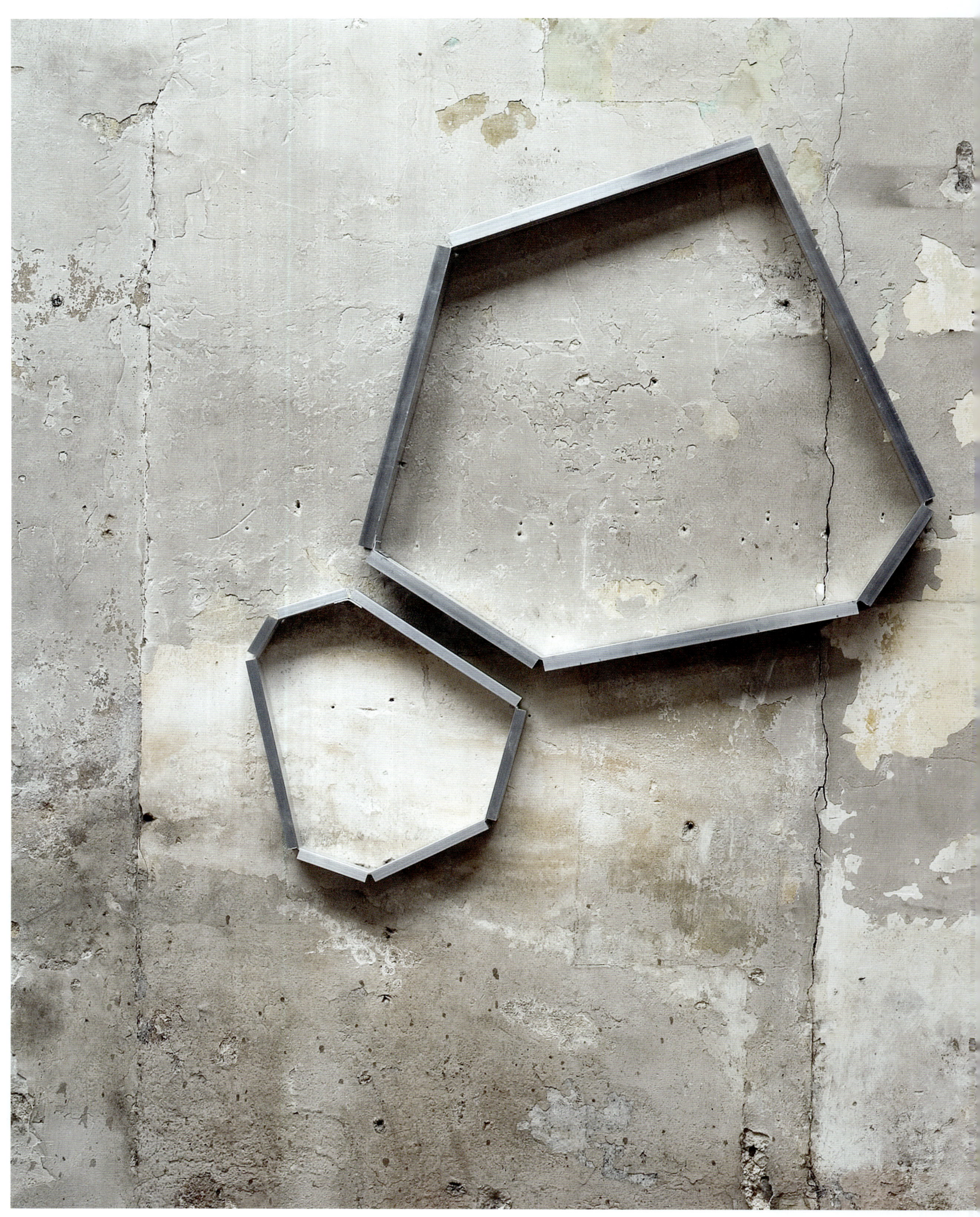

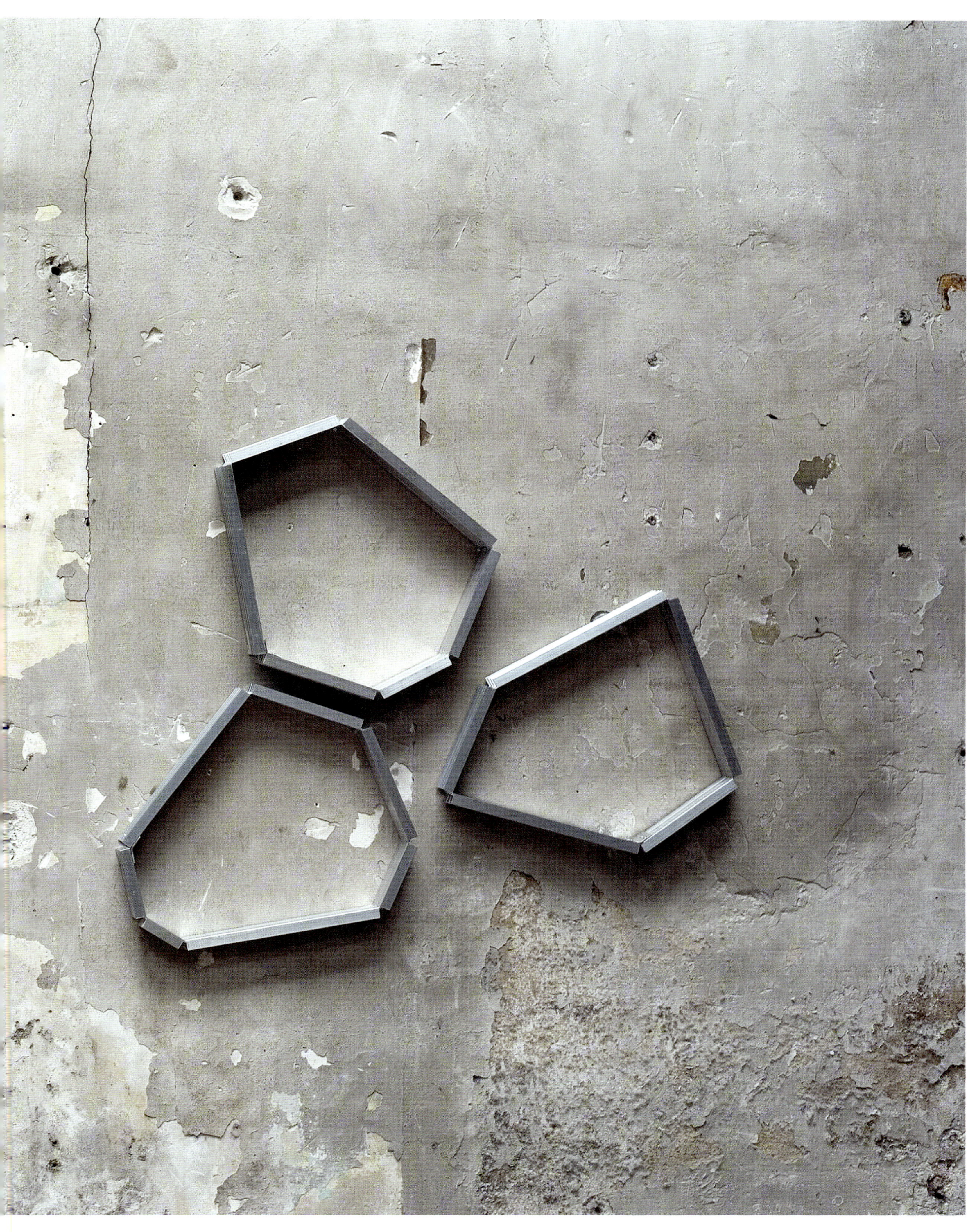

coupes

2008

Aluminium, Neon, Spiegelwand, Maße variabel

aluminium, neon, mirrors, dimensions variable

coupes besteht aus zwei identischen Strukturen, die diagonal gespiegelt ineinander verschränkt sind. Ihre kristallinen Formen beziehen sich auf Alberto Giacomettis Skulptur *cube* von 1934 sowie auf Albrecht Dürers Polyeder im Kupferstich *Melencolia I*. Zwischen den beiden Spiegelwänden reproduziert sich die Skulptur zu einer endlos wachsenden Struktur. Gleichzeitig entsteht im Inneren ein unendlicher kristalliner Raum.

coupes consists of two identical structures, interwoven with each other and reflected diagonally. Their crystalline forms relate to Alberto Giacometti's 1934 sculpture *cube* as well as to Albrecht Dürer's polyhedron in his engraving *Melencolia I*. Placed between two wall-to-wall mirrors, the sculpture is multiplied into an endless, growing structure. At the same time, an infinite crystalline space is created within the sculpture itself.

Nusser & Baumgart Contemporary, München, 2011

Nusser & Baumgart Contemporary, Munich, 2011

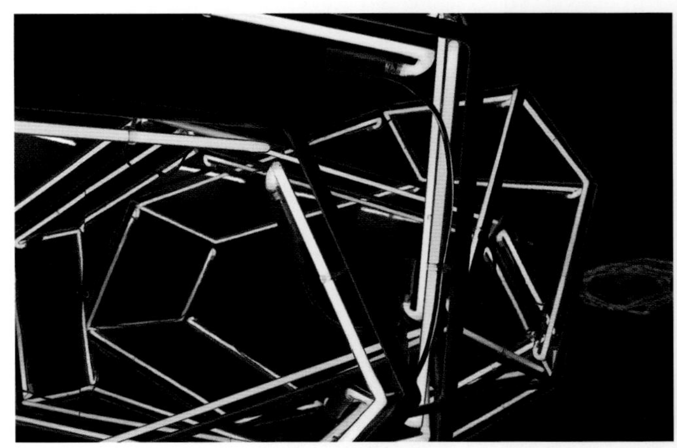

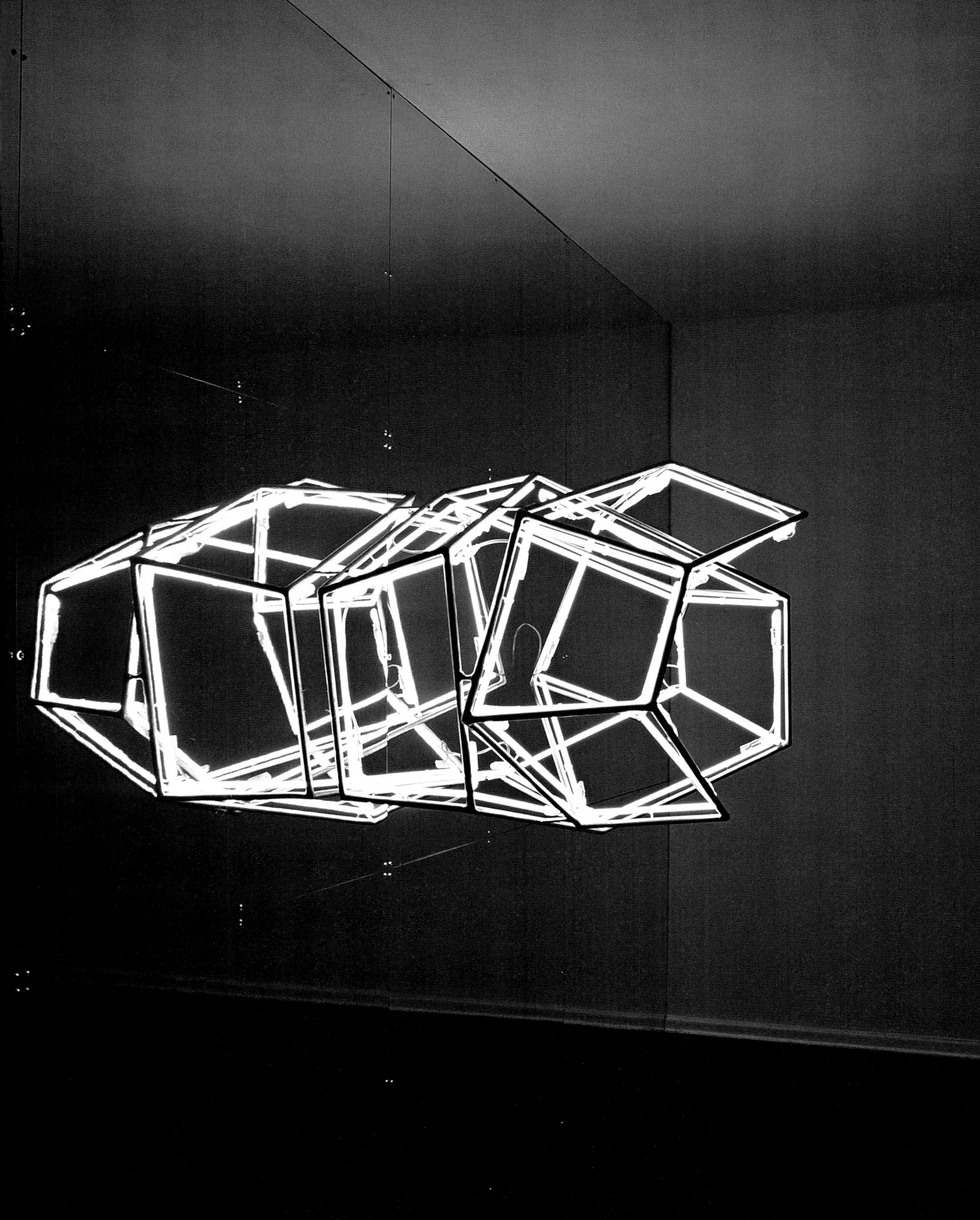

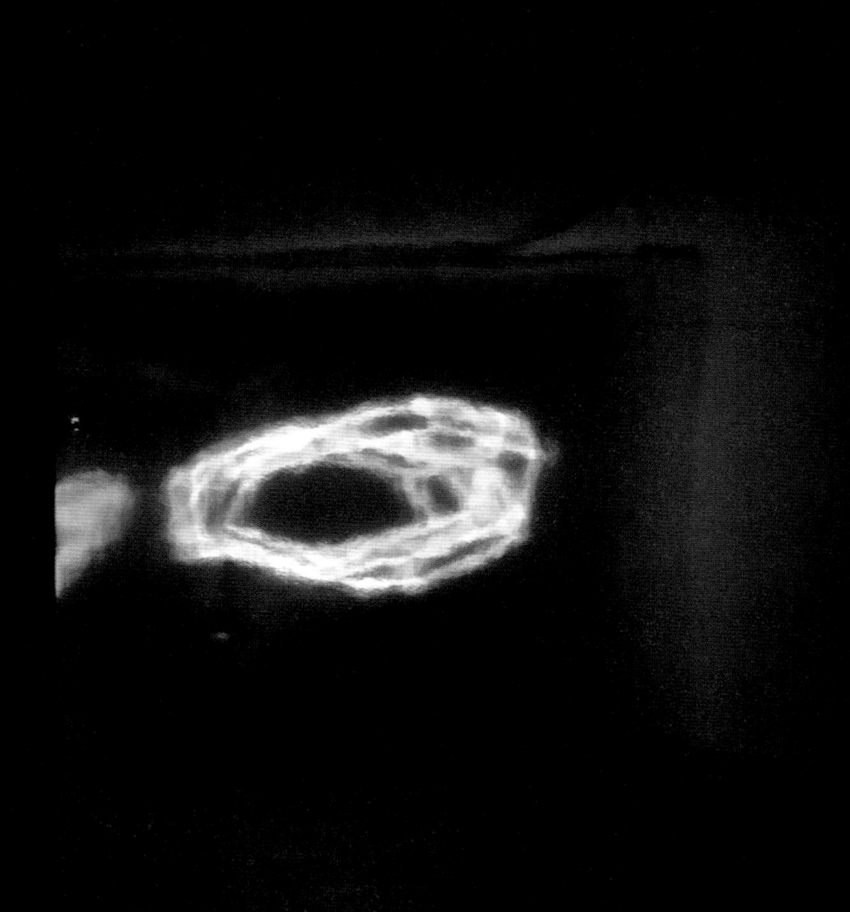

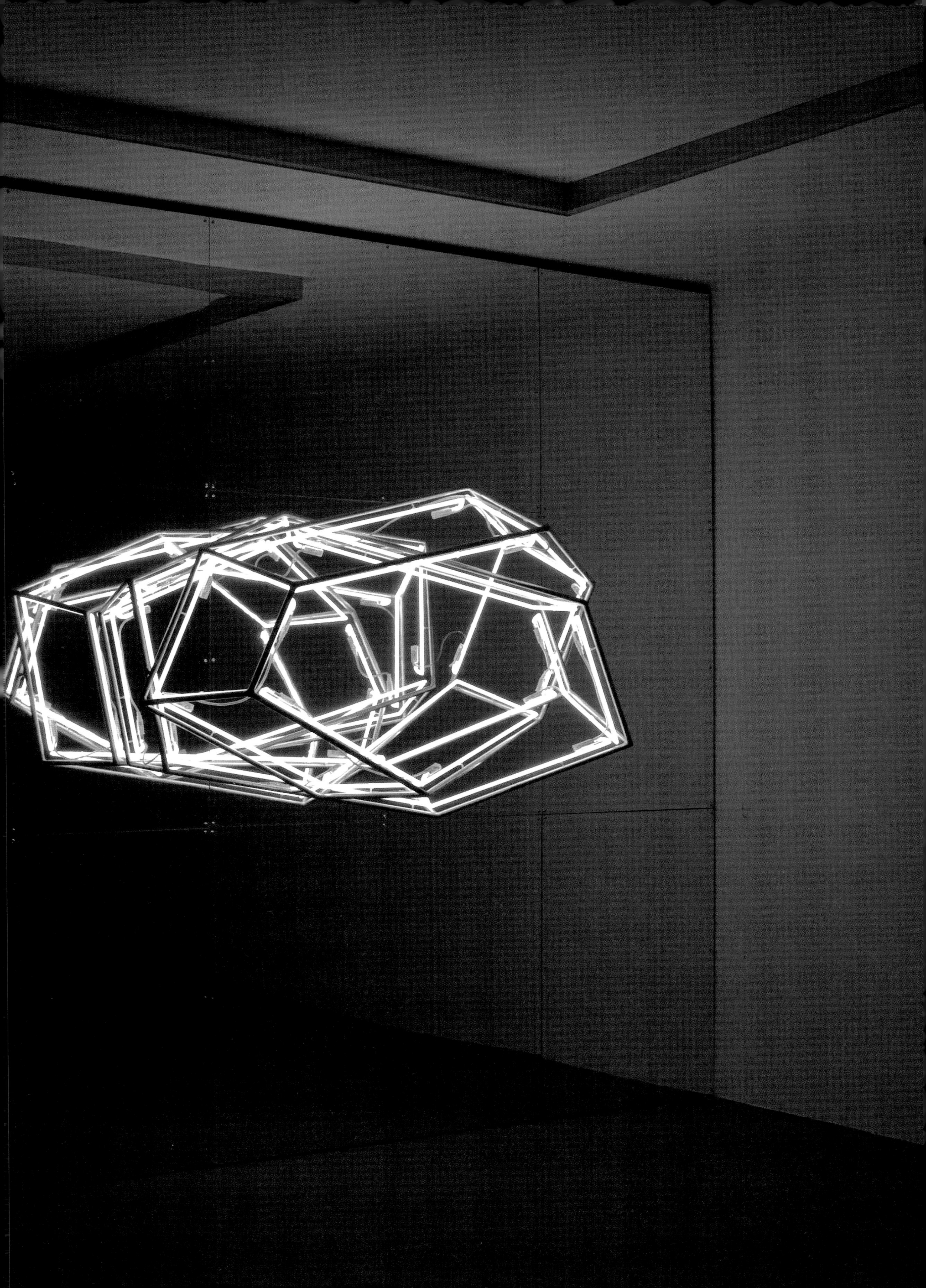

salon

2009

Aluminium, Hochdrucklaminat, Spiegel,
210 × 458 × 555 cm

aluminium, high pressure laminate, mirrors,
210 × 458 × 555 cm

salon bezieht sich unmittelbar auf das Gebäude eines ehemaligen Berliner Kaufhauses in der Turmstraße. Es entstand im Zuge des Wiederaufbaus in den 1960er-Jahren und kündet von der Architektur der Nachkriegsmoderne, die im benachbarten Hansaviertel programmatisch vorgestellt wurde. Das zweistöckige Gebäude wirkt seinerseits wie das Modell eines großen, innerstädtischen Kaufhauses. Über eine Maßstabsverkleinerung von 1:4,3 entsteht mit *salon* eine raumgreifende, begehbare Installation. Durch den Maßstabssprung transformieren sich architektonische Details zu skulpturalen Formen. Das Maßsystem der Skulptur *salon* basiert auf einer bewusst missverständlichen Verkettung von unterschiedlichen und sich gegenseitig störenden Maßeinheiten. Diese beziehen sich auf die Abmessungen des originalen Gebäudes, die, wann immer es möglich war, mit den Maßen aus Le Corbusiers *Modulor* kombiniert wurden.

In der Ausstellung *Minimalism and Applied II* wurde *salon* zu einem begehbaren Pavillon und trat in einen Dialog mit Objekten von Eileen Gray, ihrem handgeknüpften Teppich *Kilkenny* von 1925, den drei Stehlampen *Tube Light* von 1927 und dem *Folding Screen* von 1930.

salon refers directly to a former department store building in Berlin. It was built in the 1960s during the reconstruction period and announced the arrival of post-war modernist architecture as seen in the neighbouring Hansaviertel development. The two-storey building itself resembles, like a building model, a larger inner-city department store. The sculpture *salon* is a scaled down version. At a building ratio of 1:4,3, the installation can be walked through. The reduction in scale transforms architectural details into sculptural forms. The system of proportions used for the sculpture is based on a deliberately misconstrued chain of varying and contradictory measurements. They relate to measurements taken from the original building, which were then combined, wherever possible, with the measurements of Le Corbusier's *Modulor*.

In the exhibition *Minimalism and Applied II* *salon* became a pavilion that visitors could enter. It set up a dialogue with objects by Eileen Gray, including her 1925 handmade carpet *Kilkenny,* her three 1927 uplighters *Tube Light* and her *Folding Screen* from 1930.

Minimalism and Applied II,
Daimler Contemporary Berlin, 2010

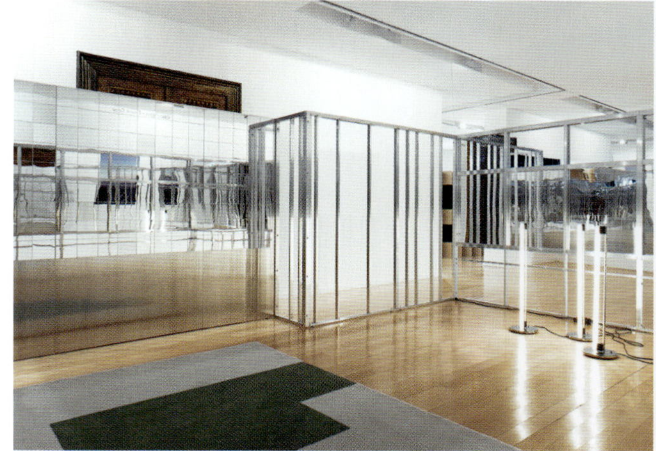

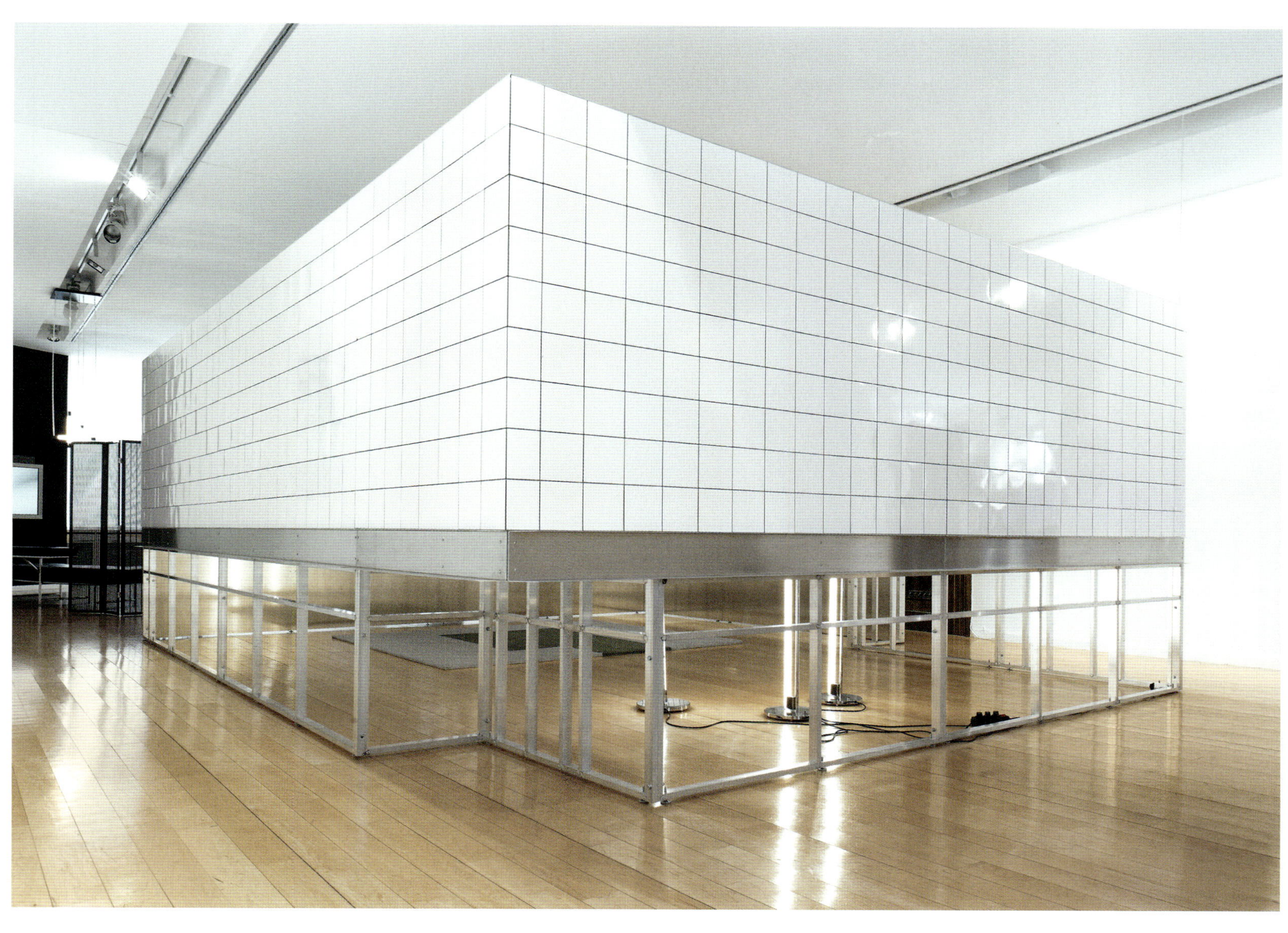

S. | pp. 160/161 Kunstverein Tiergarten, Berlin, 2009

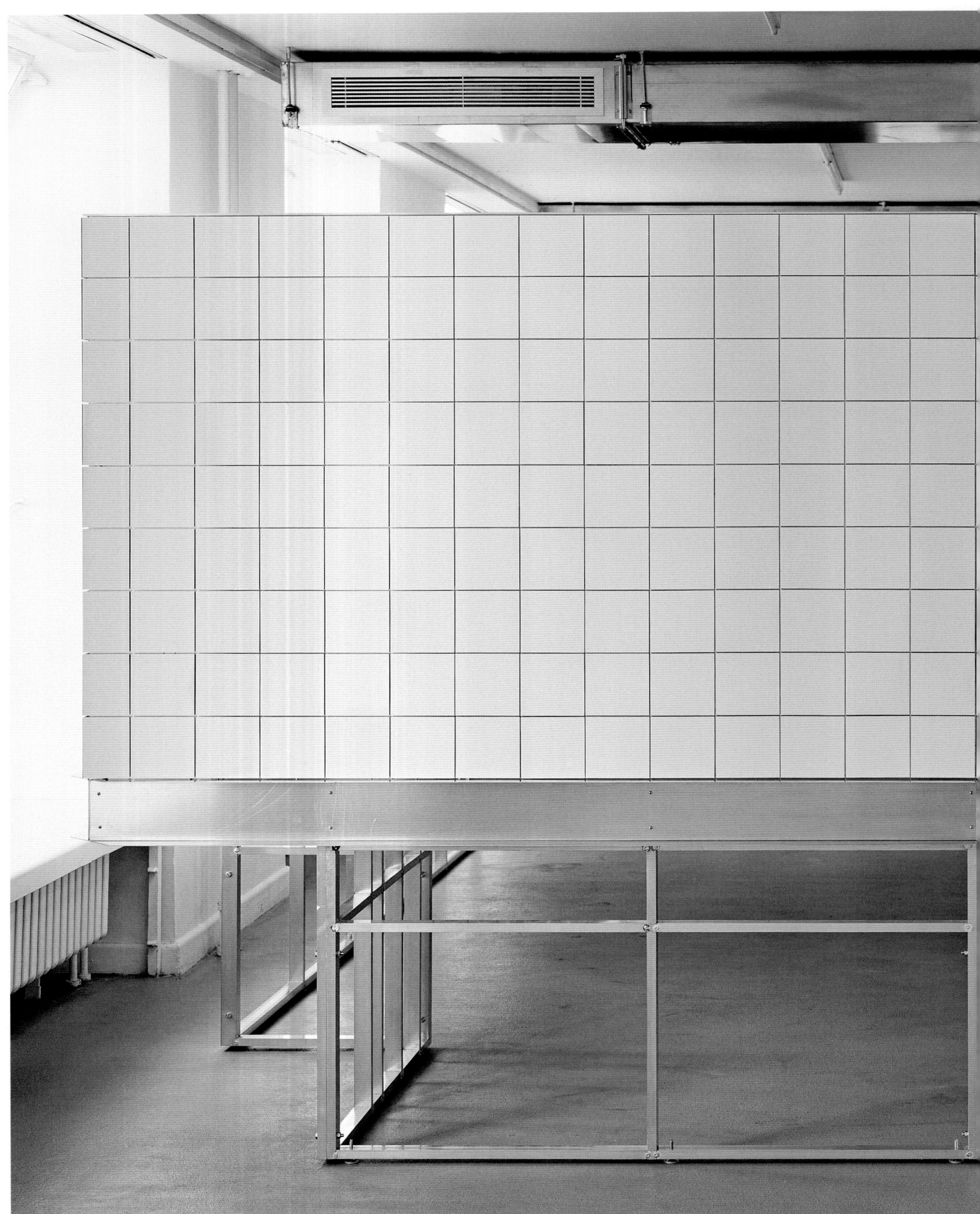

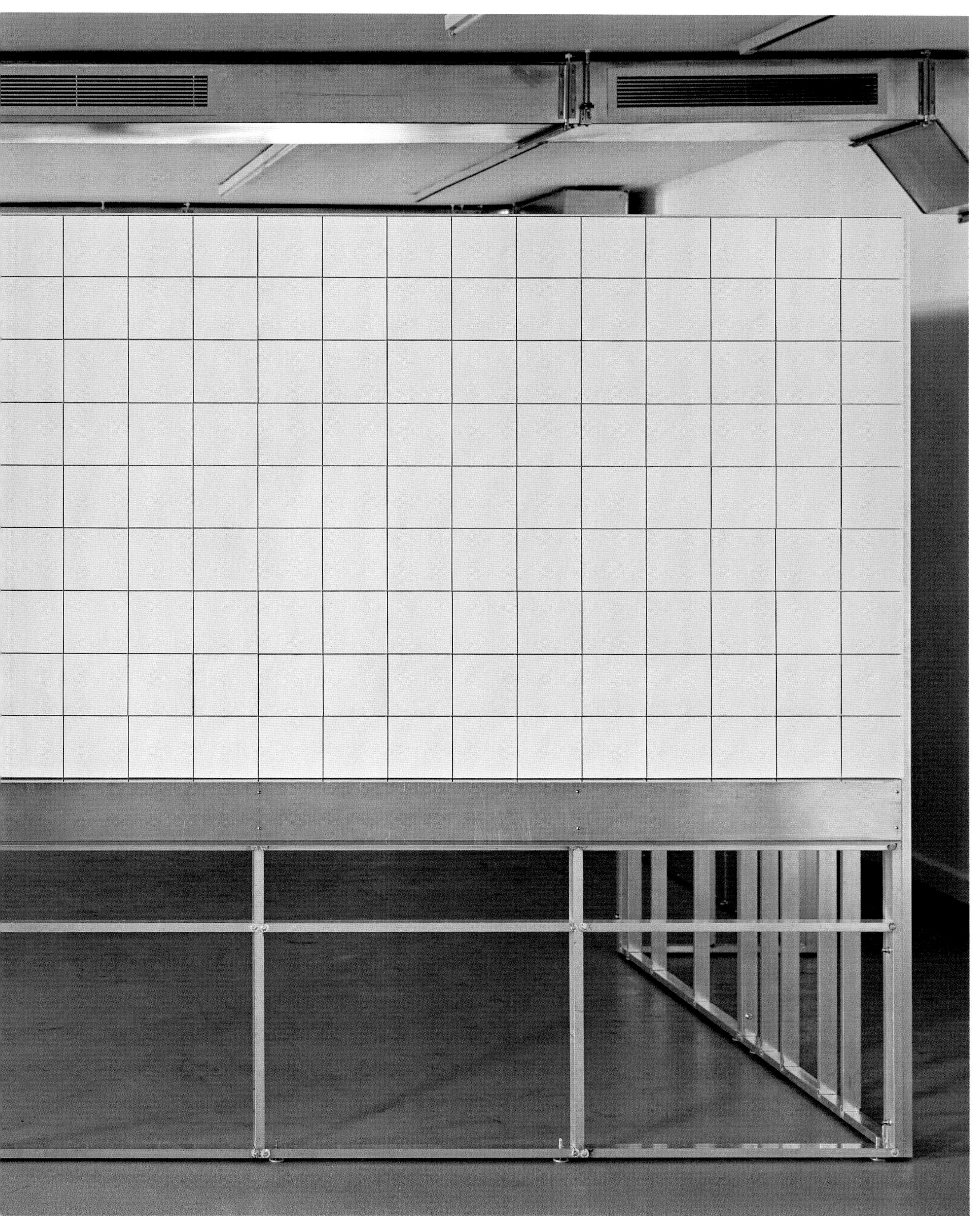

cabinet (crystal)

2008/2015

Aluminium,Hochdrucklaminat, Sprayfarbe,
180 × 40 × 40 cm

---

aluminium, high pressure laminate, spray paint,
180 × 40 × 40 cm

---

cabinet (crystal) ist eine offene Struktur, eine Konstruktion, die auch ein alltägliches Möbelstück sein könnte. Die profilierten Seitenwände im Inneren sind mit einer pastosen und lackierten Kunstharz-Schicht überzogen. Die markanten, vertikal profilierten Fassaden waren prototypisch für die ersten Hochhäuser in Paris, wie der Tour Jussieu von Edouard Albert im 5. Arrondissement oder der Tour Nobel in La Défense, dessen Fassade von Jean Prouvé stammt.

---

cabinet (crystal) is an open sculpture, a construction, which could also serve as an everyday piece of furniture. In the interior, the profiles of the side walls are coated with a pastose, a varnished layer of synthetic resin. Distinctive facades with vertical profiles were typical of early tower blocks in Paris, such as Edouard Albert's Tour Jussieu in the 5th Arrondissement or the Tour Nobel in La Défense, with its façade by Jean Prouvé.

2015, *INTRO,* Galerie Clement & Schneider, Bonn

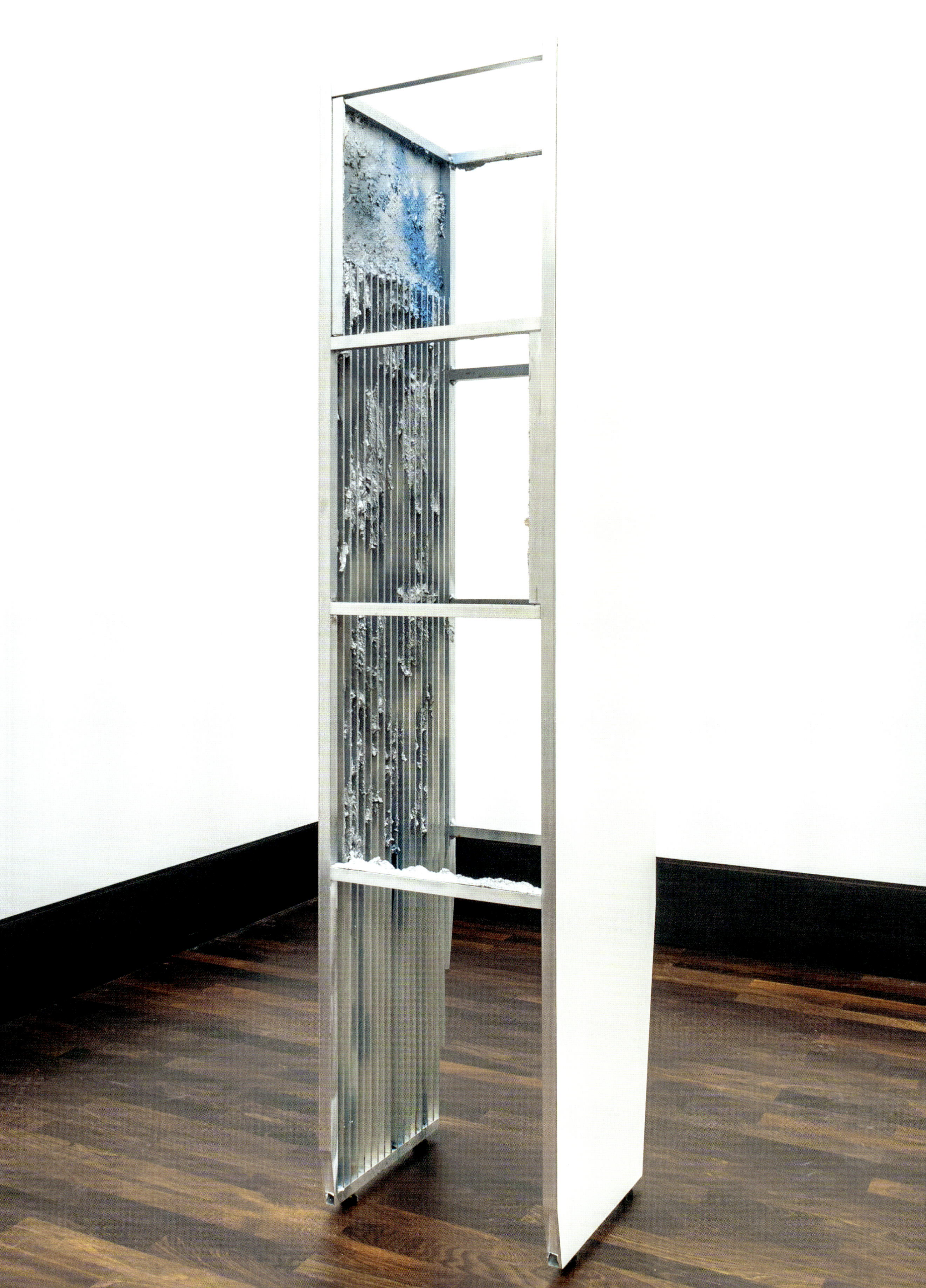

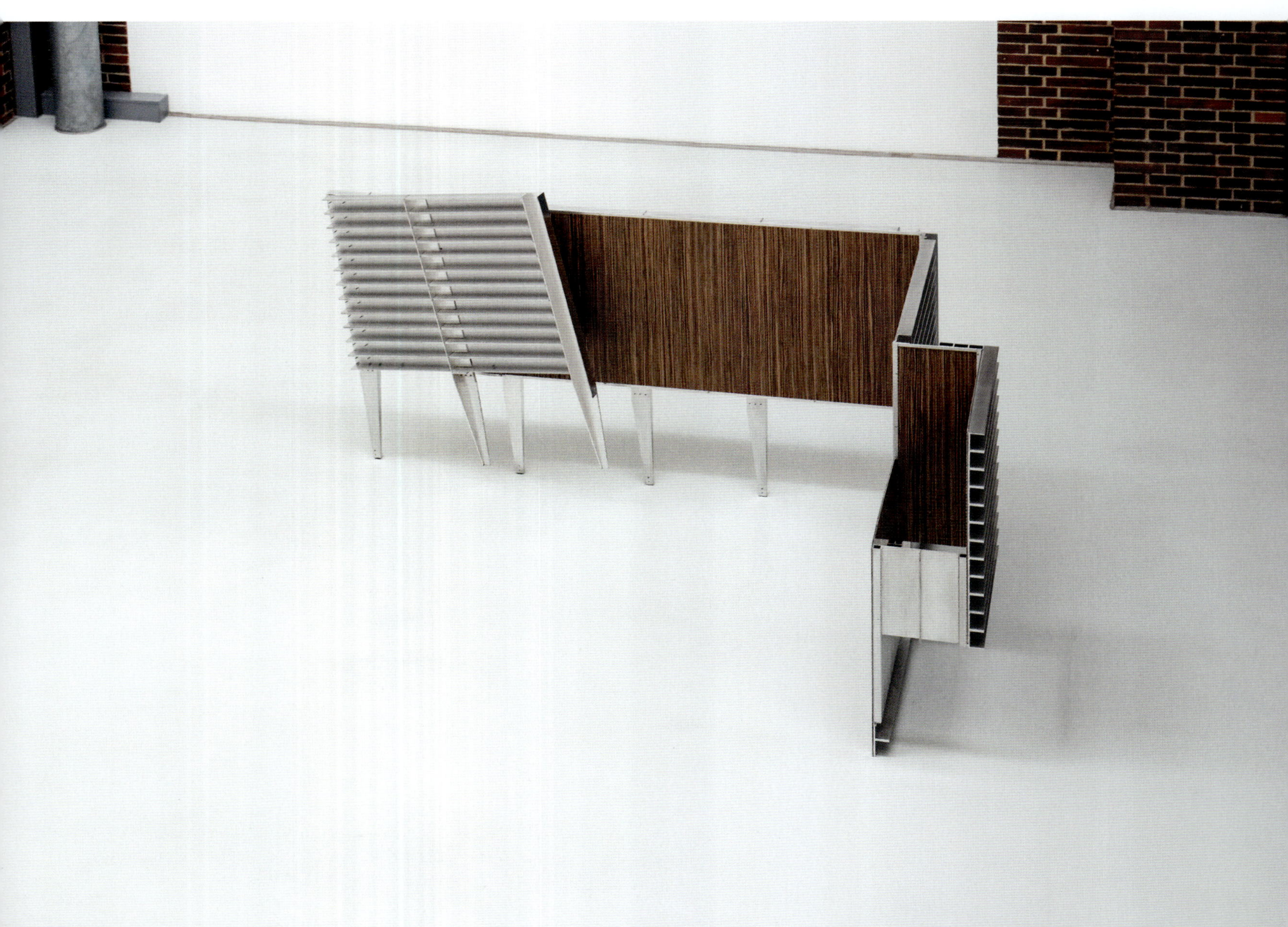

cité/belleville

2009/2015

Aluminiumprofile, Hochdrucklaminat,
113 × 220 × 140 cm

---

aluminium profiles, high pressure laminate,
113 × 220 × 140 cm

Die Skulptur *cité/belleville* spiegelt die Formensprache der in den 1960er-Jahren entstandenen Gebäudeensembles, die in ihrer skulpturalen Ausformulierung und ihren Maßeinheiten auf das von Le Corbusier geschaffene Maßsystem, den Modulor, zurückgehen. Bei *cité/belleville* überlagern sich in unterschiedlichen Maßstäben skulpturale Formen, die sich auf zwei verschiedene Gebäude in Paris beziehen. Während die eine Seite die Form eines Möbels nachzeichnet, das beispielhaft für das Interieur der Cité Internationale des Arts im Stadtzentrum ist, verweist die andere Seite auf einen für die Zeit typischen Wohnblock in Belleville.

The sculpture *cité/belleville* mirrors the formal language used for building ensembles dating from the 1960s, whose sculptural design and units derive from the Modulor, a measurement system created by Le Corbusier. In *cité/belleville* sculptural forms referring to various buildings in Paris overlap at differing scales. While one side of the sculpture traces the shape of a piece of furniture exemplifying the interior of the Cité Internationale des Arts in the city centre, the other side refers to a block of flats in Belleville typical of the time.

Vielschichtig. Von der Räumlichkeit der Flächenteilung, Brandenburgisches Landesmuseum für moderne Kunst, Dieselkraftwerk Cottbus, 2019

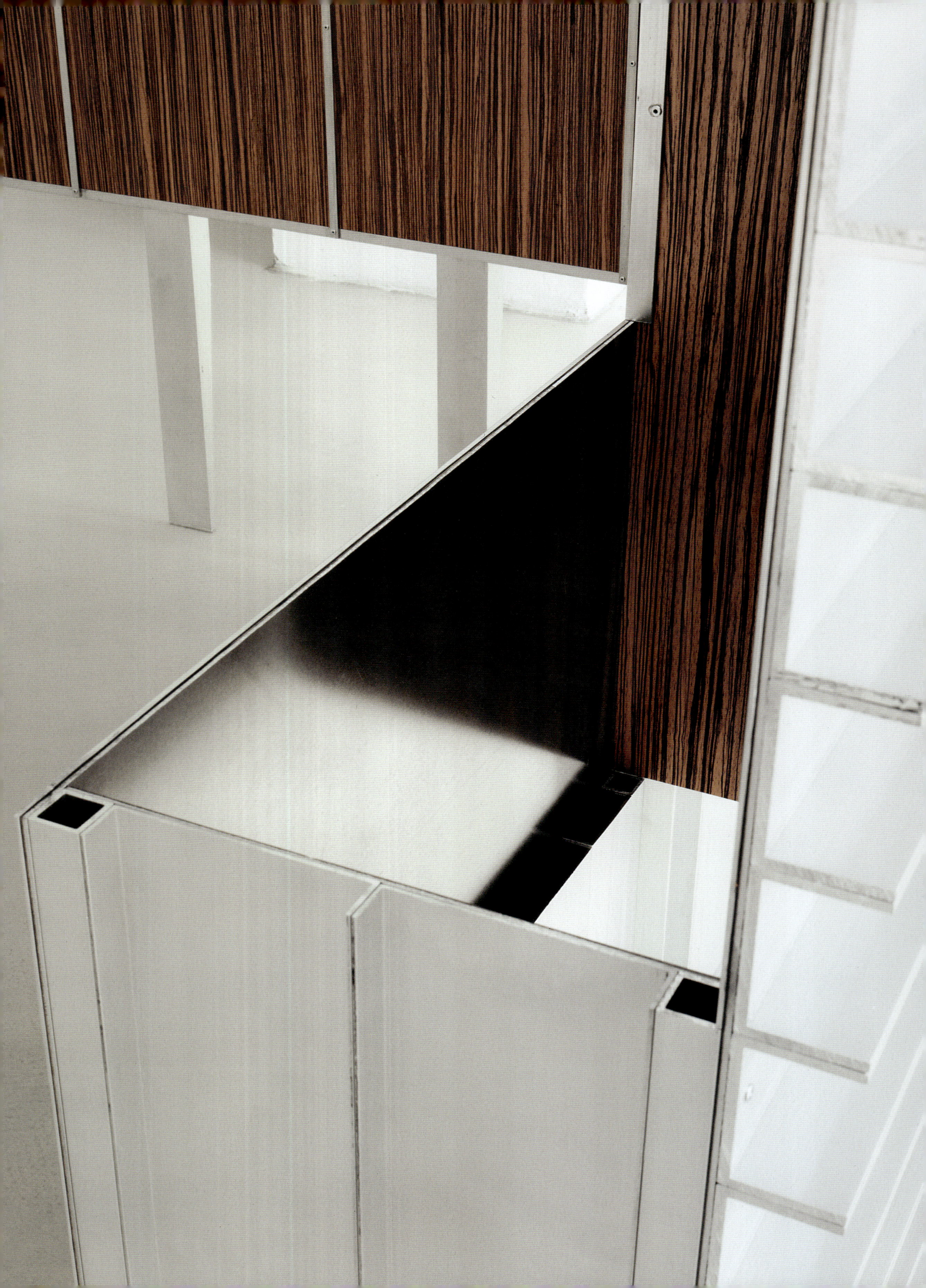

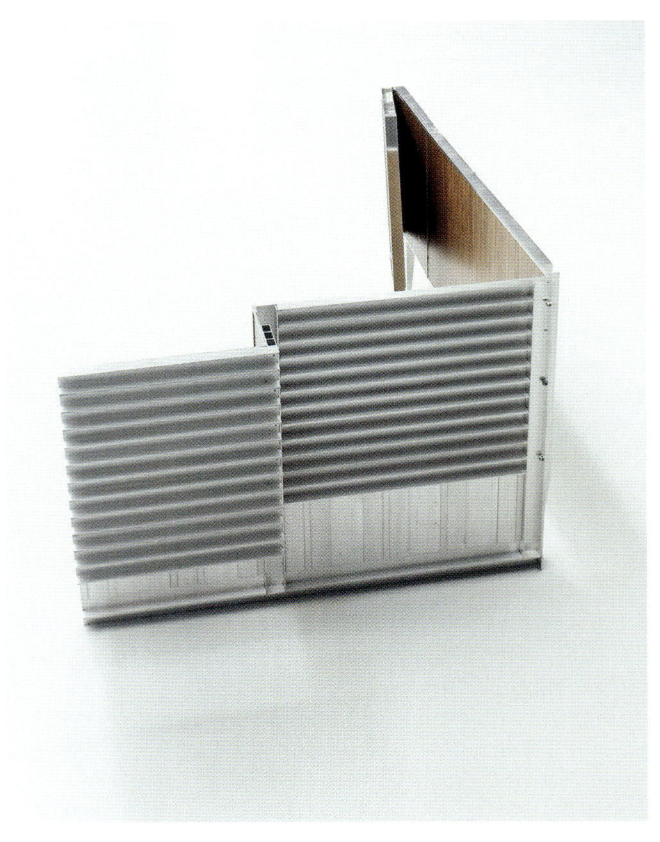

habitation

2005/2008

Aluminium, Duropal-Hochdrucklaminat,
Videoprojektion, Sound, 70×187×44,5 cm

aluminium, high pressure laminate,
video projection, sound, 70×187×44,5 cm

Die Arbeit *habitation* bezieht sich unmittelbar auf eine Wohnanlage von Le Corbusier in Firminy. Über mehrere Jahre war ein Drittel des gesamten Hauses, vom obersten bis zum untersten Stockwerk, mit Glaswänden abgetrennt und unbewohnt. Nachdem die städtebauliche Anlage zum Kulturerbe erklärt wurde, wurde das Gebäude 2007 wieder in seinen originalen Zustand versetzt.

Im Inneren der Skulptur aus Aluminium und Duropal wird ein Video projiziert, das in einem Korridor dieses Gebäudes aufgenommen wurde. Die Einstellung des Videos zeigt den letzten, noch nicht renovierten Korridor, wobei die Wohnungstüren offenstehen und das Licht auf die gegenüberliegenden Wände fällt. Während der siebenstündigen Einstellung, die auf fünf Minuten komprimiert wurde, wandert die Sonne um das gesamte Haus, so dass sich Licht und Schatten im Korridor unmerklich verändern.

Über die Projektion wird der Innenraum der Skulptur zur realen Verlängerung des projizierten Raumes. Realer Raum, modellhafter Raum und fiktionaler Raum überlagern sich. Ein kaum wahrnehmbarer Sound mit originalen Aufnahmen aus dem Gebäude verstärkt den illusionären Charakter.

The work *habitation* refers directly to a housing complex by Le Corbusier in Firminy, France. For many years, a third of the building, from the top floor to the bottom floor, was sealed off with glass partitions and left unoccupied. In 2007, after the complex was given cultural heritage status, the building was returned to its original condition.

In the interior of the aluminium sculpture a video is projected, which was shot in one of the building's corridors. It shows the last corridor prior to renovation; the apartment doors have been left open, allowing light to fall on the walls opposite. During the seven-hour filming take, here condensed here to five minutes, the sun moves around the entire building and the light and shadows in the corridor shift subtly.

Through the film the interior of the sculpture becomes the real extension of the projected space. Real space, building model-like space and fictional space are superimposed. A barely audible sound with original recordings from the building enhances the illusionary character of the work.

Nusser & Baumgart Contemporary, München, 2009

Nusser & Baumgart Contemporary, Munich, 2009

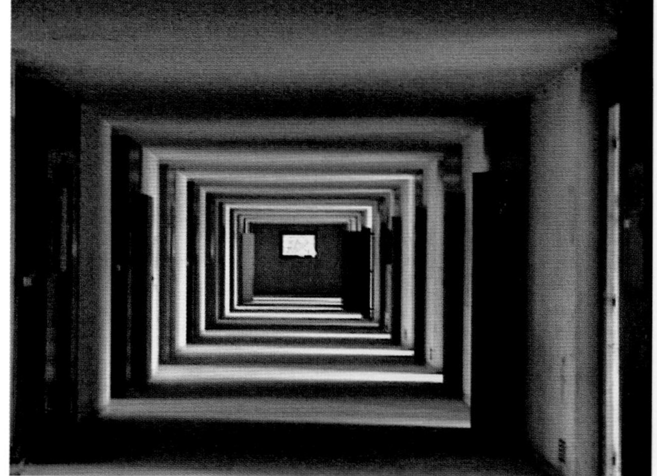

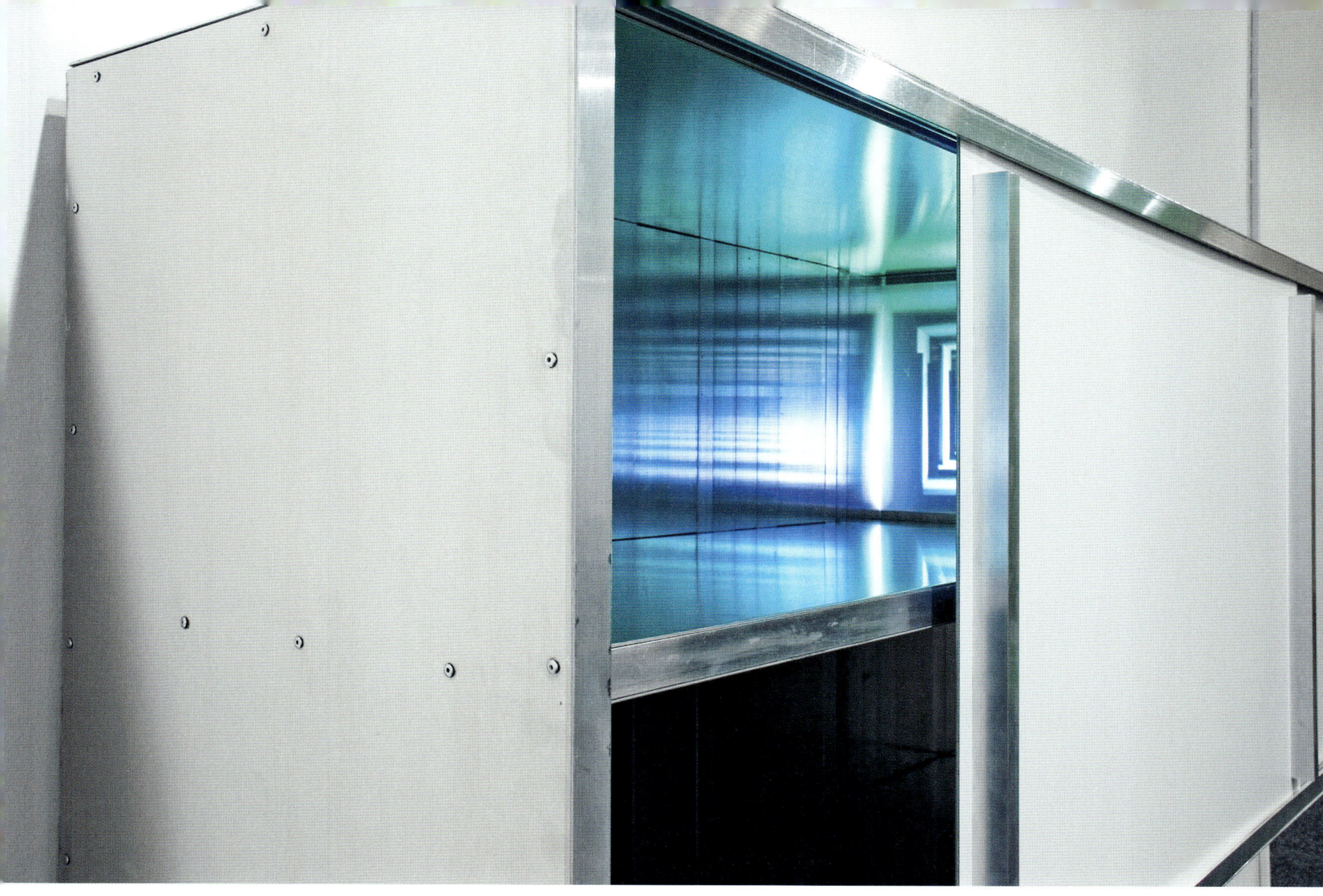

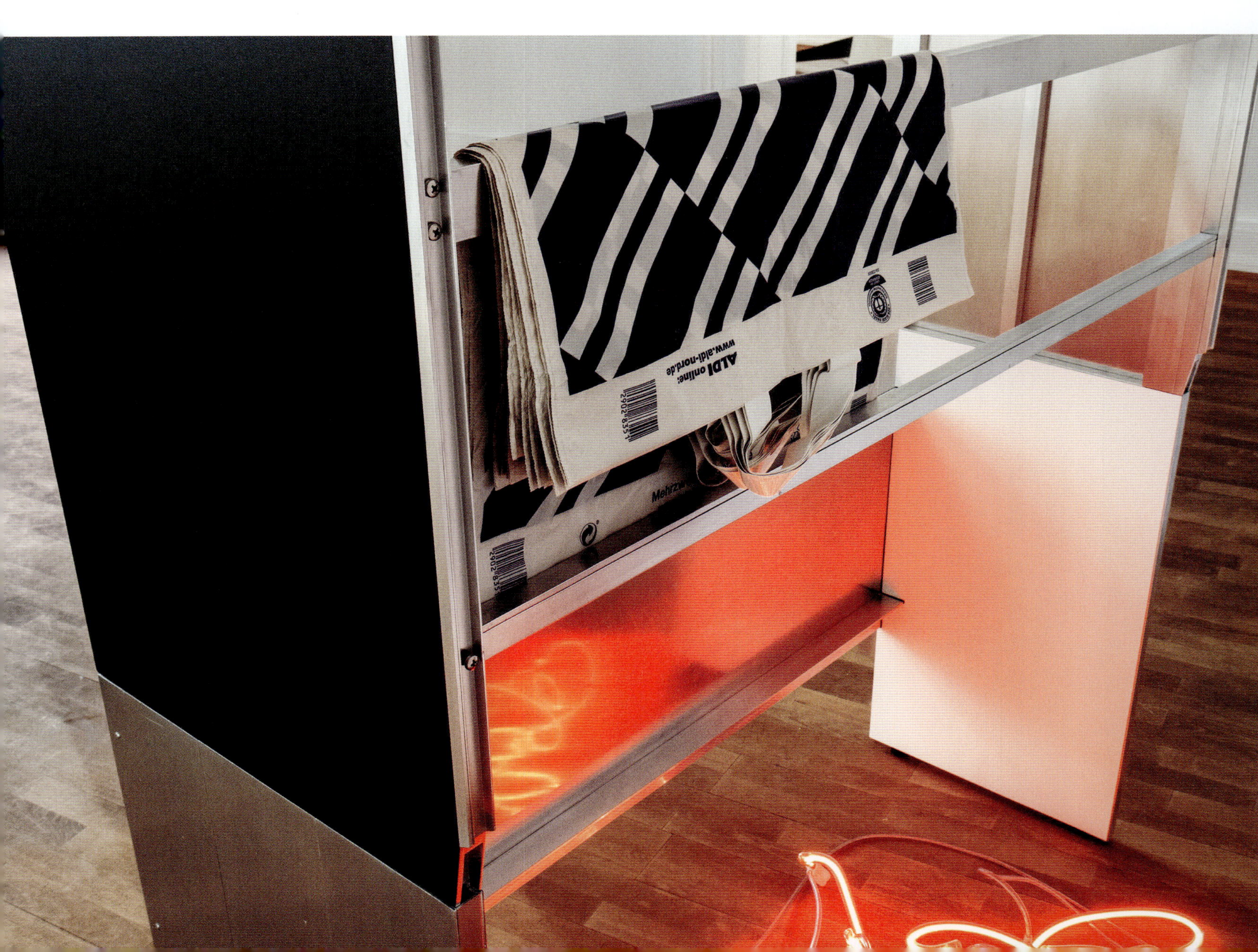

california/maxim

2009–2014

Aluminium, Hochdrucklaminat, Neon, Aldi-Plastiktüten,
2 gerahmte Pigment-Drucke, 134 × 120 × 46 cm

aluminium, high pressure laminate, neon, Aldi bags,
2 framed pigment prints, 134 × 120 × 46 cm

In der Turmstraße 72–73 entstand 1956 ein Kino- und
Geschäftsgebäude. Das Maxim, erbaut vom Berliner
Architekten Gerhart Fritsche, der mit seinen Kinobau-
ten wie dem Zoo-Palast prägend für die Nachkriegs-
architektur in Berlin wurde, galt seinerzeit als eines der
größten und modernsten Kinos in Berlin. Fast alle von
Fritsche erbauten Kinos sind mittlerweile abgerissen
oder umgenutzt. So befindet sich im ehemaligen Maxim seit Anfang der 1980er-Jahre ein Supermarkt und
die Glücksspieltheke California. Die unterschiedlichen
räumlichen Strukturen des ehemaligen Kinos und des
dazugehörigen Hauptgebäudes verschränken sich bei
california/maxim zu einer mehrteiligen Skulptur.

In 1956 a cinema and commercial premises was built at
Turmstrasse 72–73. The Maxim was one of the biggest
and most innovative cinemas of its day. It was built by
the Berlin architect Gerhart Fritsche, whose cinema
buildings such as the Zoo Palast came to characterise
Berlin's post-war architecture. Almost all of Fritsche's
cinemas have now been demolished or adapted to
other uses. Since the early 1980s the former Maxim has
housed a supermarket and the California gambling ar-
cade. In *california/maxim* the various spatial structures of the former cinema and the large building attached to it are condensed into a multi-part sculpture.

Painting and Beyond, kunstgaleriebonn, Bonn, 2014

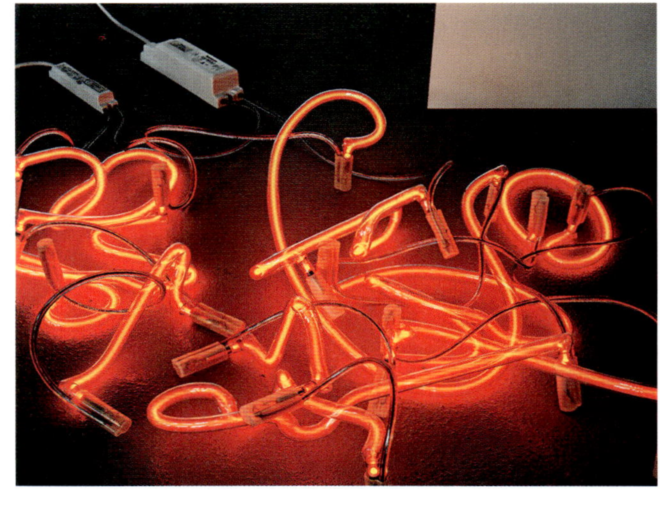

the endings

2008

spiegelbeschichtetes Laminat,
gefaltete Aluminiumprofile

mirror, high pressure laminate,
folded aluminium boards

Die raumgreifende Installation mit hoch spiegelnden Resopaloberflächen verwandelte das Glashaus des Schauspielhauses in eine Art modernen Spiegelsaal. Die Fensterflächen wurden auf den gegenüberliegenden Wänden als Spiegelfächen wiederholt, wobei funktionale Einbauten, wie eine Barwand, Tür oder Wandstrahler, ausgespart blieben. In gleicher Weise wurde die Fassadenstruktur modellhaft und im Maßstab 1:1 mit Aluminium-Profilen gespiegelt und überlagerte die verspiegelten Wandflächen.

Je nach Lichtsituation überstrahlten die spiegelnden Flächen im Hintergrund die Fensterfassade und verschränkten so die Wahrnehmung von Innen- und Außenraum. Im Glashaus setzte sich die gespiegelte Skyline der Frankfurter Innenstadt nach Innen fort. Zusammen mit den gespiegelten Metallwolken des ungarischen Künstlers Zoltan Kemeny aus den 1960er-Jahren enstand eine imaginäre, modellhafte Stadtlandschaft.

the endings reflektiert das Formenvokabular der Moderne, das diesen ersten, bedeutenden Theaterbau der Nachkriegszeit in Deutschland prägt. Dabei entsteht ein Spannungsfeld zwischen städtebaulichen Überlegungen, gebauter Realität und dem alltäglichen Umgang mit einem öffentlichen Gebäude.

This large-scale installation, using highly reflective laminate sheets, transformed the glazed foyer of the Frankfurt Theatre into a modern hall of mirrors. The window panes on the opposite walls were repeated as mirrored sheets, however functional fixtures, such as a built-in bar, door and lighting, were left intact. The structure of the facade was also reflected in the form of a 1:1 scale model using aluminium profiles, overlaying the reflected wall surfaces.

Depending on the light and time of day, the reflective surfaces in the background sometimes outshone the window facade, thus conflating the perception of interior and exterior space. The reflection of the Frankfurt city skyline was continued into the glazed foyer. Together with the reflections of the metal clouds by the Hungarian artist Zoltan Kemeny from the 1960s an imaginary, model-like urban landscape was created.

the endings reflects the formal vocabulary of Modernism, which shaped this first significant piece of post-war theatre architecture. It generates a complex relationship between urban-planning considerations, the reality of buildings on the ground and everyday approaches to a public building.

Schauspielhaus Frankfurt

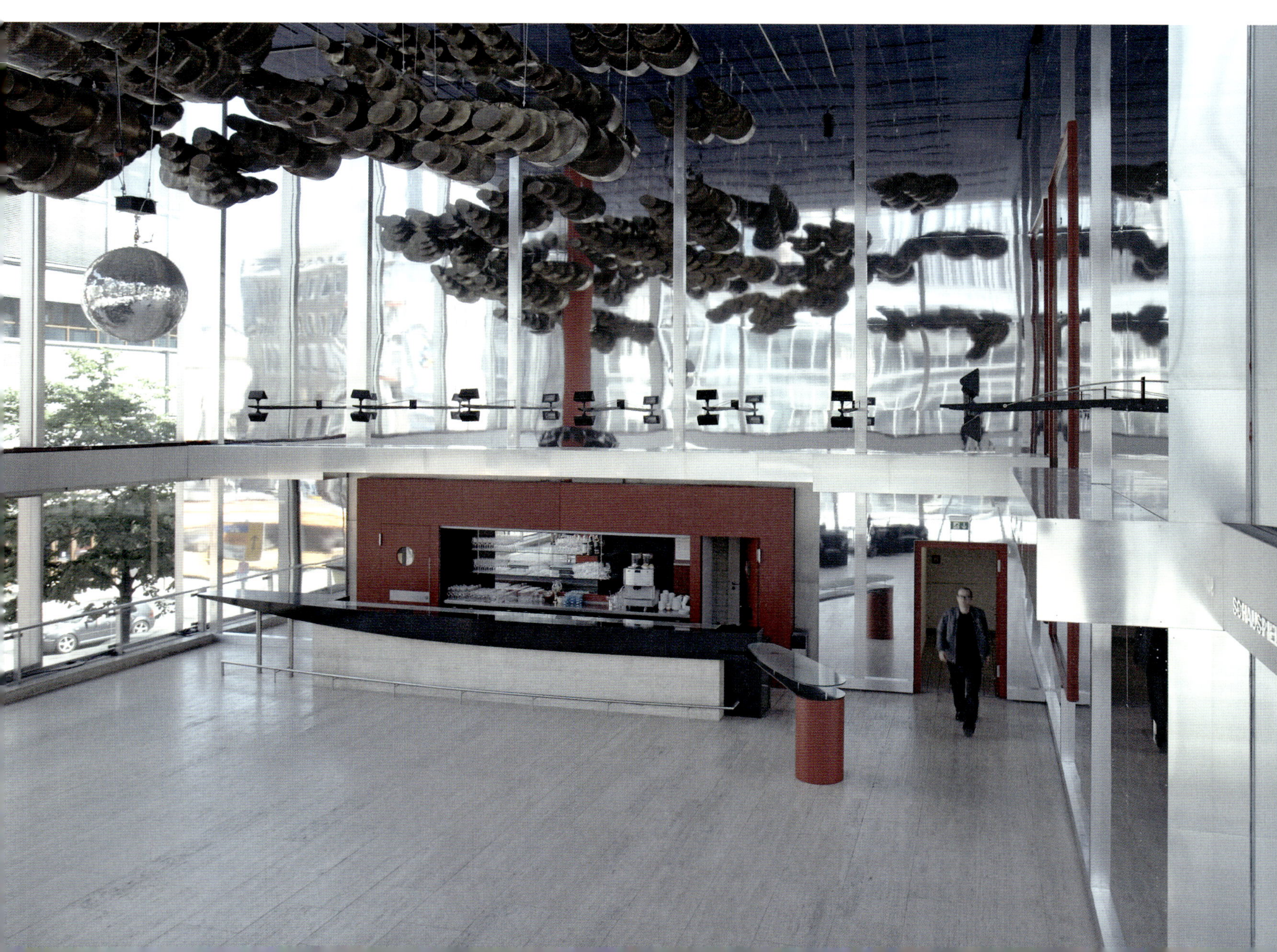

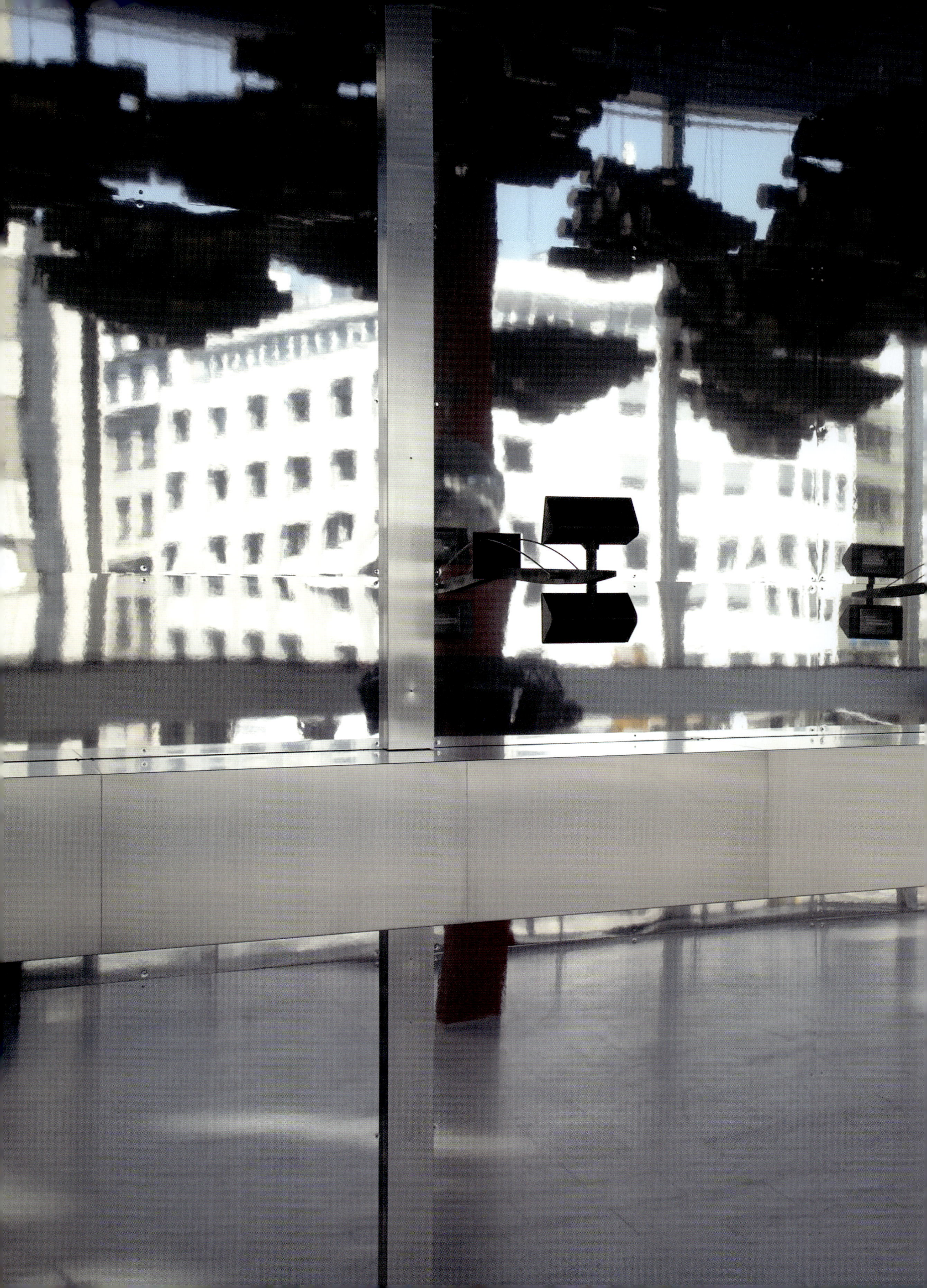

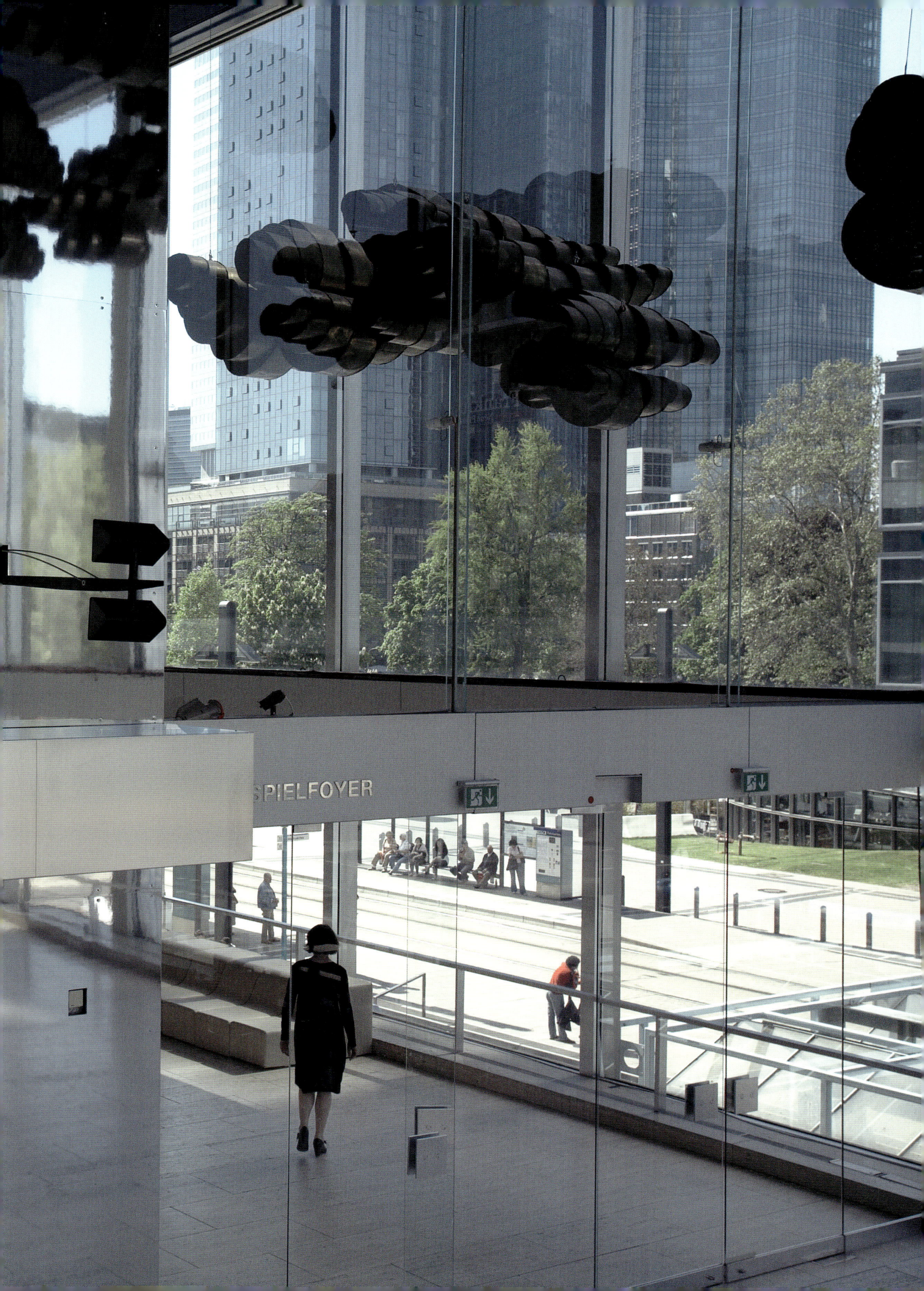
SPIELFOYER

Oberfläche und Bedeutung. Grundlegende Kategorien im Werk von Albert Weis

Surface and Significance Fundamental Categories in the Work of Albert Weis

Martin Pesch

Als die Doppel-Anlage für das Schauspiel und die Oper 1964 in Frankfurt am Main eröffnet wurde, galt das vom Architekturbüro ABB entworfene Gebäude als „demokratisch". Mit seiner hundert Meter breiten Glasfassade bietet es maximale Transparenz in diesem innerstädtischen Areal, das in den Folgejahrzehnten zum Frankfurter Bankenviertel wurde – es steht heute inmitten der Gebäude, die den Kern der Frankfurter Skyline bilden.

Dieser Kontrast von Kommerz und Kultur, der durch die Glasfront, hinter der die Theater- und Opernbesucher auf das städtische Treiben schauen und gleichzeitig selbst Teil dessen sind, deutlich wird und doch zu verschwinden scheint – das macht den Charakter aus, der „demokratisch" genannt wird. Denn eine Kulturanstalt, in der gesellschaftliche Verhältnisse hinterfragt werden, behauptet sich selbstbewusst an diesem Ort und wird zum Forum der Diskussion innerhalb der Stadtgesellschaft. Dieser utopische Charakter prägt das Gebäude und ist das stärkste Argument für seinen Standort – denn der steht seit einigen Jahren in Frage. Das Haus ist marode und soll abgerissen werden. Ob an gleicher Stelle wieder ein Theaterbau entsteht, ist offen.

Was mit dem Gebäude verloren gehen wird, hat Albert Weis in seiner Arbeit *the endings,* 2008, gezeigt – natürlich ohne diese Diskussion kennen zu können. In der Hälfte des Schauspielhauses hat der Künstler die der Glasfassade gegenüberliegenden Wand mit spiegelnden Platten verkleidet. Die Fensterscheiben der Fassade werden visuell gedoppelt: Den Eindruck verstärkt Weis, indem er die Fensterrahmen als Aluprofile auf die Wand setzt. Dieser Eingriff hat mehrere Auswirkungen. Er verstärkt den durch die Architektur hervorgerufenen Eindruck der Offenheit, indem er die raumbegrenzende opake Wand zu einem Licht- und Bildträger macht. Dieser physikalisch zu erklärende Spiegeleffekt wird überlagert von mehreren Bedeutungsebenen: die architektonisch intendierte Transparenz des Gebäudes wird in seinem Inneren verstärkt; die Durchlässigkeit zwischen dem Kunstraum Theater und dem ihn umgebenden Stadtraum wird als möglich behauptet; der repräsentative Charakter des Foyers als Schauraum des traditionell bürgerlichen Publikums wird kritisiert. Der schlichte Effekt des Spiegelns sowie die einfache Geste der Doppelung des Vorhandenen offenbaren den Kern der künstlerischen Praxis von Albert Weis: Die Intervention nimmt das Gegebene lediglich formal auf und steigert dadurch das Verständnis des gestalteten Raums und macht zugleich seine im jeweiligen Kontext relevanten kulturellen und politischen Bedeutungen wahrnehmbar – und damit kritisierbar.

Oberflächen sind immer Grenzen. Dieser Grenz-Charakter von Oberflächen, die Zwangs-Funktion von Oberflächen, Grenze zu sein – dieses Phänomenbündel liegt im Zentrum von Albert Weis' Interesse. Immer wieder Oberflächenbearbeitung, immer wieder Verdoppelung und Vervielfältigung von Oberflächen, immer wieder: Umstülpen, Falten, Spiegeln –

"Democratic" was the term used to describe the new, dual-purpose, building designed by ABB architects to provide homes for both the opera and drama theatres of Frankfurt am Main when it was first opened in 1964. Its 100-metre-wide main glass façade offered the greatest transparency possible in this inner-city space, which subsequently developed into Frankfurt's banking district. Today it stands in the middle of buildings that form the heart of the city's skyline. This contrast between commerce and culture is made visible through the glass façade, which allows the theatre and opera audiences to observe urban life of which they are a part at the same time—but also seems to disappear; this is what determines this "democratic" character. A cultural institution in which social conditions are questioned asserts itself self-confidently at this location and becomes a forum for discussion within the urban society. This utopian character is what characterises the building and is the strongest argument in favour of its current location—which has been under threat for several years now. The building is dilapidated and in urgent need of renovation. The options being discussed range from modernisation to its complete demolition and relocation on the outskirts of Frankfurt.

What would be lost in this case is shown by Albert Weis in his 2008 work *the endings*—although he was not aware of this discussion at the time. The artist covered the wall opposite the glass façade in the half of the building occupied by the drama theatre

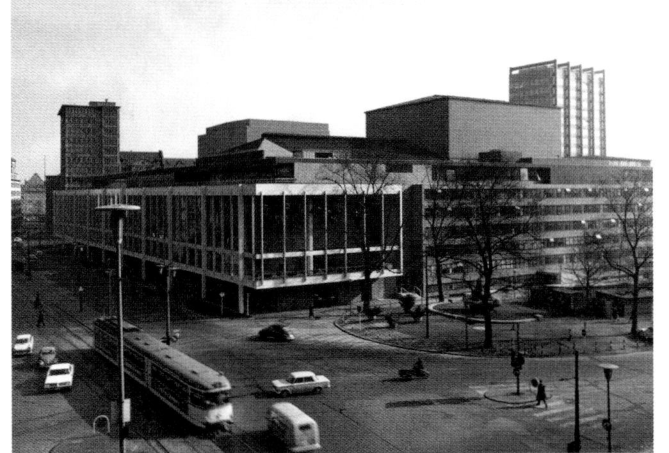

Institut für Stadtgeschichte Frankfurt am Main (ISG FFM), Schauspiel Frankfurt 1964

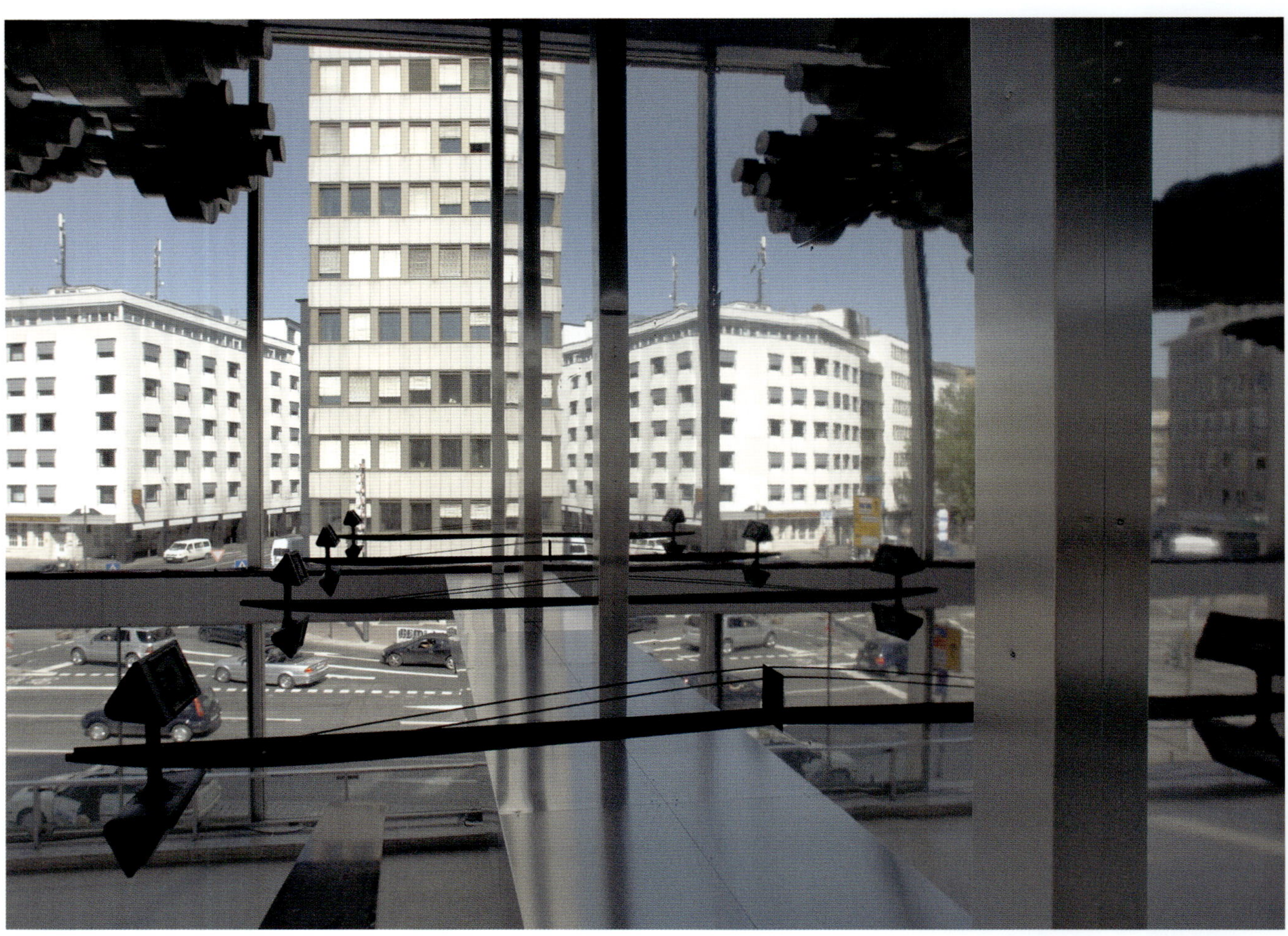

with reflecting sheets. The window panes of the façade were visually doubled: Weis intensified this effect by reflecting the window frames as aluminium profiles onto the wall. This intervention had several outcomes: It strengthened the sense of openness created by the architecture by transforming the opaque wall that enclosed the space into a light and image surface. This mirror effect, which can be explained physically, was overlaid with several levels of meaning: the architecturally intended transparency of the building was heightened in its interior; the permeability between the artistic space of the theatre and the urban environment surrounding it was deemed possible; the representative character of the foyer as an exhibition space for the traditionally bourgeois audience was criticised. The straightforward effect of mirroring together with the simple gesture of doubling what already existed, reveals the core of Albert Weis' artistic practice: The intervention merely formally incorporates what already exists and, in this way, increases the understanding of the space, while simultaneously making its relevant cultural and political significance perceptible in the respective context—and therefore open to criticism.

Surfaces are always borders. This defining character of surfaces, the overarching function of surfaces to act as borders—this complex phenomenon lies at the heart of Albert Weis' interest. Repeated processing of the surface, repeated doubling and reproduction of surfaces, repeated: inversion, folding,

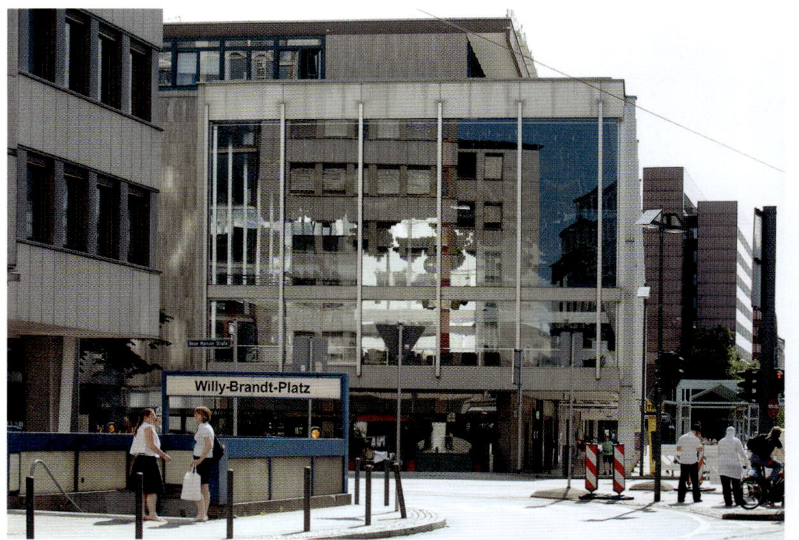

the endings, 2008, spiegelbeschichtetes Laminat, gefaltete Aluminiumprofile | mirror, high pressure laminate, folded aluminium boards, Schauspielhaus Frankfurt

taped (silver), 2014, Aluminiumklebeband und gefalteter Papierbogen auf Wand | aluminium tape and folded paper on wall, Unseen Presence, IMMA Irish Museum of Modern Art, Dublin

permanentes Befragen der Oberfläche. Diese wahrnehmungspsychologischen Aspekte verknüpft Weis mit ihren machtpolitischen Implikationen. Die Oberfläche, zumal die Architektur gewordene Form, definiert das Innen und Außen, das Draußen und Drinnen, trennt das Private vom Öffentlichen und ist Setzung durch Eigentum und Instanzen sozialer Kontrolle, mithin Machtausdruck.

Aus einer opaken Oberfläche einen Spiegel machen – dieser handwerkliche Vorgang wird zu einer Strategie, Wahrnehmungs- und Machtkritik zu überlagern. Angewendet in Innenräumen – wie in *the endings* – zitiert Weis natürlich den seit dem 17. Jahrhundert beherrschten Trick der suggerierten Machtsteigerung durch vermeintliche Raumvergrößerung und der Suggestion einer Kontrolle durch allgegenwärtige Beobachtung.

In *taped (silver)*, 2014 in Dublin realisiert, klebt Weis eine geometrisch unregelmäßige Fläche der Außenwand des Irish Museum of Modern Art mit Aluminiumband ab. Die Größe orientiert sich proportional an zwei Türen, die die Arbeit flankieren. Die opake Mauer bekommt eine „Öffnung", durch die man jedoch nicht in den dahinter liegenden Raum schaut, sondern in einen virtuellen Raum, der durch den Blick des Betrachters entsteht. Licht, Schatten, Gebäudeteile und Passanten spiegeln sich diffus auf dieser Fläche und werden Teil der Mauer. Die Arbeit stellt die Geschlossenheit der Mauer in Frage – da es sich um die Mauer eines Museums handelt, befragt Weis zugleich die aus- und einschließende Funktion und Macht dieser Institution.

Die Fläche ist nicht nur spiegelnd abgeklebt und offenbart das Bergende/Verbergende der Oberfläche, das spiegelnde Klebeband birgt und verbirgt selbst etwas: einen gefalteten Papierbogen. Ob dieser Papierbogen Träger eines Inhalts ist (Schrift etc.) bleibt unbekannt. Lediglich als geometrische Figur wird er sichtbar. Dort, wo er sich innerhalb der beklebten Fläche befindet, ist sie glatter, der Spiegeleffekt ist erhöht. Verbirgt das gefaltete Papier einerseits das unter ihm liegende raue Steinwerk mit seiner kleinteiligen Struktur, bringt es andererseits selbst eine neue sich abzeichnende Struktur mit, gebildet durch die Kanten und Falze. Der Bogen erscheint wie ein Grundriss eines Gebäudes. So wie Grundrisspläne auf Baustellen das Entstehen des Baus anzeigen, macht dieser abstrakte Grundriss auf den prozessualen Zustand jedes Gebäudes aufmerksam: Bereits nach der Fertigstellung beginnt die Veränderung.

Die Kanten und Falze bilden nicht nur Linien, sie generieren auch eine neue Topografie, einen dreidimensionalen Charakter – man kann *taped (silver)* auch als Luftaufnahme eines Geländes sehen, unweigerlich assoziiert man dann jene gespenstischen Aufnahmen, die zu Überwachungszwecken produziert werden. Von hier ist es ein kleiner Schritt zu den digital vermessenen 3D-Modellen der Realität, in die Bewegungen von Menschen und Gegenständen präzise eingepasst werden können.

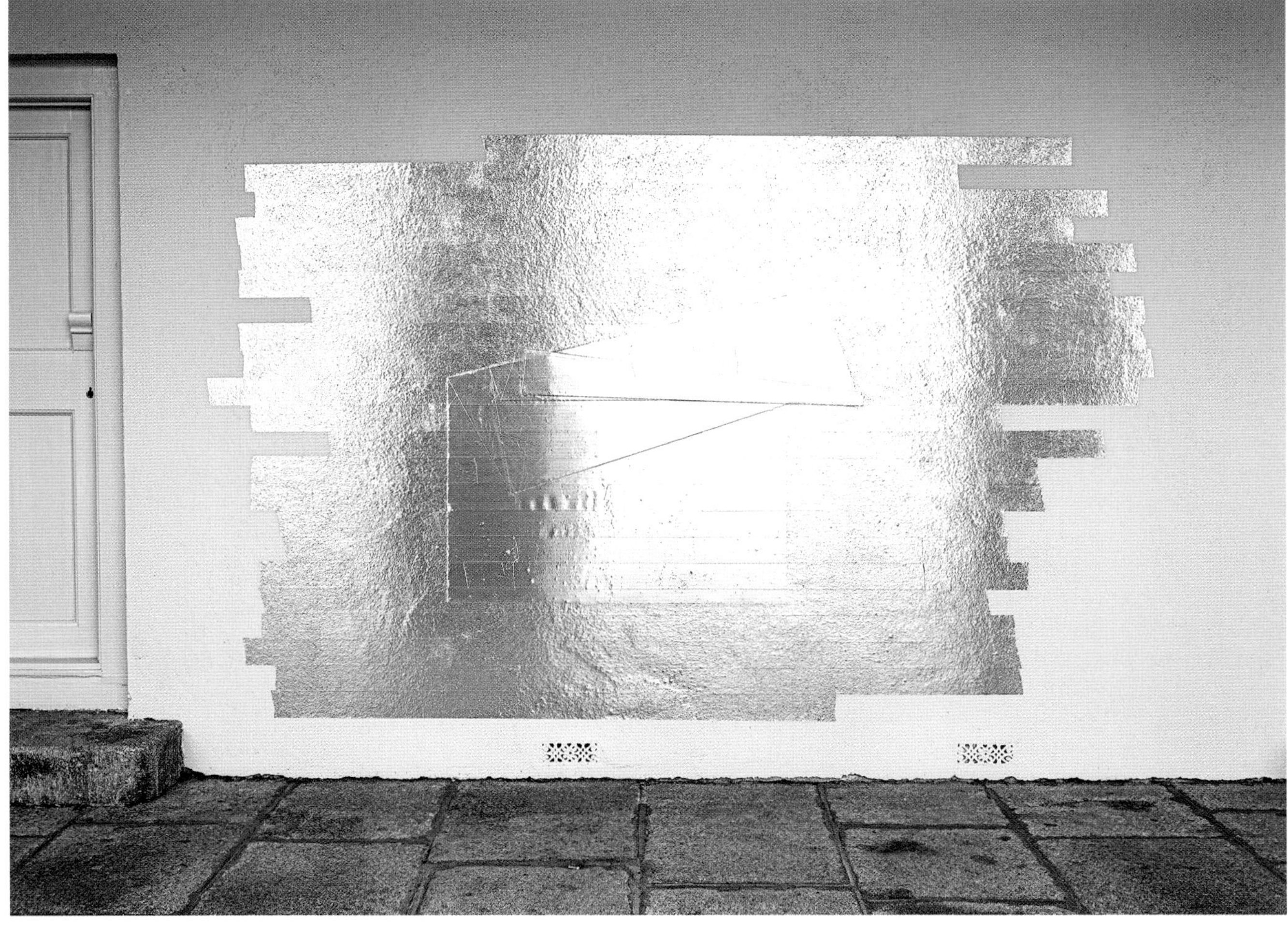

Was ist eine Oberfläche heute für uns? Habituell ja nur noch ein Interface, dessen rein funktionale Haptik (touch, scroll, swipe) jede weitere Eigenschaft verdächtig macht, den Zugang zum dahinter liegenden virtuellen Raum zu erschweren. Aus diesem Grund werden diese Oberflächen tendenziell immer größer und werden sich ablösen von physischen Trägern und sich auflösen in Holografien und augmentierten Layern, die wir durch getrackte Gesten und Augenbewegungen erleben. Dieser Entwicklung stellt Weis die Physis der Oberflächen als Mauern, Wände und Architektur gegenüber – dadurch auch die Souveränität offenbarend, den menschlichen Maßstab der Sinneserfahrung der gestalteten Realität anlegen zu können.

In den *faltungen*, die Weis 2017 in der Südhalle des Augsburger Hauptbahnhofs realisierte, tritt dieser Übergang physischer Oberflächen in immaterielle Digitalität noch einmal hervor. Die gleichmäßige Lochung der Bleche, die im Luftraum der Halle abgehängt sind, erscheint wie eine Pixelmatrix eines LED-Screens. Man kann die Elemente als Bildschirme betrachten, die jedoch nicht von elektrischen Impulsen gespeist leuchten. Ihre Farben changieren je nach Lichteinfall, die Faltungen generieren durch unterschiedliche Perspektiven der Betrachter Überlagerungen der Lochmuster, die wiederum Moiré-Effekte und damit immer neue grafische Muster erzeugen. Durch den Abstand zwischen den Blechen und den Passanten erscheinen die Elemente tatsächlich dünn, so wie die bewundernswert dünnen Screens im Media-Kaufhaus. Auch hier setzt Weis auf die Bedeutung des Maßstabs, der die Bedeutung dessen mitbestimmt, dem wir uns gegenübersehen. Und die Oberfläche wird erneut zum Bild, das ihre Bedeutung wahrnehmbar macht.

mirroring—permanently questioning the surface. Weis links these perception-psychological aspects with their power-political implications. The surface—particularly in the form that has become architecture—defines the interior and exterior, what is inside and outside. It separates the private from the public, and—through property and institutions—becomes the implementation of social control and, consequently, the expression of power. Making a mirror out of an opaque surface—this manual process develops into a strategy to superimpose a critique of perception and power. When applied in interior spaces—such as in *the endings*—Weis obviously quotes a device that was already mastered in the 17th century; the device of a suggested increase in power being created through a perceived increase in space and the suggestion of control through omnipresent surveillance.

In *taped (silver),* which Weis realised in Dublin in 2014, the artist masked a geometrically irregular area of an outer wall of the Irish Museum of Modern Art with aluminium tape. The size proportionally referred to two doors flanking the work. The opaque wall received an opening through which it was not possible to see into the space behind it but into a virtual space created in the viewers' eyes. Light, shade, elements of the building and passers-by were diffusely mirrored on this surface and became part of the wall. The work placed the cohesion of the wall in question—considering that this was the wall of a museum, Weis also questioned the inclusive and exclusive function and power of this institution.

The surface was not only masked by a mirror to reveal the holding/hiding aspect of the surface; the reflecting making tape also holds and hides something itself: a folded sheet of paper. Whether this sheet of paper contains content (writing, etc.) remains unknown. It is only visible as a geometric figure. However, the masked surface is smoother and the mirror effect strengthened in the area it covers. On the one hand, the folded paper conceals the small-scale structure of the rough stonework beneath it, on the other, it introduces an imminent structure formed by its edges and folds. The sheet looks like the floor plan of a building. Just as these plans show the development of a building during construction, this abstract layout makes one aware of the procedural condition of every building: changes begin immediately after completion.

The edges and folds not only form lines, they also generate a new topography, a three-dimensional character—it is also possible to see *taped (silver)* as an aerial photograph of a terrain; inevitably, one makes an association with those eerie photographs produced for surveillance purposes. From here, it is only a small step to the digitally-measured 3D models of reality into which the movements of people and objects can be placed with great precision.

What does a surface mean to us today? It is usually only an interface whose purely functional haptics (touch, scroll, swipe) make any other property suspicious, and entering into the virtual space lying

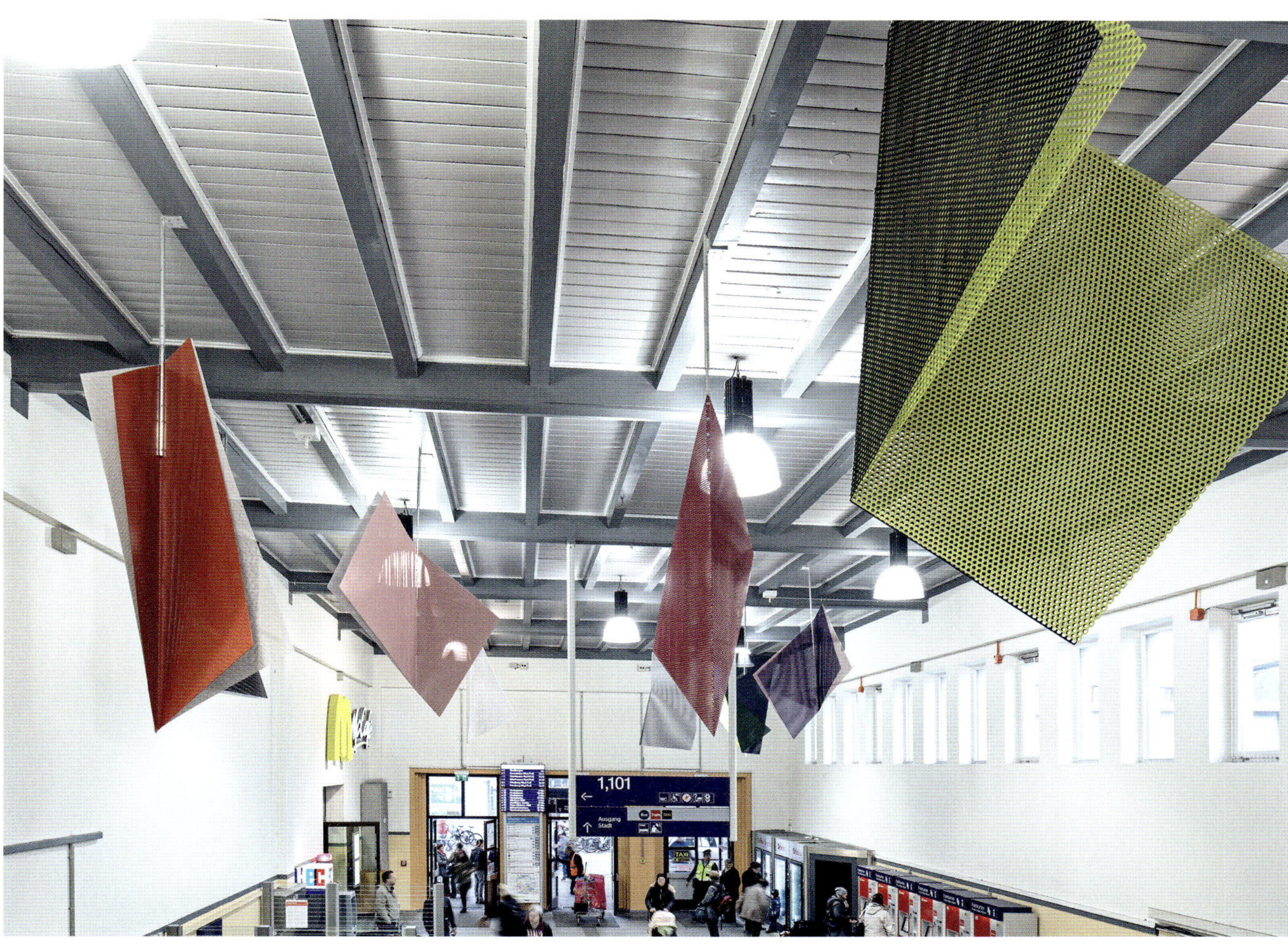

behind it more difficult. For this reason, these surfaces tend to continually increase in size; detach themselves from physical bearers and become dissolved in the holographs and augmented layers that we experience through tracked gestures and eye movements. Weis contrasts this development with the physical aspect of surfaces as masonry, walls and architecture—and, in doing so, also reveals the sovereignty of being able to apply the human factor of the sensual experience of the structured reality.

This transition of physical surfaces into the immaterial digital once again comes to the fore in Albert Weis' *faltungen (folds)* that the artist realised in the south hall of the central train station in Augsburg. The regular perforations of the sheets, hung in the open space of the hall, look like the pixel matrix of an LED screen. It is possible to look at the elements as screens that, however, shine without being powered by electrical impulses. Their colours change depending on the incidence of light; the folds generate overlays of the perforated patters that, in turn, create a moiré effect and more and more graphic patterns depending on the individual perspectives of the viewers. The distance between the metal sheets and passers-by makes the elements seem to be exceptionally thin, just like the amazingly thin monitors in media shops. In this case as well, Weis capitalises on the significance of scale that co-determines the significance of what we are confronted with. And, the surface once again becomes an image that makes its significance perceivable.

faltungen, 2017, pulverbeschichtete und gefaltete Lochbleche | powder-coated and folded perforated sheets, Hauptbahnhof | central station, Augsburg

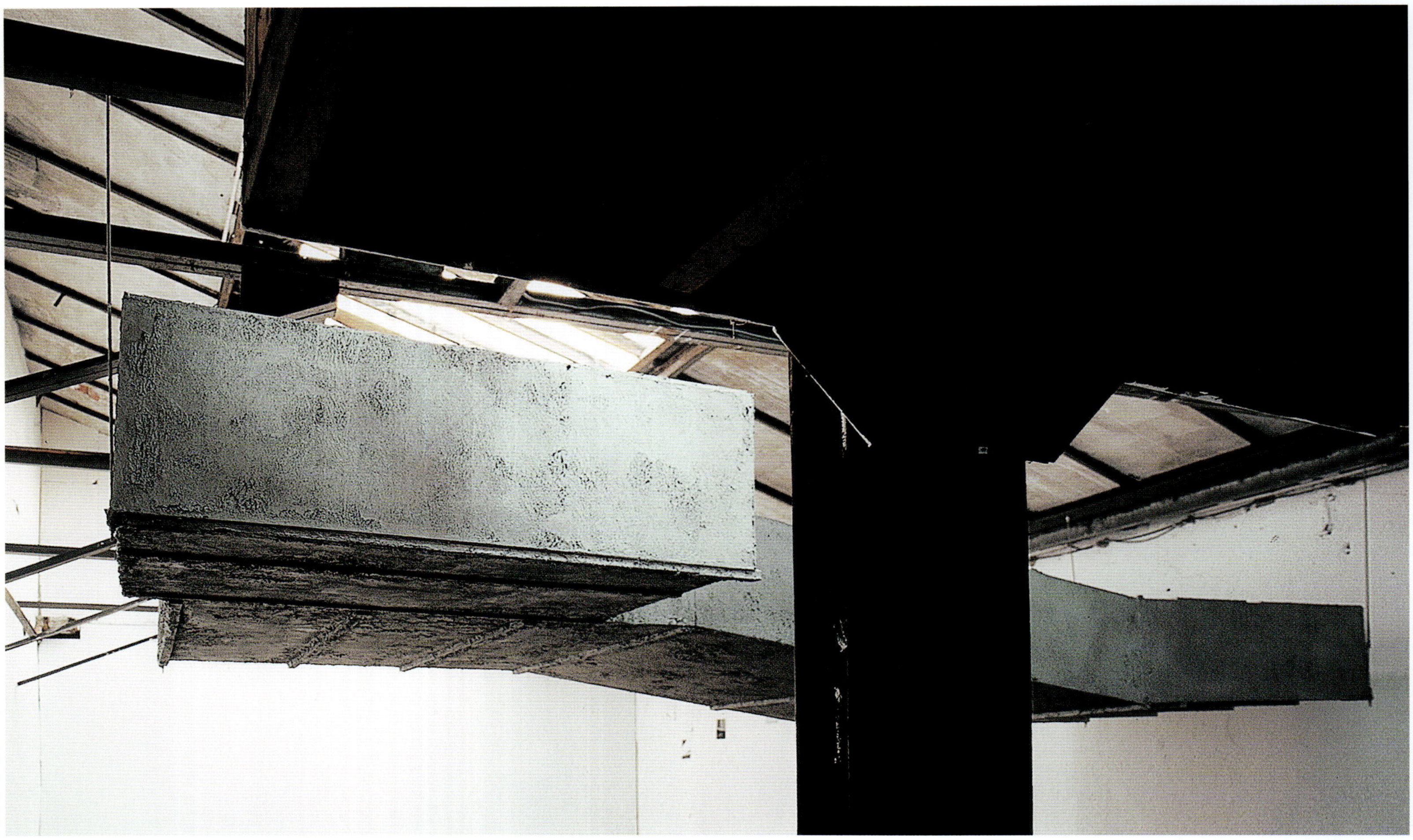

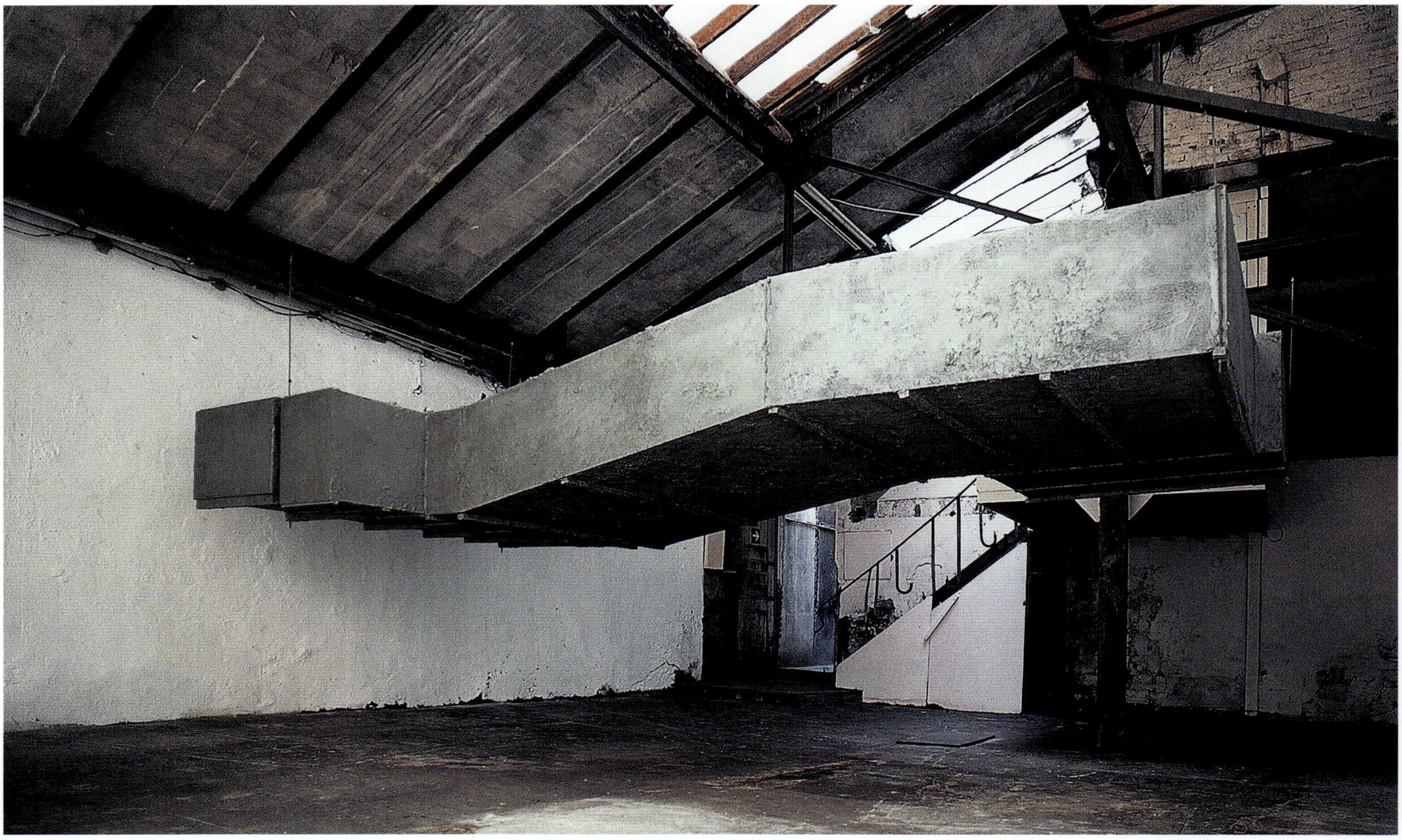

défense

2007

Holz, Kunstharz, Aluminiumlack, 500 × 290 × 80 cm

---

wood, resin, aluminium lacqueur, 500 × 290 × 80 cm

---

défense zitiert verborgene Versorgungsstrukturen eines zentralen Gebäudes von La Défense in Paris. Zugleich bezieht sich die mehrmals gefaltete Form auf vorhandene Raumeinbauten, die sie gleichermaßen betont wie fortsetzt. Auf Kopfhöhe abgehängt, verharrt die Skulptur in einem undefinierbaren, transitorischen Zustand. Die mit einer Kunstharzschicht und Aluminium überzogene Skulptur erscheint wie eine gegossene Rohform, die als möglicher Prototyp utopische Strukturen neu verhandelt.

---

défense refers to the hidden service ducts of a central building in La Défense, Paris. At the same time, the form—with its multiple folds—refers to existing built-in structures, which it both emphasises and extends. Suspended at head-height, the sculpture remains fixed in an indefinate, transitory state. Coated with artificial resin and aluminium, *défense* seems like the cast of a blank mould, acting as a potential prototype for new utopian structures.

Le 9 Bis, St. Etienne

collateral

2004

Aluminium, Plexiglas, Holz, Farbe, Fotos, Inkjet-Print,
Klebestreifen, 210 × 315 × 152 cm

aluminium panels, perspex, plywood, inkjet print,
photographs, collage, tape, 210 × 315 × 152 cm

Die L-förmig angelegte Skulptur ist durch zwei unterschiedliche Seiten charakterisiert. Fragmentierte und
sich überlagernde Schichten prägen die dem Eingang
zugewandte Seite. Diese bezieht sich auf unbewusste,
gesellschaftliche Zustände, die in Architekturen und
urbanen Situationen sichtbar werden. Die andere
Seite besteht aus gebürsteten Aluminiumpaneelen
und definiert eine neue Raumsituation. Die matt spiegelnde Oberfläche der Paneele erzeugt eine unwirk-
liche Stimmung. Sie erinnern an Wandverkleidungen
der 1960er-Jahre, die heute noch viele halb-öffentli-
che Räume charakterisieren.

Arranged in an L-shape, the sculpture has two distinctive sides. Fragmented and superimposed layers characterise the side facing the entrance. This relates to
unconscious, social conditions that are made visible
through architecture and urban situations. The other
side of the sculpture is made from brushed aluminium
sheets and defines a new spatial atmosphere. The
matt, reflective surface of the sheets creates an unreal
feeling. They are reminiscent of wall panelling from
the 1960s, which today still characterises many
semi-public spaces.

Raum.inhalt (1) – The Big Exploration, Haus für die
Kunst, Stiftung Wortelkamp, Hasselbach, 2009

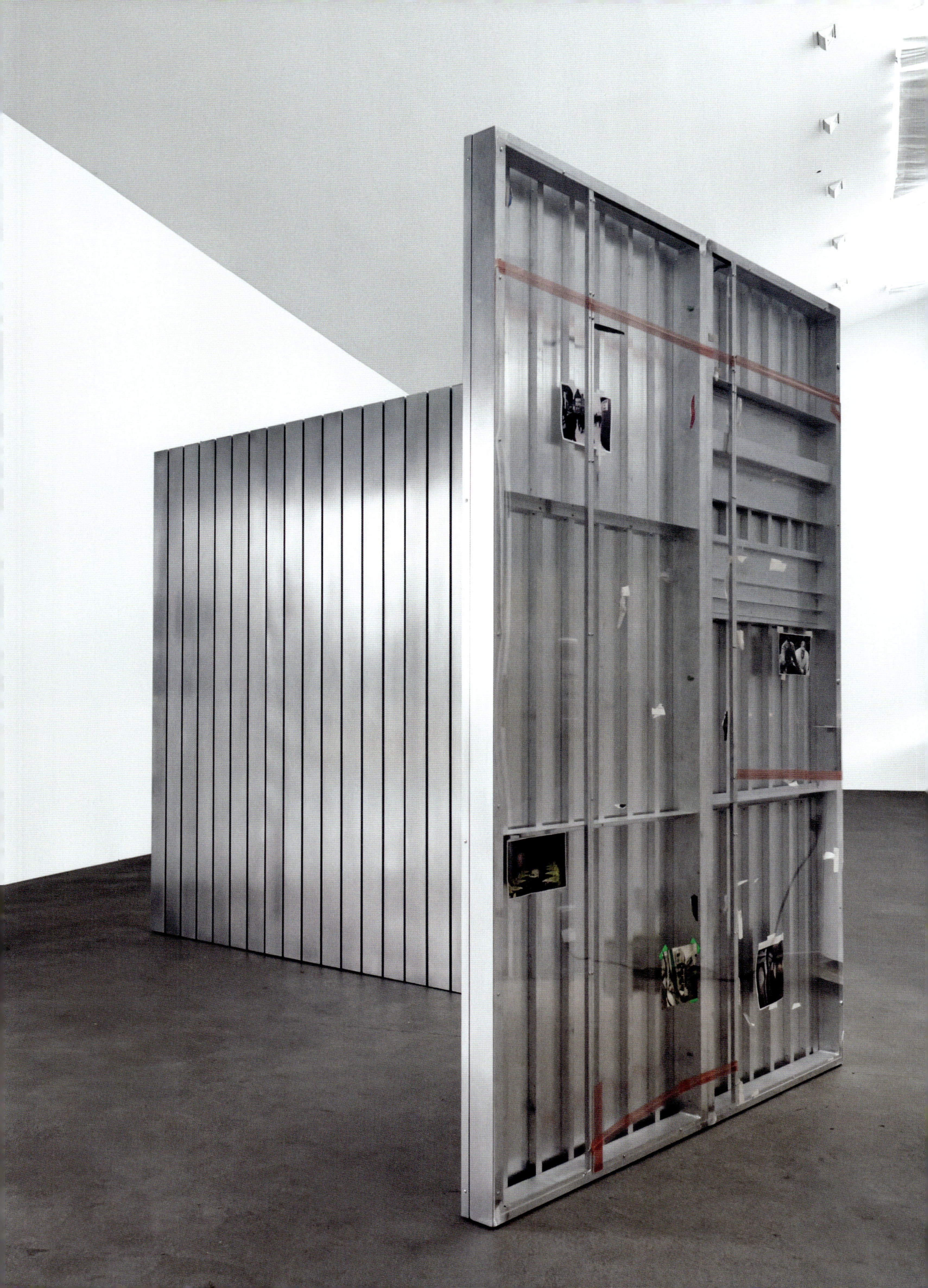

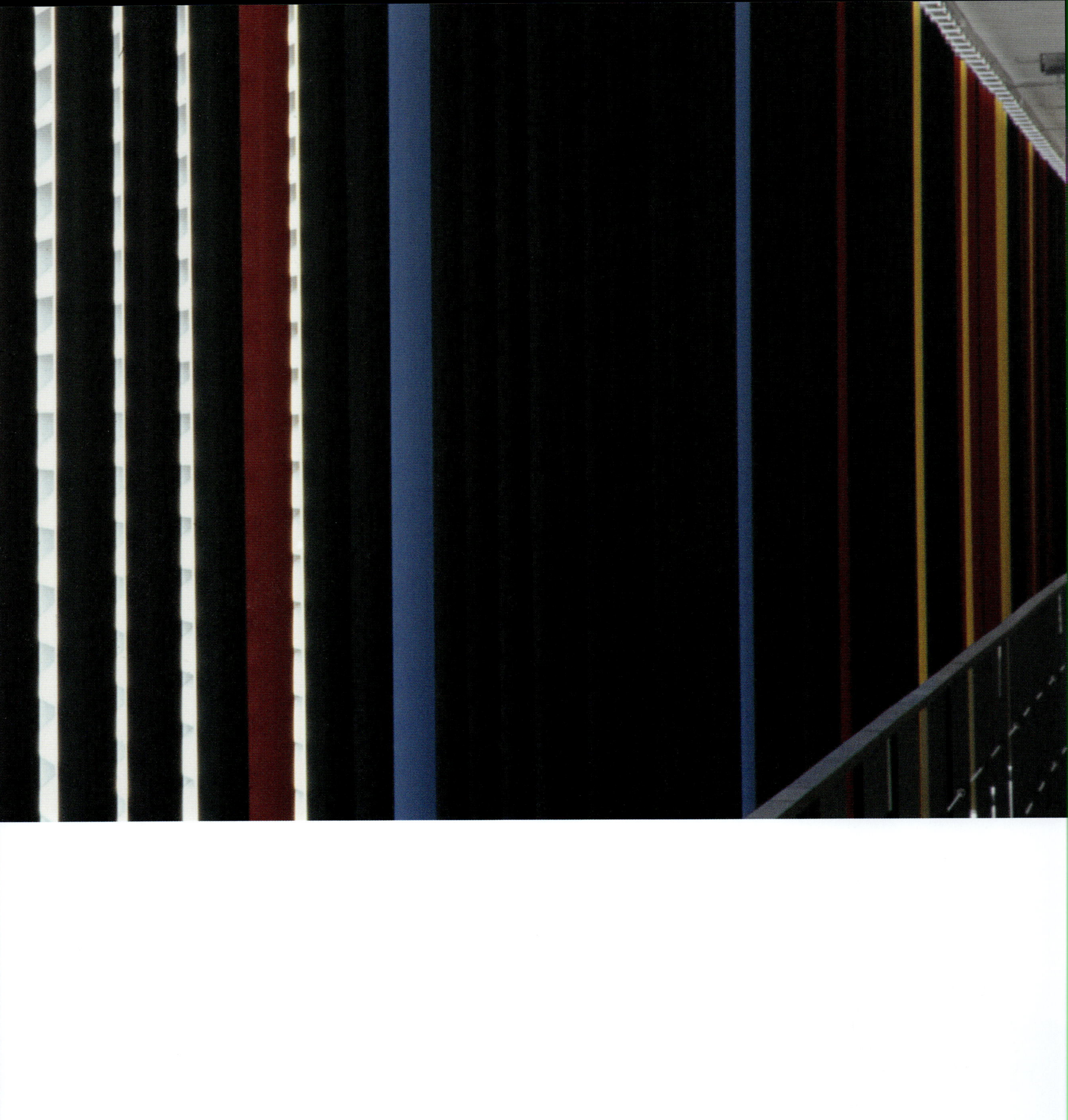

komplement

2005

Pulverbeschichtung auf Aluminium

powder coated aluminium panels

Ein zweigeschossiges umlaufendes Band aus vertikal drehbaren Lamellen charakterisiert die Fassade des Neubaus der Schule (Architekten: Auer+Weber). Die Stirnseiten der Lamellenrahmen wurden farbig gefasst. Helle Farbtöne definieren die Außenseite der Fassade, während dazu komplementär an der Innenseite entsprechend dunkle Farbtöne gesetzt wurden. Die Anordnung der Farbstreifen entspricht kurzen musikalischen Sequenzen, die als Rapport ineinander verwoben und von Synkopen durchsetzt sind. Die unterschiedliche Akzentuierung reagiert auf die Struktur des Gebäudes und gleichzeitig auf die unmittelbare Umgebung.

A two-storey continuous band of vertically rotating louvres defines the facade of the school's new building (architects: Auer+Weber). The fronts of the louvres were colour-coated. The exterior of the facade is dominated by light colours whereas, in contrast, dark colours were used for the interior. The arrangement of the coloured stripes corresponds to short musical sequences, patterns woven into each other and interspersed with syncopation. The varying colour accents are a response to the building's structure and, at the same time, to its immediate surroundings.

Fachoberschule Friedberg

Technical secondary school Friedberg

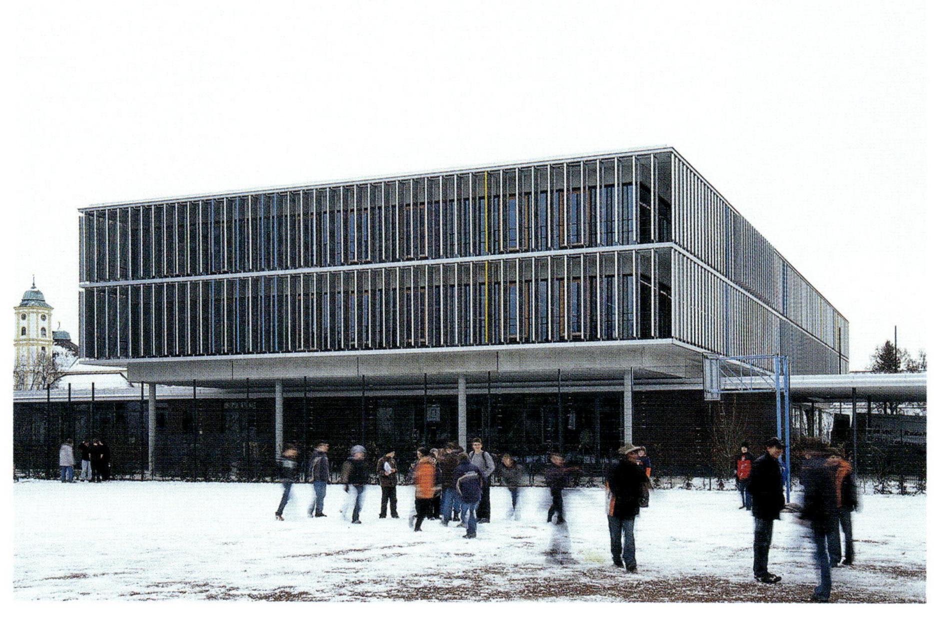

cocktails

2009/2014

Aluminium, Neon, 139 × 21 × 24 cm

aluminium, neon, 139 × 21 × 24 cm

Die Neonskulptur *cocktails* bezieht sich auf die im Stadtraum allgegenwärtig präsenten Leuchtreklamen von Bars. Sie erinnert an den für die Nachkriegszeit prägenden Lifestyle der Moderne, dem ein Glücksversprechen innewohnte. *cocktails* bezieht sich dabei auf die Begriffe und Codes, die für die Zeit der späten 1950er- und der 1960er-Jahre prägend waren.

The neon sculpture *cocktails* refers to the illuminated advertisements for bars, which are omnipresent in urban streetscapes. They evoke modern lifestyles characteristic of the post-war period, offering the promise of happiness. *cocktails* borrows the ideas and codes, which shaped the period of the late 1950s and 1960s.

Bar Babette, Berlin

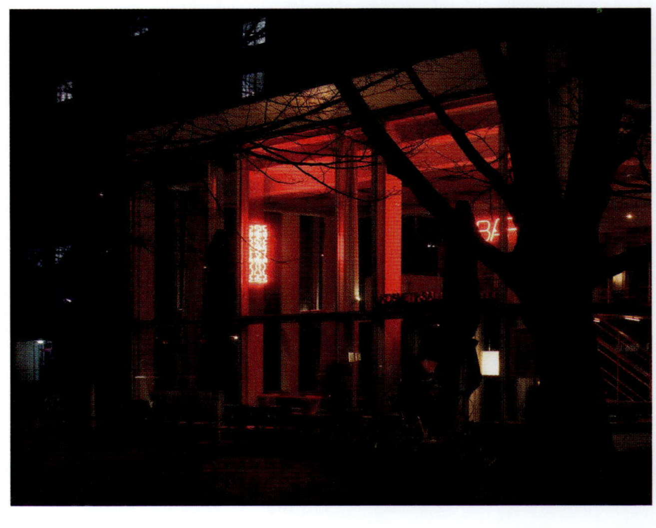

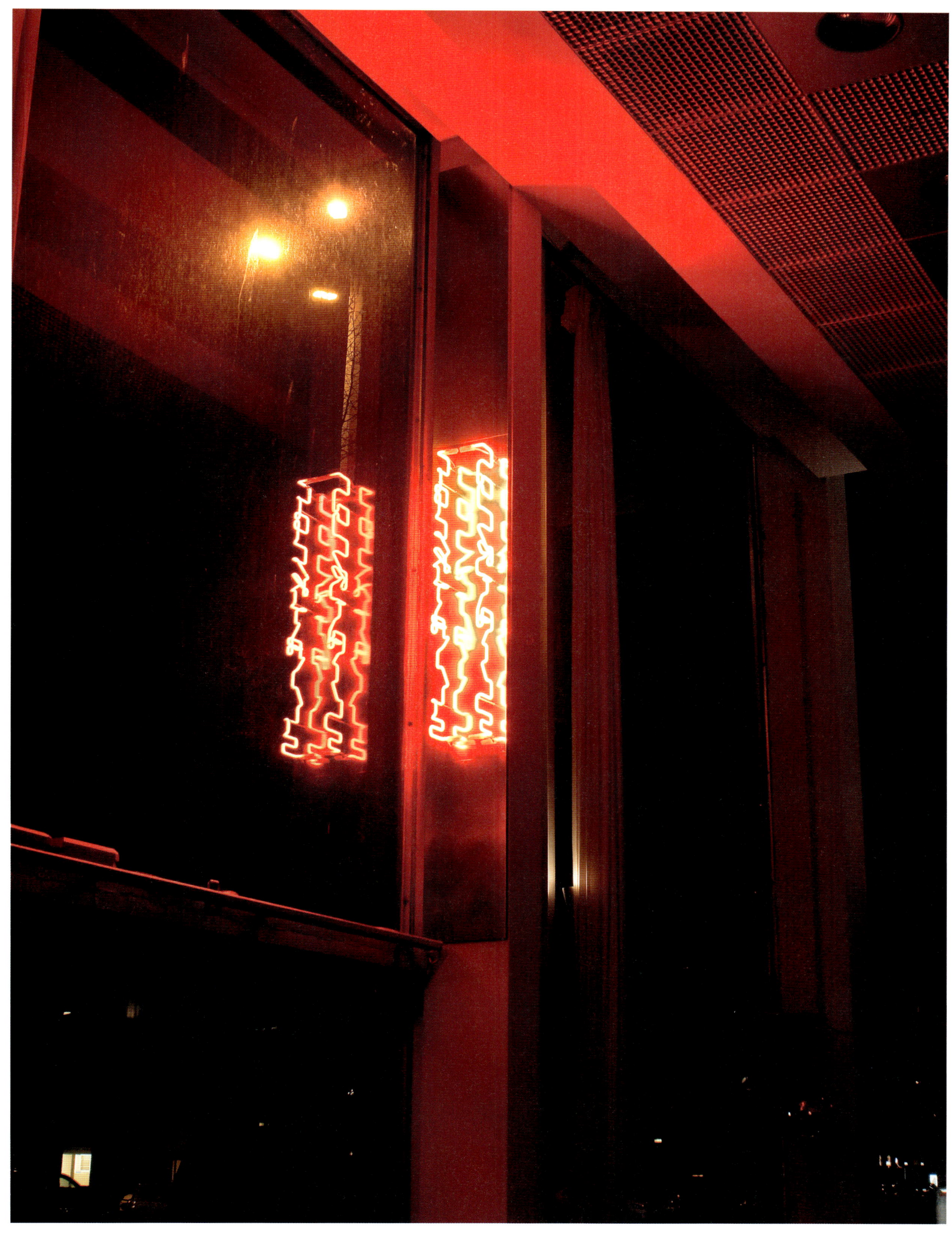

sims

2001

LED

LED

Auf der Höhe der Fensterbänke des zweiten Stockwerks verläuft eine gelb-orange Lichtschnur und verklammert ein angrenzendes historisches Stadthaus mit einem weiteren, sich seitlich anschließenden Neubau. Die Lichtfarbe überhöht die historischen Fassadenfarben und thematisiert die in München üblichen Wittelsbacher Gelb- und Ockertöne.

At the height of the second-floor window sills, a yellow-orange strip light connects a historic town house with an adjoining new building. The colour of the light highlights the historic facade colours and addresses the Wittelsbach yellow and ochre shades typical in Munich.

Im Tal, München

Im Tal, Munich

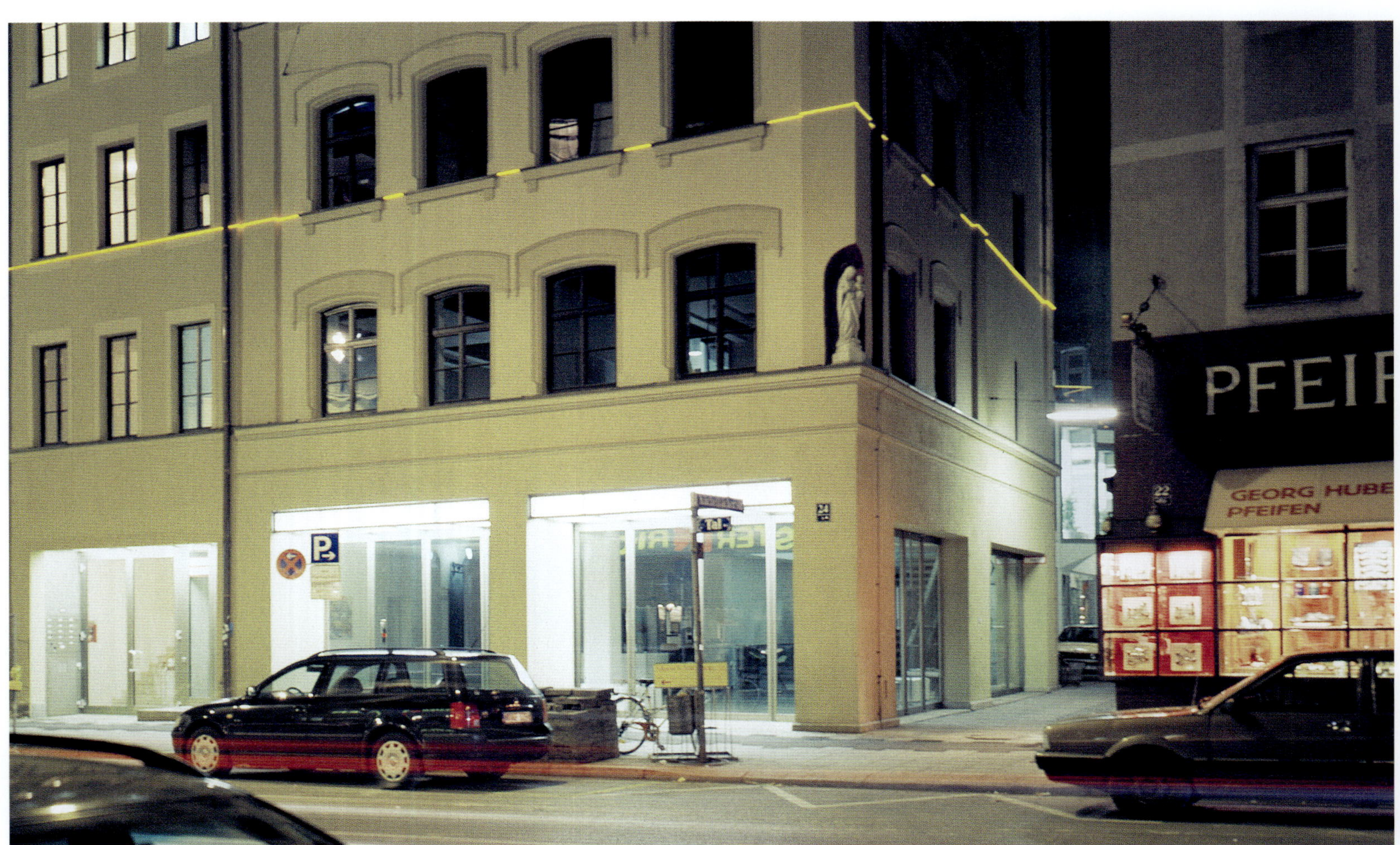

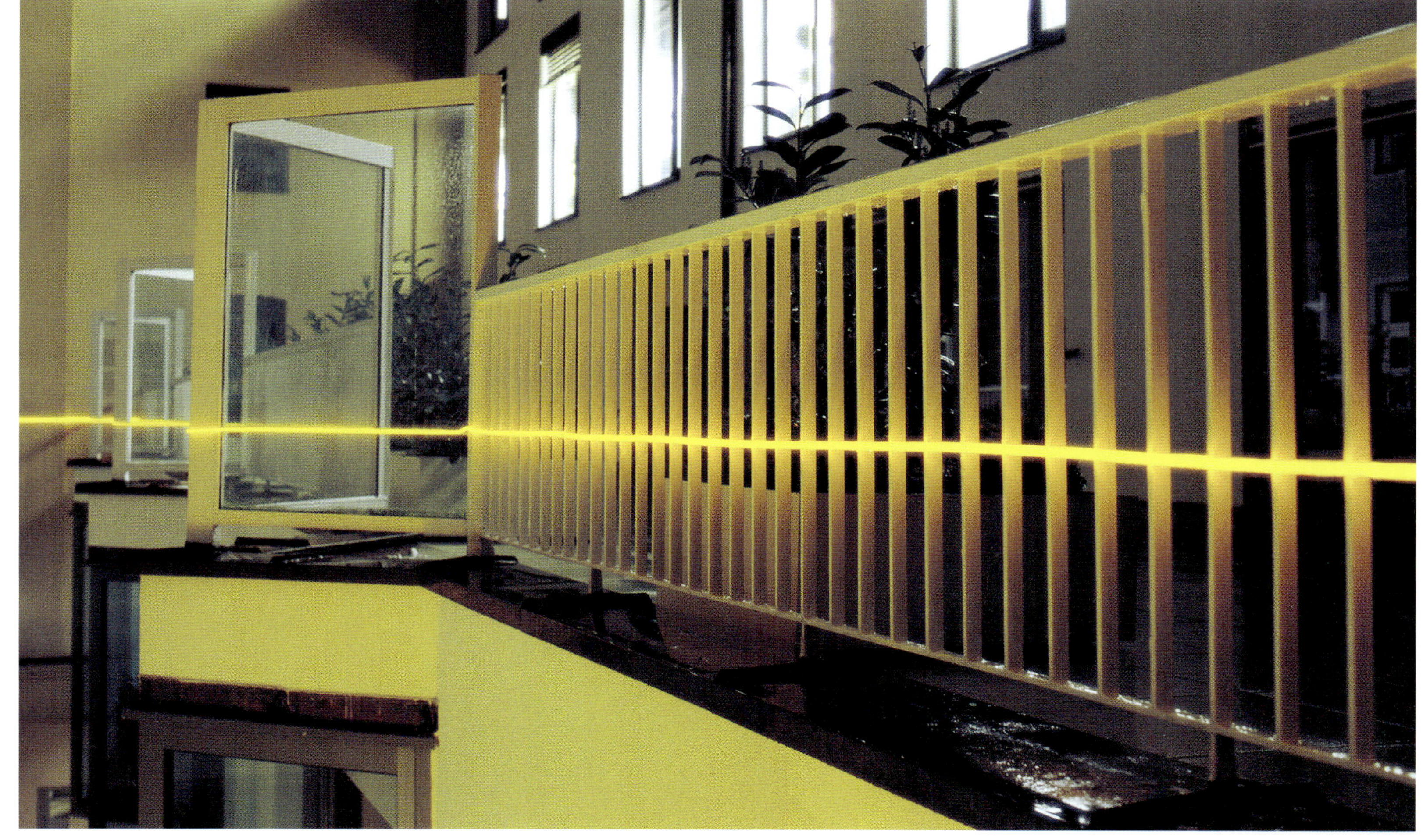

accel/invers

2001/2005

Neon

---

neon

Unterschiedlich lange, blau leuchtende Neonstreifen akzentuieren die Tiefensprünge der Hauptfassade des Gebäudes. Die horizontal verlaufenden Lichtlinien korrigieren und dynamisieren die durch mehrere Umbauten veränderte Struktur des Hauses.

Als seitliche Klammer akzentuiert *invers* das Volumen des Mittelteils des Neubaus der LfA und stellt eine Beziehung zur benachbarten Lichtinstallation *accel* her.

Neon strips of varying lengths accentuate the recesses of the main building facade. The horizontal lines of light correct and energise the structure of the building, which has been altered in various renovations.

As a lateral bracket, invers accentuates the volume of the central part of the new extension to the LfA and sets up a relationship to the neighbouring light installation accel.

LfA Förderbank Bayern, München

LfA Förderbank Bayern, Munich

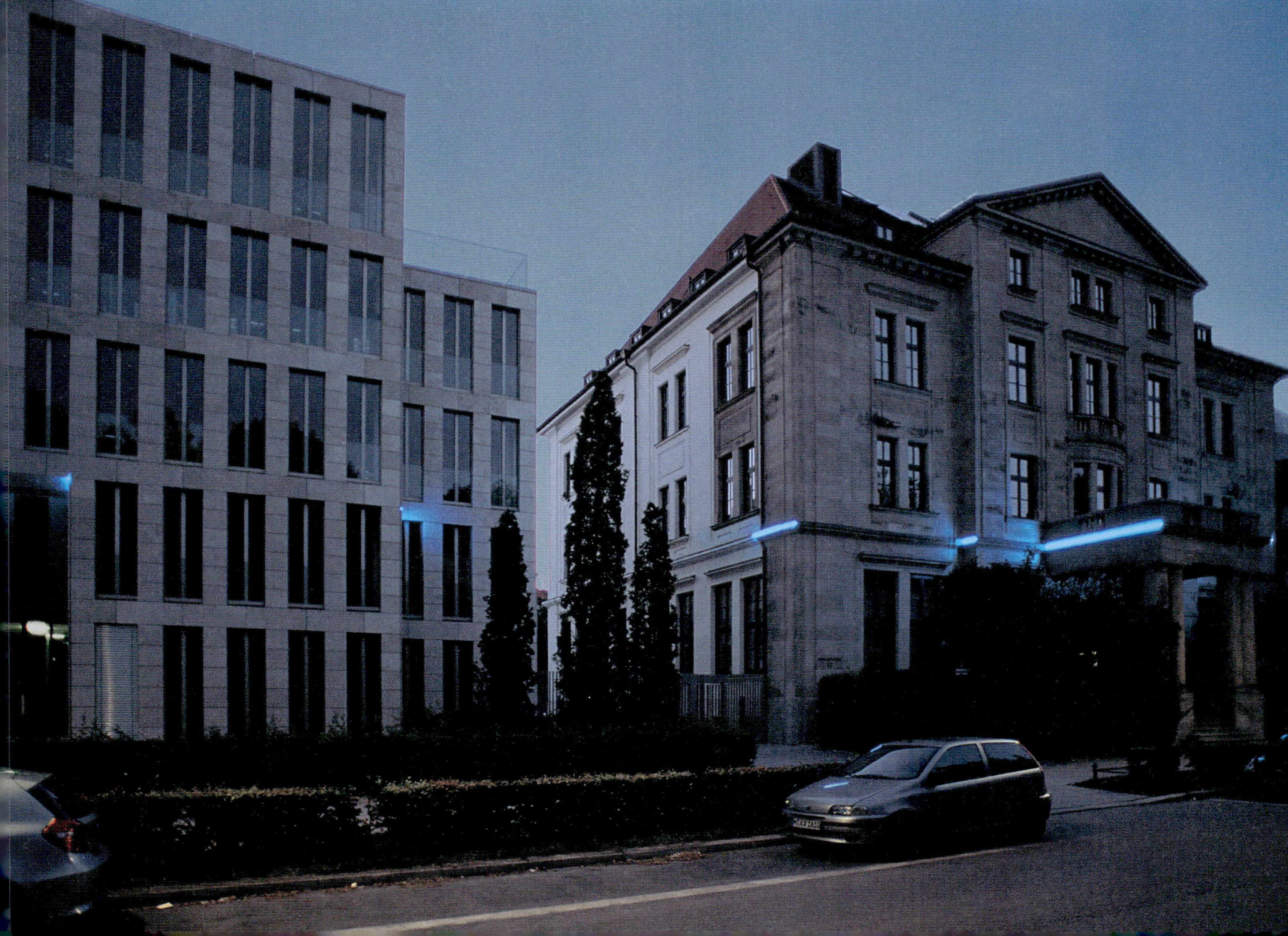

rang

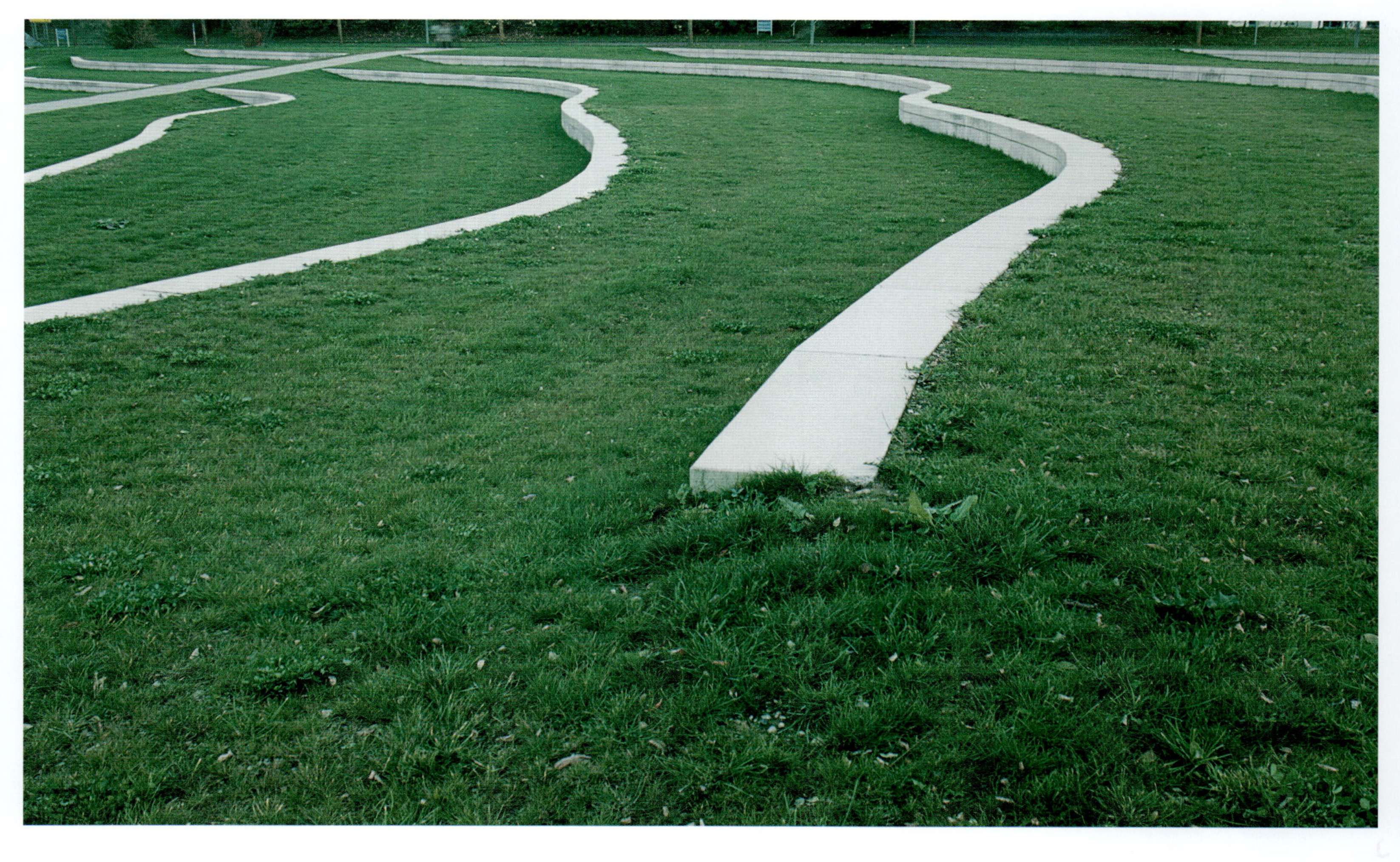

2001

Geländemodellierung, Beton, Licht

concrete, light

Der Ausläufer des Weihenstephaner Berges wurde seiner topografischen Struktur nach neu modelliert und entsprechend der Höhenlinien terrassenförmig angelegt. Betonelemente formen die Terrassenkanten, die nachts mit einem grün leuchtenden Lichtband nachgezeichnet werden. Die Modellierung des Geländes definiert einen neuen Ort, der die historische, architektonische und landschaftliche Umgebung thematisiert.

The foothills of the Weihenstephan mountain were remodelled according to their topographical structure and arranged in the form of terraces corresponding to the heights of their summits. Concrete elements form the terrace edges, sketched out at night with a green, illuminated band of light. The modelling of the area defines a new place, addressing the historical and architectural surroundings and the landscape.

Universitätscampus der TU München, Weihenstephan

Campus of The Technical University of Munich, Weihenstephan

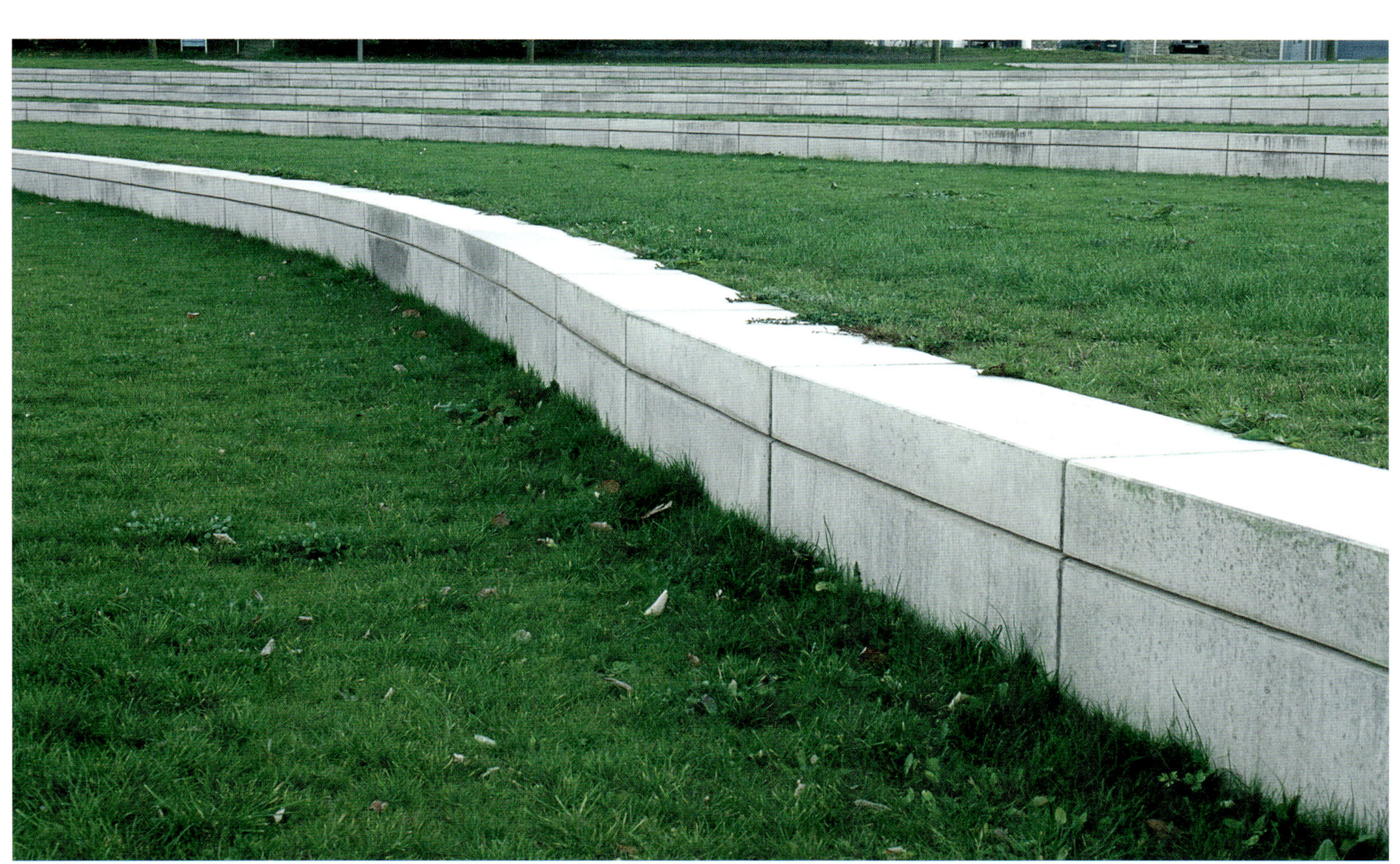

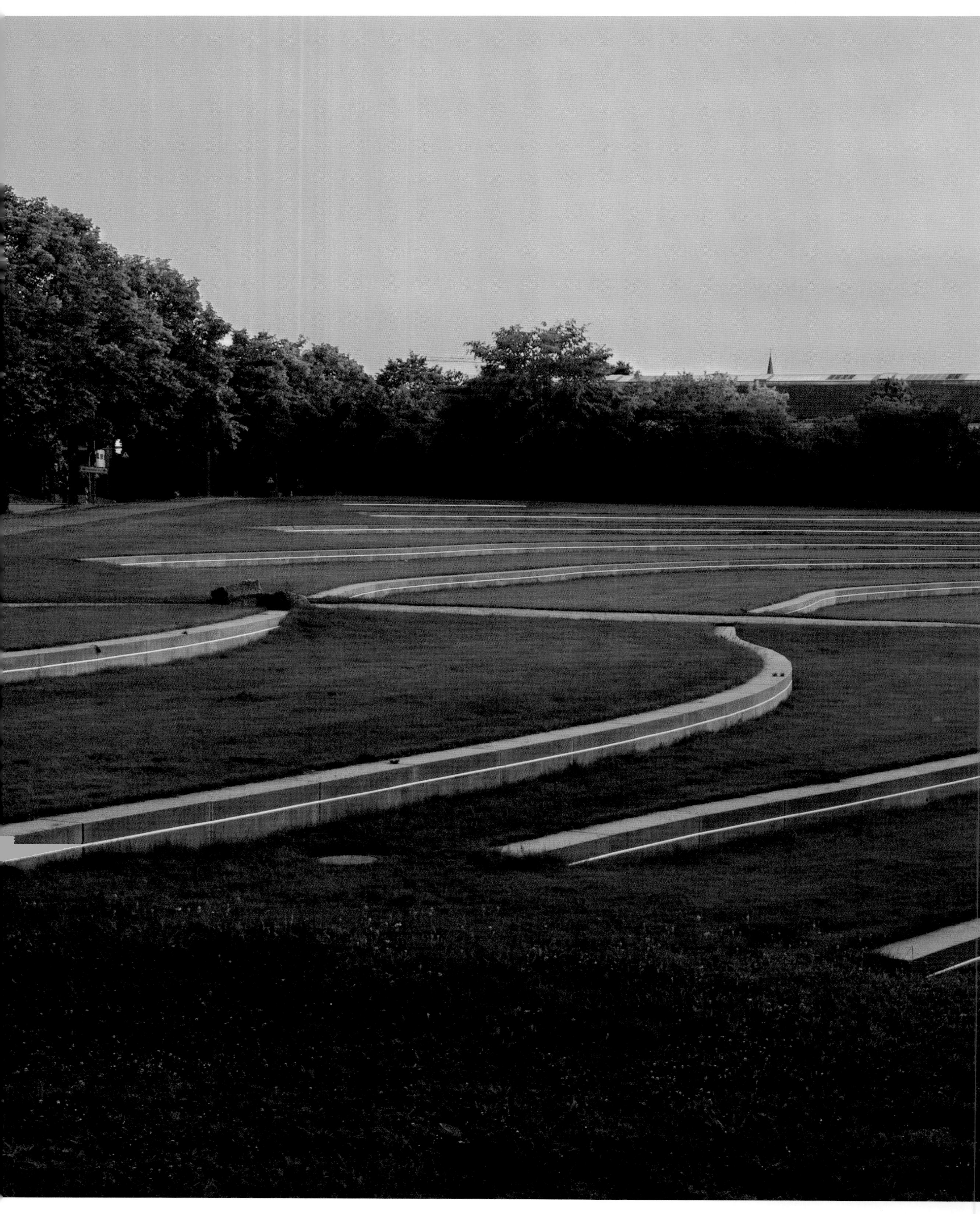

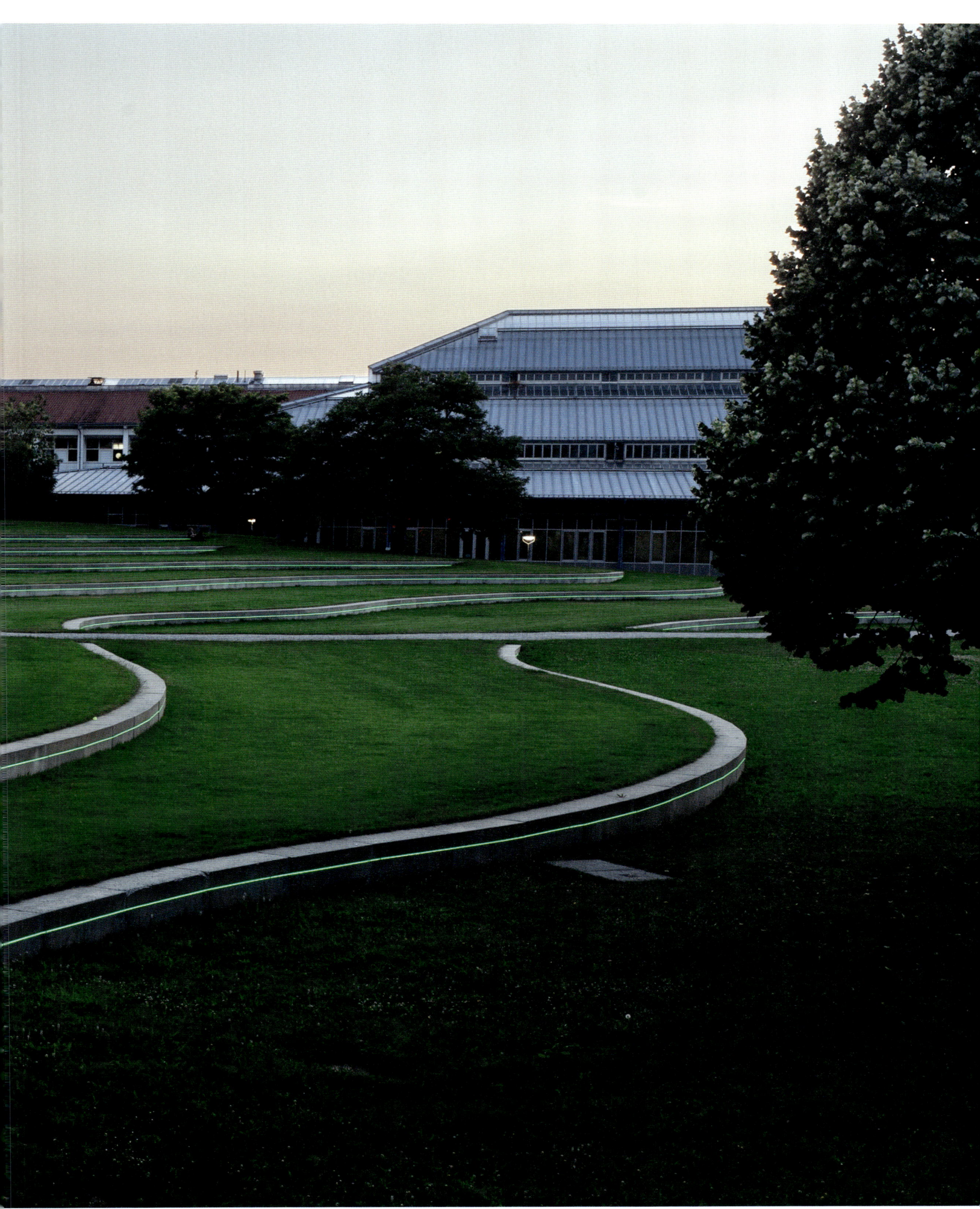

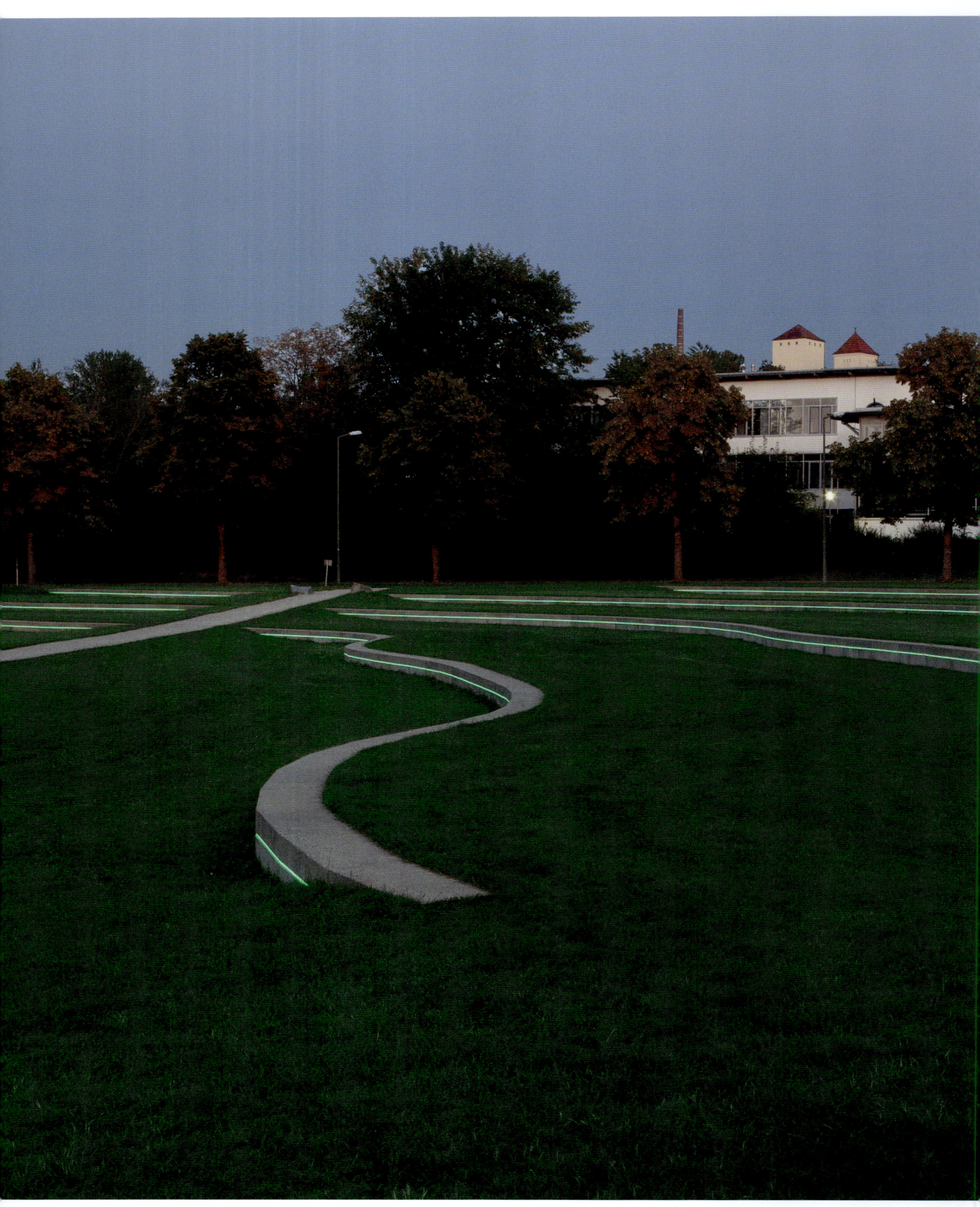

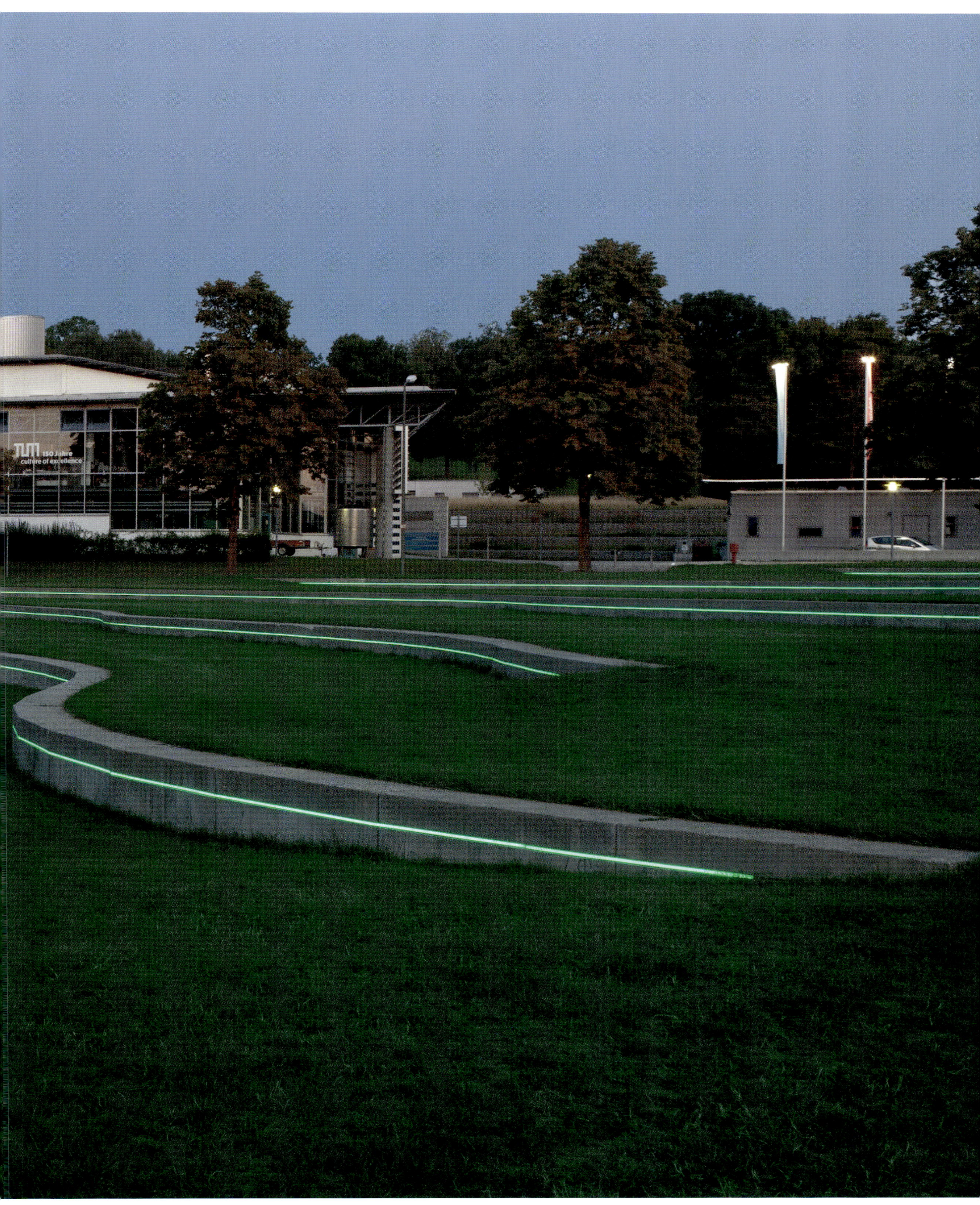

pass

2001

Stahl, Glas, 6 Videoprojektionen, Projektionsscreens, Sound

steel structure, glass, 6 video projections, sound

pass beruht auf drei Buslinien, die von verschiedenen Orten im Zentrum von Paris zur Périphérique und in die Vorstädte führen. Dabei streifen sie historisch, architektonisch oder gesellschaftlich bedeutende Orte. Die Linie 75 führt von Pont Neuf zur Porte de la Villette, die Linie 27 vom Gare St. Lazare zur Porte d'Ivry und die Linie 73 vom Musée d'Orsay nach La Défense.

Die Installation besteht aus sechs Glaskuben, von denen jeweils zwei einen Korridor bilden. In jedem Korridor werden zwei Projektionen einander gegenübergestellt, jeweils mit der Hin- und Rückfahrt einer Buslinie. Die Projektionen beginnen während der Wartezeiten der Busse mit dem Blick aus dem stehenden Bus. Sie sind so programmiert, dass beim Start der letzten Bildeinstellung alle Busse gleichzeitig losfahren. Die Anordnung der Kuben entspricht einer typischen städtebaulichen Blockbebauung und vermittelt so den Eindruck eines öffentlichen Raumes. Die Struktur der Installation bezieht sich gleichermaßen auf transitorische Orte wie auf utopische Modelle der Moderne.

pass is based on three bus routes leading from various locations in the centre of Paris to the périphérique and the suburbs. They pass though historically, architecturally or socially significant places in the city. Bus number 75 travels from Pont Neuf to Port de la Villette, number 27 from Gare St Lazarre to Porte d'Ivry and number 73 from Musée d'Orsay to La Défense.

The installation consists of six glass cubes, arranged in pairs, with each pair forming a corridor. In each corridor two projections are juxtaposed showing the outbound and return journeys. The projections begin during the waiting time for the buses, which is of varying length, with the view from the stationary buses. The videos are programmed to start at different times so that all the buses set off simultaneously. The arrangement of the cubes corresponds to a typical urban-architectural block construction, and thus conveys the impression of a public space. The installation's structure refers in equal measure to transitory spaces as well as to models of modernist utopia.

SONDER SCHAU!, Praterinsel, München

SONDER SCHAU!, Praterinsel, Munich

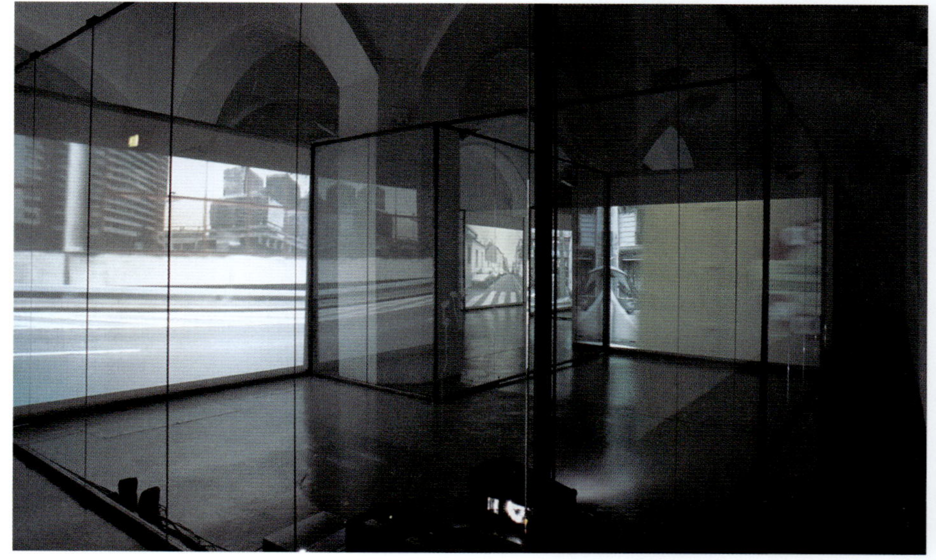

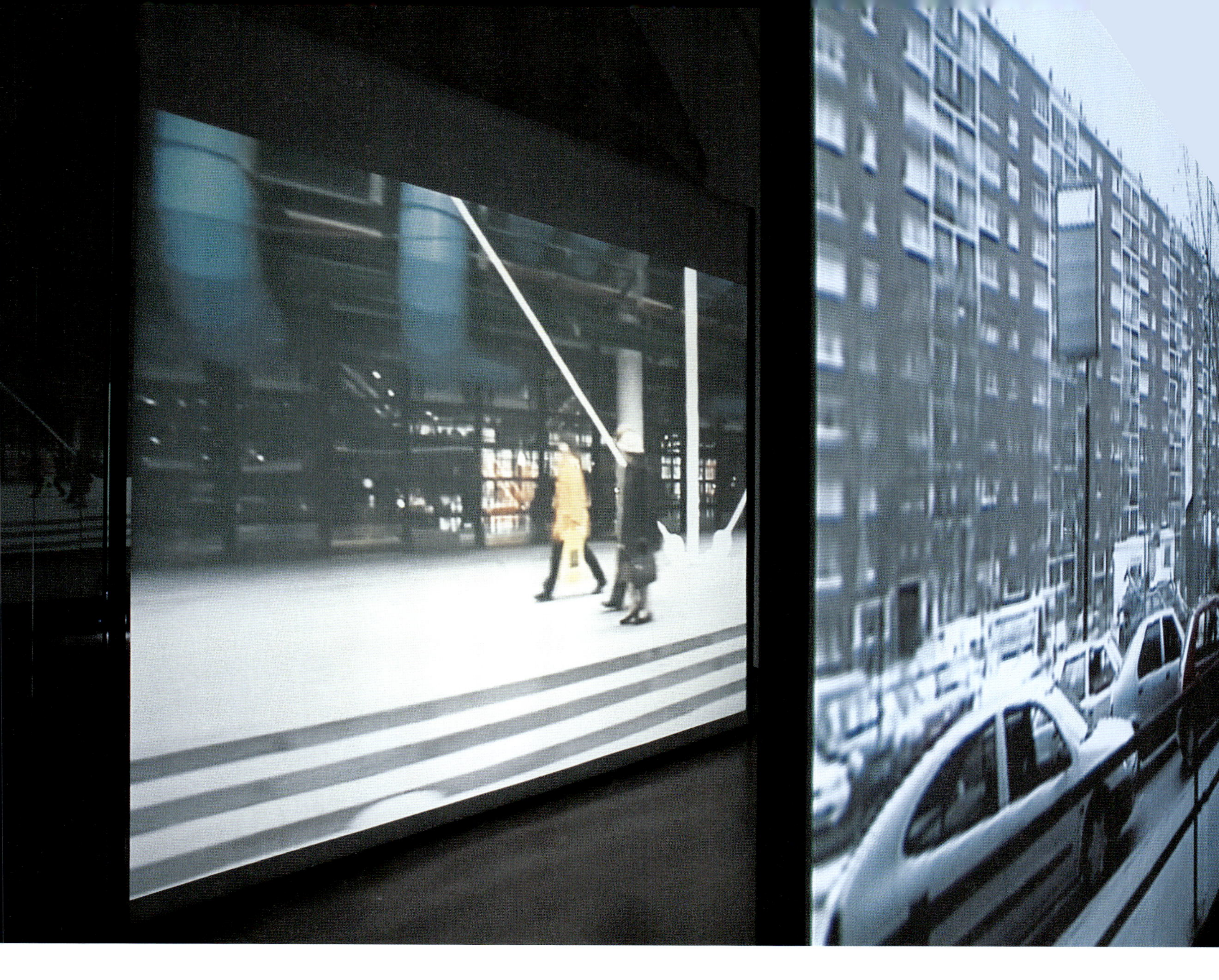

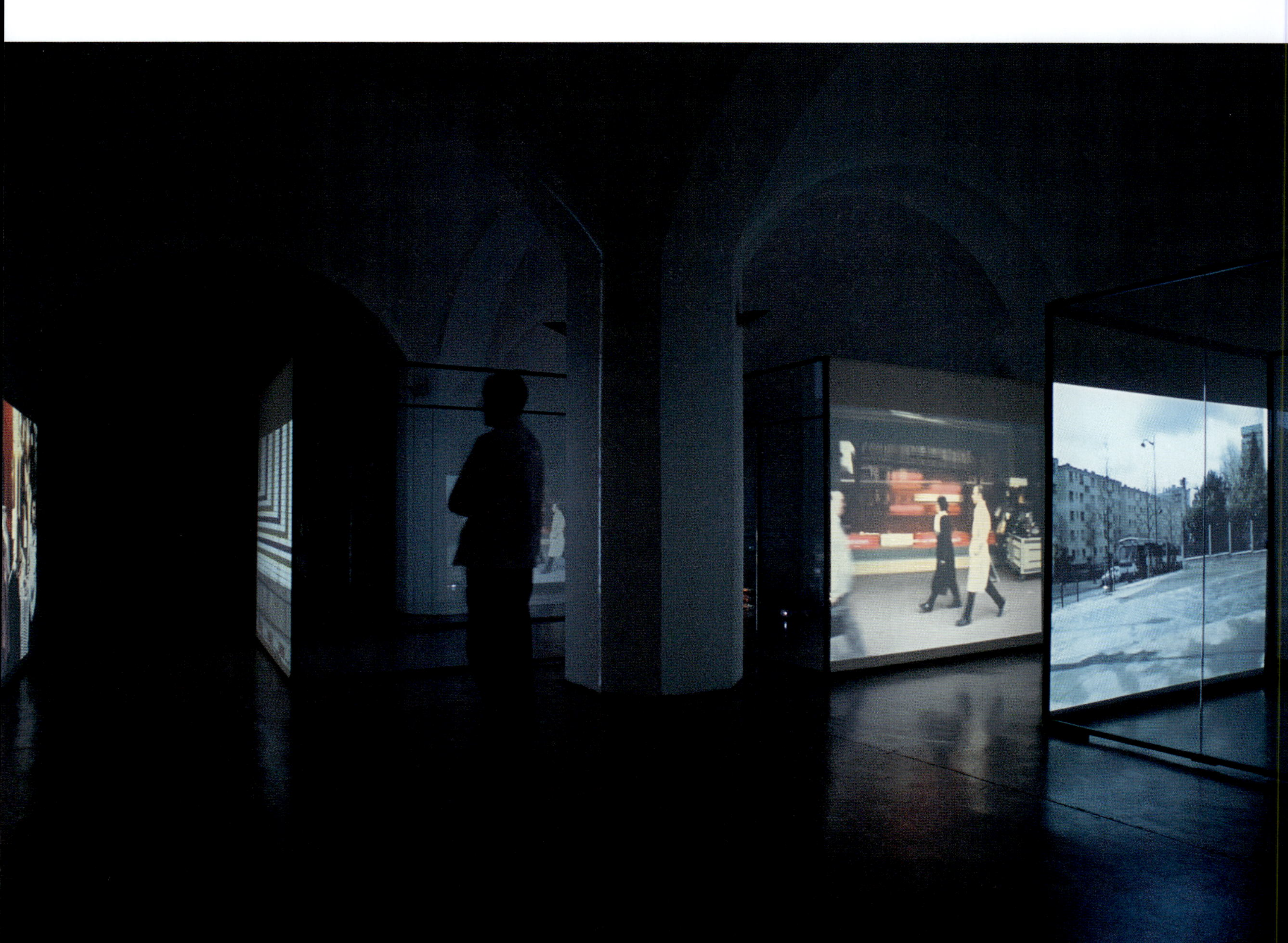

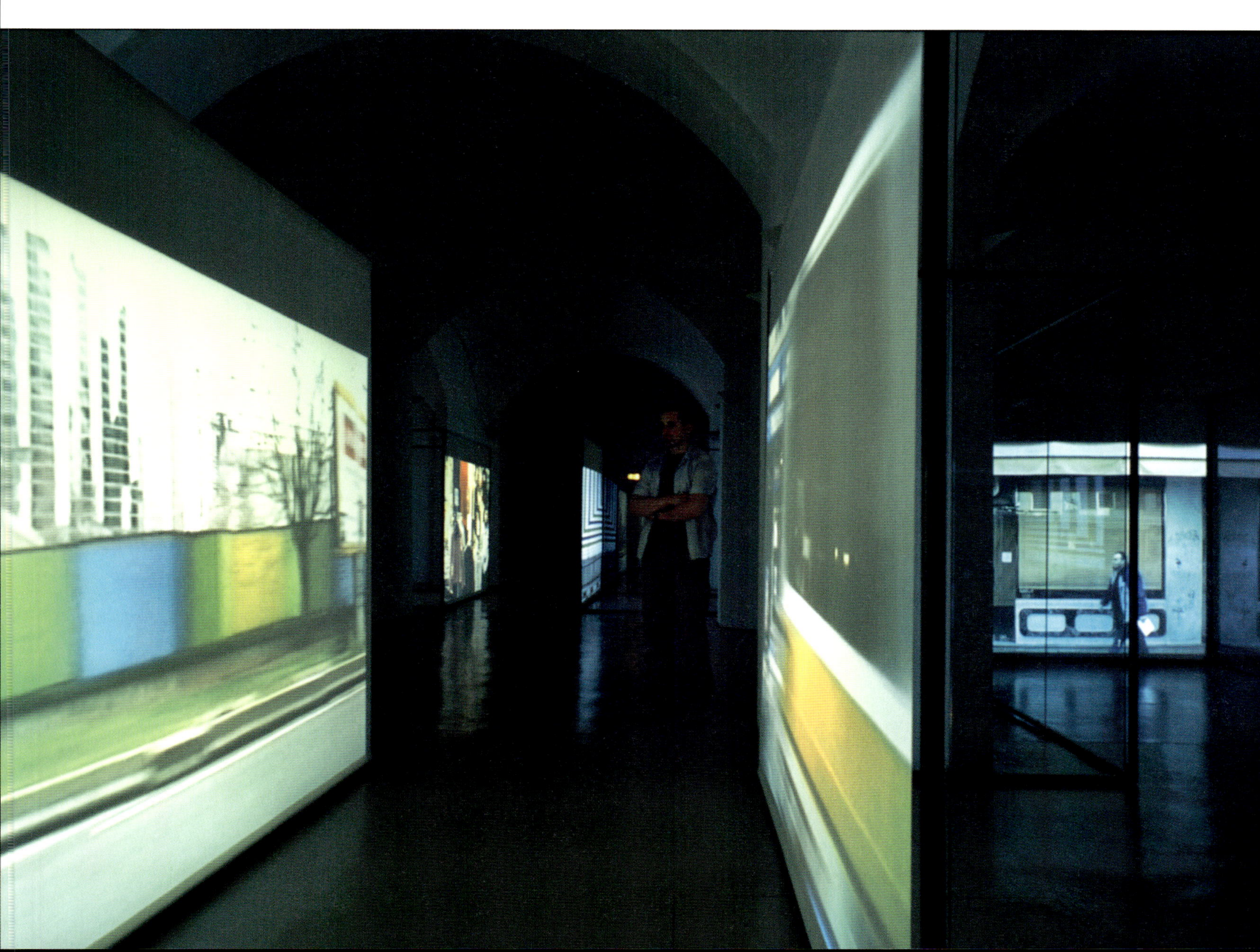

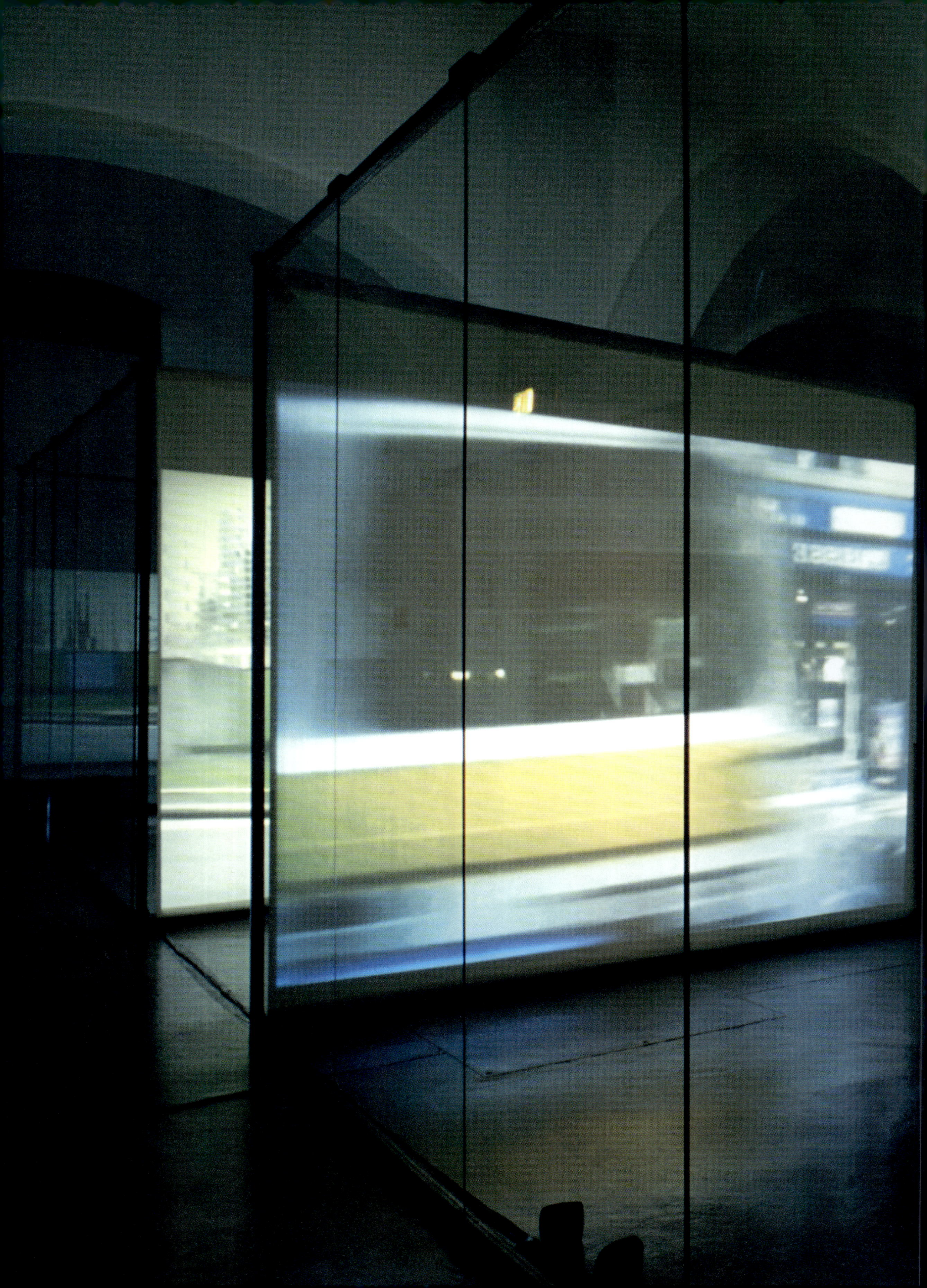

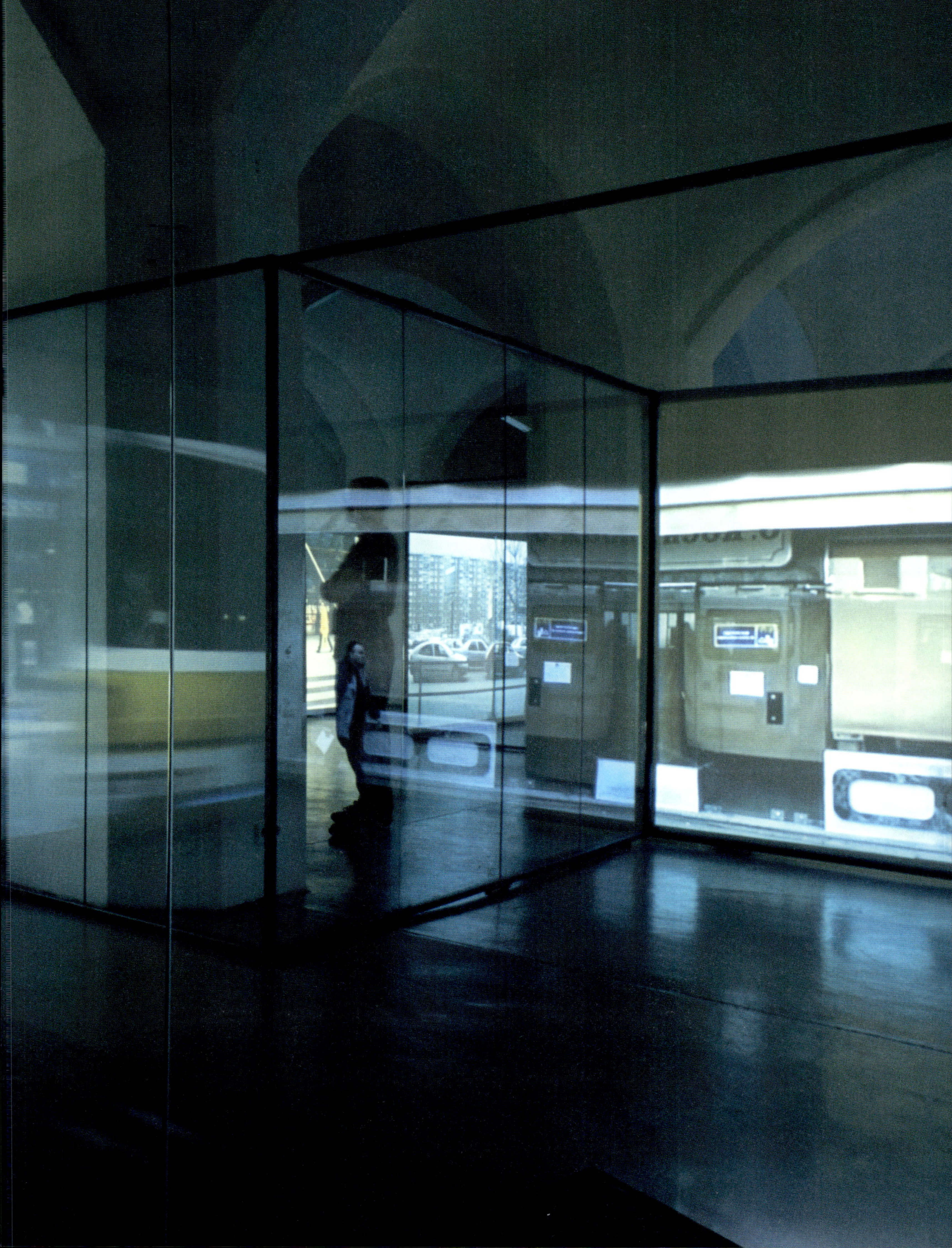

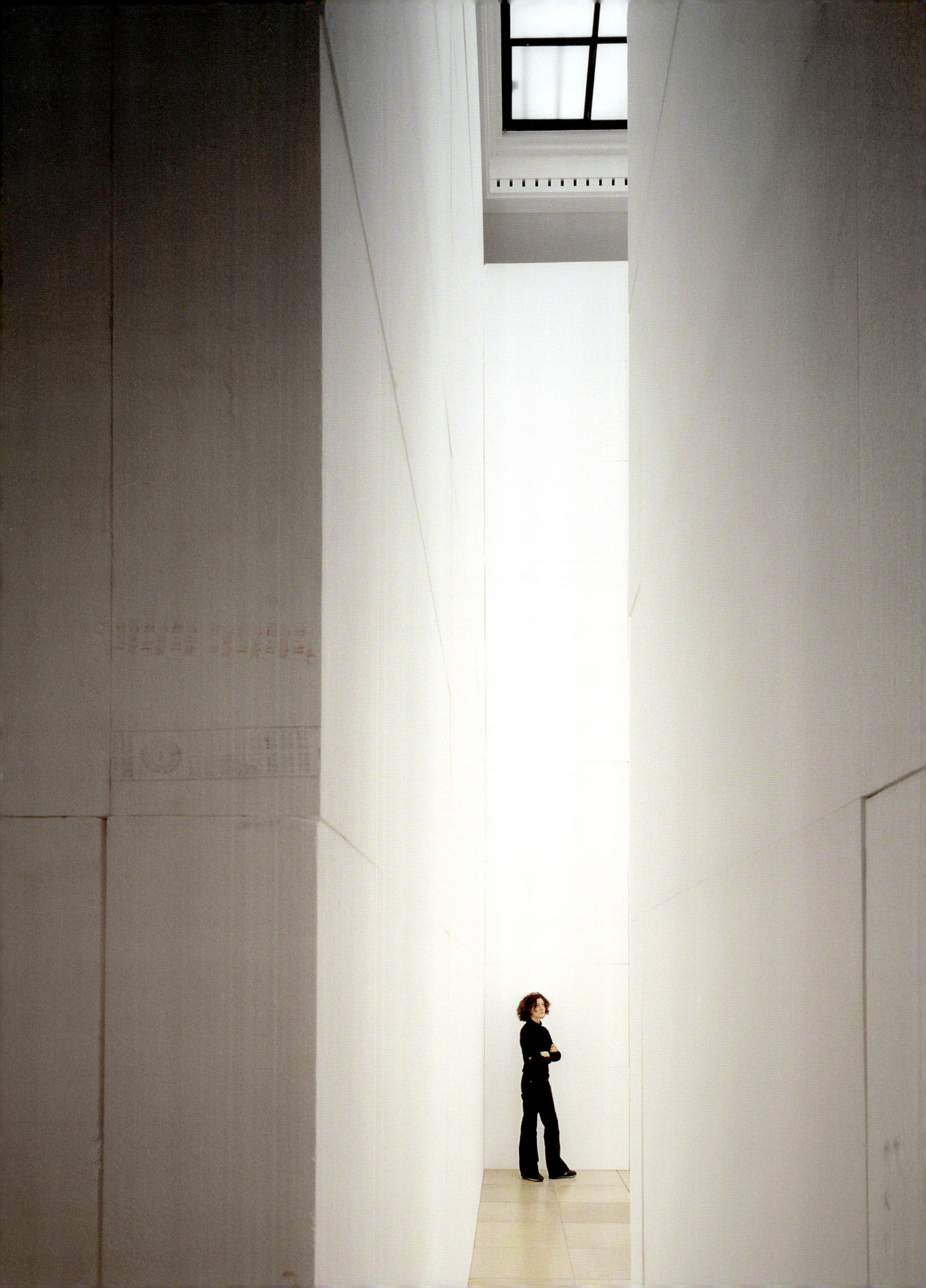

tresor

2000/2001

Styropor

expanded polystyrene

Als Teil der Robert Ryman-Retrospektive bildete die Installation eine Referenz auf die Arbeit Rymans. Mit einem Einbau aus Styroporblöcken wurde das Raumvolumen auf die Größe des Oberlichts komprimiert. Vorkragende architektonische Elemente wie Pilaster oder Türen wurden über die gesamte Höhe ausgespart. Die Installation wurde zu einer visuellen und akustischen Leerstelle innerhalb der Ausstellung.

As part of the Robert Ryman retrospective, the installation used Ryman's work as a reference. With an installation of expanded polystyrene blocks, the room's space was reduced to the size of the rooflight. Protruding architectural elements such as pilasters or doors were covered along the entire level. The installation became a visual and acoustic void within the exhibition.

Haus der Kunst, München

Haus der Kunst, Munich

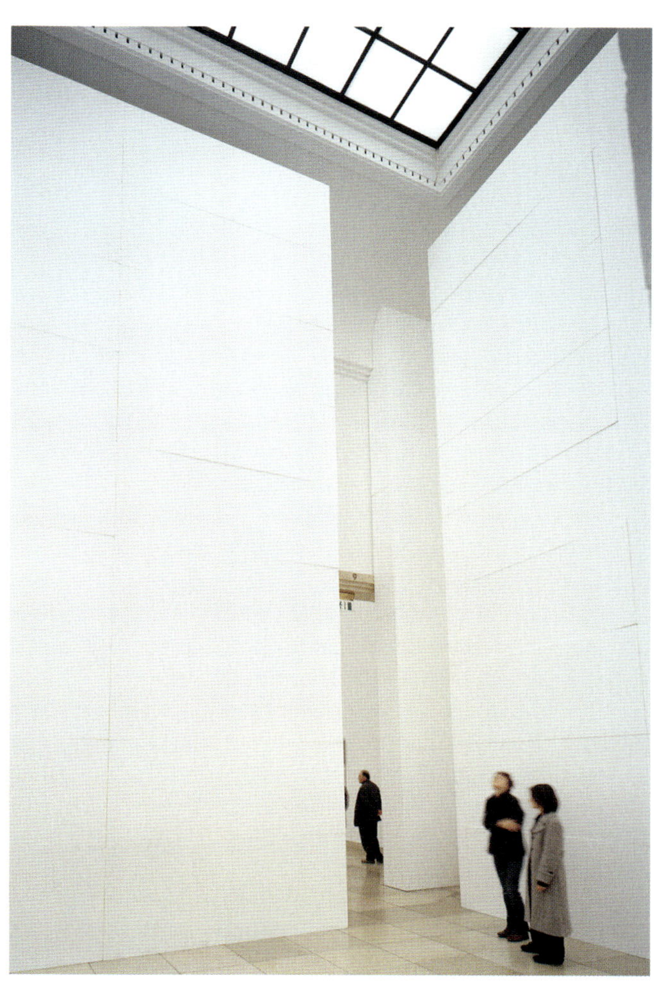

log

1997–2000

Paraffin, Betonguss

paraffin, cast concrete

Der Küchenboden einer Wohnung wurde für die Dauer von sechs Monaten mit Wachsplatten ausgelegt, die die Spuren der Bewohner konservierten. Im Anschluss wurden die Platten einzeln in Beton abgegossen und als kompakte Fläche in den Außenraum verlegt. Die Arbeit wurde am Sebastiansplatz im Zentrum von München bündig in das Plattengefüge eingelassen und verlagerte damit die privaten Spuren eines Innenraumes in den urbanen Außenraum.

The kitchen floor in an apartment was covered for six months with slabs of wax, preserving traces of the inhabitants. The individual wax slabs were then cast in concrete and transposed as a compact surface to an exterior space. On Sebastienplatz, a square in the centre of Munich, the work was set within the existing paving, thus displacing the private traces of interior space into the exterior urban environment.

Wohnung Biedersteiner Straße und Sebastiansplatz, München

Biedersteiner Straße apartments and Sebastiansplatz, Munich

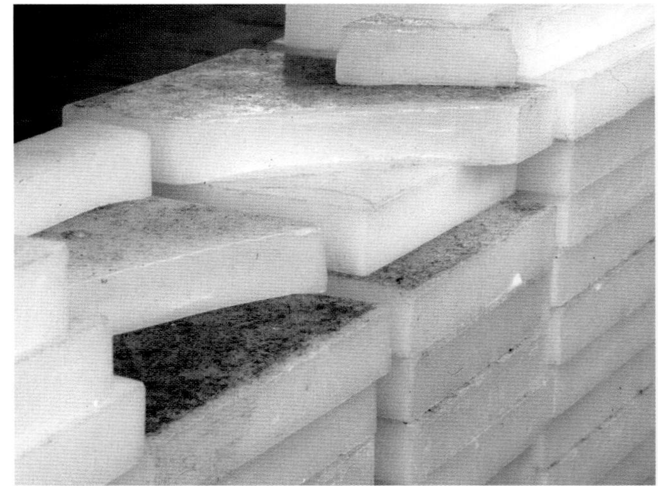

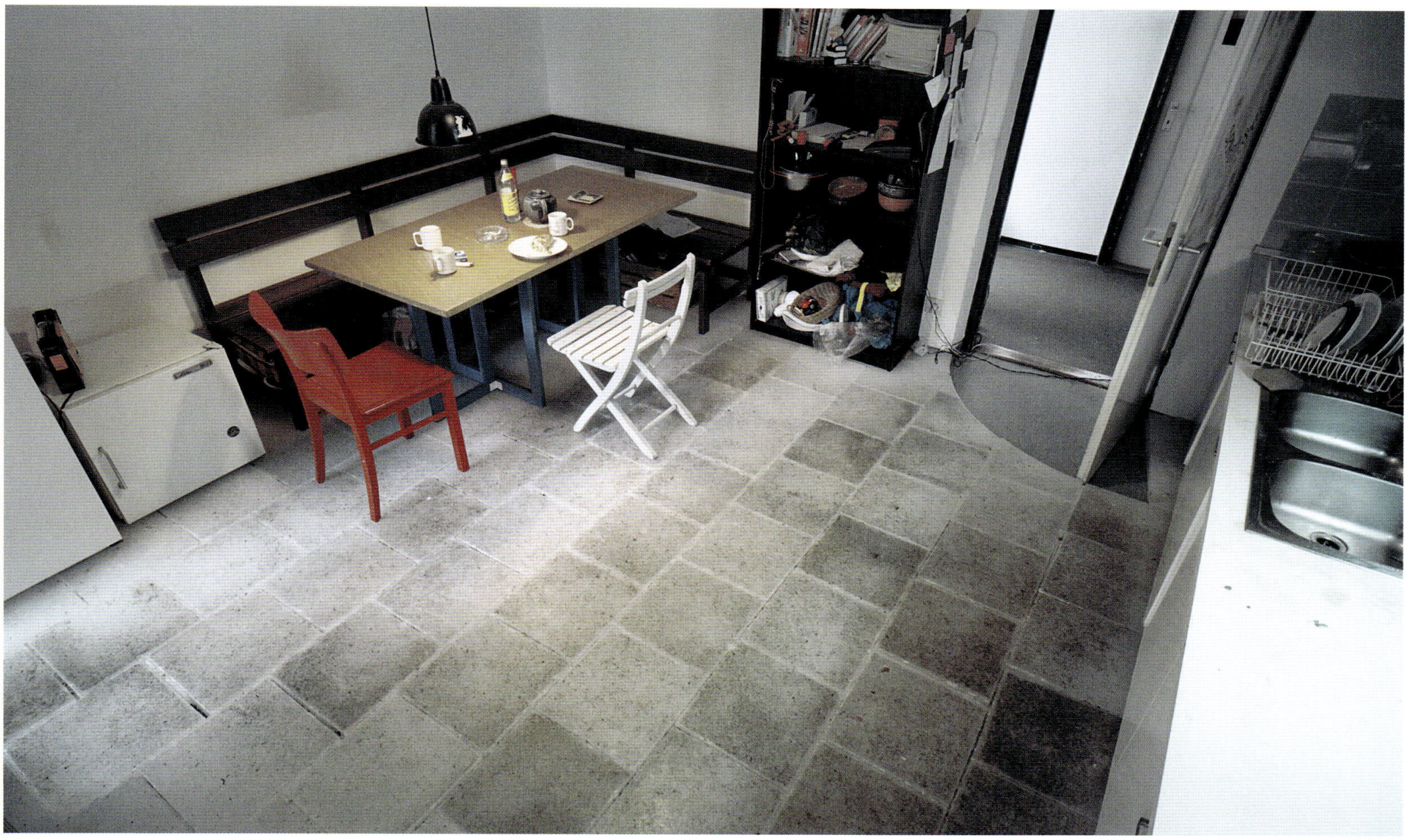

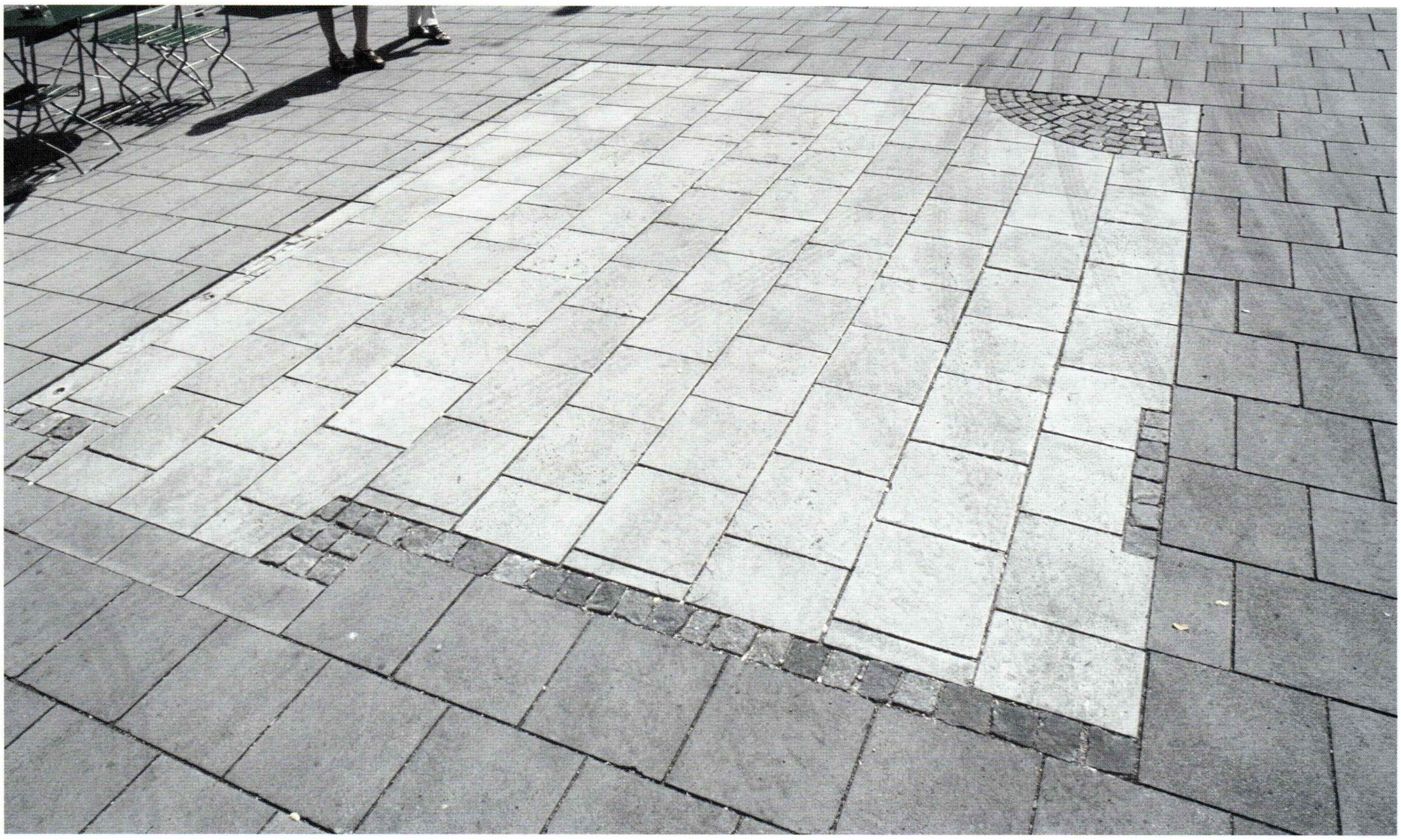

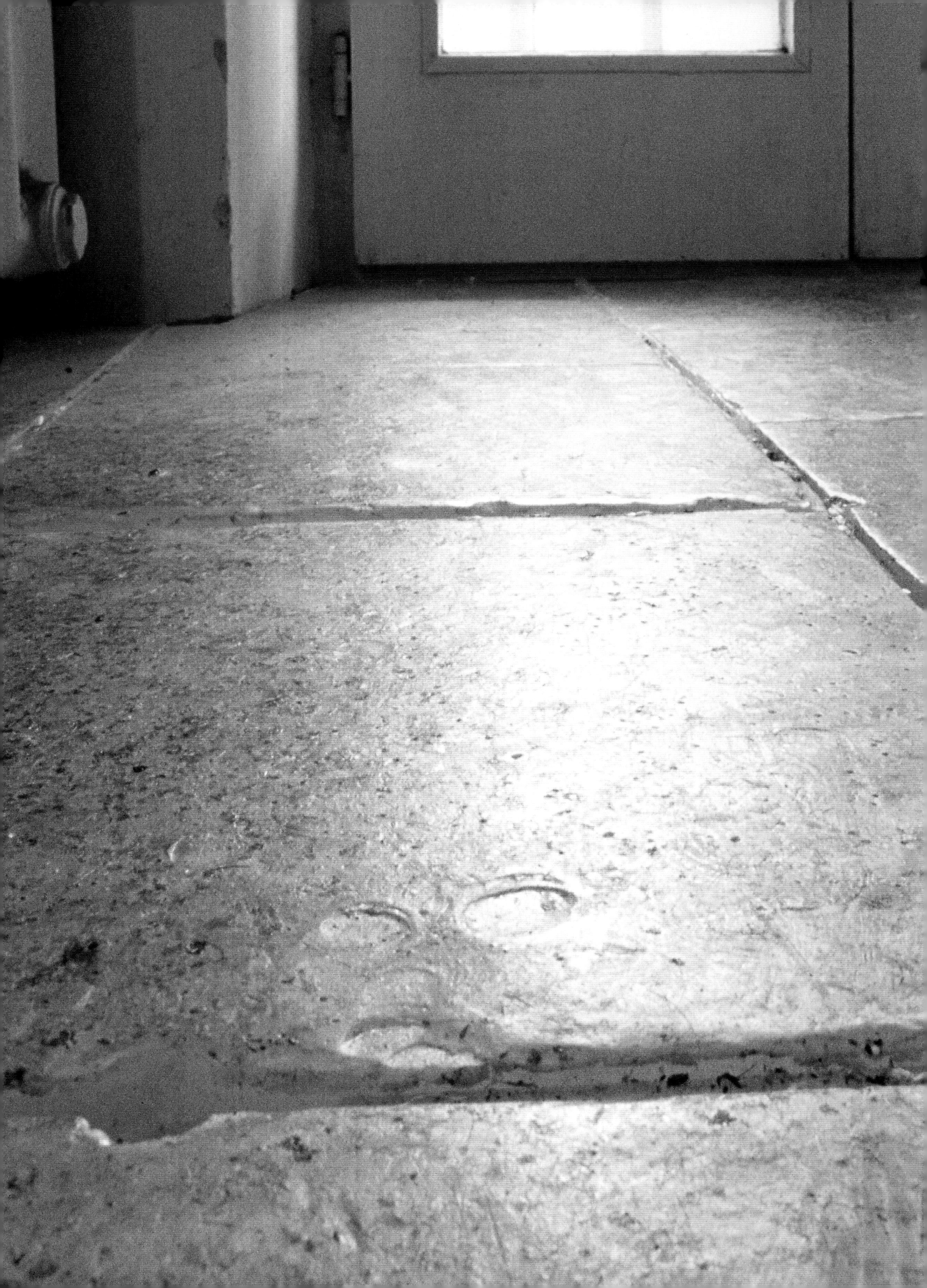

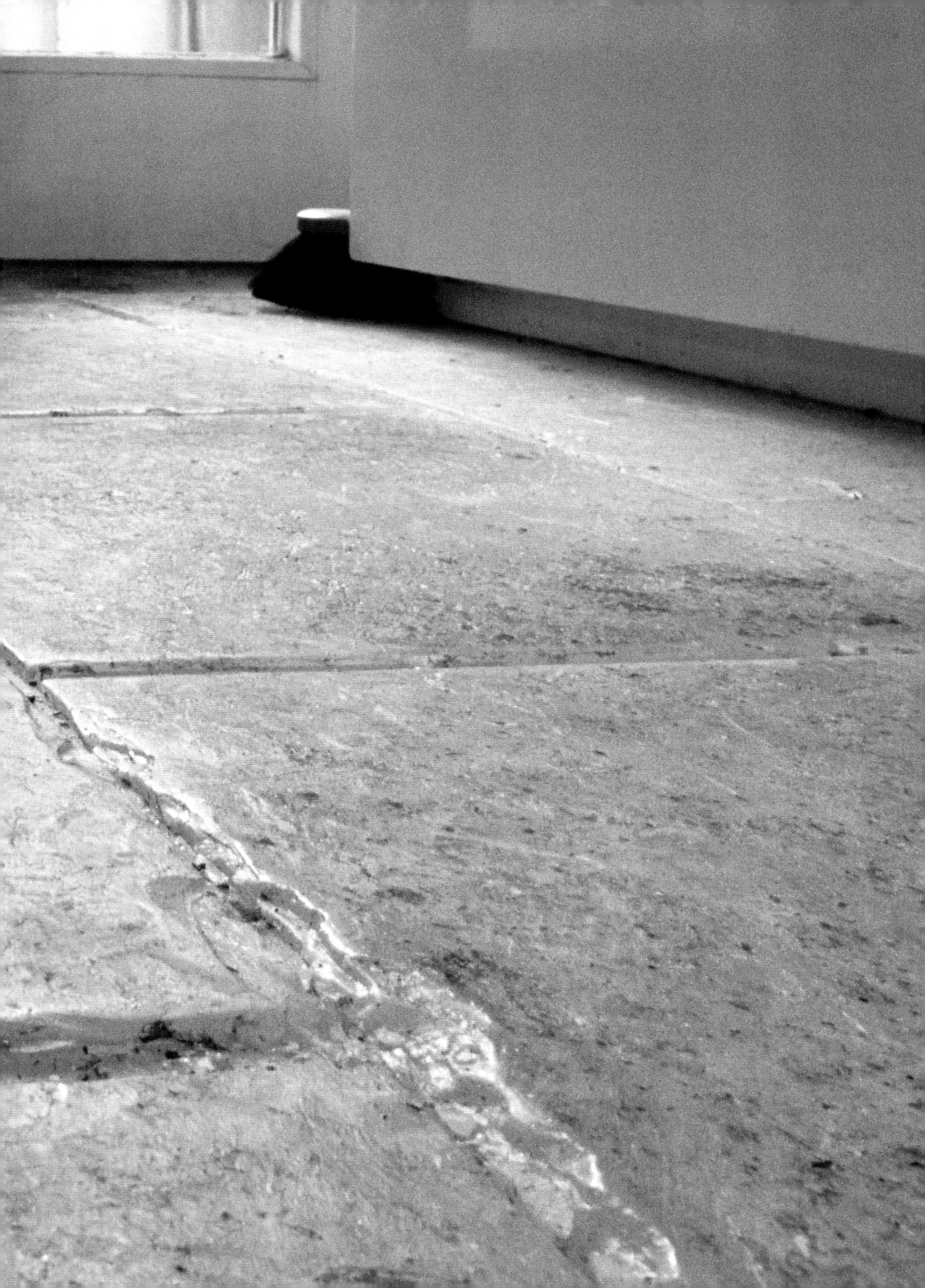

zuhause ist es doch am schönsten (there's no place like home)

1997

Beton

concrete

Der Grundriss eines an Verwaltungsbauten angrenzenden Wohngebäudes wurde als dreidimensionale Struktur in den dazugehörigen Hof gespiegelt und in 40 Zentimeter hohen Betonmauern nachgebaut. Der private Innenraum wird damit in seiner formalen Grundstruktur spiegelverkehrt in den öffentlichen Außenraum versetzt. Als Spiegelachse fungiert die vor den Terrassen angelegte Hecke, die die Grenze zwischen dem öffentlichen Hof und der privaten Wohnsituation markiert.

Die Mauerstruktur legt sich über die Bepflanzungsanlagen und ist selbst von einer weiteren Struktur unterlegt, die aus der öffentlichen Funktion des Hofes resultiert: von einem Wegenetz mit dem Notausgang der Tiefgarage. Denn dort, wo die Fußwege verlaufen, sind die Mauern unterbrochen. Sie ordnen sich dieser funktionalen Notwendigkeit unter. Umgekehrt ließe sich auch formulieren, dass diese Unterbrechungen als Leerstellen die Wege und damit den öffentlichen Ort markieren. Unaufdringlich wird mithin eine logische Verklammerung der Räume (innen/außen) und ihrer Funktionen (privat/öffentlich) hergestellt.

Beim Blick aus den Wohnungsfenstern erscheinen die Mauern als eine dreidimensionale Spiegelung. Sie schaffen ein Moment der Identitätsstiftung und stellen zugleich eine Leerstelle dar, die vom Betrachter mit eigenen Assoziationen gefüllt werden kann. (Martina Fuchs)

The ground floor plan of an apartment building adjoining a civil service office block is reflected in the building's courtyard in the form of a three-dimensional structure, which has been built using 40 cm high concrete walls. The basic formal structure of the private, interior space is thus transposed as a mirror image into the public, exterior space. The hedge planted in front of the terraces acts as the mirror axis, marking the boundary between the public courtyard and the private, domestic environment.

The wall structure is superimposed over the flowerbeds and is itself subordinate to a further structure resulting from the public function of the courtyard: a network of paths leading from the emergency exit of the underground car park. Where the footpaths have been laid out, the concrete walls are broken, subordinating themselves to this functional necessity. Conversely it could be said that these breaks mark the paths—and with them the public space—as voids. This creates a logical and unobtrusive connection between the spaces (interior/exterior) and their functions (private/public). Looking out from the windows of the apartments, the walls constitute a three-dimensional reflection. On the one hand they generate a sense of identity while on the other they represent a void that can be filled with viewers' own associations. (Martina Fuchs)

Innenhof der Berufsgenossenschaft Bau, Landsberger Straße 309, München

Courtyard of BG Bau, Landsberger Straße 309, Munich

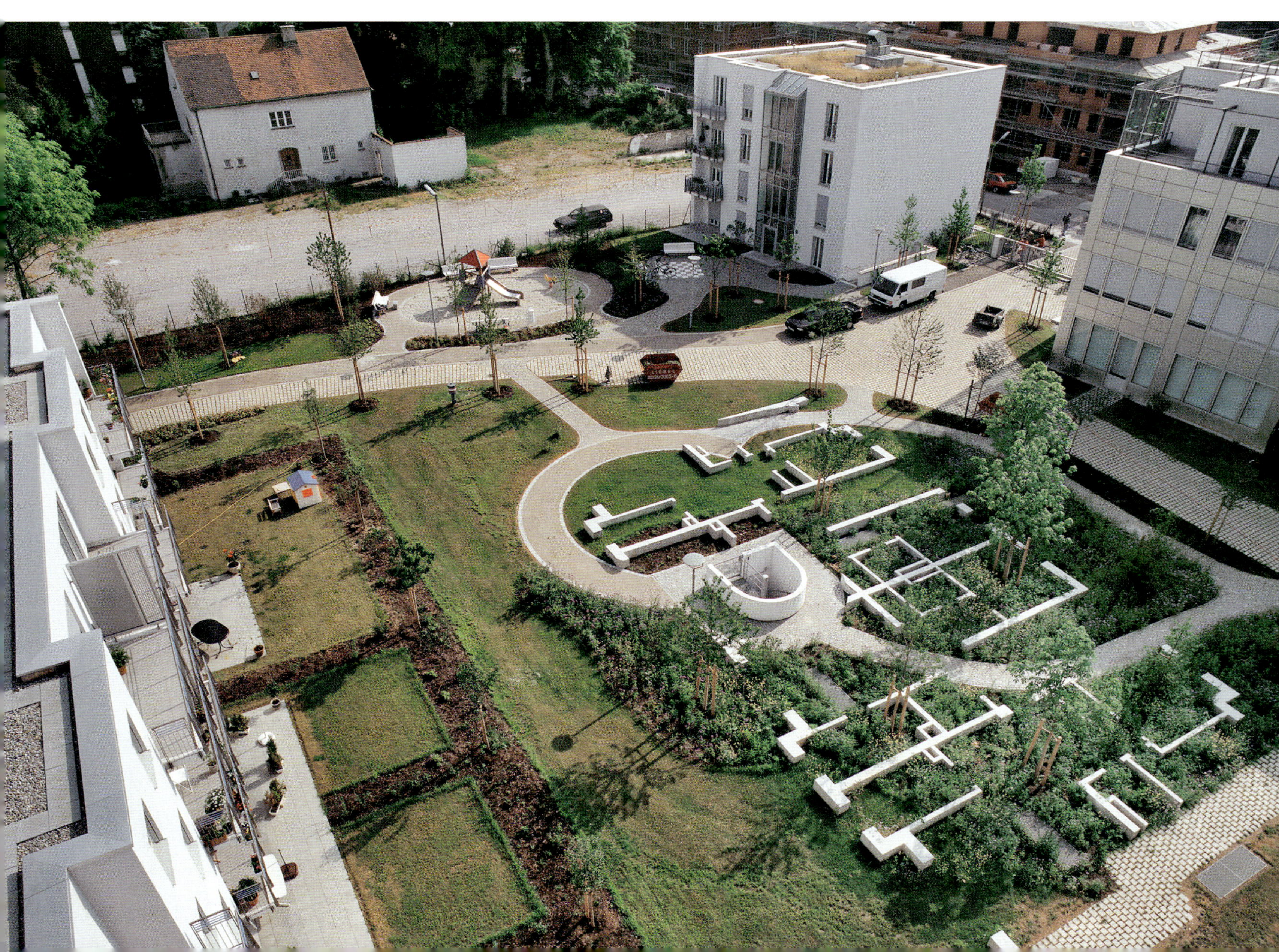

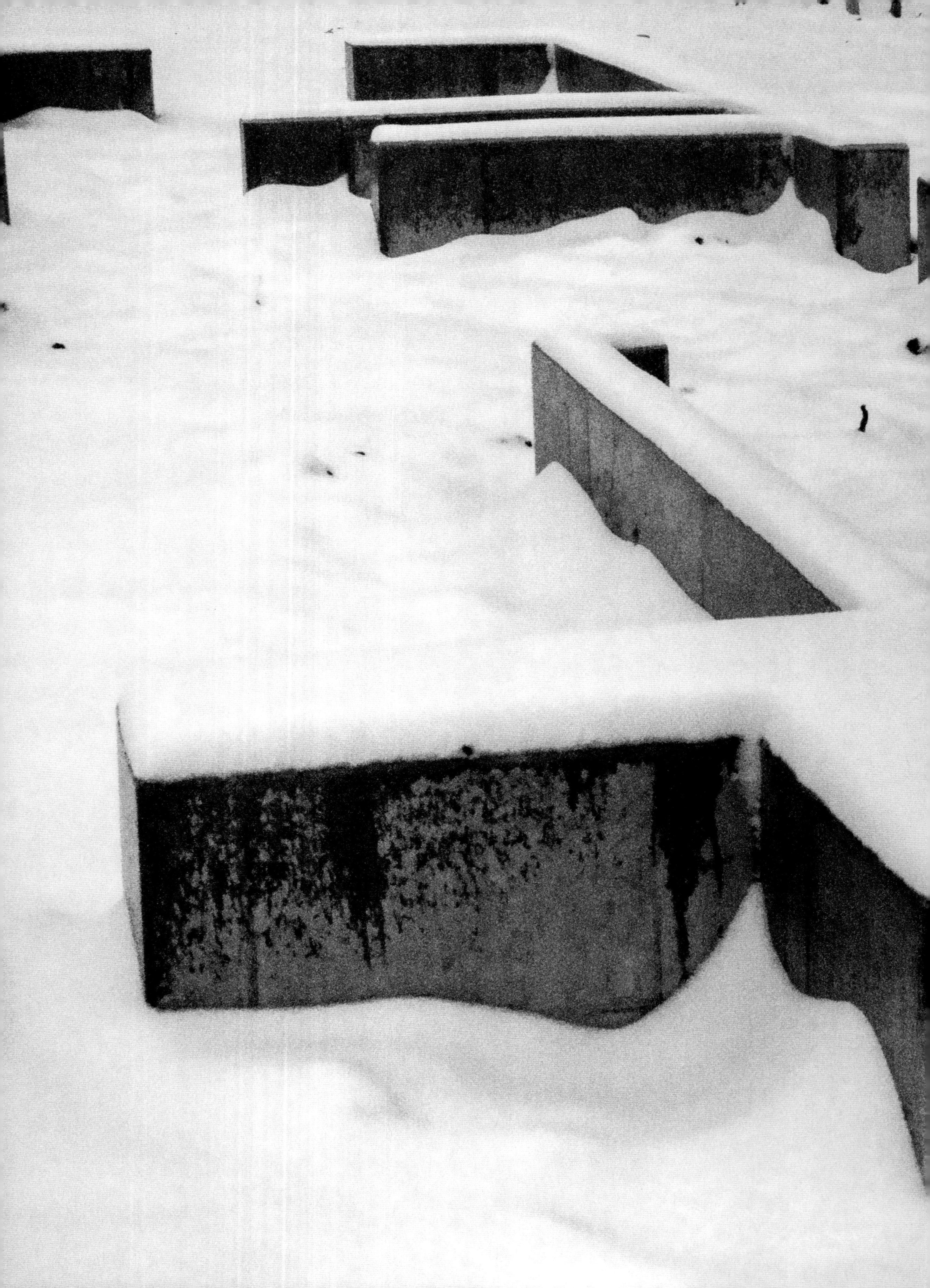

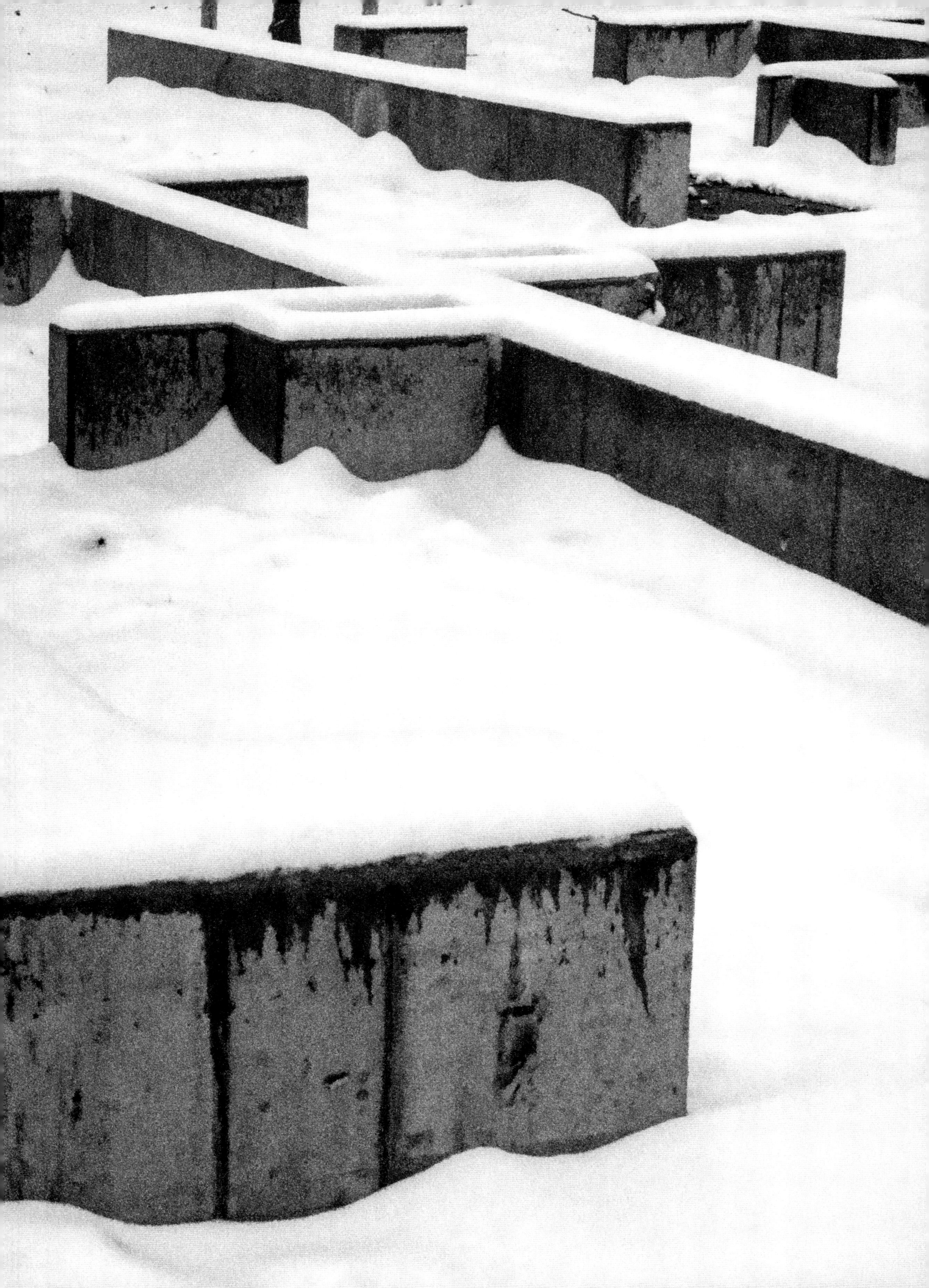

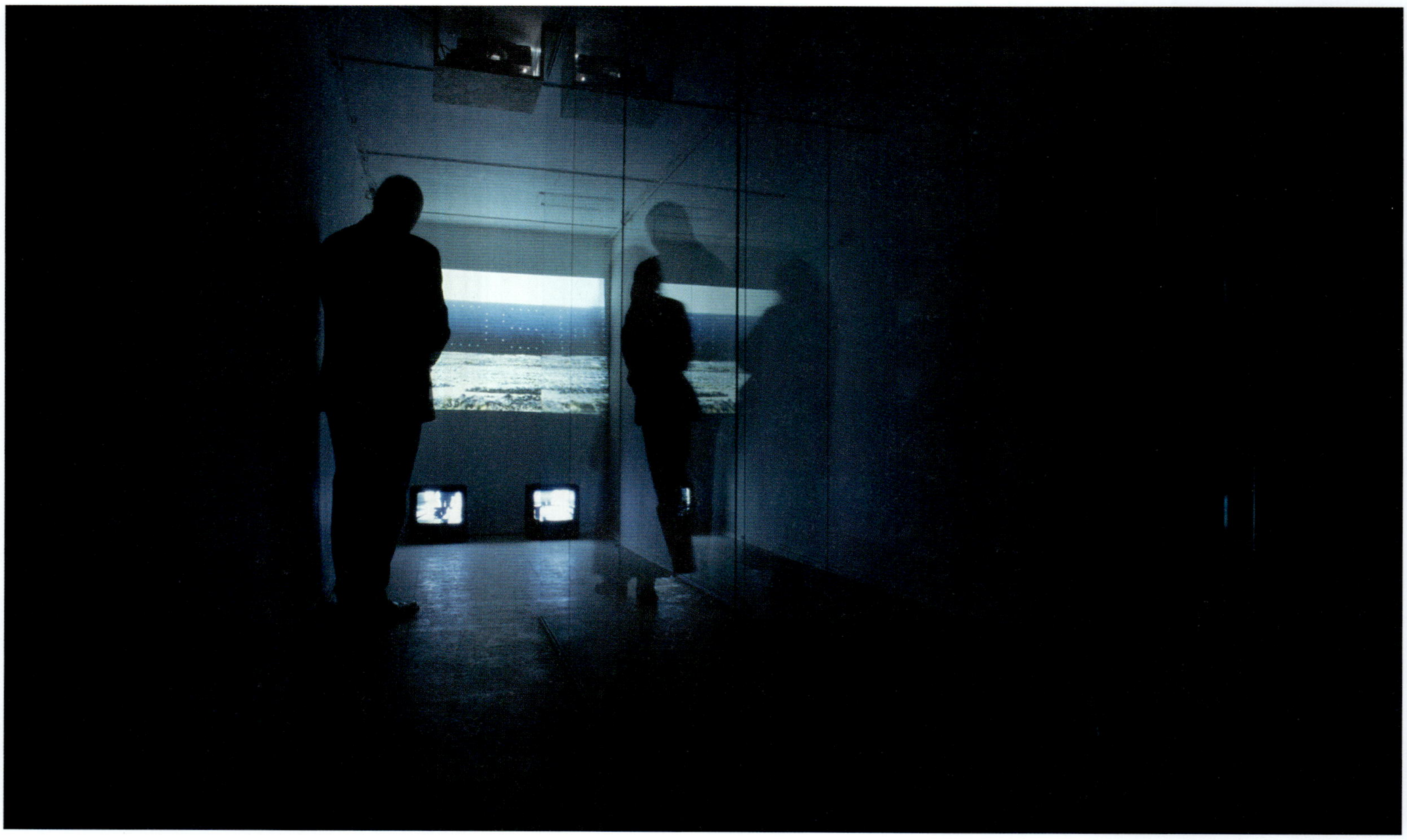

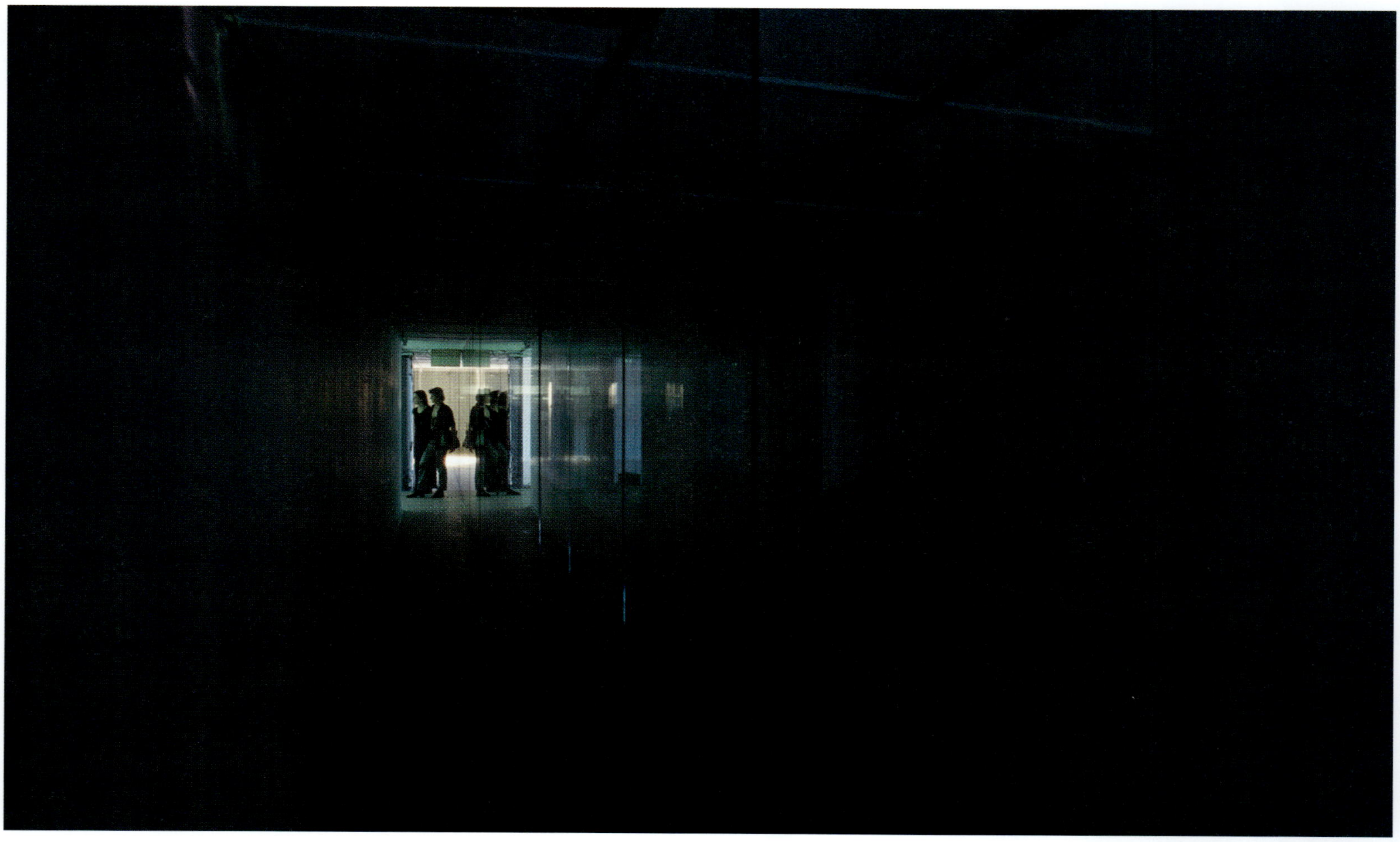

desire

1999

Glas, Video- und Diaprojektionen

glass, video- and slide projections

mit | with Benjamin Aranda, atopos, Constantin Blank, James Corner, Winka Dubbeldam, (EEA) Erick van Egeraat associated architects, Klaus Klaas Loehnert, NL Architects, One Architecture & Berend Strik, R, DSV & Sie. P, RUR Architecture, 10 Uhr, West 8.

Über die gesamte Länge des Ausstellungsraumes wurden zwei Glaswände eingezogen, die an jeweils einem Ende geöffnet und damit passierbar waren. Der Eingriff verstärkte die architektonische Grundstruktur des Raumes und schuf eine begehbare Enge in den Glaskorridoren. Auf die beiden Stirnwände wurden Diabilder projiziert, in den mittleren Raumabschnitten Videos. Mit diesen Projektionen wurden Projekte von Architekten gezeigt, die sich in ihrem konzeptuellen und kontextuellen Denken und Arbeiten mit dem urbanen Raum auseinandersetzen und neue, unkonventionelle Denkmodelle vorstellen.

Während des Abschreitens der Korridore wurde die visuelle Wahrnehmung verstärkt und gleichzeitig durch den Effekt der Spiegelungen gebrochen. Sehen wurde zu einem Wahrnehmungsprozess zwischen Vorstellung und Wirklichkeit, zu einem Loop zwischen realem Raum und Gedankenraum.

Two glass walls were extended the entire length of the exhibition space, each open at one end to allow space to walk past. The intervention enhanced the underlying architectural structure of the space and created narrow glass corridors for circulation. Slides were projected on the two front walls, with videos in the central sections of the space. The projections showed works by architects who engage with urban space in their conceptual, contextual ideas who and practise and present new, unconventional approaches.

While walking down the corridors, visitors' visual perception was enhanced and, at the same time, interrupted by the effect of the mirroring. Seeing became a perceptual process somewhere between imagination and reality, a loop between the real and the space of ideas.

Ausstellungsforum FOE 156, München

Ausstellungsforum FOE 156, Munich

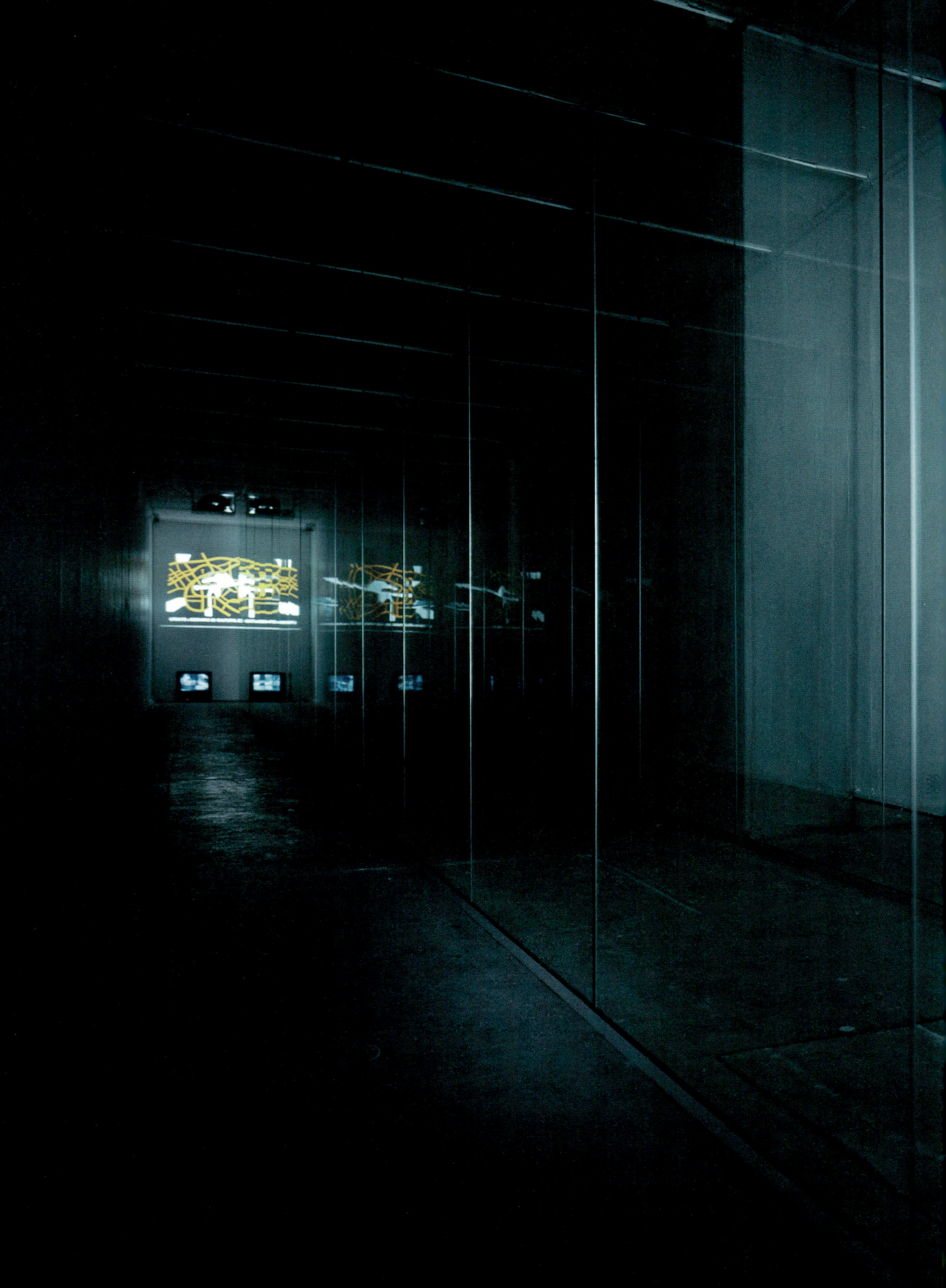

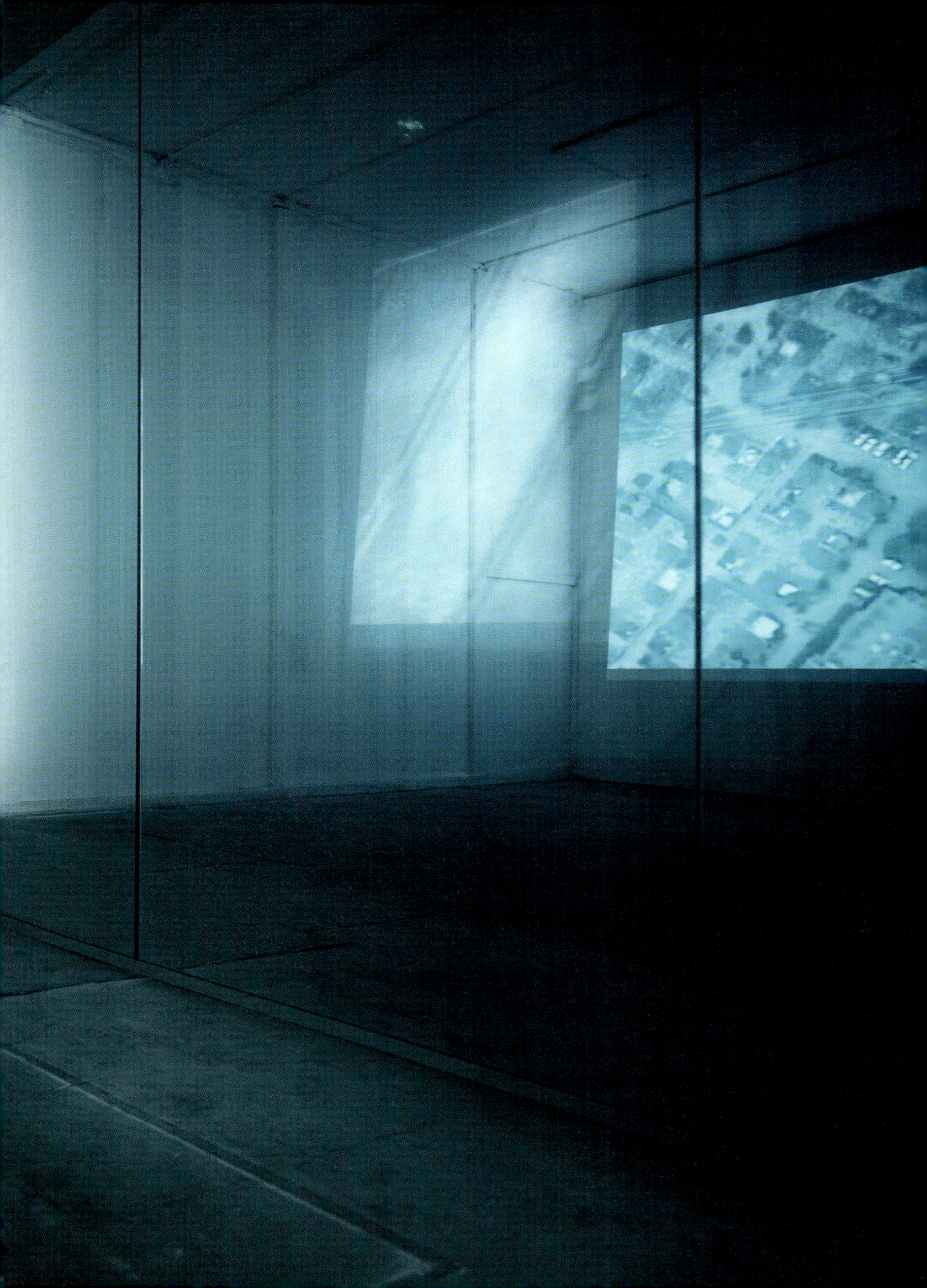

taut scharoun

2018

Unter dem Titel *taut scharoun* wurden in der Ausstellung im Kunsthaus Dahlem vorwiegend Fotoarbeiten und korrespondierende Papierarbeiten gezeigt. Die Werke beziehen sich auf die Berliner Philharmonie von Hans Scharoun und die Berliner Bauten von Bruno Taut mit einem Fokus auf die Großsiedlung Onkel Tom's Hütte in unmittelbarer Nähe des Kunsthauses.

The title *taut scharoun* represents a selection of largely photographic works and corresponding works on paper in an exhibition at Kunsthaus Dahlem. The works engage with the Philharmonie Berlin by Hans Scharoun and the Berlin work of Bruno Taut, with a focus on the large development known as 'Onkel Tom's Hütte' ('Uncle Tom's Cabin'), which is close to the gallery.

Kunsthaus Dahlem

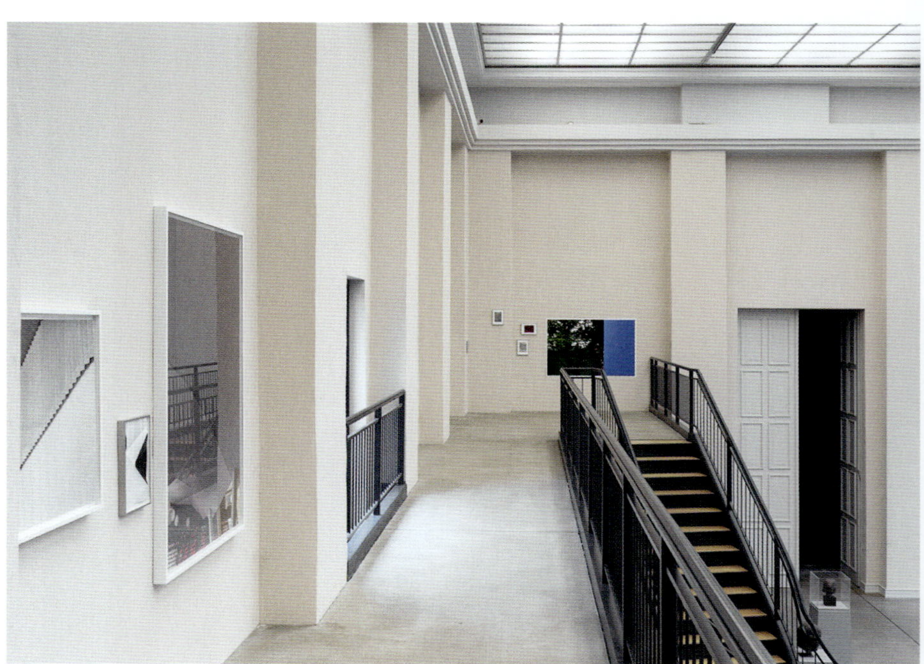

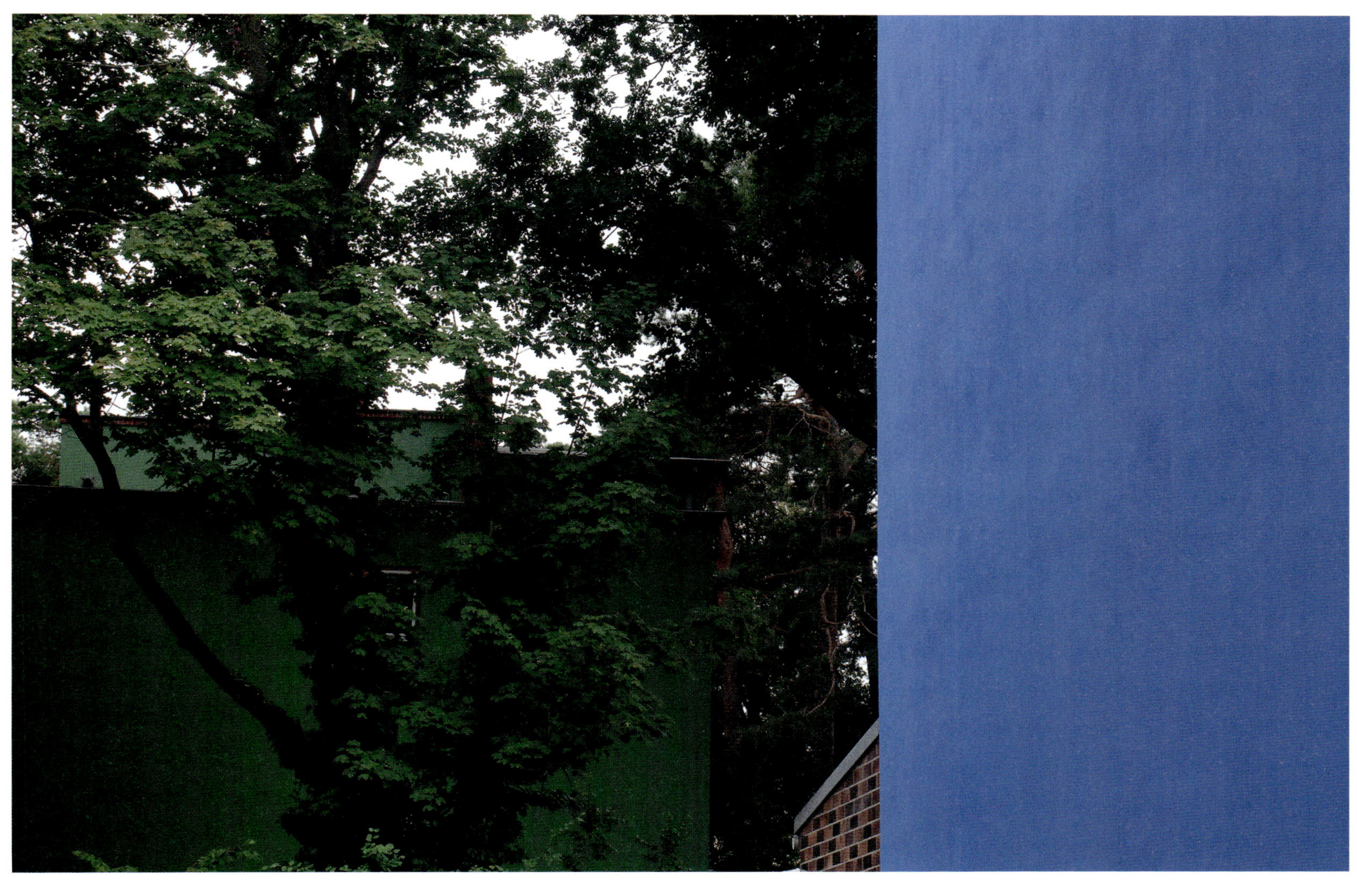

taut (ultramarin), 2018, 106×160 cm

philharmonie (firmament), 2014, 141 × 106 cm

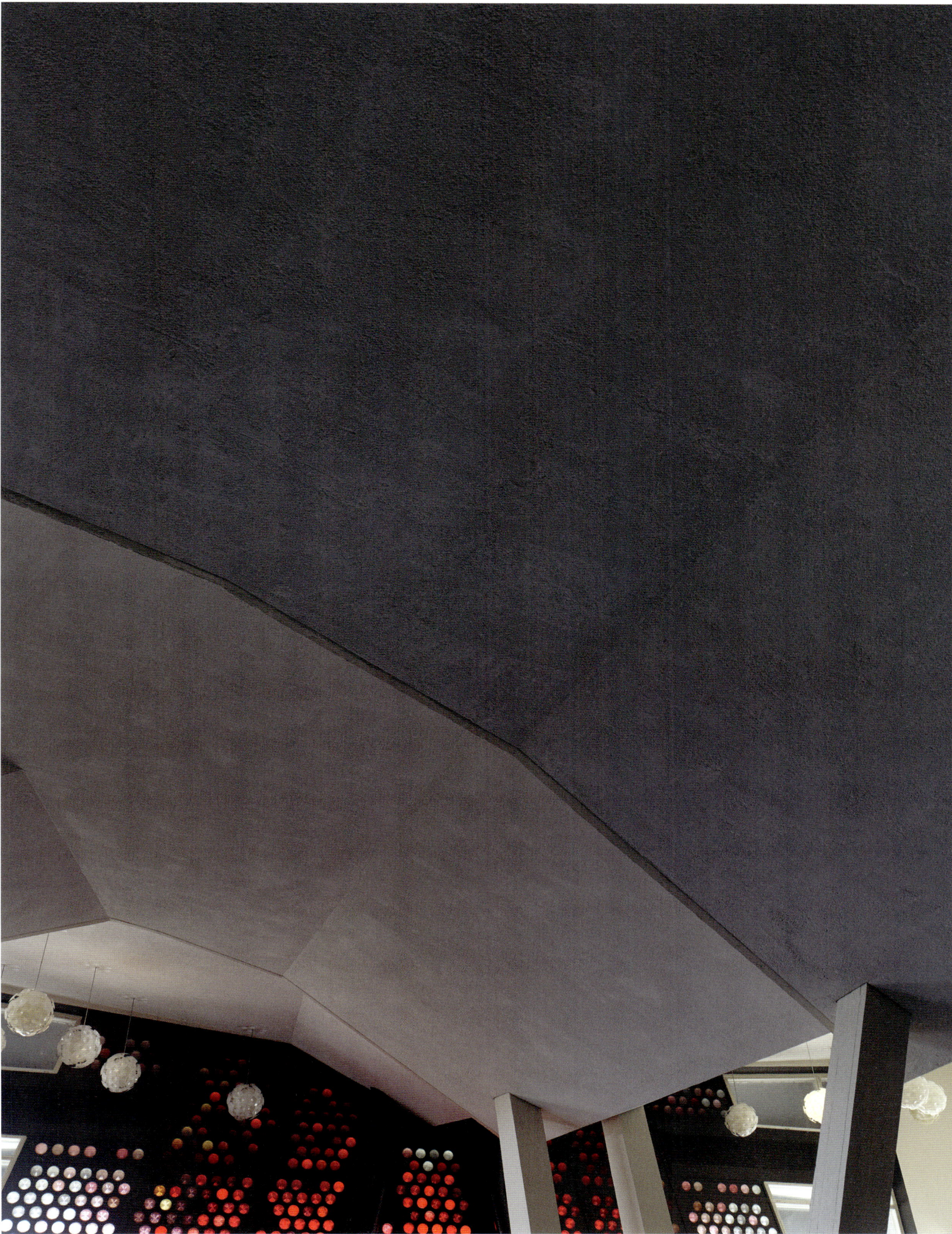

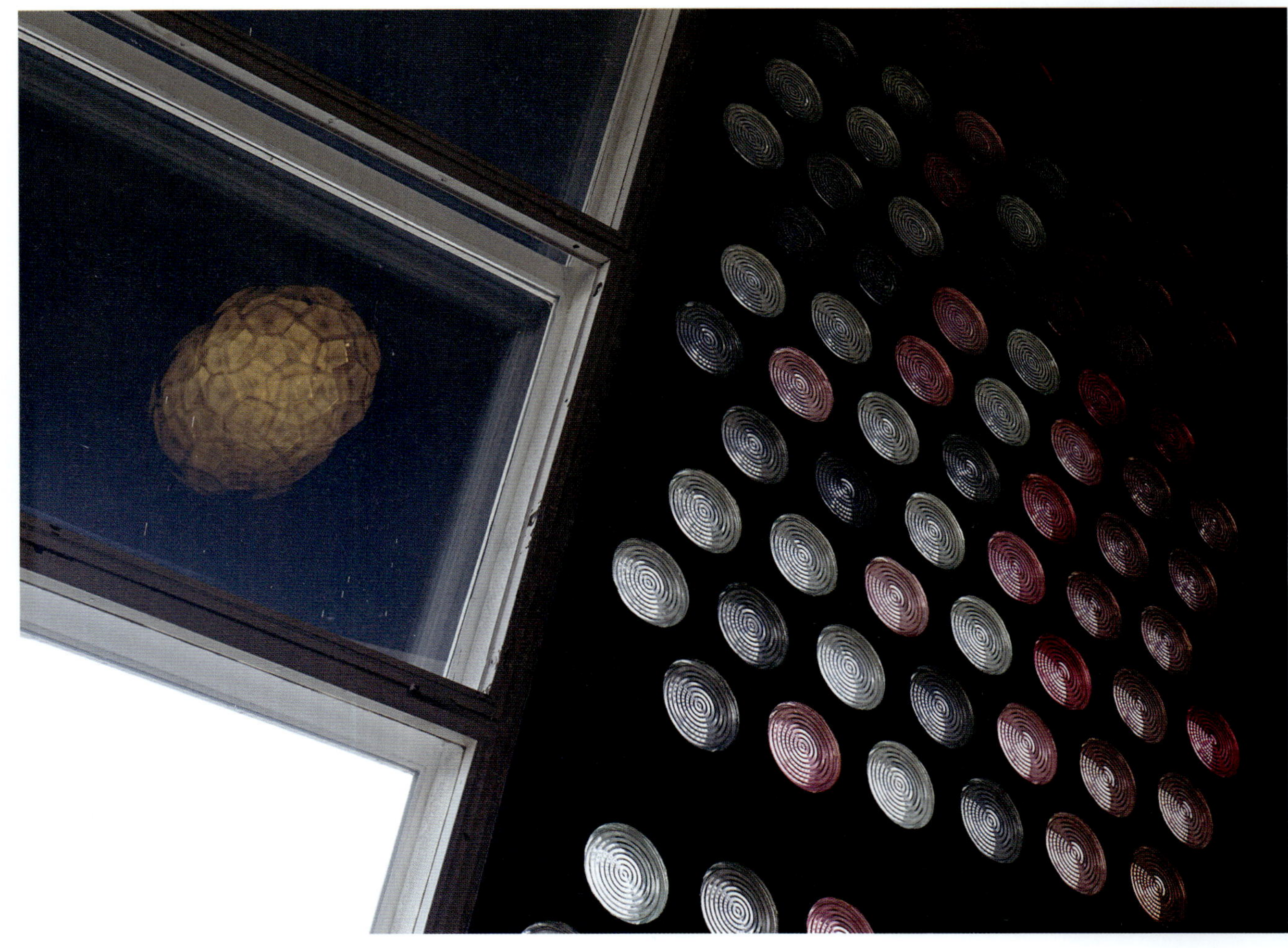

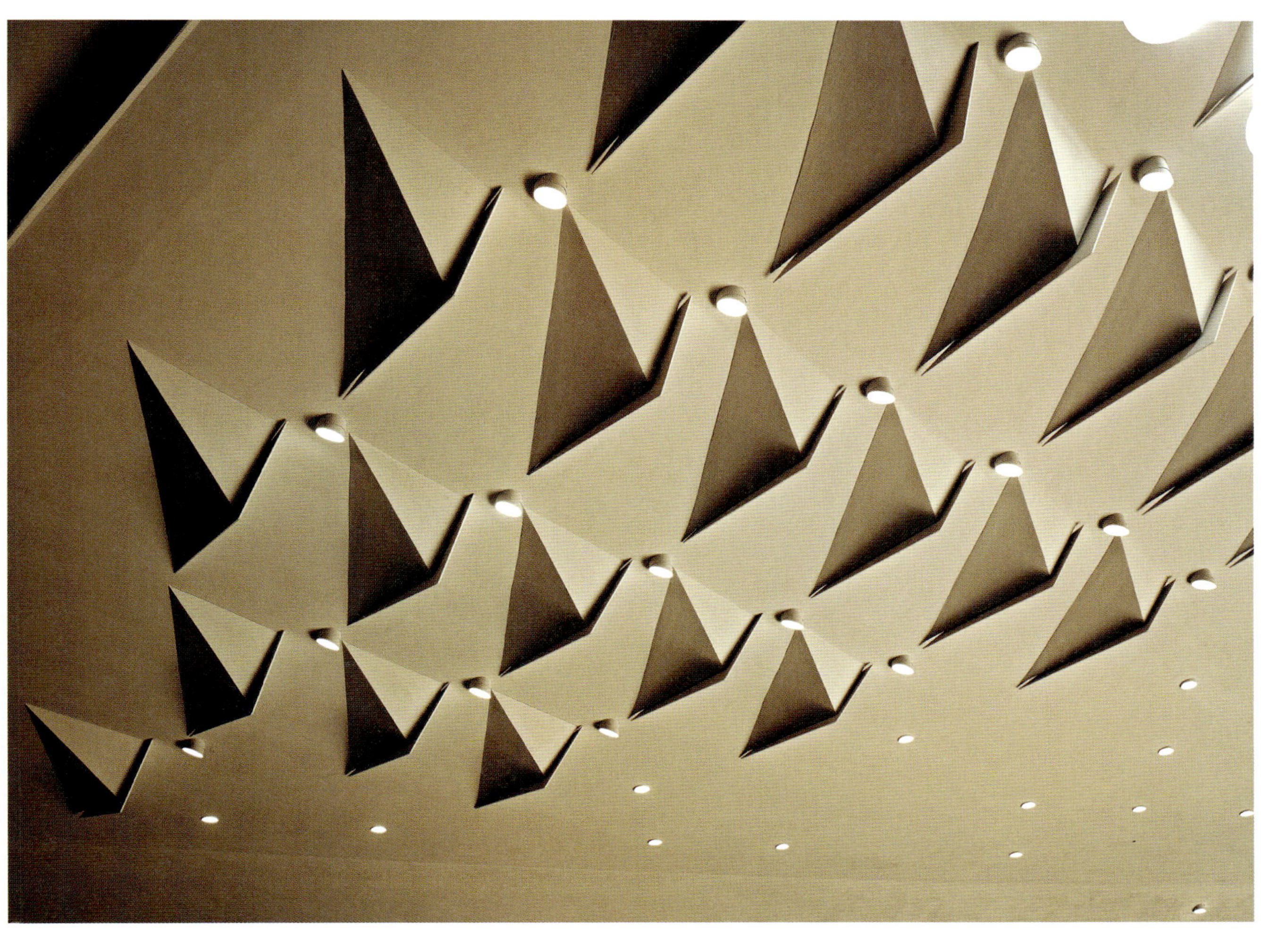

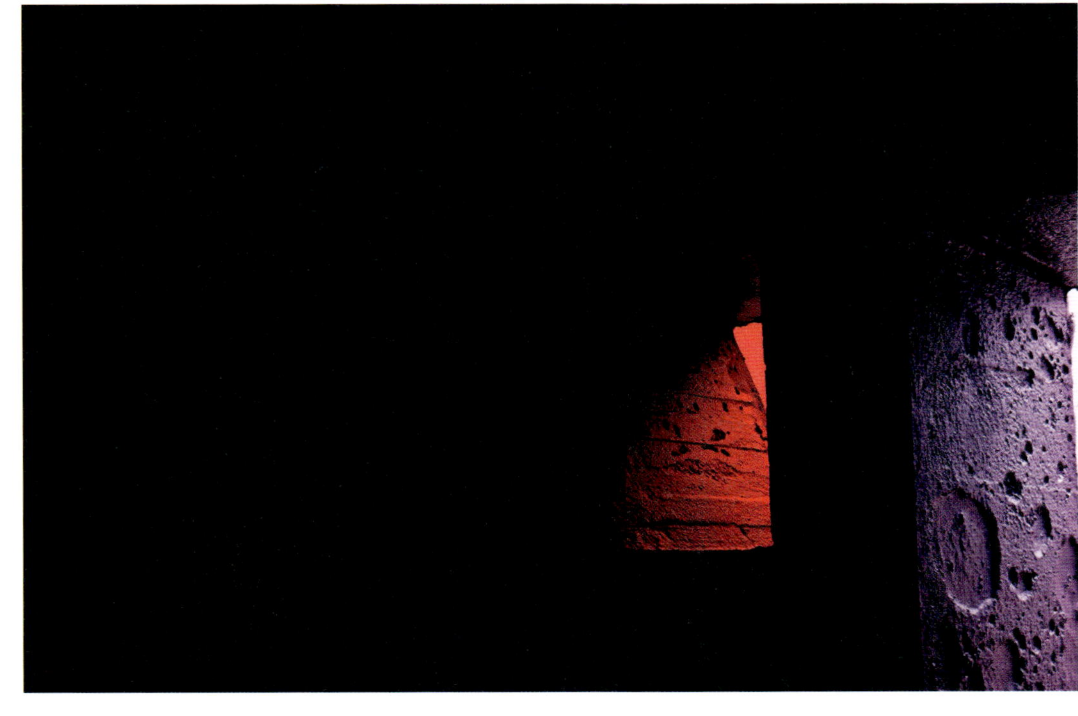

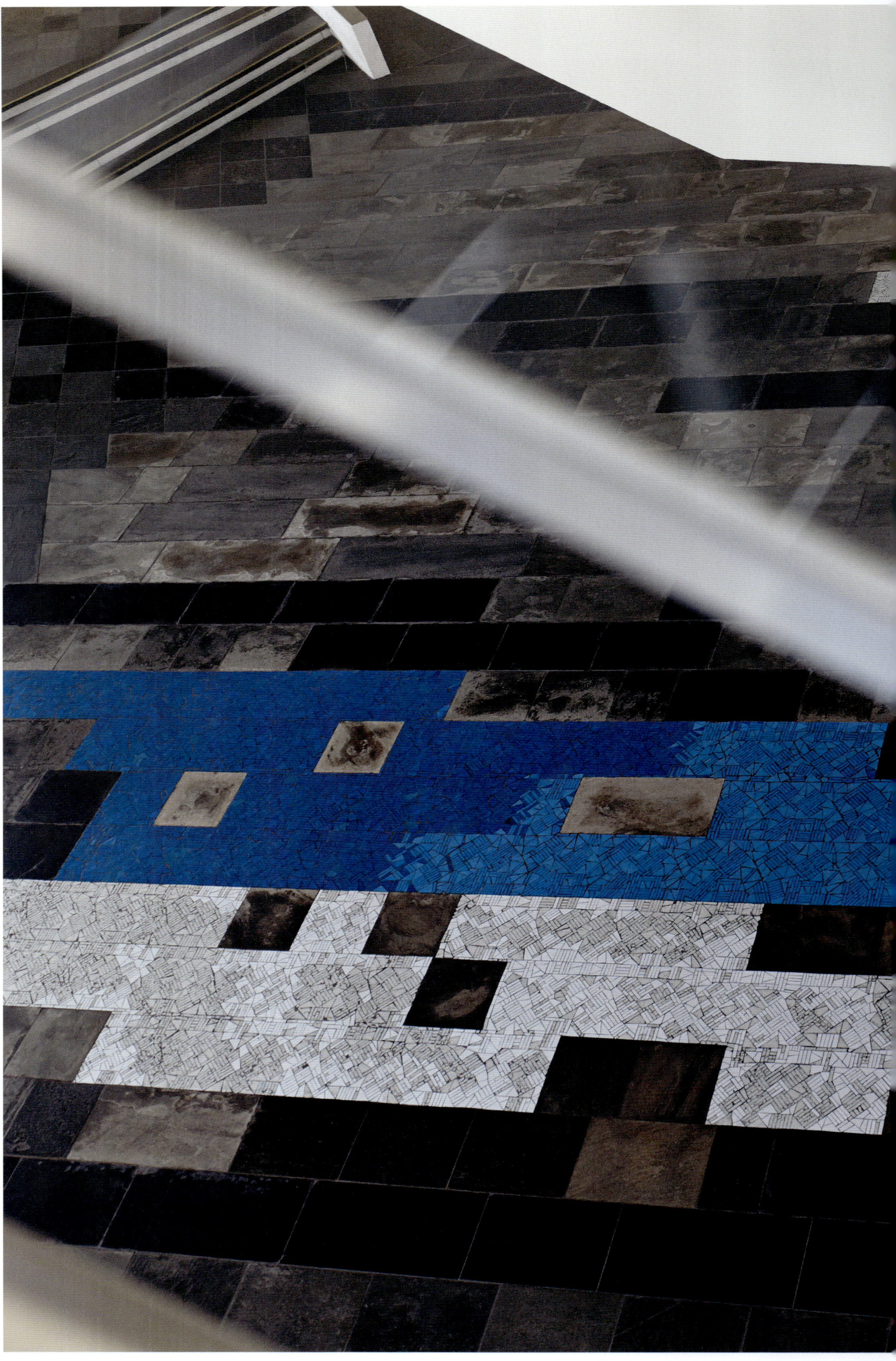

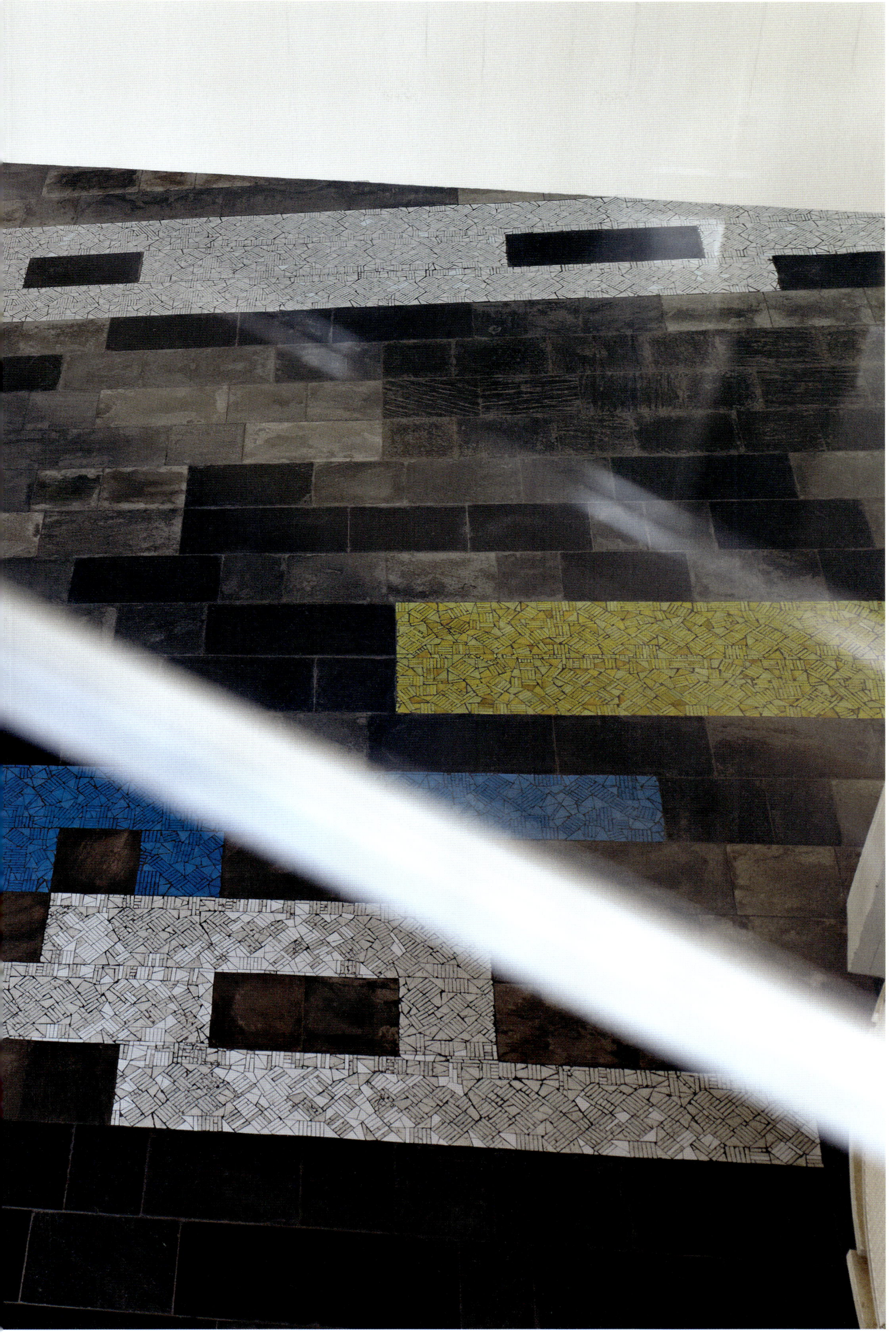

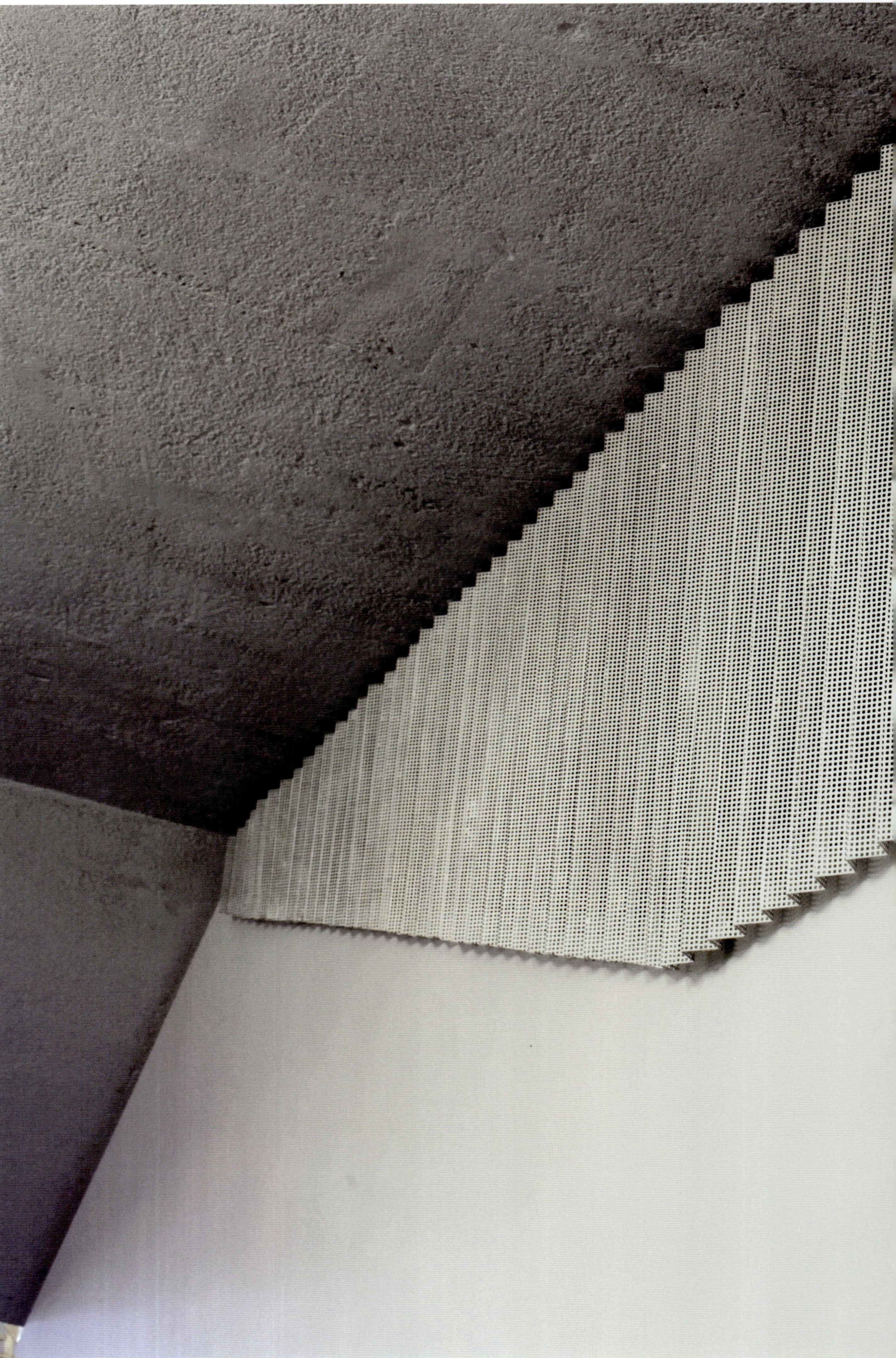

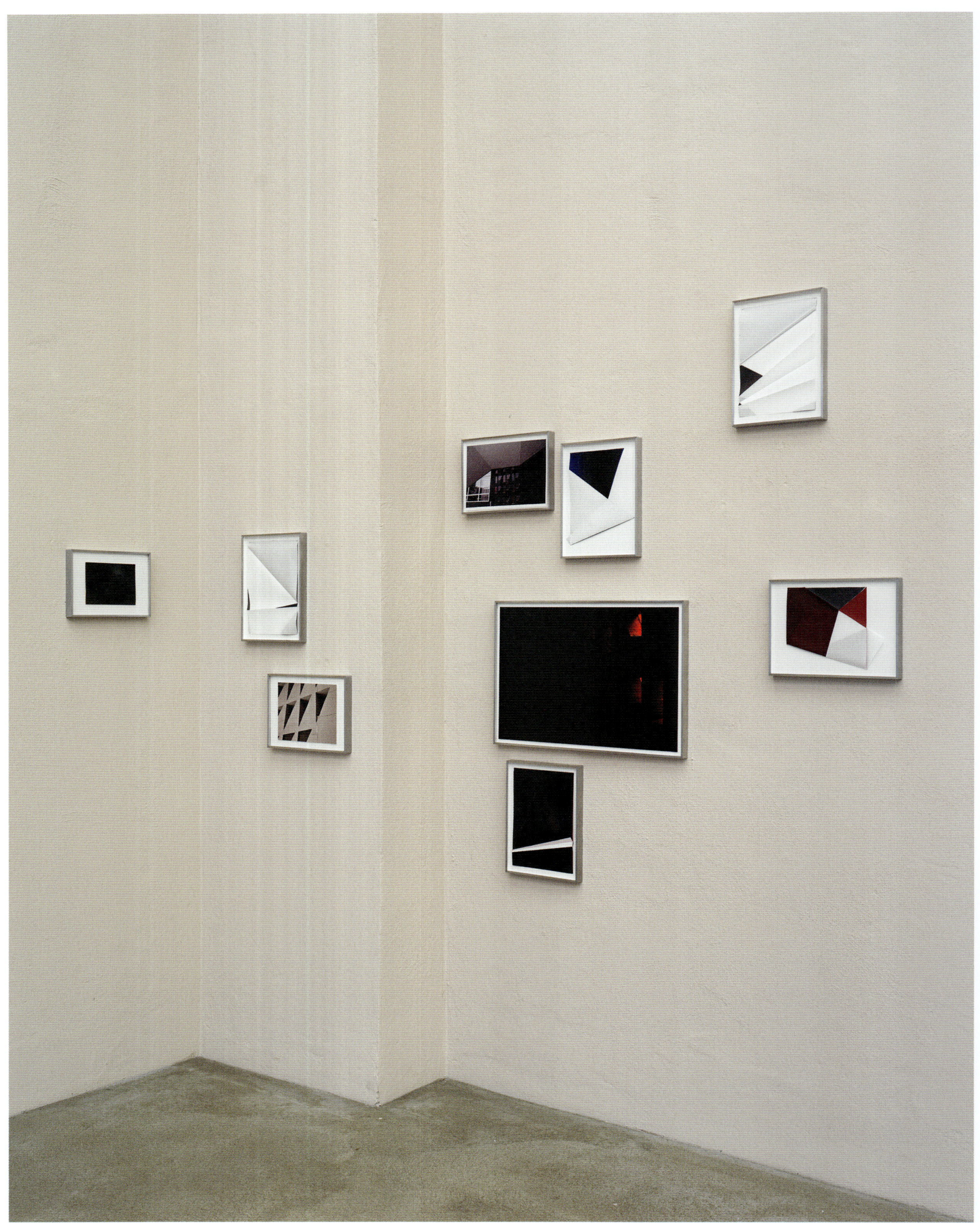

philharmonie, 2011-2014, mixed media

philharmonie (spatiale), 2011, 21×29,7 cm

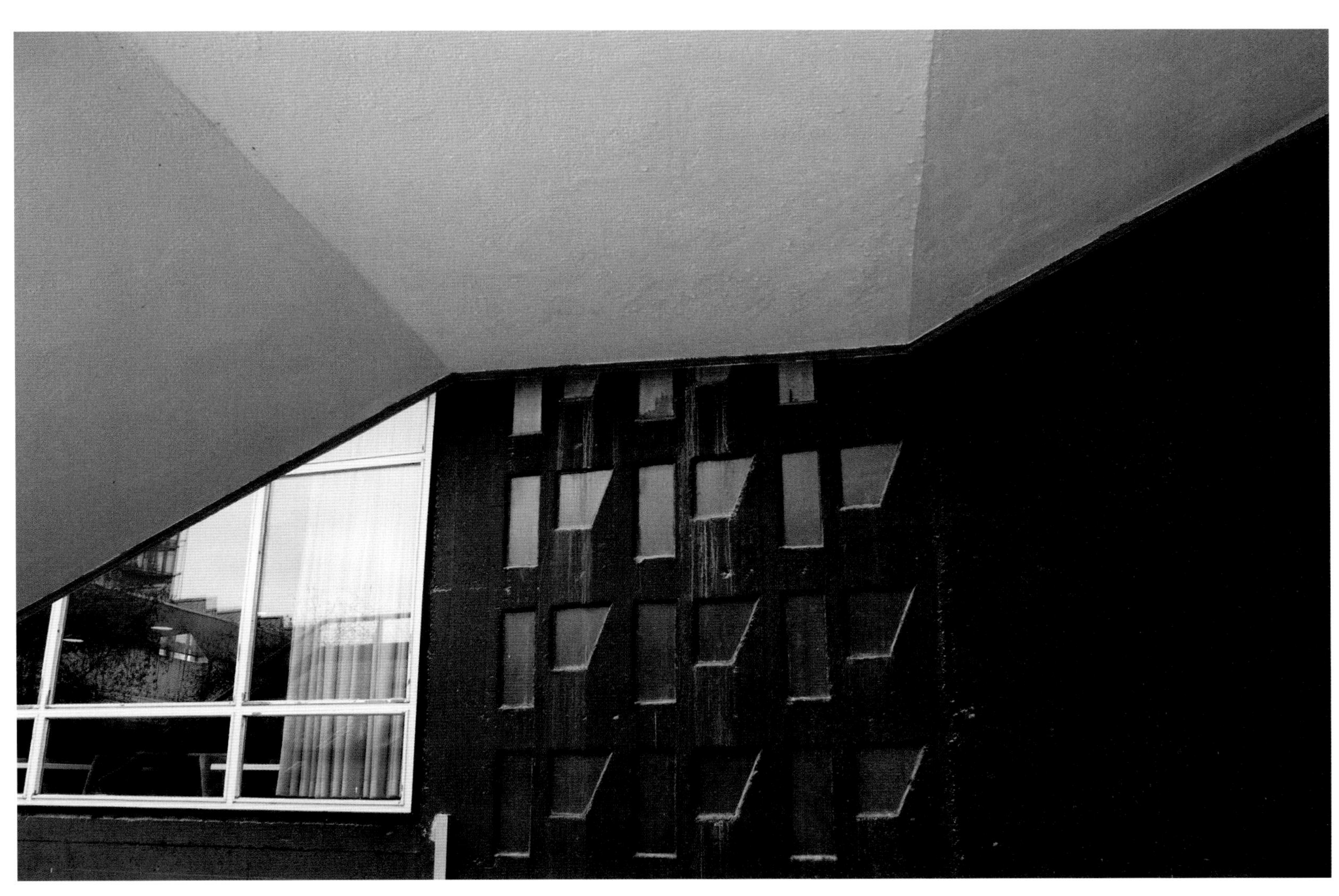

philharmonie (auftakt III), 2014, 21×29,7 cm

Die Fotoarbeit *philharmonie (auftakt III)* bezieht sich auf die Skulptur *Auftakt* von Bernhard Heiliger, die seit 1963 im Foyer der Berliner Philharmonie zentral positioniert ist. Von vier im Boden installierten Scheinwerfern beleuchtet, wirft sie einen unscheinbaren Schatten an die schräge Decke des Foyers. *philharmonie (auftakt III)* zeigt diesen Schatten, der in überraschender Weise Scharouns erster Skizze für die Philharmonie, der sogenannten *Urskizze*, ähnelt.

The photographic work *philharmonie (auftakt III)* refers to the sculpture *Auftakt* by Bernhard Heiliger, which has, since 1963, stood centrally in the foyer of the Philharmonic. Lit by four floor-mounted spotlights, it throws an inconspicuous shadow onto the sloping ceiling of the foyer. *philharmonie (auftakt III)* shows this shadow, which has a surprising resemblance to Scharoun's first sketch for the Philharmonic, the so-called *Urskizze*.

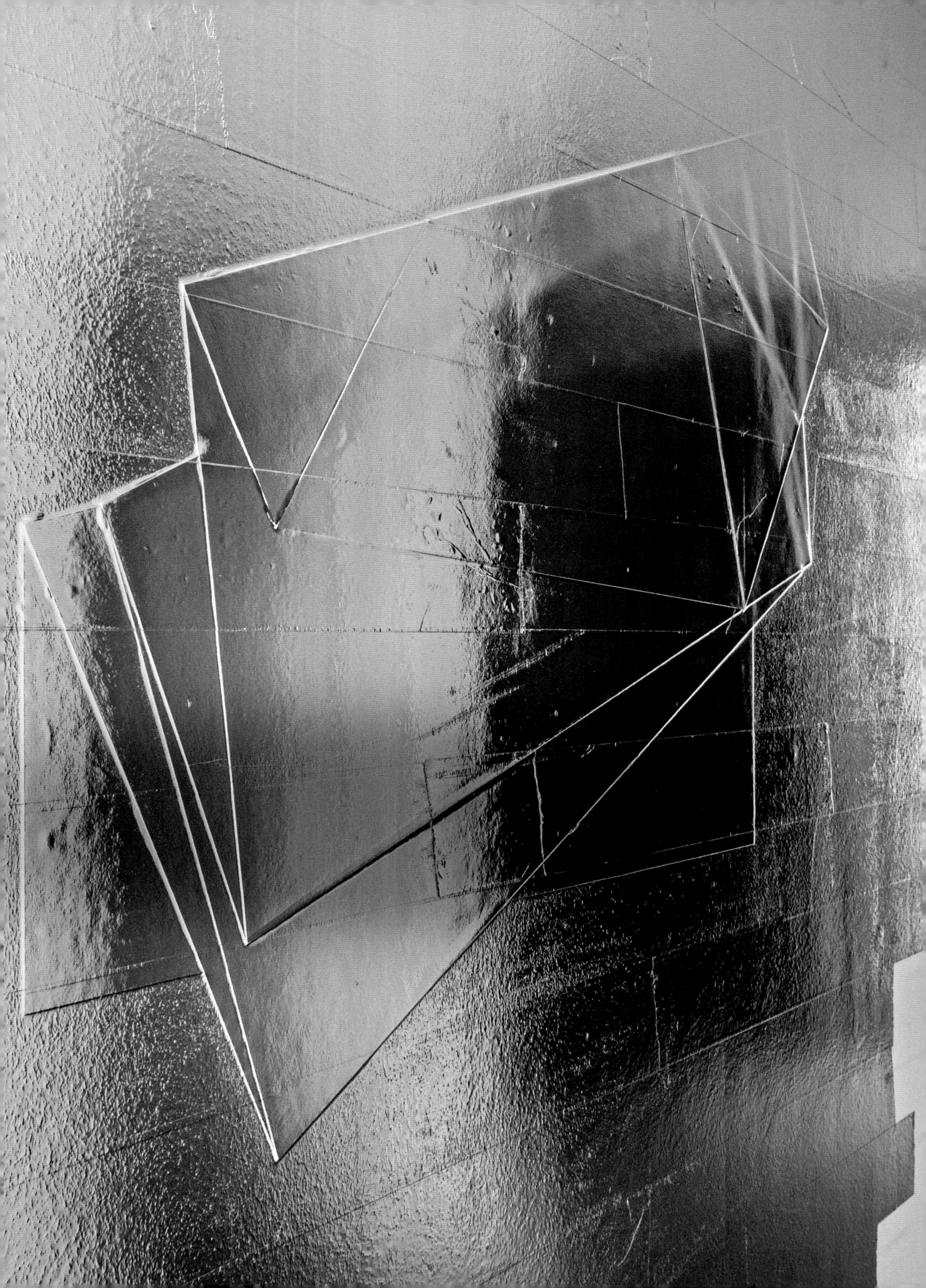

Biografie | Biography

1969 geboren in Passau, lebt und arbeitet in Berlin

1989– 1997	Studium der Bildhauerei an der Akademie der Bildenden Künste München bei Thomas Zacharias und James Reineking
1991	Corso Superiore di Disegno in Como/Italien bei Emil Schumacher und Gerhard Richter
1997	Diplom und Meisterschüler
2001	Visiting Artist an der Universität Jean Monnet, St. Etienne, Frankreich

2002– 2003	Vertretungsprofessur für Bildnerisches Gestalten, Universität Kaiserslautern
2004	Lehrauftrag für Fotografie, Fachhochschule Potsdam
2014– 2015	Artist in Residence, Grundschule der Künste, Universität der Künste Berlin
2016	Lehrauftrag an der Burg Giebichenstein Kunsthochschule Halle

Preise und Stipendien (Auswahl)
Prizes and Grants (selection)

2019	Katalogförderung der Kulturverwaltung des Berliner Senats
2014	Artist in Residence, Irish Museum of Modern Art, Dublin
2009	Paris Stipendium in der Cité Internatio- nale des Arts, gefördert von der Kultur- verwaltung des Berliner Senats
2009	Stipendium für Villa Aurora, Los Angeles Erwin und Gisela von Steiner-Stiftung Projektstipendium der Kulturverwaltung des Berliner Senats
2008	Arbeitsstipendium der Stiftung Kunst- fonds Katalogförderung der Kultur- verwaltung des Berliner Senats
2005	Stipendium des Freistaats Bayern für Cité Internationale des Arts, Paris Bayerischer Staatsförderpreis für Bildende Kunst

1999	Arbeitsstipendium des Deutsch- Französischen Jugendwerks für Paris Artist-in-Residence, Het Wilde Weten, Rotterdam
1998	Förderpreis für Bildende Kunst der Stadt München
1996	Jubiläumsstipendium der Stadt München
1989	Julius-F.-Neumüller-Stipendium der Stadt Regensburg Artist in Residence am Scottish Sculpture Workshop, Aberdeen

Albert Weis

Einzelausstellungen und Projekte
Solo Exhibitions and Projects

2019	*after bauhaus*, darc space, Dublin (K)		2009	*modelisme*, Kunstverein Tiergarten, Berlin (K)
2018	*changes*, Zentrum für Aktuelle Kunst, Zitadelle Spandau (K)			*atm*, Galerie M + R Fricke, Berlin
	taut scharoun, Kunsthaus Dahlem, Berlin (K)		2008	*condition*, Kunstverein Aichach (K)
	panoramen, Bar Babette, Berlin			*the endings*, Schauspiel Frankfurt
2016	*changes*, Kunsthalle I Rathausgalerie München			*dos santos/coupes*, visite ma tente, Berlin
	1916, Galerie Gisela Clement, Bonn		2007	*ideal*, LE 9 BIS, St. Etienne
2015	*Projektionen, Transformationen*, Galerie Sociedad Anonima, Madrid		2004	*shutter*, Nusser & Baumgart Contemporary, München
	(silver), Kunstmuseum Goch		2001	*curzon*, Nusser & Baumgart Contemporary, München
	parade (silver), Kunstverein Bochum		2000	*folder*, CCNOA, Brüssel
	rondo, Galerie invaliden1, Berlin			*prospekt*, Städtische Galerie am Markt, Schwäbisch Hall (K)
2014	*come and go*, Kunstverein Kohlenhof, Nürnberg		1999	*desire*, Ausstellungsforum FOE 156, München (K)
2012	*parade*, das weisse haus, Wien (K)		1997	*echo*, Galerie Köstring/Maier, München
	salon, Lichthaus Arnsberg			
2011	*Szenenwechsel*, Museum für Konkrete Kunst, Ingolstadt (K)			
	parade, Galerie Nusser & Baumgart, München			
	philharmonie, Galerie M + R Fricke, Berlin			
2010	*coupes*, Centre d'art Nei Liicht			
	Ville de Dudelange, Luxembourg (K)			
	register, Zweigstelle, Berlin			

Kunst-am-Bau-Projekte und Projekte im öffentlichen
Raum | Commissions an Projects in Public Space

2019	*parts (brilliant)*, Foyer Daimler Vorstandsgebäude, Stuttgart-Untertürkheim		2012	*parting*, Landesamt für Umwelt, Augsburg
2018	*transformationen*, Landesamt für Gesundheit und Lebensmittelsicherheit, Erlangen		2010	*temps*, Stadtraum Hattingen
2017	*faltungen*, Hauptbahnhof Augsburg		2005	*komplement*, FOS Friedberg
2016	Wettbewerb für ein neues Luther-Denkmal in Berlin (in Kooperation mit Zeller & Moye Architekten, 1. Preis)			*invers*, LfA, Königinstraße, München
	silhouette, Deutsche Botschaft, Paris (1. Preis)		2001	*sims*, Im Tal, München (K)
	taped (silver), Neubau Kindergarten Haimhausen			*courant*, Universität Jean Monnet, St. Etienne, Frankreich
2015	*taped (silver)*, im Rahmen des Projekts Pasing by im Stadtraum von Pasing			*accel*, LfA, Königinstraße, München
	zeiten, Fraunhofer Institut IPM, Kaiserslautern			*rang*, Hochschulcampus Weihenstephan, Freising
2014	*cocktails*, Bar Babette, Berlin		2000	*prospekt*, Justizvollzugsanstalt, Schwäbisch Hall (K)
	taped, Studentenwohnheim RomHof, Bonn			*hihö*, Kindergarten Allerheiligen, München
2013	*temps*, Stadtraum Hüsten, in Zusammenarbeit mit Stadt und Kunstverein Arnsberg		1997	*log*, Sebastiansplatz und Artothek der Stadt München (K)
			1997	*zuhause ist es doch am schönsten*, TBG, Landsberger Straße 309, München (K)

Gruppenausstellungen (Auswahl)
Group Exhibitions (selection)

2020   *How beautiful you are!*, KINDL – Zentrum für
zeitgenössische Kunst
2019   *Vielschichtig – Von der Räumlichkeit der
Flächenteilung*, Dieselkraftwerk Cottbus,
Brandenburgisches Landesmuseum für
Moderne Kunst
Transcending Dimensions – Sculpting Space,
International Sculpture Exhibition, Shenzhen (K)
2017   *some thing, invited by Albert Weis* (mit Albert
Weis, Carlos Schwartz, Cécile Dupaquier,
Claudia von Funcke, Gerwald Rockenschaub,
Karin Sander, Knut Henrik Henriksen, Maarten
Janssen, Monika Brandmeier, Renate Wolff,
Schirin Kretschmann, Tilo Schulz, Tom Früchtl)
Melancholia, St. Matthäus, Berlin
wohnen II, Studio im Hochhaus,
Bezirksamt Lichtenberg, Berlin
2016   *wohnen*, Kunstpavillon
Alter Botanischer Garten, München
*Der Duchampeffekt. Readymade.
Werke aus der Daimler Art Collection*,
Kunsthalle Göppingen (K)

2015   *SKULPTUR 2015*,
Skulpturenmuseum Glaskasten Marl
*Jimei X Arles: East West Encounters
International Photo Festival*,
Jimei, Xiamen, China (K)
Interpretación/Representación,
Galerie Sociedad Anónima, Madrid
Papier/Paper V - ZEICHNUNG,
Galerie Clement & Schneider, Bonn
*Die letzten Häuser – Randzonen des Städti-
schen in der Kunst des 20. Jahrhunderts*,
Kallmann-Museum, Ismaning
INTRO, Galerie Clement & Schneider, Bonn
*Einknicken oder Kante zeigen?
Die Kunst der Faltung*,
Kunstraum Alexander Bürkle, Freiburg (K)
2014   *Einknicken oder Kante zeigen?
Die Kunst der Faltung*,
Museum für Konkrete Kunst Ingolstadt (K)
Painting and Beyond, kunstgaleriebonn, Bonn
Unseen Presence,
IMMA Irish Museum of Modern Art, Dublin

2012   *Rethinking Reality*,
Galerie Kuckei + Kuckei, Berlin
2011   *Totem and Taboo*, Quartier 21,
Museumsquartier Wien (K)
2010   *Transatlantische Impulse II – 15 Jahre Villa
Aurora*, Akademie der Künste, Berlin (K)
Minimalism and Applied II,
Daimler Contemporary, Haus Huth, Berlin (K)
barbès – pas grave, Vagabonde Galerie, Paris
2009   *Zeigen … Eine Audiotour durch Berlin*,
Temporäre Kunsthalle, Berlin (K)
Raum.inhalt (1) – The Big Exploration, Haus für
die Kunst, Stiftung Wortelkamp, Hasselbach
HaiSchaiMai, Galerie oqbo, Berlin
2008   *La vie moderne revisitée*,
Centre d'art Passerelle, Brest
*Der große Wurf –
Faltungen in der Gegenwartskunst*,
Kunstmuseen Krefeld/Haus Lange (K)
2007   *Gropiusstadt Stories*,
Galerie im Körnerpark, Berlin
space chase, Galerie magnus müller, Berlin
2006   *40jahrevideokunst.de – was fehlt*,
Deutscher Künstlerbund, Berlin
2005   *Desenhos: A-Z*, Coleccao Madeira
Corporate Services, Portugal

2004   *CUBED*, plattform,
Berlin und Galerie Krobath Wimmer, Wien
2003   *Kunst_Garten_Kunst*,
Sprengel Museum Hannover (K)
film<lokal>, Internationale Kurzfilmtage
Oberhausen und Siemens Arts Program (K)
A Nova Geometria,
Galeria Fortes Vilaca, Sao Paulo
2002   *von zero bis 2002*,
Museum für Neue Kunst, ZKM, Karlsruhe
Sieben Stücke für einen Raum,
DaimlerChrysler Contemporary, Berlin (K)
2001   *restate*, Kunstraum München
leaving marks, Galerie Martina Detterer,
Frankfurt
SONDER SCHAU!, Praterinsel, München
set a 6, Glassbox, Paris
2000   *Robert Ryman-Retrospektive – mit Räumen
von Ariane Epars, Clay Ketter, Albert Weis,
Beat Zoderer*, Haus der Kunst, München und
Kunstmuseum Bonn (K)
1999   *WHERE ARE YOU?*, Centre for Curatorial
Studies, Bard College, New York
1998   *EAST International*, Norwich, England

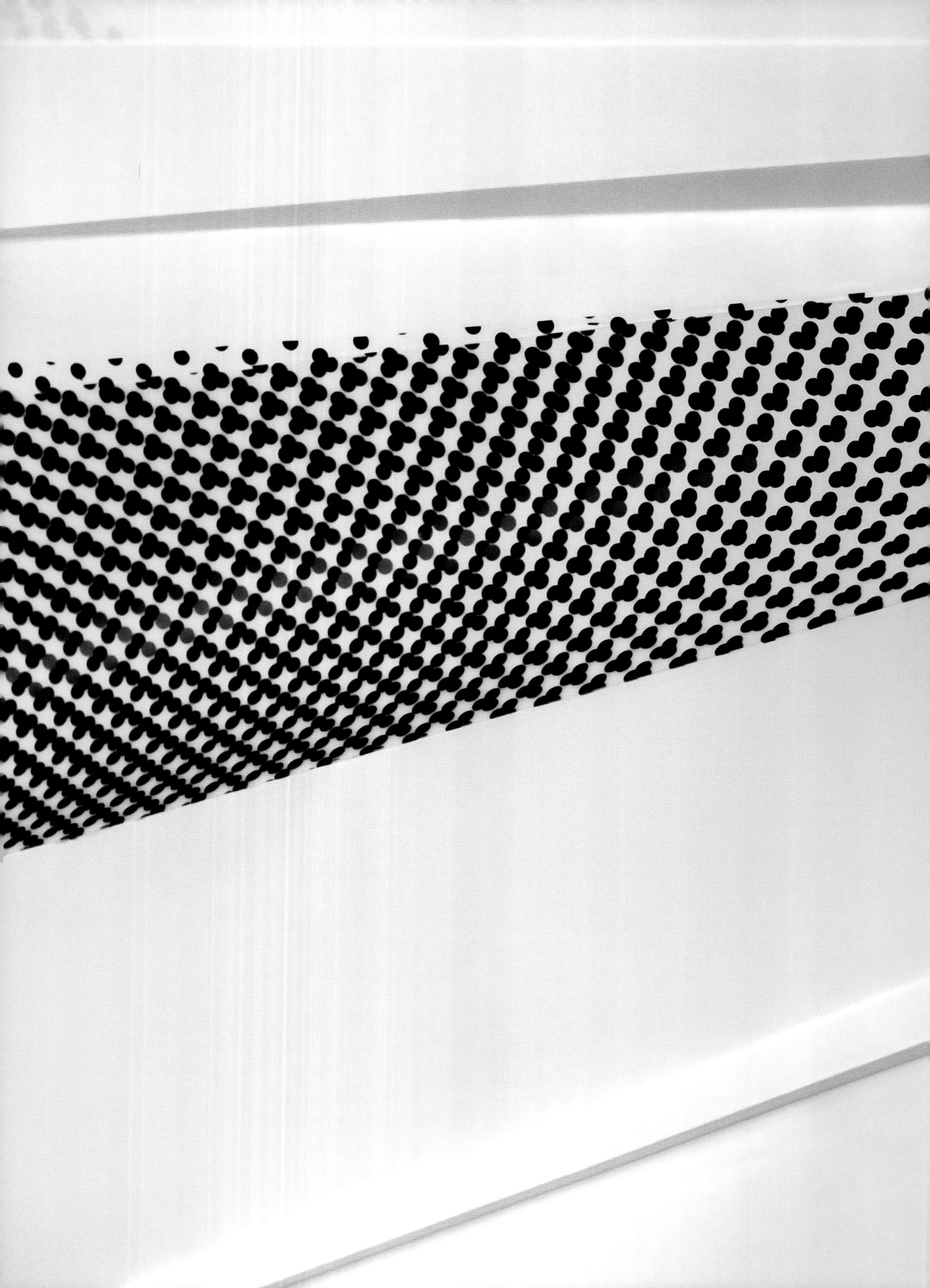

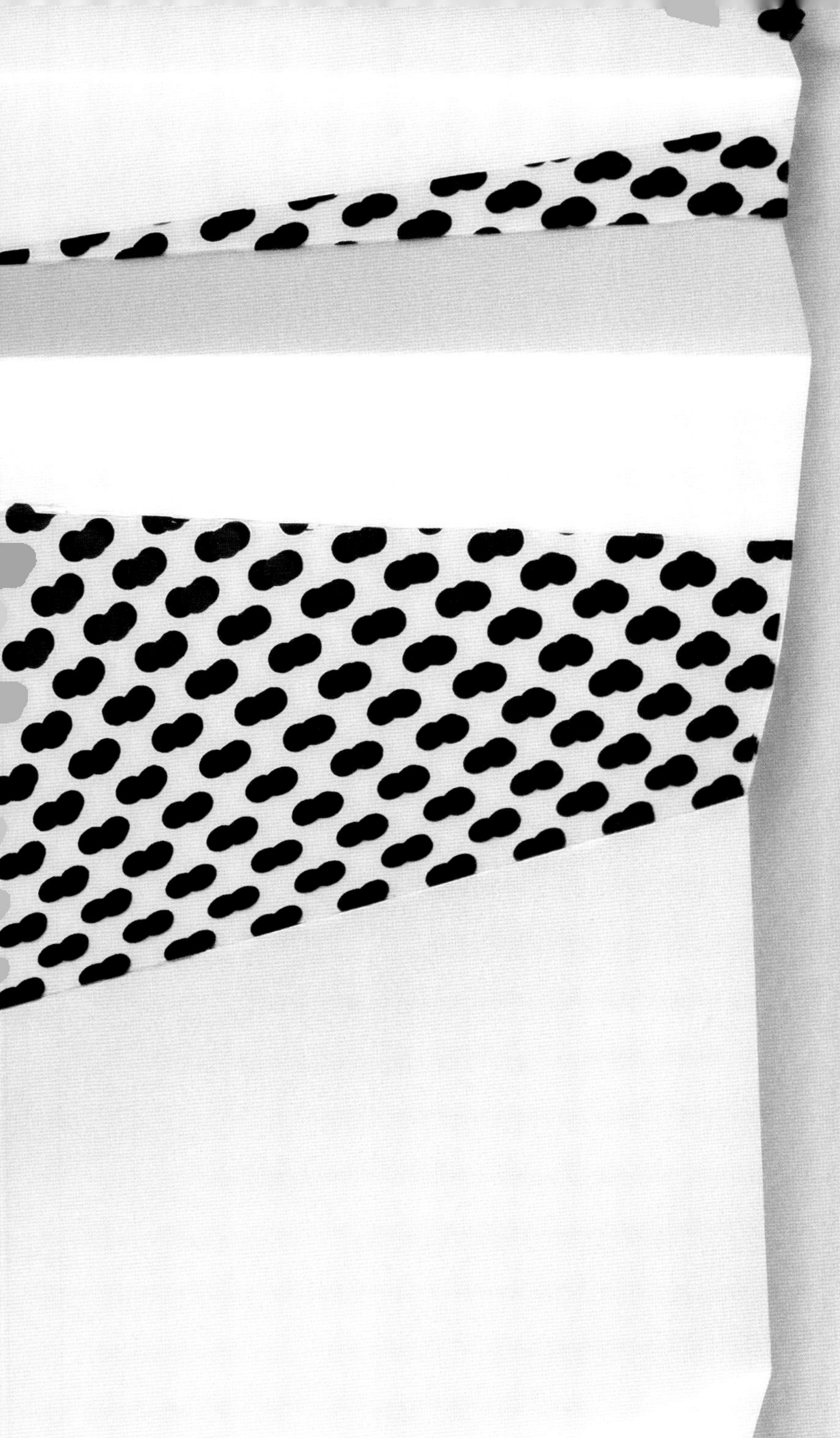

Impressum | Imprint

Diese Publikation erscheint anlässlich der Ausstellungen | This catalogue is published on the occasion of the exhibitions

changes, ZAK Zentrum für Aktuelle Kunst, Zitadelle Spandau, 13.10.2018–6.1.2019
taut scharoun, Kunsthaus Dahlem, 11.11.2028–14.1.2019
After Bauhaus, darc space gallery, Dublin, 29.5.–17.10.2019

Herausgeber | Editor
Markus Heinzelmann

Mitherausgeber*innen | Co-Editors
Ralf. F. Hartmann, Dorothea Schöne

Konzeption | Concept
Annika Riethmüller, Albert Weis

Texte | Texts
Ralf. F. Hartmann, Markus Heinzelmann, Martin Pesch, Renate Wiehager

Kurztexte | Short texts
Martina Fuchs, Ralf F. Hartmann, Albert Weis

Übersetzungen | Translation
Robert Scott McInnes, Steph Morris

Lektorat | Proof-reading
Nadine Brüggebors, Sandra O'Connell, Maggie Moran

Gestaltung | Design & Layout
Annika Riethmüller

Lithographie | Lithograph
Jamie Lemoine, Henning Krause

Gesamtherstellung | Print Production
Druckerei Kettler, Bönen

Auflage | Edition
1.000

ISBN 978-3-86206-812-8
Printed in Germany

Erschienen im
Verlag Kettler, Dortmund
www.verlag-kettler.de

Umschlagabbildung | cover image
faltung 10-15/1016/90, 2017

S. | p. 234
taped (silver), 2014

S. | pp. 238/239
folder R-1508.1508.1508, 2008

Courtesy
Falls nicht anders angegeben |
Unless otherwise specified
Albert Weis
www.albertweis.com

Fotonachweis | Photo credits
Jürgen Altmann (S. | pp. 91, 105–109)
Nick Ash (S. | pp. 11, 24 | 25, 32–37, 69–76, 81, 83–85, 92–99, 103, 114–117, 131–133, 149, 158/159, 220, 230)
DB Station&Service AG / Christian Bedeschinski (S. | pp. 26, 181)
Alexander Paul Englert (S. | pp. 173–175, 178)
Christian Ertel (S. | pp. 151–153)
Manuel Franke (S. | pp. 209/210, 213, 218/219)
Hans-Georg Gaul (S. | pp. 80, 83, 87–89)
IMMA Irish Museum of Modern Art (S. | pp. 136, 179)
Institut für Stadtgeschichte Frankfurt am Main (ISG FFM), S7C Nr. 1998–12961 / Klaus Meier-Ude (S. | p. 177)
Christoph Knoch (S. | pp. 208/209)
Landesarchiv Berlin, F Rep. 290 (01) Nr. 0085789 / Bert Sass (S. | p. 41)
Landesarchiv Berlin, F Rep. 290 (01) Nr. 0130144 / Horst Siegmann (S. | p. 42)
Landesarchiv Berlin, F Rep. 290 (02) Nr. 100275 / Horst Siegmann (S. | p. 67)
Eoghan McTigue (S. | pp. 160/161, 166, 171)
Wilfried Petzi (S. | pp. 196–199, 206/207)
Raussmüller Collection (S. | p. 87 rechts/right)
Marcus Schneider (S. | p. 145)
Jacqueline Schuon / Robert Spaniol (S. | pp. 190/191)
Bernhard Strauss (S. | pp. 126/127)
Albert Weis (S. | pp. 2–9, 13–23, 19–31, 43, 47–54, 59–63, 77, 100, 102, 111–113, 118–125, 128/129, 134/135, 139–144, 146, 154/155, 163/164, 167–170, 182–189, 193–195, 200–205, 214–216, 221–229, 231–239)
Wikimedia Commons / Steve Cadman, licensed under CreativeCommons-Lizenz by-sa-2.0-de (S. | p. 82 links/left)
Wikimedia Commons / Reinhard Jahn, licensed under CreativeCommons-Lizenz by-sa-2.0-de (S. | p. 86 oben/top)
Wikimedia Commons /Jeff Mock, licensed under CreativeCommons-Lizenz by-sa-3.0-de (S. | p. 82 rechts/right)
Wikimedia Commons/Pjt56, licensed under CreativeCommons-Lizenz by-sa-4.0-de (S. | p. 86 unten/bottom)

Dank | Acknowledgements
Arian Alavi Kia, Manfred Andrae, Nick Ash, Daniel Bartmeyer, Susanne Baumgart, Tino Beitlich, Jörg van den Berg, Javier Bravo, Heike Bruchhausen, Nadine Brüggebors, Christoph Bücheler, Denis Byrne, Mary Cremin, Amely Deiss, Lioba von den Driesch, Barbara Ebert, Georg Elben, Beate Engl, Alexander Paul Englert, Christian Ertel, Jutta Freifrau von Falkenhausen, Ralf Fleischer, Manuel Franke, Wiebke Frost, Martina Fuchs, Antina Gaenssler, Klaus von Gaffron, Julia Galandi-Pascual, Wolfgang Ganter, Fred and Judith Graepel, Wolfgang Graf, Alexandra Grausam, Bert Günther, Rolf Habermann, Hans Gerhard Hannesen, Ralf F. Hartmann, Kathrin Hatesaul, Markus Heinzelmann, Martin Hoffmann, Janice Hough, Uwe Jonas, Stefan Jordan, Charlie Jouvet, Christoph Knoch, Henning Krause, Ulrike Kremeier, Friederike Kröbel, Peter Lackner, Eugene Langan, Leonore Leonardy, Ulrich Luhmann, Philipp Luy, Eoghan McTigue, Heike C. Mertens, Antonio Mesones, Maggie Moran, Susanne Moser, Gerhard Müller-Rischart, Johannes Muggenthaler, Werner Murrer, Christhard-Georg Neubert, Gregor Nusser, Sandra O'Connell, Otto Falckenberg Schule, Marie-Jose Ourtilane, Martin Pesch, Kai-Uwe Peter, Wilfried Petzi, Annika Riethmüller, Bernd Rose, Jörg Scheil, Maik Schierloh, Simone Schimpf, Simone Schmaus, Georges-Emmanuel Schneider, Dorothea Schoene, Carolin Schönemann, Tilo Schulz, Carlos Schwartz, Laurie Schwartz, Bernhart Schwenk, Assan Smati, Andreas Stucken, Michael Tacke, Erno Vroonen, Emmeram & Rosa Weis, Stefan Weis, Martin Wellmer, Ingo Werner, Renate Wiehager, Renate Wolff, Gabriele Worgitzki, Li Zhenhua

für die Unterstützung der Ausstellung *After Bauhaus*, 2019 in der darc space gallery, Dublin | for the support for the exhibition *After Bauhaus*, 2019 at darc space gallery, Dublin: Graepel Perforators & Weavers Ltd

für die Unterstützung der Ausstellung *changes*, 2018 im Zentrum für Aktuelle Kunst, Zitadelle Spandau | for the support for the exhibition *changes*, 2018 at Center for Contemporary Art, Spandau Citadel: Berliner Sparkasse, Dekodur und | and gefördert aus Mitteln des Ausstellungsfonds Kommunale Galerien der Senatsverwaltung für Kultur und Europa, Berlin

für die Unterstützung der Ausstellung *changes*, 2016 in der Rathausgalerie I Kunsthalle München | for the support for the exhibition *changes*, 2016 at Rathausgalerie I Kunsthalle München, Dekodur, Kulturstiftung Stadtsparkasse München und | and Rischart

Der Katalog entstand mit Unterstützung der Senatsverwaltung für Kultur und Europa, Berlin, des Kulturamts Spandau: ZAK Zentrum für Aktuelle Kunst und Rischart | The publication was made possible with the support of the Berlin Senate Department for Culture and Europe, of Kulturamt Spandau I ZAK Zentrum für Aktuelle Kunst and of Rischart

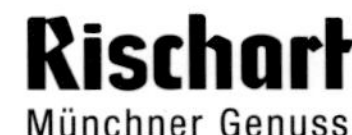

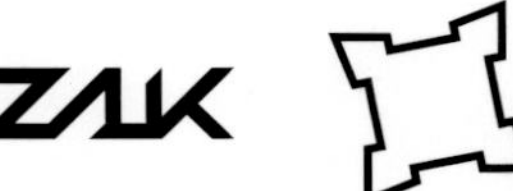